집단상담

전예숙 · 김순희 · 하미경 · 이정희 · 주덕금 · 이희숙 · 안여향 · 김금자 · 정순명 · 진선남

창지사

머리말

집단상담은 개인상담과는 달리 여러 명의 내담자가 함께 상담을 받는 상담의 한 형태이다. 집단상담은 다양한 장점을 가지고 있어 최근에 더욱 각광받고 있는 상담의 한 방법이다.

집단상담에서는 인간의 사회적 본성을 고려한 상담이다. 인간은 사회적 동물로서 타인과의 관계 속에서 성장하고 발달한다. 집단상담은 이러한 인간의 사회적 본성을 고려하여 상담을 진행하기 때문에 내담자가 타인과의 관계 속에서 자신의 문제를 이해하고 해결할 수 있도록 돕는다.

집단상담은 한 번의 상담으로 여러 명의 내담자를 상담할 수 있기 때문에 시간과 비용 측면에서 효율적이고 다양한 배경과 경험을 가진 내담자들이 함께 상담을 받기 때문에 다양한 관점과 경험을 공유할 수 있다. 이는 내담자의 문제에 대한 새로운 이해와 해결의 가능성을 열어준다.

이 책은 집단상담의 개념, 원리, 기법, 실제 등을 다룬 집단상담에 관한 기본서이다. 이 책을 통해 독자들은 집단상담에 대한 이해를 넓히고, 집단상담을 효과적으로 진행할 수 있는 역량을 키울 수 있을 것이다.

다음과 같은 독자들을 위해 쓰여졌다.

집단상담을 공부하는 학생, 상담사, 임상심리사, 집단상담을 시작하고 싶은 사람, 집단상담에 대한 이해를 넓히고 싶은 사람이며, 다음과 같은 순서로 구성되어 있다.

1장 집단상담의 이해, 2장 집단상담 기법, 3장 정신분석적 집단상담, 4장 인간중심적 집단상담, 5장 게슈탈트 집단상담, 6장 교류분석 집단상담, 7장 행동주의 집단상담, 8장 인지주의 집단상담, 9장 아동 집단상담, 10장 청소년 집단상담, 11장 대학생 집단상담, 12장 노인 집단상담, 13장 중독 집단상담으로 이루어져 있다.

집단상담을 효과적으로 진행하기 위한 구체적인 방법과 지침을 제시하였으며, 이 책이 독자들에게 집단상담에 대한 이해와 역량을 키우는 데 도움이 되기를 바란다.

집단상담은 내담자의 변화를 촉진하는 다양한 요인들을 가지고 있다.

공감과 수용: 내담자들이 서로의 공감과 수용을 경험할 수 있다. 이는 내담자가 자신의 감정과 생각을 안전하게 표현하고, 자신을 있는 그대로 받아들일 수 있도록 돕는다.

지지와 연대: 내담자들이 서로의 지지와 연대를 경험할 수 있다. 이는 내담자가 혼자가 아니라는 것을 느끼고, 자신의 문제를 해결할 수 있는 힘을 얻을 수 있도록 돕는다.

학습과 성장: 내담자들이 서로의 경험을 통해 배우고 성장할 수 있다. 이는 내담자가 자신의 문제에 대한 새로운 관점을 얻고, 자신의 삶을 보다 건강하게 살아갈 수 있도록 돕는다.

집난상담의 미래는 인간의 사회적 본성을 고려한 치유의 장으로서, 앞으로도 더욱 발전해 나갈 것으로 기대된다. 집단상담은 개인상담과는 다른 차원의 변화와 성장을 촉진할 수 있는 잠재력을 가지고 있다.

이 책이 독자들에게 집단상담에 대한 이해와 역량을 키우는 데 도움이 되기를 바란다. 또한, 집단상담의 발전에 기여할 수 있기를 기대한다.

2024년 1월

전예숙 외 저자일동

차례

PART Ⅰ. 집단상담의 개관

PART Ⅱ. 집단상담의 이론

4장 인간중심적 집단상담 ▶▶▶ 97

5장 게슈탈트 집단상담 ▶▶▶ 124

6장 교류분석 집단상담 ▶▶▶ 156

7장 행동주의 집단상담 ▶▶▶ 174

PART Ⅲ. 집단상담의 실제

PART I

집단상담의 개관

1장 집단상담의 이해

1. 집단의 이해

'집단(group)'에 대해 명확히 정의하기가 쉽지 않으나 자발적 참여를 원칙으로 하여 두 사람 혹은 그 이상의 사람들의 모임이며 정상적인 구성원의 참여가 바람직하며 비슷한 사람을 중심으로 집단원을 구성하여 한 사람의 상담자가 집단원들의 관심사에 대한 느낌, 반응, 행동 등 대인관계, 사고 및 행동양식의 변화를 가져오는 집단활동이다. 상담자는 개인적인 능력에만 의존하는 것이 아니라 집단구성원 간의 상호 작용적 관계를 바탕으로 내담자 개개인의 문제해결 및 변화가 이루어지는 '집단적 접근방법'이다.

이러한 집단상담은 전문적인 상담자와 함께 서로를 신뢰하고, 허용적인 분위기 속에서 자기 이해와 수용 및 개방을 촉진하는 상호작용을 함으로써 개인의 태도와 행동을 변화시키고, 문제를 해결하며, 나아가 잠재능력의 개발을 꾀하는 활동이다. 제럴드 코리(Corey, 2017)에 의하면 집단상담은 상담전문가가 더 많은 내담자들을 상담할 수 있게 할 뿐만 아니라 집단과정 역시 독특한 학습을 위한 장점이 있기 때문이다. 라고 하였으며, 아동과 청소년들은 성인보다는 또래들과 함께 있을 때 더 쉽게 마음을 여는 경향이 있다는 점에서 집단상담은 이들의 성장과 발달을 돕기 위한 탁월한 선택이 된다(Humphrey, 2009; Worden, 2009).

1) 집단의 규모

집단의 규모는 집단상담의 효과에 영향을 미치는 중요한 요소 중 하나이다. 집단의 규모가 너무 작으면 집단원들 간의 상호작용이 충분히 이루어지지 않고, 집단의 역동성이 발현되기 어렵다. 반대로, 집단의 규모가 너무 크면 집단원들 간의 상호작용이 복잡해지고, 집단의 진행이 어려워질 수 있다. 이로 인해 일반적으로 집단상담의 규모는 5명에서 10명 정도가 적당하다고 알려져 있다. 이 정도 규모의 집단은 집단원들 간의 상호작용이 충분히 이루어지면서도, 집단의 진행이 원활하게 이루어질 수 있다.

집단의 규모는 집단의 목적과 대상에 따라 달라질 수 있는데, 치료집단의 경우, 집단원들 간의 깊은 관계 형성이 중요하기 때문에 집단 규모가 작을수록 효과적이며 교육집단의 경우, 집단원들이 다양한 경험을 공유하는 것이 중요하기 때문에 집단 규모가 클수록 효과적이다.

집단의 규모를 결정할 때 고려할 사항은 아래와 같다.

집단의 목적: 집단의 목적이 치료인지 교육인지에 따라 적절한 규모가 달라진다.

집단의 대상: 집단의 대상이 성인인지 아동인지에 따라 적절한 규모가 달라진다.

집단의 진행 방식: 집단의 진행 방식이 토론식인지 역할극 인지에 따라 적절한 규모가 달라진다.

집단의 규모를 적절하게 결정하는 것은 집단상담의 효과를 높이는 데 중요한 역할을 한다.

2) 집단의 유형

집단의 유형에서는 집단의 성격과 목적에 따라 학자들마다 의견이 다르며 일반적으로 집단지도, 집단상담, 집단치료로 구분한다.

집단지도는 학급이나 연수원에서 교사(지도자)가 임의로 설정한 주제로 이루어지며. 집단지도에서는 필요한 정보를 제공하고 새로운 문제 사태에 대한 방향을 안내(오리엔테이션)하는데 역점을 둔다. 집단상담은 사람에게 초점을 두며 현재의 문제에 관련되는 요인들은 검토하고 앞으로의 성장발달을 위한 태도변화를 강조하여 교정적 접근방법이라기보다는 예방적, 성장 촉진적이며 행동변화와 관련이 있다. 구조화 집단은 집단이 프로그램으로 구조화되어 매 회기가 계획에 따라 운영되는 집단이다.

집단치료는 치료를 목적으로 하며 교정, 치료, 성격재구성에 초점을 두며 비교적 장기간 실시되기도 한다. 심각한 정서문제, 신경증적 갈등을 겪고 있거나 정신병 상태 등에 있는 내담자들이 정상적인 생활을 할 수 있도록 전문적으로 도와주며 집단치료자는 임상심리학자, 상담심리학자, 정신과 의사, 임상 사회사업가 등이다. 비구조화 집단은 특정한 프로그램을 사용하지 않고 집단원들의 상호작용에 중심을 두고 진행하는 집단이다. 반구조화 집단은 구조화 집단과 비구조화 집단이 섞여있는 집단이다. 개방집단은 집단상담 회기가 진행되는 동안 집단원들이 새로 참여하거나 중도에 탈락하는 것이 비교적 자유로운 집단이다. 폐쇄집단은 집단상담 처음부터 마지막까지 집단원이 정해져 있어 도중에 새로운 집단원이 들어오지 못하는 집단이다.

(1) 상담집단

개인적, 교육적, 사회적, 직업적 문제에 초점을 맞추고 치료적인 목표 외에도 예방과 교육적인 목표를 설정하여 집단상담을 실천하는 집단의 형태이다. 일반인들을 대상으로 하며, 대인관계 문제, 자기이해 증진, 부적응 행동의 극복 등이다.

(2) 치료집단

상담집단에 비해 보다 심각한 정서, 행동문제나 정신장애를 치료하기 위한 목적으로 구성되며 입원 또는 통원의 형태로 이루어지는 집단이며 주로 병원이나 임상장면에서 장기 집단의 형태로 운영된다.

상담집단과 치료집단의 차이에서는 리더의 역할과 구성원들의 참여 목적이 다르며 집단치료자는 심리치료 이론들에 관한 지식을 비롯하여 임상경험을 고루 갖추어야 한다. 집단회기의 길이는 상담집단보다 치료집단이 길며, 주로 다루는 내용은 상담집단은 일반적인 내용인데 비해, 치료집단은 정신과적 내용이다.

(3) 자조집단

공통의 문제나 관심을 가지고 있는 사람들이 모여 문제로 인한 스트레스를 해결하고 문제를 대처해 나갈 수 있는 동기를 갖게 하는 지지체제를 형성하는 집단이다. 지도자 없이 진행되는 집단이며 유사한 문제를 겪으면서 공유하게 되는 유사한 생각과 감정을 서로 나누는 것에 관심을 두며 같은 문제를 갖고 있는 당사자들이나 가족의 공통의 목표를 가지고 대등한 관계 속에서 문제를 해결하기 위해 자발성을 발휘한다. 예를 들면 도박중독자 익명집단(GA), 알코올 중독자 익명집단(AA), 마약중독자 익명집단(NA), 과식자 익명집단(OA), 12단계 집단 등.

자조집단의 1차적 기능은 정서적 지지를 제공한다. 문제를 직면하고 정복한 역할 모델을 제공한다. 문제를 이해하는 방법을 제공한다. 중요하고 적절한 정보를 제공한다. 기존 문제에 어떻게 대처할 것인가에 대한 새로운 아이디어를 제공한다. 집단 구성원들 간에 서로 돕는 기회를 제공한다. 사교관계를 제공한다. 자신들의 문제에 대한 향상된 숙달감과 통제감을 제공한다.

지지집단에서는 공통의 관심사가 있는 집단원들로 구성하여 서로의 생각과 감정을 나누고 특정 문제와 관심사에 대해 점검해 보기 위한 집단이며 자조집단과는 전문적 집단지도자가 존재하는 차이점이 있다.

(4) 성장집단

집단경험을 원하거나 자신에 대해 좀 더 알기를 원하는 집단원들로 구성되는 집단이다. 집단원들이 자신의 참모습을 깨닫고, 대인관계 기술을 습득하고, 집단원들의 잠재력 개방에 관심을 두며 성장집단의 기본 가정은 인간적 성장을 실현하는 것이며 집단에서는 주로 발달상의 문제 즉, 집단원들이 삶에서 겪게 되는 개인적인 관심사와 문제 및 갈등을 다룬다.

- **참만남 집단(로저스)**: 사람들의 인간적 성장 기회를 제공하기 위한 훈련의 형태(T-집단)에서 발전된 집단이며, 실존적, 인본주의 사상을 기초로 하여 초기 T집단의 형태에서 발전하여 개인의 성장에 초점을 둔다. 참만남 집단의 목표는 주로 일치성과 진설성을 신장하며 '지금-여기'의 상황에 초점을 두며 개방성과 솔직성, 대인적 맞닥뜨림, 자기노출, 직접적인 정서적 표현 격려 등이다.

- **훈련집단**: 인간관계에서 감수성을 높이고 인간관계의 기술을 신장시키기 위해 고안된 집단이다. '지금-여기'에서의 즉시적인 생각과 느낌 및 반응에 강조점을 두며 집단원들의 목표설정, 관찰, 피드백, 자료분석, 활동계획, 평가 등에 직접 관여하는 일련의 경험에 토대한 학습활동으로 진행된다. 인간적 성장과 효과적인 의사소통, 인간관계의 발전과 증진을 강조한다.

- **감수성 훈련집단**: 주로 조직 사회에서 성공적으로 기능하는데 필요한 인간관계 기술을 강조한다. T-집단의 4가지 구성요소는 피드백(지각의 왜곡감소, 타당성 상승), 해빙(자신의 가치와 신념을 도전받을 수 있는 환경), 참여자 관찰(객관적으로 관찰할 수 있는 과제), 인지적 도움(활동지, 읽을거리, 영상자료 마련) 등.

– **마라톤 집단**: 며칠 동안 연이어 회기를 가짐으로써 집단원들의 방어를 감소시키는 반면, 친밀감을 창출함으로써 더 집중적이고 심화된 상호작용을 가능하게 하여 인간적 성장을 꾀하는 집단이다.

(5) 과업집단

구체적인 과업의 목적을 달성하기 위해 모인 구성원들의 집단이다. 집단원들의 협의와 상호작용을 촉진하여 특정 목표 달성에 관심을 두며 과업집단의 목표는 내담자의 욕구 충족, 조직의 욕구 충족, 지역사회의 욕구충족 등이다.

3) 집단상담의 계획

집단원을 선정할 때는 사전 면담을 통해 집단의 목표의 적합성을 확인하고 적절한 시기, 안정된 장소에서 원형배치를 할 수 있는 장소를 선택하며, 내담자의 연령이나 모임의 종류와 빈도에 따라 적절한 시간과 횟수를 정한다. 개방집단과 폐쇄집단을 새로운 구성원의 수용 여부에 따라 정할 것을 미리 정한다. 집단 경험보고서는 회기마다 작성하여 제출하여 지도자의 피드백을 받는다.

집단원은 처음에는 집단원을 탐색하고 방황하며 자기중심적이 되며 경쟁단계에서는 타인과의 비교를 하여 갈등하기도 하다가 집단에서 중심을 가지며 순응하게 되고 집단과의 개인적인 유화 변화를 위한 내담자 행동은 순응하며 집단원을 동일시하면서 내면화의 심리적 과정이 작용하게 된다.

(1) 상담자의 자기 방식과 집단형태

상담자는 집단상담과 인간의 적응과 성숙에 대한 철학적 기초와 이론적 근거를 분명하게 갖고 있어야 하며 집단의 목표와 집단에서 야기될 수 있는 점들에 관해 충분히 알고 있어야 하며 실제로 이를 다룰 수 있는 능력이 있어야 한다. 이를 위해 집단상담자는 이에 대한 교육과 훈련을 받게 되고 집단원으로 집단에 참가하여 실제 경험을 쌓게 된다. 집단훈련과정을 통해 자기 나름의 방식을 갖고 특정한 이론적 지향과 방법을 가지게 되며 일정한 전문적 한계를 갖게 됨을 의미하며 집단상담자는 계획한 집단이 자기의 상담방식에 부합하는가를 검토해야 하며 이를 위해 다음과 같은 질문을 자신에게 해 보아야 한다.

- 나는 어떤 문제들을 지닌 집단원들과 더불어 집단상담이 가능한가?
- 내가 훈련받은 전문 영역은 무엇인가?
- 내가 잘 사용할 수 있는 전문적 상담 기법은 어떤 것인가?
- 집단과정 중 어려움에 당면하게 되면 언제 누구에게 자문을 요청할 것인가?

(2) 공동상담자

최근에 두 사람이 공동으로 집단을 지도하는 집단이 늘어나고 있고, 두 사람이 협력하여 함께 집단을 지도하는 경우 여러 가지 장점이 있다. 집단원이 많은 경우 혼자서는 그들을 한꺼번에 관찰하고 비언어적인 의사소통의 메시지를 모두 파악하는 것이 쉽지 않기 때문이다. 이런 경우 한 사람이 과정에 몰입하고 있을 때 다른 한 사람이 집단 역동을 관찰할 수 있어 의견을 나눌 수 있다. 필요한 경우 두 사람이 상호작용함으로써 집단원들에게 시범적인 모델이 될 수도 있을 것이며 이럴 경우 두 사람이 이론적 배경이 같아야 하고, 다른 면에서는 상보적이면 좋을 것이다.

공동상담자 지도 형태에서도 문제점이 없지는 않은데, 두 사람 사이에 협동이 잘 이루어지지 않고 경쟁 상태에 말려 들어가는 경우 잘못하면 집단의 유지 발전에 지장을 초래하게 될 수 있다. 사전에 역할 분담을 충분히 나누어 서로 지지와 도움이 될 수 있어야 한다. 만약 충돌의 경우에는 재빨리 자각하고 이 경험 자체를 솔직히 털어놓고 원만히 해결할 수 있다면 좋은 학습자료가 되며 모델링이 될 수 있다. 일반적으로 공동 지도는 단일 지도보다 폭넓고 깊은 경험을 제공하므로 집단 계획 시 고려해 본다.

(3) 집단의 크기, 기간, 조직성

- **집단의 크기**: 집단상담의 크기는 집단의 목표와 유형, 지도자의 경험, 내담자에게 기대하는 몰입 정도를 고려해야 한다. 일반적으로 집단원의 나이가 어릴수록 적은 수로 구성하는 것이 바람직하고 리더의 경험 정도에 따라 다소 크게 할 수 있으나 대체로 15명을 넘어서지 않는다.

일반적으로 6~7명에서 10~12명의 수준이 보통이며 두 사람의 리더가 함께 집단을 지도할 때는 15명 정도는 무방하다. 집단의 크기가 작으면 내담자들이 상호관계나 행동의 범위가 좁아지고 각자가 받는 압력이 커지므로 오히려 비효율적이다. 반대로 집단의 크기가 너무 커지면 내담자들의 일부는 전적으로 참여할 수 없게 되고 리더가 각 개인에게 적절한 주의를 기울이지 못한다.

- **집단의 기간**: 집단상담이 시작될 때는 미리 그 기간을 분명히 하고 모임의 횟수를 확실히 해두어야 한다. 그래야 집단원들이 시간의 제약을 의식하고 활동하게 된다. 중학교나 대학교에서는 한 학기 15주간을 집단의 기간으로 정할 수 있으며 신뢰감 형성과 바람직한 방향으로 행동변화를 위해서는 상당한 기간을 필요로 한다. 그렇다고 회기를 질질 끌거나 싫증이 나도록 장기간을 정하는 것은 비효과적이다. 어떤 집단은 일주일에 2~5회기 모이기도 하나 보통 주 1회 90분~120분 정도가 적당하다고 본다. 마라톤 집단의 경우에는 계속해서 24시간 48시간 혹은 4박 5일, 5박 6일을 계속적으로 활동하기도 한다.

- **집단의 조직성**: 집단의 조직성 문제는 근본적으로 동질적으로 구성하느냐 이질적으로 구성하느냐의 문제이다. 일반적으로 동일 집단에서는 출석률이 좋고 보다 쉽게 공감이 이루어지고 상호 간의 즉각적인 지지가 가능하고 갈등이 적고 응집력이 빨리 발달하며 집단 소속감의 발달이 쉽게 이루어지기도 한다. 같은 집단에서는 집단원 상호 간에 피상적인 관계에서 머무르며

영속적인 행동 변화의 가능성이 낮기도 한다. 이질집단에서는 다양한 대인 간의 상호작용이 가능하므로 상호 간에 의미하는 자극을 주고 방을 수 있으며 서로 간의 차이점을 발견하고 이해하게 되고 현실검증의 기회도 더 풍부하다.

집단상담자는 사전에 집단 과정을 조직적으로 구조화하여 운영할 것인가, 비구조적으로 운영할 것인가를 자신의 경험에 따른 선호 구조성에 관해 가치를 두는 정도, 이론적 배경, 집단원들의 연령 등에 따라 결정하게 된다.

4) 집단상담자가 유의해야 할 사항

상담자로서의 지도력에 모범을 보여야 하며 자신의 영향력 및 집단원의 심리적 부담에 주의를 기울이며 목적을 분명하게 재정의하며, 비밀보장과 집단 규칙에 대해 논의하여, 진지한 존중함을 가지고 종결에 대한 준비를 하며 부정적 반응에 대처하도록 도우며 효과적인 평가에 대해 관심 가져 구성원들의 권리를 보호하여야 한다. 집단상담자의 문제행동(강진령, 2012): 지나친 개입, 방어적 태도, 폐쇄적 태도, 과도한 자기 개방 등. 집단상담자는 집단원에게 관심을 기울이며 효과적인 의사소통이 이루어지기 위해서는 집단 라포가 형성되어야 하며 공감적 반응하며 자기 노출하기, 피드백 주고받기, 맞닥뜨림, 경청하기, 반영하기, 명료화하기를 한다.

5) 집단상담의 윤리

집단상담자는 지도자의 인간적 태도에서 집단 전체의 분위기와 집단원의 성장 정도를 좌우할 만큼 영향력을 가지고 있으며 인간적인 따뜻함과 상담자로서의 전문적 기술을 통해 집단원의 성장을 돕는다. 또한, 집단원의 성장 잠재력을 믿고 집단 과정을 거치면서 집단원이 성장해 나간다는 확신을 끝까지 가진다. 집단원들이 집단상담의 목표를 알 권리를 가지며 비밀보장을 받아야 하고 심리적 혼란과 위협의 가능성에 대한 논의를 거쳐야 하며 신체적 심리적 위협으로부터의 안전장치를 마련하여야 하며 성급한 결정을 내리는 것에 대한 경고를 하여야 한다.

2. 집단상담의 필요성

집단상담은 심리적인 문제가 심각하지 않은 사람들이 모여 집단을 형성하고 그들이 전문적인 상담자와 함께 서로를 신뢰하고 허용적인 분위기에서 자기 이해와 수용 및 개방을 촉진하는 상호작용을 함으로써 개인의 태도와 행동을 변화시키고 문제를 해결하며 나아가 잠재능력의 개발을 하는 집단활동이다. 집단원이 이해를 받아 대인관계에서 생기는 불편함 소외감 오해와 갈등을 집단원과 함께 느끼고 해결할 수 있도록 하며 자기 체험을 통하여 심리적 정서적으로 안정되고 성숙한 인간이 될 수 있는 기회를 제공해 주며 다른 사람의 문제해결에도 도움을 주는 역할을 한다.

집단상담은 상담자가 내담자의 감정을 잘 이해할 수 있으며 내담자가 다른 참여자와 대면하는 가운데 자신을 자각할 수 있도록 해준나. 그리고 내담자의 반응이 다른 내담자와 집단 전체에 어떤 영향을 주는지를 파악할 수 있게 해주고, 이를 통해 내담자의 문제점과 개선점을 발견할 수 있다.

1) 집단상담의 목표 설정

목표를 설정할 때는 구체성, 현실성 개인적 특성이 반영되어야 하며 일반적인 집단상담의 목표에서는 감정의 바람직한 표현, 발산의 촉진, 자기문제에의 직면, 해결의 권장, 집단생활에서 자아개념을 강화, 협동심의 향상, 대인관계 기술을 향상하여야 한다.

2) 상담집단의 특징

- 집단의 특성에 따라 보통 2~12명 정도로 구성되어 소집단 경험 중심으로 진행된다.
- 비교적 기능수준이 높은 구성원 중심으로 구성되며, 집단의 초점이 결정된다.
- 비교적 짧은 기간에 해결 가능한 문제와 의식수준의 내용을 주로 다룬다.
- 실행지향적, 즉, 집단원들이 집단에서 체득한 경험학습 내용이나 인지 행동 사고의 전환을 실생활에의 적용에 중점을 둔다.
- 사고, 감정, 행동변화를 강조함으로써, 대인관계기술 향상과 문제해결 전략 모색에 초점을 맞춘다.
- 집단원의 내적 자원을 탐색하고 발견하여 발달 저해요소를 건설적인 방향으로 변화시키는 데 중점을 두는 성장지향적 특징이 있다.
- 성격장애를 포함한 심각한 정도의 정신장애 치료에 중점을 두지 않는다는 점에서 치료집단과 구별된다.

3) 효과적인 집단상담의 특성

내담자의 높은 참여의식, 분명하고 구체적인 기대, 집단에의 소속감과 책임감, 바람직한 분위기 조성으로 경쟁, 갈등, 수치심, 열등감, 불만 등이 내담자의 행동변화로 촉진제 기능을 발휘하며 솔직하고 자유로운 의사소통을 경청하고 반응한다. 또한 집단상담은 집단상담자와 2인 이상의 집단원이 상호작용에서 발생하는 에너지와 지지 등을 통해 변화를 위한 치유요인으로 활용하는 역동적인 대인관계 과정이다.

집단원은 집단상담에서 다른 사람들과 교류하면서 자신을 돌아보게 되게 자신을 더 잘 알게 되며 깨달음을 얻고 새로운 행동을 시도할 수 있으며 습득한 배움을 통해 자신의 관심사와 행동을 탐색한다. 집단원들의 개인적인 관심사에 대한 자기 개방을 통해 치료 기능이 활성화된다. 이에 집단상담을 집단원의 적응, 발달, 도모에 초점을 맞추며, 사고와 행동의 변화로 대인관계 기술을 향상시키며 올바른 지식 습득, 가치관과 태도를 수정하기도 하며 집단원들은 주로 정상 범위의 적응수준에 속하는 사람들을 대상으로 이루어진다.

따라서, 현저한 정도의 정신병(psychosis), 신경증(neurosis) 또는 성격장애가 있는 사람들은 집단치료에 더 적합할 것이다. 그러나 집단상담의 치료적성질, 정신건강 전문의에 의한 개인치료가 주고 약물치료에 의존하고 집단치료의 경계가 모호하고 굳이 이 두 유형의 집단을 구분하는 것의 의미가 점차 퇴색하고 있다. 집단은 상호의존적인 관계에서 사회적 상호작용을 통해 서로 영향을 주고받는 2인 이상의 상호독립적인 개인들의 집합체이다.

3. 집단상담자의 역할

집단상담에서 상담자는 집단원들이 새로운 행동과 문제해결적인 관점을 현실적으로 검증해 볼 수 있도록 장소를 제공하여 집단원들 간에 서로의 관심사나 감정을 터놓고 나눌 수 있도록 하여 소속감과 동료의식을 느낄 수 있는 분위기를 소성해야 한다. 상담자가 수행해야 할 역할 행동은 집단활동의 시작을 돕고 집단의 방향과 규범을 발달시키며, 집단의 분위기를 조성하고 집단원의 상호작용을 촉진하며, 집단활동의 종결을 돕는 등이다.

1) 집단과정에 대한 상담자의 인식

집단상담자는 집단진행에 대한 전체집단의 흐름에 대한 정확한 인식을 해야 하며, 경험있는 집단상담자는 자연스럽게 집단의 흐름을 인식할 수 있으나 초보상담자는 집단진행에 보조참여 등으로 많은 참여를 하여 반드시 갖추어야 할 능력이다.

2) 집단과정에 대한 상담자의 인식을 촉진시키기 위한 방법

집단원들의 비언어적인 시선, 자세, 복장 등에 주목하고 누가 어디에 앉고, 누가 지각하는지를 살핀다. 의사소통에서 생략하거나 회피하는 부분을 주목한다. 상담자에 대한 집단원들의 느낌에 주목한다.

3) 상담자의 역할

집단긴장의 처리에서는 모든 집단에는 어느 정도의 긴장이 존재함을 인식하며 상담자가 다루기 힘든 집단원이 어떤 특성을 가지고 있는지 문제 행동의 근본 원인이 무엇인지를 검토해 보며, 집단원들로 하여금 그의 행동이 집단에 어떤 영향을 주고 있는가를 발견하여 일깨워 주어야 하며 집단교류에 참여하도록 하며, 문제 집단원이 자기 태도의 비효율성을 스스로 인식하도록 하는 상담자의 노력이 중요하다.

4) 집단상담에서 학습 목표

집단상담은 개인들이 모두 집단으로 진행되는 과정에서 문제해결적인 관점을 객관적인 관점으로 검증해 볼 수 있는 무대를 제공하므로 집단 동료들 간에 서로의 관심사나 감정을 이야기할 수 있도록 편안한 자리를 마련해주어 집단원들이 서로 소속감과 동료의식을 느낄 수 있는 분위기를 조성해 주어야 한다. 집단과정에 대한 상담자의 인식을 촉진시키기 위한 방법을 이해하여야 하며, 집단과정에 대해 상담자의 인식을 증가시키기 위한 상담자의 역할은 무엇인지 세밀하게 살펴보아야 한다.

5) 집단상담과정에서 상담자의 주요 고려사항

첫째, 집단상담의 진행과정에 대한 상담자의 주요 관점은 무엇인가?

둘째, 집단원들이 과정중심적으로 자유롭게 생각하고 부담 없이 행동하도록 하려면 상담자가 어떻게 도와주어야 하는가?

셋째, 집단상담자는 어떻게 해야 집단관정에 관한 상담자의 명료화 및 해석에 대해 집단원들의 수용능력을 증가시킬 수 있는가? 이다.

6) 집단과정에 대한 상담자의 인식

집단상담자는 집단과정 과정에 대해 정확히 인식해야 하며 경험있는 집단상담자는 자연스럽게 집단의 흐름을 인식하고 파악할 수 있으나 돌발상황에 대해서도 대비를 하고 있어야 하며 초보상담자는 여러 번의 경험을 통해 미리 준비해 두어야 한다.

7) 집단과정에 대한 상담자의 인식을 촉진시키기 위한 방법

집단상담은 집단원들 간의 상호작용을 통해 이루어지는 과정이다. 그러기에 집단상담의 효과를 높이기 위해서는 상담자가 집단의 과정을 잘 이해하고, 이를 적절하게 촉진할 수 있어야 한다.

집단과정에 대한 상담자의 인식을 촉진하기 위한 방법은 아래와 같다.

(1) 집단상담 이론과 실제에 대한 교육과 훈련

집단상담 이론과 실제에 대한 교육과 훈련을 통해 집단의 과정에 대한 이해를 높일 수 있다. 집단상담 이론은 집단의 과정을 이해하는 데 도움이 되는 틀을 제공하며, 집단상담 실제는 집단의 과정을 촉진하는 데 필요한 기술과 지식을 습득

할 수 있도록 한다.

(2) 경험적 학습

경험적 학습은 집단과정에 대한 이해를 높이는 데 효과적인 방법 중 하나이다. 집단상담을 직접 경험함으로써 집단의 과정을 직접 체험하고, 이를 통해 이해를 높일 수 있다.

(3) 집단상담에 대한 지속적인 연구와 논의

집단상담에 대한 지속적인 연구와 논의를 통해 집단의 과정에 대한 이해를 심화할 수 있다. 집단상담에 대한 새로운 연구 결과와 논의를 통해 집단의 과정에 대한 새로운 관점을 얻을 수 있다.

이에 대한 구체적인 방법으로는 다음과 같은 것들이 있다.

① 집단상담 이론과 실제에 대한 책, 논문, 강의 등을 읽고 공부한다.

② 집단상담을 경험해 본 다른 상담자들과 함께 집단의 과정에 대해 토론하고 논의한다.

③ 집단상담 실습 과정에서 집단의 과정을 관찰하고 기록한다.

④ 집단상담의 과정을 분석하고 해석하는 연습을 한다.

집단과정에 대한 상담자의 인식을 촉진하기 위해서는 지속적인 노력이 필요하다. 이를 통해 집단상담에 대한 지식과 경험을 쌓고, 다른 상담자들과 함께 토론하고 논의함으로써 집단의 과정에 대한 이해를 높일 수 있다.

4. 집단상담의 분류

심리상담에서는 타인에게 감추고 살았던 자신의 속마음을 말해야 한다는 부담감 때문에 타인과 함께하는 집단상담에 대한 거부감이 있을 수 있다. 집단상담에서는 전문가가 여러 명을 모두 돌봐야 하지만 개인상담에서는 자신에게만 온전히 신경을 써주니 개인상담이 더 효과적인 것이라는 생각이 들 수도 있다. 하지만 심리상담은 단지 과거의 상처만을 어루만지고 남들에게 말하기 어려웠던 속마음을 털어놓고 공감과 위로만 받는 것은 아니다.

관계 속에서 성장하며 살아가는 사람은 상처도 관계 속에서 받으므로 집단상담의 효과는 개인상담보다 뛰어날 수도 있다고 미국의 정신과 의사 얄롬이 자신의 책에서 밝힌 바에 따르면 개인상담과 집단상담의 효과를 비교한 연구논문 중 75%는 두 상담의 효과가 비슷하다는 결론을, 25%는 집단상담이 더 효과적이라는 결론을 내렸다고 한다.

개인상담이 집단상담보다 더 효과적이라는 결론을 내린 논문은 단 한편도 없었다고 한다. 그러면 집단상담은 왜 효과적인 것일까? 또 모든 집단상담이 효과적일까? 이 부분을 이해하기 위해서는 집단상담의 다양한 종류를 이해하며 집단상담을 분류를 알아본다.

1) 구조화 집단

집단구조(group structure)란 집단 구성원이 일정한 시간 동안 상호작용을 통해 형성된 안정적인 상호관계를 의미한다. 집단구조가 안정적인 성격을 가지므로 집단 구조를 통해서 집단구성원 간의 관계를 파악할 수 있고, 집단의 행동을 예측할 수 있다. 사전에 계획된 집단 프로그램을 제시하고 집단상담자의 주도하에 집단 구성원 간의 상호작용이 일어나도록 하는 방식으로 진행된다.

- 구조화 집단의 특성은 사전에 설정된 특정 주제와 목표를 달성하기 위해 구체적인 활동으로 구성되고, 정해진 계획과 절차에 따라 진행되는 집단의 형

태이다.

- 구조화 집단은 정해진 프로그램을 사용하는 편리성으로 인해 널리 활용된다.
- 구조화 집단의 주제는 다양하다(예 대인관계, 자존감 회복, 완벽주의 극복, 스트레스관리, 자기역할 훈련, 등)

2) 비구조화 집단

사전에 프로그램을 계획하지 않거나 행동방식을 지시하지 않은 상황에서 집단 구성원 간의 강한 역동적 상호작용이 일어나도록 하는 방식으로 진행된다. 비구조화 집단의 특성은 사전에 정해진 집단활동이 없고, 구성원 개개인의 경험과 관심을 토대로 상호작용으로 집단의 치료적 효과를 얻고자 하는 비구조화 집단이다.

- 비구조화 집단의 기능은 활동 내용이 이미 정해져 있는 게 아니라 폭이 넓고 깊은 자기탐색을 하게 된다.
- 비구조화 집단은 집단리더의 특별한 능력이 요구되는 한계가 있다.
- 비구조화 집단은 정해지지 않은 상태에서 상담을 진행하는 중에도 집단원 상호 간의 상호작용과 개인별 자기탐색이 원활하게 촉진되도록 하는 능력과 임상경험을 충분히 갖추고 있어야 한다.

(1) 비구조화 집단상담의 유형

감수성 훈련집단: 인간관계 훈련집단, 정서적 경험에 초점을 두며 참가자의 이해, 타인과의 관계회복, 공동체 형성에 초점을 두며 집단의 역동과 조직에 대한 이해와 개선으로 학습방법을 학습한다.

T-집단: Training Group의 약자, 사회적 훈련, 대인관계 훈련을 한다. 최초로 미국NTL(National Training Laboratory)에서 시행하였으며 집단상담 형식을 시도하여 강력한 치유경험을 제공하였다. 실험실적 접근, 훈련집단(소집단)으로 실시

하였으며 집단원 모두 집단관정에 참여하여 자신의 목표를 정하였고 집단원 서로에게 피드백을 주고 받았으며 집단활동을 계획, 관찰, 분석, 평가하는 직접적 경험을 하여 인간관계 형성기술과 집단과정에 대해 나누었다.

참만남집단(Encounter Group): 체험집단으로 개인경험에 중점을 두었으며 집단원들에게 성장과 발달에 필요한 부분에 중점을 두고 설정한 목표를 이루도록 도우며 집단원들이 상호 친밀감을 느끼고 경험과 느낌을 나누고 격려하도록 하여 개방적이고 정직한 관계형성을 통한 가치관 태도 생활양식에 변화를 도우며 몇 시간에서 며칠간 진행되기도 하였고, 감수성 훈련 방법이 많이 사용되었다.

스톨러모형(Stoller)

집단상담의 과정을 4단계로 구분한 모델이다. 스톨러는 집단상담의 과정을 다음과 같이 설명한다.

- 초기 집단(Formative Group): 집단원들이 서로를 만나고, 집단의 규칙과 규범을 정하는 단계이다. 이 단계에서는 집단원들이 집단에 적응하고, 집단의 분위기를 파악하는 것이 중요하다
- 전개 집단(Transitional Group): 집단원들이 서로의 경험과 생각을 공유하고, 서로에게 피드백을 제공하는 단계이다. 이 단계에서는 집단원들이 서로를 이해하고, 관계를 형성하는 것이 중요하다.
- 작업 집단(Working Group): 집단원들이 자신의 문제를 인식하고, 해결책을 모색하는 단계이다. 이 단계에서는 집단원들이 집단의 역동성을 활용하여 개인의 성장과 변화를 이루는 것이 중요하다.
- 종결 집단(Terminating Group): 집단원들이 집단의 경험을 정리하고, 집단을 마무리하는 단계이다. 이 단계에서는 집단원들이 집단에서 얻은 것을 통합하고, 일상생활로 돌아갈 준비를 하는 것이 중요하다.

스톨러모형은 집단상담의 과정을 단계별로 구분함으로써, 집단상담의 효과를 높이는 데 도움이 된다. 또한, 집단상담자의 역할과 집단원들의 역할에 대한

이해를 돕는 데에도 도움이 된다.

- 스톨러모형의 장점

집단상담의 과정을 단계별로 구분함으로써, 집단상담의 효과를 높이는 데 도움이 된다.

집단상담자의 역할과 집단원들의 역할에 대한 이해를 돕는 데에도 도움이 된다.

슈츠모형(Schutz)

슈츠모형은 집단상담의 과정을 4단계로 구분한다.

- 탐색(Exploration) 단계: 집단원들이 서로를 알아가고, 집단의 규칙과 절차를 익히는 단계이다.
- 경험(Experience) 단계: 집단원들이 서로의 경험과 생각을 공유하고, 집단의 역동성에 참여하는 단계이다.
- 반성(Reflection) 단계: 집단원들이 자신의 경험을 반성하고, 개인적 성장과 변화를 위한 목표를 설정하는 단계이다.
- 통합(Integration) 단계: 집단원들이 집단 경험을 삶에 통합하고, 집단을 마무리하는 단계이다.

슈츠모형은 집단상담의 과정을 통해 집단원들이 다음과 같은 역량을 개발할 수 있다고 주장한다.

- 자기 이해: 자신의 감정, 생각, 행동을 이해하고, 수용하는 능력
- 타인 이해: 타인의 감정, 생각, 행동을 이해하고, 수용하는 능력
- 의사소통: 자신의 생각과 감정을 효과적으로 표현하고, 타인의 말을 경청하는 능력
- 문제 해결: 문제를 해결하기 위한 전략을 개발하고, 실행하는 능력
- 대인관계: 타인과 건강한 관계를 형성하고, 유지하는 능력

슈츠모형은 집단상담의 효과를 높이기 위해 다음과 같은 방법을 사용한다.

- 집단의 역동성 활용: 집단원들 간의 상호작용을 통해 개인의 성장과 변화를 촉진한다.
- 역할극: 집단원들이 다양한 역할을 수행함으로써 자신의 행동과 태도를 이해하고, 변화할 수 있도록 돕는다.
- 집단 피드백: 집단원들이 서로에게 피드백을 제공함으로써 자신의 행동과 태도를 점검하고, 개선할 수 있도록 돕는다.

로저스모형(Rogers)

미국의 심리학자 카를 로저스(Carl Rogers)가 개발한 집단상담의 이론과 방법이다. 로저스모형은 집단원들이 자신의 경험과 생각을 자유롭게 표현하고, 상호작용을 통해 성장하고 변화할 수 있도록 돕는 데 중점을 둔다.

* 로저스모형의 주요 개념
  - 무조건적 긍정적 관심(Unconditional Positive Regard, CPR): 상담자는 집단원을 있는 그대로 받아들이고, 존중하며, 사랑하는 태도를 보여야 한다.
  - 공감적 이해(Empathic Understanding): 상담자는 집단원의 감정과 경험을 있는 그대로 이해하고, 공감하는 태도를 보여야 한다.
  - 실제적 자기(Actualizing Tendency): 인간은 본질적으로 자기실현을 추구하는 경향이 있다.

* 로저스모형의 과정
  - 초기 단계: 집단원들은 서로를 알아가고, 상담자의 태도를 경험한다.
  - 중기 단계: 집단원들은 자신의 경험과 생각을 자유롭게 표현하고, 상호작용을 통해 성장과 변화를 경험한다.
  - 종결 단계: 집단원들은 집단에서의 경험을 정리하고, 앞으로의 삶을 준비한다.

* 로저스모형의 장점
  - 집단원들이 자신의 경험과 생각을 자유롭게 표현할 수 있는 기회를 제공한다.

- 집단원들이 상호작용을 통해 성장과 변화를 경험할 수 있도록 돕는다.
- 집단원들이 자신의 잠재력을 발휘할 수 있도록 돕는다.

* 로저스모형의 단점
  - 상담자의 전문적인 지식과 기술이 요구된다.
  - 집단원들의 참여와 상호작용이 원활하지 않을 경우 효과가 떨어질 수 있다.
  - 로저스모형은 집단상담의 대표적인 이론과 방법으로, 개인의 성장과 변화를 돕는데 효과적인 것으로 알려져 있다.

3) 반구조 집단

반(半)구조화 집단의 특성은 비구조화 집단의 형태를 토대로 운영하되, 필요할 때마다 구조화 집단에서 활용되는 활동을 이용하는 식으로 혼합된 형태로 운영되기도 한다.

- 반구조 집단은 기능적인 면에서는 비구조화 상태로 진행된다.
- 반구조화 집단은 상담 중단 과정에서 집단원의 저항과 갈등이 발생할 때는 언제든지 구조화된 활동을 도입한다.

4) 분산적 집단상담

제한된 시간 동안 여러 차례 나누어 집단을 실시하는 방법으로 집단상담 과정에서 학습한 내용을 실제 생활에서 적용해 보고 적용해 본 내용을 다시 집단상담 과정에서 다루는 방법이다.

5) 집중적 집단상담

일정한 기간동안 집중적으로 집단상담을 실시하여 역동적 상호작용이 강력하게 일어나도록 적극적인 지지를 통하여 상담효과를 극대화하기 위한 방법이다. 이러한 집단상담을 구분하지 않고 혼용하여 진행하는 집단상담도 있다.

5. 집단상담의 과정

집단상담의 과정을 학자에 따라 세 단계에서 일곱 단계까지 다르게 나눌 수 있다. 초기 단계, 중기 단계, 말기 단계로 나누는 학자도 있고, 저항단계, 갈등단계, 응집력발달의 단계, 하위집단형성의 단계, 치료집단의 갈등단계, 자기 공개의 단계, 종결단계 등으로 나누어지기도 한다.

1) 참여 단계

집단의 초기 단계로 상담의 승패를 좌우할 만큼 중요한 단계이다. 상담자는 상담집단의 분위기를 형성하고 유지시키는 책임이 있고 구성원은 자발적이고 능동적인 참여가 필요한 단계이기도 하다. 상담자는 집단의 목표를 분명히 하고 친숙하고 수용적인 분위기를 조성하는 책임이 있다. 다른 사람의 말을 경청하고 자기 문제에 관련된 감정을 공개하고 탐색하도록 권유할 필요가 있다. 구성원의 성숙도나 저항의 정도에 따라 기울여야 할 노력이 다르다.

- 사전 면담: 개별적인 구성원의 특성파악을 한다.
- 첫 모임: 참여자 소개, 별칭짓기, 예기불안 다루기를 한다.
- 집단의 구조화: 집단의 목적과 기본 원칙을 확인한다.
- 집단의 목표 달성: 과정적 목교와 개인적 목표와의 합의를 한다.

(1) 집단원의 특징

초기에는 상담자에게 의존하는 경향이 있고 집단원 간에 서로 평가하며, 상담집단에 처음 참여한 사람들은 상담의 이론적 근거를 탐색하기도 하며, 집단원들은 서로가 가지고 있는 유사점을 탐색하기도 하며, 의사소통이 비교적 비슷한 제한점을 가지고 있다.

(2) 상담자의 역할

분위기 형성 및 집단유지를 하며 집단의 참여 이유와 목적을 명료화하여 수용과 신뢰의 분위기 형성해 주며 상담자 자신이 신념과 태도의 모델링(집단원의 말을 집중하여 듣고, 다른 사람이 말할 수 있도록 도우며, 자기 문제에 관련된 감정을 공개하고, 바람직한 행동을 탐색하고 실천)으로 참여 과정을 촉진한다. 집단 진행의 일반적인 방법이나 지침보다는 상담자의 이해와 경험이 중요하며 구성원들로 하여금 자신의 감정이 구성원들과 다를 수 있음을 알도록 해주며 자기 스스로 무엇을 할 것인가를 결정해야 하고 주어진 처지를 어떻게 받아들이고 어떤 행동을 하는지 탐색하는 것이 중요하다는 것을 알린다. 참여 단계에서는 한 번의 모임으로 완료되는 경우도 있고 어려운 집단원에서는 여러 회가 소요되기도 한다.

2) 과도적 단계

과도적 단계는 참여 단계에서 생산적인 작업단계로 넘어가도록 하는 과정이다. 주요 과제는 집단에 참여하는 과정에서 일어나는 망설임, 저항, 방어 등을 자각하고 정리하도록 도와주는 것이며, 과도적 단계의 성공 여부는 주로 상담자가 집단원들에게 얼마나 수용적이고 신뢰로운 태도를 보일 수 있는 상담기술을 어떻게 발휘하느냐에 달려있다. 방해적 존재는 다른 사람을 관찰은 해도 스스로 진정한 참여가 없는 집단원이며, 거부당하는 사람을 상담자는 구성원 간에 진정한 느낌이 교환되도록 격려할 필요가 있으며 집단 구성원에게 귀환반응(feedback)을 듣는 것이 바람직하다.

(1) 집단원들 간의 주도적 쟁탈

집단원들은 상대방의 부정적인 측면을 말하거나 비판하여 자신의 장점을 내세워 보다 지배적인 위치를 차지하려고도 한다. 상대방에 대한 이해나 수용을 하지 않고 지배적인 위치를 차지하기 위한 충고나 조언을 일삼기도 한다.

(2) 집단상담자에 대한 적대감, 저항

집단을 참여하기 전에는 상담자가 주로 자기만을 위해 존재할 것이라는 비현실적인 기대를 갖고 있다가 집단상담이 진행됨에 따라 자신의 기대와는 전혀 다르다는 것을 알게 되면 상담자에게 뿐만 아니라 다른 집단원에게도 적대감을 느낄 수 있다.

(3) 집단원들의 긴장과 불안

집단상담에서 무엇을 얻을 수 있을지 잘 모르는 집단원은 불안해하기 때문에 다른 사람 앞에서 자기를 드러내기를 두려워하며 불안이 어느정도 감소되면 집단원은 자기의 위치와 얼마나 집단을 잘 이용할 수 있을지에 대하여 긴장을 하게 된다.

(4) 방관자적 집단

집단과정에서 다른 사람을 관찰만 하고 있거나 무관심하여 발언을 하지 않는 방식의 적극적인 참여가 없거나 다른 구성원과 다르게 보이는 집단원이다.

(5) 거부당하는 집단원

집단의 초기 단계에서 유별난 행동이나 언어로 독단적으로 주목을 끌거나 다른사람에게 충격을 주려고 하기 때문에 집단 구성원은 대개 그런 행동을 액면 그대로 받아들이면서 쉽게 거부당하는 집단원이다.

이 단계에서는 집단원들이 집단의 경험을 통해 간접적이고 정당한 분노를 표현하는 방법을 알게 되고, 적절한 감정표현을 시도하는 방법을 배우면서 맹목적으로 자기주장을 해온 집단원은 다른 집단원의 피드백을 통한 그들의 주장이 대인관계에 어떠한 영향을 미치는지를 배우며, 서로 의견을 달리하고 의견교환을 만족하는 과정에서 자신이 택한 입장을 분명히 알 수 있으며, 타인의 공격과 압력에 대해 참는 것을 배우거나 타인과의 상호작용에서 좀 더 절충적으로 대응하는 방법을 알게 된다.

3) 작업 단계

작업단계는 집단상담의 가장 핵심적인 부분이라고 할 수 있으며 자신의 구체적인 문제를 활발히 논의하고 바람직한 관점, 행동 방안을 모색하고 높은 사기와 분명한 소속감을 갖게 하고 이해와 통찰 및 행동의 실천이 필요한 단계이다. 앞의 단계들이 잘 진행되고 있으면 대체로 작업단계는 순조롭게 진행되고 지도자는 한 발 물러나서 집단원들에게 작업을 맡기며 지켜볼 수도 있다. 집단이 작업단계에는 집단원들이 자기의 구체적인 문제를 집단에서 내어놓고 활발히 논의하며 바람직한 관점과 행동방안을 모색하여 도움을 받게 된다. 집단원들이 자기 자신을 위해 어떻게 집단에서 대처하고 있으며 다른 사람들을 돕기 위해 어떻게 자기의 생각을 구체적으로 기술하며 활용하는가에 대해 분명하게 알게 된다.

- 집단원들은 저항이나 불편감이 줄어든다.
- 응집력이 생기며 집단을 신뢰하게 된다.
- 신뢰관계가 충분하면 자발적으로 자기노출과 공감반응을 진심으로 하게 된다.
- 자신의 다양한 감정적 응어리를 토로하여 감정의 정화가 일어나는 도움을 받게 된다.

(1) 상담자의 역할

상담자는 집단원들이 대인관계를 분석하고 문제를 다루어나가는데 자신감을 얻도록 도와주는 존재이며, 집단원들이 자신에 대해 결정을 내려주기를 바라더라도 먼저 자신의 행동을 스스로 결정하도록 권장한다. 다른 집단원들이 한 집단원의 생각이나 선택을 강요하지 것을 방지하며 집단 밖에서 집단원의 문제를 나누고 싶어할 때 집단 안에서 충분히 나누고 비밀을 보장받을 수 있도록 한다.

(2) 집단단원의 역할

- 분명한 소속감과 높은 사기를 갖는 것이 필요함을 인식한다.

- 일상생활의 문제를 집단에 가져와서 해결할 수 있게 스스로의 결정을 보류한다.
- 집단에 대한 자부심이 점차로 커지고 집단이 결속되어 감에 따라 집단에서 정적감정표현을 억제하는 것을 방지한다.
- 집단 내에서의 언행에 대한 스스로의 책임을 가진다.
- 집단원들 간에 서로 경쟁적으로 도우려 하거나 명석한 통찰과 처방을 제공하는 분위기가 되지 않도록 주의해야 하며 진정한 자기감정의 표출과 교류가 어우러지도록 노력한다.
- 집단원들로 하여 행동의 실천이 가능하게 용기를 북돋아 주고 적극적이고 진솔한 지지를 한다.

3) 종결 단계

집단 과정에서 배운 것을 일상 생활에서 적용할 수 있다는 것과 자신을 보다 더 깊이 알고 자신과 타인을 수용하면서 살 수 있다는 것이 기본 원리이다. 또한 종결단계는 하나의 새로운 출발이라고도 볼 수 있다. 종결이 다가오는 것에 대한 느낌을 토의하는 것이 필요하며 집단 후 모임에 대한 책임에 대해서 미리 재교육하는 것이 필요하다. 상담자와 집단원들은 집단과정에서 배운 내용을 미래의 생활에 어떻게 적용할 것인가를 나누며 집단원 각자의 첫 면접기록과 현재의 상태를 비교한 후 일정한 정도의 진전이 있다면 상담자는 종결을 준비하며 집단에 참여할 때 정했던 목표가 달성되었는가를 다음과 같이 검토해 보게 한다.

- 집단 경험의 개관과 요약
- 집단원의 성장 및 변화에 대한 평가
- 이별 감정 및 미해결 사항의 취급
- 피드백 나누기
- 최종 마무리와 바람직한 작별 인사

(1) 분리감정 다루기

집단원들이 집단 외부에서도 의미있는 관계와 자신을 지지해 주는 집단을 형성할 수 있다는 사실을 알아도 이 집단이 해체되는 것에 대해 상실감과 슬픔을 느낄 수 있으며 응집력이 강한 집단이었다면 집단상담이 끝나가고 있다는 헤어짐으로 인한 슬픔을 직면하도록 하여 상담자가 격려해야 한다. 이별의 슬픔을 제대로 다루지 않고 넘어간다면 집단원들은 슬픔이나 상실감의 감정을 어떻게 다루는지 배울 수 있는 귀중한 기회를 놓칠 수 있다. 헤어짐에 대한 감정을 촉진시키기 위해 상담자는 촉진자로서 상담이 끝나는 것에 대한 상담자의 감정을 인식하고 솔직하게 다룰 때 집단원들이 슬픔의 감정을 제대로 표현하는 방법을 배우게 된다.

(2) 미해결 문제 다루기

집단상담 과정에서 집단원들이 가져온 문제가 모두 해결될 수는 없으며, 상담기간이 얼마 남지 않았을 때 집단원들에게 이 사실을 상기시켜주면 집단원들은 남은 시간 동안 각자 계획했던 바를 달성하려 할 것이며, 미해결 문제를 다른 집단상담이나 개인상담에서 탐색할 준비를 할 수도 있으며, 성공적인 집단은 과정에서 배우는 여러 문제 해결 방법을 배우는 가운데 미결된 과제는 다른 집단에서 도움을 받을 수 있다는 것을 알게 할 수도 있다.

(3) 집단경험 뒤돌아보기

집단원들에게 자신들이 겪었던 의미 있는 순간들을 떠 올려보게 하는 방법으로 잠시동안 그들이 함께 나누었던 순간들을 떠 올려보게 하는 것, 집단상담에 처음 왔을 때 느꼈던 순간들을 뒤돌아보게 하는 방법 중의 하나는 집단상담에 처음 왔을 때 느꼈던 감정을 되돌아보고 특별했거나 의미 있었다고 느껴지는 사건을 회상해보게 한다. 친밀감과 온정 유머 즐거움을 느꼈던 순간과 갈등이나 고통스러웠던 순간에서 자신이 겪었던 일들도 전체적으로 되돌아 볼 수 있게 하며 어떠한 어려움에서 어떻게 극복되었고 아쉬운 점이나 바람도 생각해보게 한다.

(4) 집단에서 배운 내용을 실생활에 옮기는 지침

집단상담은 목표를 세워 진행되나 다른 한편으로는 하나의 수단이라는 것을 인식하며 개인에 따라 변화는 천천히 눈에 띄지 않게 일어나기도 하며, 한 번의 집단상담 상담을 통하여 인생이 달라지기를 기대하지는 않을 것이다. 자신이 집단에서 깨달은 사실을 어떻게 할 것인지를 결정하고 스스로 생각하여 실천할 수 있게 노력하며 끊임없이 노력하고 성찰하여 보다 나은 자신의 삶을 선택하게 될 것이다.

(5) 상담자의 역할

- 집단에 대한 집단원 한 사람 한 사람의 의견을 소통하는 것이 필요
- 종결시기를 미리 정하지 않은 집단은 종결시점에 결정
- 점진적인 종결도 가능(회수를 조정가능)
- 향후 진행한 집단원들만 다음 집단을 원할 경우가 있으며 이럴 경우 집단원으로서의 책임과 자세에 대해 다시 자세히 강조
- 십단원이 거부당했다는 부정적 감정을 미리 방지
- 상담자의 향후 연락할 수 있는 방법을 개인의 동의를 받아 미리 공지
- 집단원들의 지속적인 긍정적 변화를 지지하고 격려
- 추수집단 일정에 대한 논의

2장

집단상담 기법

해리 설리번(Harry Sullivan(1892~1949)은 개인의 성격은 중요한 타인들과의 상호작용의 산물로서, 자신에게 주어진 역할을 적절히 수행하고 의무를 다할 뿐만 아니라 타인의 기대와 욕구에 부응하며 집단에서 낙오되지 않으려고 적응하는 사회적 존재라고 하였다. 그러므로 집단상담자는 집단원들과 신뢰로운 관계를 형성하고 집단원의 변화와 촉진을 위해 다양한 기법을 사용하고 집단의 발달시기에 따라 발생 되는 문제를 해결하기 위해 다양한 기법을 사용하여야 한다. 집단상담자가 실제 집단상담을 이끌기 위해서는 집단상담에 사용되는 다양한 기법이 필요하기 때문이다(천성문 외 2017). 위와 같이 집단상담자는 집단원들과 관계를 형성하고 집단원의 변화와 촉진을 위해 다양한 기법을 사용하고 집단의 발달시기에 따라 발생 되는 문제를 해결하기 위해 다양한 기법을 사용하여야 한다.

이 장에서는 집단상담이 진행되는 과정에서 사용되는 기본적인 의사소통 방법부터 집단원의 문제해결을 위한 개입 방법까지 활용 빈도나 중요도가 높은 개입 방법이라 할 수 있는 기법들을 중심으로 개념, 예시 효과 등을 살펴보고자 한다.

1. 집단상담 기법의 필요성

1) 집단상담 기법의 정의

집단상담 기법은 겉으로 드러나는 어떤 특별한 기술이나 방법만이 아니라 집단상담이 시작된 후, 집단원들이 가지고 있는 복잡한 심리과정을 이해하고 해결하기 위한 집단상담의 계획부터 사용되고 활용되는 모든 것이 집단상담의 기법이라 할 수 있다. 즉, 집단상담 기법은 집단을 도구로 삼아 집단상담 과정 중에 드러나는 구성원 간 의사소통의 상호작용, 집단원의 정서·행동, 상담자의 이론적 근거, 훈련경력 등 집단상담자가 집단 내에서 실시하는 모든 언어적·비언어적 메시지는 여러가지 의미를 가지고 있기때문에 집단상담 기법이라 정의할 수 있다.

2) 집단상담 기법의 필요성

집단상담에서 사용되는 기법 중 가장 핵심이 되는 것은 집단상담자 자신이기 때문에 집단상담자가 사용하는 기법이 효율적으로 사용되기 위해서는 집단상담자의 꾸준한 훈련과 지속적인 점검이 필요하다. 즉 집단상담자가 얼마나 많은 훈련이 되어있고, 얼마나 예민하게 알아차리며, 적절하게 반응하는가에 따라, 집단에 참여한 집단원들의 경험과 성장에 중요한 영향을 미치기 때문이다.

집단이 시작되면, 집단상담자와 집단원 또는 집단원과 집단원 사이에는 여러 가지 상호작용이 발생한다. 집단과정 중에 일어나는 집단상담자의 말과 행동 즉 의사소통, 대인관계, 문제해결 등과 경청, 존중, 배려, 공감, 질문, 긍정적 피드백 등의 다양한 행동은 심리적·발달적 어려움을 겪는 집단원들에게는 적극적 참여와 적극적 행동을 촉진하는 동기가 되기도 하며 학습의 좋은 모델링이 될 수 있다.

따라서 집단상담에서 집단상담자가 특별한 기법을 집단원에게 사용하기 위해서는 그 기법에 대해 충분히 이해시켜 주는 것이 필요하며, 집단원에게 실시되는 기법에 대해 설명하고 사용에 관해 의견을 묻는 것도 중요하고 필요하다.

3) 집단상담기법의 역할 및 유의점

집단상담이 진행되면, 집단원과 집단원, 집단상담자와 집단원 간의 여러 가지 진솔한 상호작용이 발생한다. 이때 일어나는 상호작용을 더욱 활발하게 하여, 서로를 의미있게 이해하고 접근할 수 있도록 돕는 것이 집단상담기법이다. 그래서 집단상담 장면에서 집단상담자는 집단원들의 마음의 갈등 또는 문제의 해결, 대인관계의 어려움을 극복하도록 해야 하며, 집단응집력의 향상과 자신의 탐색 및 자기개방에 도움을 주며, 억압되었던 잠재 능력을 개발하여 높은 단계의 인간적 성숙을 가져다주도록 도움을 주어야 한다.

따라서 집단상담자는 집단원에게 다루어지지 않았던 정서적, 행동적, 인지적 정보들을 구체적으로 확보하여, 집단상담의 목표를 이룰 수 있도록 집단상담 행동지침에 대한 기초개념을 명확히 파악하여 집단의 흐름과 집단원 간의 역동을 면밀하게 파악할 수 있어야 한다.

집단상담에서 기법이 하는 역할을 간단하면 제시하면 다음과 같다.

첫째, 집단상담의 목표 달성에 도움을 준다. 둘째, 집단원 간의 의사소통을 원활하게 한다. 셋째, 집단원의 내면 탐색에 도움을 준다. 넷째, 집단원의 변화 촉진에 도움을 준다. 다섯째, 집단상담 과정 중 발생하는 문제해결 활용에 도움을 준다.

집단상담자는 집단원의 관계를 형성하고 집단원의 변화 촉진을 위해, 발생하는 문제를 해결하기 위하여 다양한 기법을 사용한다. 집단상담기법의 잘못된 활용으로 집단원에게 정서적인 손상과 집단역동 및 집단발달에도 부정적인 영향을 끼칠 수 있다. 즉 집단상담자는 자신의 집단기법을 자신의 능력과 창의성을 충분히 발휘하여 집단활동에서 자연스럽게 진행 시켜 집단발달을 도모해야 한다. 이러한 집단상담기법을 활용하기 위한 유의점을 살펴보면 다음과 같다(이현림 외 2015).

첫째, 집단을 효과적으로 진행하는 수단으로 사용하여야 한다. 둘째, 집단의 발전단계를 고려하여 도입해야 한다. 셋째, 적절한 시기에 활용하여야 한다. 넷째, 집단원의 감정을 심화시킬 수 있도록 활용해야 한다. 다섯째, 비언어적 의사소통을 지양해야 한다. 여섯째, 문화적 다양성을 고려하여 집단원의 요구에 맞는 기술과 언어를 활용해야 한다.

2. 집단상담 기법의 유형

집단상담에는 다양한 이론들과 유형 및 기법들이 있고, 집단상담자가 되기 위해서는 갖추어야 할 여러 가지 자질들이 있다. 집단상담자가 아무리 다양한 이론을 습득하고 자질을 갖춘다고 해서 집단을 효율적으로 이끌기 어렵다. 즉, 실제 집단상담을 이끌기 위해서는 집단상담에 사용되는 다양한 기법이 필요하기 때문이다(천성문 외, 2017).

다양한 기법으로 접근할 수 있는 이유는 집단상담 기법이 어떤 특정한 목표나 특정한 단계에서만 사용되지 않기 때문이다. 그러므로 집단상담자가 어떤 기준을 가지느냐가 중요하다. 따라서, 집단기법의 유형은 집단상담 장면에서 집단원들에게 어떠한 유익을 주는가? 어떤 방법으로 변화시키는가? 에 대한 집단의 목적과 목표, 집단원들의 관심사, 주제에 따라 다양하게 나뉜다.

1) 집단상담의 흐름

집단상담은 서로 다른 집단상담자와 이론을 밑바탕에 가지고 있다 하더라도 어느 정도 정해진 발달단계를 따라 성장하는 일반적인 특징이 있고, 그에 따른 집단상담 기법들이 있다. 일반적으로 집단상담이 시작되면 다음과 같은 흐름이 진행된다(천성문 외, 2017).

집단상담의 시작 → 분위기 조성 → 의사소통과 상호작용 → 집단상담 마무리

[그림 2-1] 집단상담의 흐름

[그림 2-1]에서 제시한 집단상담의 흐름은 집단상담 전체의 흐름일 뿐만 아니라 한 회기의 흐름이기도 하다. 이 장에서는 집단상담의 보편적이고 일반적인 흐름을 중심으로 각 단계에서 사용될 수 있는 집단상담 흐름에 따른 기법들을 살펴보고자 한다.

〈표 2-1〉 집단상담 흐름에 따른 집단상담의 기법

집단상담의 발달단계	초기 단계	과도기 단계	작업 단계	종결 단계
발달단계별 특징	집단상담의 시작	분위기 조성	의사소통과 상호작용	집단상담 마무리
집단상담 기법	• 구조화 • 참여촉진	• 분위기 조성 • 지지와 격려 • 초점 맞추기 • 지금- 여기 알아차리기 • 피드백 • 중지와 연결	• 관심 기울이기 • 경청 • 공감적 반응 • 명료화 • 질문 • 요약 • 재진술 • 즉시성	• 분리감정 • 미해결 문제 • 집단경험 돌아보기 • 집단평가

3. 집단상담 기법

집단상담자는 집단 지도를 위한 기본적인 기술뿐만 아니라 집단의 각 발달단계와 상황에 적합한 집단상담의 기술을 배우고 익혀서 효과적으로 활용할 수 있도록 해야 할 것이다. 이를 위해서 집단상담자는 다양한 집단경험을 쌓을 뿐 아니라, 전문가로서 지도 감독을 받을 필요가 있다(정성란 외, 2019 재인용).

여기서는 집단상담자의 의사소통 기법과 주요 개입 기법의 두 가지 측면에서 집단상담 기법을 제시하고자 한다. 주요 개입 기법은 집단상담 장면에서 활용 빈도나 중요도가 높은 개입 방법이라 할 수 있는 것을 제시하였다.

코리와 코리(Corey & Corey, 1995)는 집단상담 초기 단계, 과도기 단계, 작업 단계, 종결 단계, 등 각 단계에서 나타날 수 있는 주된 특성과 현상을 중심으로 개입 방법 및 집단 지도 기술을 제시하였다(김명권 외, 2000 재인용). 예를 들면, 과도기 단계에서 저항을 다루기 위한 개입으로 전이와 역전이 다루기, 전체 집단의 저항을 다루기 위한 개입, 치료적 관계 형성을 위한 지침 등을 제시하였다.

글래딩(Gladding, 1991)은 핵심적인 집단지도력 기술 16가지를 제시하였다. 구체적으로 살펴보면 집단원을 격려한다, 집단과정에서 일어나는 일들을 관찰하고 확인한다. 집단원들의 행동에 주의를 기울여 파악하고 인식한다, 집단원들의 진술을 명료화하고 요약한다, 집단회기를 시작하고 종결한다, 집단에서 피드백을 주고 받는다, 집단에서 개방형 질문을 사용한다, 집단원들을 공감한다.

여기서는 집단작업전문가학회(Association for Specialists in Group Work)의 '집단 지도자들의 훈련을 위한 전문적 기준'을 중심으로 집단 지도력 기술을 제시한 것으로, 주로 효과적인 의사소통 기법과 관련된 내용을 제시하였다.

코리와 코리(Corey & Corey, 2004)는 집단상담 기술은 수단이지 목표가 아니라고 하였으며, 집단원과 지도자 그리고 그들 사이의 상호작용에 강조점을 두면서, 집단의 도입 및 초기 단계, 전환 단계, 작업 단계, 종결 단계와 각 단계에서 필요로 하는 적절한 기법들을 제시하였다. 예를 들면, 작업 단계를 위한 기법에 떠오르는 주제를 작업하기, 집단원들이 동시에 보이는 강렬한 정서다루기, 투사와 자기인식의 문제를 작업하기 등의 개입 기술을 제시하였다. 여기에서는 각 발달단계에서 나타날 수 있는 특성과 현상을 중심으로 가장 적절하고 효과적인 집단상담의 개입 기술을 제시한 것이다.

이형득(2006)은 집단상담의 기술로 관심 기울이기, 공감적 반응하기, 자기노출하기, 피드백 주고받기, 맞닥뜨리기, 경청하기, 반영하기, 명료화하기, 요약하기, 해석하기, 질문하기, 연결하기, 마음으로 지지해 주기, 행동 제한하기, 촉진하기, 강화하기, 전이 다루기, 역전이 다루기, 적시성에 유의하기를 제시하였다.

이는 신뢰롭고 수용적인 분위기 속에서 치료적 효과를 이끌어 내기 위한 촉진적인 개입 반응으로 효과적인 의사소통 기법을 제시하고 있다.

강진령(2011)은 집단상담의 기술로 변화 촉진, 분위기 조성 기술, 과정 기술, 내용 기술, 비언어 기술, 문제 상황의 개입 방법을 제시하였다.

변화 촉진 분위기 조성 기술에는 적극적 경청, 공감적 이해, 초점 맞추기, 모델링, 적극적 참여유도를 들었다. 과정 기술로는 구조화, 진단, 연결, 차단, 피드백, 보편화, 지금-여기에의 상호작용 촉진, 지지· 격려, 종결, 평가를 제시하였다. 내용 기술에는 명료화, 재진술, 반영, 요약, 질문, 직면, 해석, 정보 제공, 자기표현 등을 제시하였다. 집단기술을 향상시키는 일은 지속적인 과정이다. 집단에서 어떤 기술이 어떤 상황에서 필요한지 구체적으로 명료화하고 세분화한 후, 각 장면이나 상황에 적절한 개입 기술을 제시하는데, 주로 촉진적이고 효과적인 집단상담자의 의사소통 기법에 강조점을 두었다고 할 수 있다.

천성문, 함경애, 박명숙, 김미옥(2017)은 집단상담 기법을 상담자의 이론적 근거와 훈련 배경에 따라 집단 내에서 집단상담자가 실시하는 언어적 ·비언어적 메시지 등을 포함한 모든 행위라고 하였다. 집단상담기법의 역할은 집단원들의 집단참여와 적극적 행동 촉진, 집단상담 목표 달성에 도움, 집단원 간의 의사소통을 원활하게 함, 문제해결에 활용, 집단원의 내면탐색에 도움을 주는 것이다. 집단상담의 기법은 집단발달단계에 따라 제시하였으며, 추가로 침묵하는 집단원, 적대적 행동으로 집단을 방해하는 집단원 등 집단원의 문제행동을 다루기 위한 기법도 제시했다.

이상에서 살펴본 바와 같이 집단상담 기법은 집단상담자가 어떤 이론적 근거를 가지고 있는가, 혹은 무엇에 더 강조점을 두는가에 따라 적용에서 차이가 난다는 것을 알 수 있다.

집단상담 기법을 제시한 선행연구들을 살펴보면, 주로 집단상담자의 의사소통 기법에 강조를 주었거나(Jacobs, Masson, & Harvill, 1994; 이형득 외 2006;, 이장호, 강숙정, 2011; 강진령, 2011; 노안영, 2011), 혹은 집단상담의 발달단계를 중심으로 각 발달단계에서 나타날 수 있는 특성과 과제를 중심으로 제시된 개입기술(Corey & Corey, 2004; 이윤주 외, 2000; 이장호, 2011)로 구분하여 정리할 수 있다.

이 장에서는 집단상담의 시작을 돕는 기법, 집단상담의 분위기를 조성하는 기법, 의사소통과 상호작용을 촉진하는 기법, 집단원의 문제행동을 다루기 위한 기법, 집단상담의 종결을 돕는 기법을 제시하고자 한다.

1) 집단상담의 시작을 돕는 기법

집단상담자가 집단상담을 이끌기 위해서는 집단상담에 사용되는 다양한 기법이 필요하다(천성문 외, 2017). 집단을 시작할 때 집단상담자는 집단원에게 적극적 경청을 바탕으로 면밀한 관찰을 통해 집단역동을 파악하고, 집단상담에 대해 상세하게 안내하여 집단원이 집단상담에 적극적으로 참여할 수 있도록 도와야 한다. 집단상담의 초기에 이루어지는 활동을 통해 집단상담자는 집단원들에게 오리엔테이션을 할 수 있고 집단상담에 대한 동기부여를 할 수 있다.

(1) 구조화

① 구조화의 정의

집단상담을 시작할 때 가장 먼저 사용되는 기법인 구조화는 효율적인 집난상담을 진행하기 위하여 집단상담의 기본적인 진행 과정과 방법, 집단원으로서 지켜야 할 일 등을 집단원에게 안내하거나 설명하는 것이다.

② 구조화의 내용

- 집단상담 안내: 집단상담자 소개, 집단상담의 목적과 목표, 집단상담 일정
- 집단상담 진행방법: 집단상담자의 역할, 집단원의 적극적 참여, 개인 개방에 대한 선택
- 집단상담 시 유의 사항: 언어와 행동에 대한 책임, 집단상담 내 규칙 준수, 비밀 유지

③ 구조화의 효과

- 집단원들의 집단상담 진행 등 전반적인 정보획득과 불안 감소 효과가 있다.
- 집단상담 참여에 대한 학습 및 적극적인 참여 분위기 조성에 효과가 있다.

(2) 참여 촉진

① 참여 촉진의 정의

집단에 대한 두려움이 있거나 집단에 참여할 준비가 되어 있지 않아 적극적으로 참여할 준비가 되지 않은 집단원에게 참여에 대한 부담을 느끼지 않으면서 집단 장면에 들어올 수 있도록 돕는 과정이다.

② 참여 촉진의 효과

- 집단원 자신에 대한 탐색 및 자기개방에 도움을 준다.
- 집단상담의 응집력 향상된다.

⊙ 참여촉진의 예)

집단상담자: 조금 전 우리가 나누었던 것에 대해 어떻게 생각하시나요?

집단원: 뭐 색다른 것은 없는 것 같아요.

집단상담자: 색다르지 않아도 좋아요. 서로의 생각을 나누는 것이니까 혹시 괜찮으시다면 지금 생각을 집단원들에게 이야기해 주세요.

2) 집단상담의 분위기를 조성하는 기법

집단상담을 이끌기 위해서는 집단상담에 사용되는 다양한 기법이 필요하다(천성문 외, 2017). 집단상담 오리엔테이션 이후 본격적인 집단상담이 진행되면 자신의 내면을 들여다보기를 두려워하거나 다양한 방어적 행동이 나타날 수 있다. 집단상담자는 집단원들이 집단상담에 집중할 수 있도록 분위기를 조성한 다음, 문제에 초점을 맞추고, 지지와 격려, 피드백 등을 통해 집단상담에 서서히 적응할 수 있도록 도와야 한다.

(1) 분위기 조성

① 분위기 조성의 정의

집단상담 초기에 집단상담자의 말이나 행동을 통해 집단상담 프로그램에 집중할 수 있는 분위기가 조성된다면 이것이 학습 되어 이후 회기 진행에서도 좀 더 수월하게 집단상담에 집중할 수 있는 분위기를 조성할 수 있다.

▣ **분위기 조성의 예)**

- 분위기 조성에 방해가 되는 요소 제거하기

 집단상담자: 지금부터 집단상담을 시작하겠습니다. 잠시 휴대폰을 끄거나 진동 모드로 바꾸어 주십시오.

- 집단원들 간의 지지적인 분위기 조성

 집단상담자: 서로 얼굴표정이 보이도록 가까이 앉아 주시고, 앞, 양옆에 앉으신 분들에게 각자 간단한 인사를 하면서 집단을 시작하겠습니다.

② 분위기 조성의 효과

- 집단상담에 방해가 되는 요소 제거에 도움
- 집단원들 간의 지지적인 분위기 조성에 도움

(2) 지지와 격려

① 지지와 격려의 정의

집단원이 자신의 이야기를 용기 내어 계속할 수 있게 하여 자신을 탐색 하도록 놉고, 힘든 이야기를 하거나 감정적으로 어려움을 겪고 있을 때 집단원의 어려움을 이해하고 응원하는 기법이다. 하지만 지나치게 빠른 지지와 격려가 이루어지면, 집단원이 자신의 감정과 내면에 대한 탐색을 중단할 경우가 생길 수 있어 주의해야 한다.

▣ **지지와 격려의 예)**

집단원: 오늘 업무 중 있었던 속상한 이야기를 하고 싶은데 말이 안 나와요.

집단상담자: 어떤 점이 표현하기가 힘든지요?

집단원: 다시 그 일을 다시 떠올리는 것이 정말 힘드네요. 눈물부터 나와요.

집단상담자: 이야기를 떠올리는 것조차 싫을 만큼 힘들었군요! 어떤 상황에서인지 구체적으로 표현해 준다면 우리도 함께 당신의 억울하고 속상한 마음을 이해할 수 있을 것 같아요.

② 지지와 격려의 효과

- 집단상담에 대한 신뢰감 형성에 도움
- 집단원 자신에 대한 탐색에 도움

(3) 초점 맞추기

① 초점 맞추기의 정의

집단상담이나 각 회기별 목적에 맞는 주제의 이야기가 진행될 때 집단원들이 집중하고 있는 활동, 감정에 집중해서 이야기할 수 있도록 돕거나, 주제에 벗어난 이야기가 진행되면 중단하거나 차단하고 주제에 집중하도록 돕는 기법이다.

▣ 주제에서 벗어난 내용 차단의 예)

집단원: 사람들의 생각들이 참 다양하네요.

집단상담자: 그렇지요? 우린 조금 전에 한 활동에 대해 각자의 느낌을 이야기하고 있어요. ○○님의 느낌도 들려주면 좋을 것 같아요.

▣ 회기별 주제에 집중의 예)

집단원: 저는 제가 다니는 직장 사람들과 문제가 많다고 생각해요. 여러분들도 그런가요?

집단상담원: ○○님이 대인관계에서 어려움을 겪으신다는 말이군요. 어떤 특정한 사람이나 상황에서 어려움을 겪는지 좀 더 구체적으로 이야기해 주신다면 ○○님의 어려움을 분명하게 알 수 있을 것 같아요.

② 초점 맞추기의 효과

- 집단상담에 집중하게 함으로써 회기별 목표 달성에 도움
- 집단상담의 분위기 형성에 도움을 주어, 집단원의 내면 탐색이 이루어짐

(4) 지금-여기 알아차리기

① 지금-여기 알아차리기 정의

지금-여기는 집단상담 장면에서 발생하는 사건이나 감정은 과거와 관련된 생

각과 감정을 좀 더 생생하게 알아차리고, 자신의 문제를 탐색할 수 있는 유용한 기회가 될 수 있으므로 집단상담자는 집단원들이 집단상담 장면에서 자기문제와 감정들이 어떻게 연결되는지 탐색하고 경험할 수 있도록 도와주는 것이다.

▣ 현재에 집중하기의 예)

집단원: 저는 어려서부터 혼자 있는 게 좋았어요. 사람들 속에 있으면 머리가 아파서 어떻게 해야 할지 힘들어요.

집단상담자: 그렇군요. 과거의 경험들이 ○○님에게 영향을 받았을 수도 있는데 현재 집단상담에 참여할 때는 어떤 상태인지 궁금하군요.

② 지금-여기 알아차리기 효과

- 과거와 현재의 경험을 연결하여 자신의 감정을 이해할 수 있음
- 자신의 문제탐색에 집중할 수 있음

(5) 피드백

① 피드백의 정의

피드백은 집단원의 행동, 사고, 감정 등에 대한 언어적 반응을 의미한다. 집단상담자는 피드백을 줄 때 평가나 가치 판단적인 내용보다는 관찰 가능한 사실을 즉시 피드백하는 것이 좋다. 즉, 집단상담자의 피드백은 다른 집단원에게 모델링이 될 수 있기 때문에, 긍정적이든 부정적이든 집단원이 수용할 수 있을 때 피드백을 주는 것이 효과적이다.

▣ 피드백 하기의 예)

집단원: 저는 사람들 앞에서 이야기하는 것이 조심스러워요.

집단상담자: 네. 그래서 오늘 집단상담이 시작될 때부터 지금까지 아무런 말도 하지 않으셨던 건가요?

집단원: 그렇게 보였나요? 그럴지도 몰라요.

집단상담자: 지금 참여하시는 모습도 굉장히 조심스러워 보여요. 혹시, 본인이 말할 때마다 책상 아래만 바라보고 있다는 걸 알고 있나요?

▣ 피드백 받기의 예)

- 제 말은 그런 뜻이 아니었는데, ○○님의 말씀을 들으니 그렇게 이해할 수 도 있을 것 같아요.
- 솔직하게 말씀해 주셔서 감사해요. 다시 저를 돌아보는 계기가 된 것 같아요.

② 피드백의 효과

- 집단원의 변화가 되는 계기 제공함
- 집단상담자와 집단원에 대한 신뢰감 형성
- 집단원들에 내면 탐색의 기회를 부여하게 됨

③ 피드백의 유의점

- 집단원들에 대한 판단이나 평가가 반영된 피드백은 하지 않는다.
- 지금-여기 집단상담 안에서 일어난 일에 대해서만 피드백한다.

(6) 중지와 연결

① 중지와 연결의 정의

중지는 집단상담의 목적에서 벗어나는 이야기, 중요하지 않은 일에 대한 논쟁, 반복되는 의미 없는 이야기 등이 이어지거나 한 집단원이 너무 많은 시간을 사용할 때 집단상담자는 집단원들의 의사소통을 멈추게 할 수 있다.

연결은 집단원끼리 비슷한 행동이나 이야기할 때 집단상담자가 집단원끼리 연결하여 관련성을 찾아보도록 하여 좀 더 효율적인 의사소통이 이루어질 수 있도록 돕는 기법이다.

▣ 중지의 예)

집단원 1: 저는 어렸을 때부터 가정 형편이 어려워서 아르바이트를 하지 않고 서는 생활할 수가 없었어요.

집단원 2: 아이고 저런…… 정말 많이 힘들었겠어요?

집단원 1: 네. 정말 많이 힘들었어요.

집단원 2: 그렇군요. 지금도 집안 형편이 많이 어렵다면 제가 좀 돕고 싶네요.

집단상담자: 잠시만요. 지금 집단원 2의 이야기가 어떻게 느껴지는지 말해 주실 분 계신가요?

집단원 2: 제가 말을 잘못했나요? 저는 그저 ○○님을 위로해 주고 도움이 되고 싶었을 뿐이에요.

집단상담자: ○○님이 힘든 상황에 대해 위로해 주고 싶은 마음은 알겠어요. ○○님의 그 마음이 다른 집단원에게는 어떻게 전달되었는지 확인해 보는 것도 중요할 것 같아요.

▣ **연결의 예)**

- ○○님이 직장상사와 어려움을 겪고 있다는 이야기는 ○○님이 아버지와 갈등을 겪고 있다는 이야기와 비슷한 점이 많은 것 같아요. 상대에 대한 기대만큼 실망도 커서 지금 관계에도 영향을 미치고 있다고 들립니다.
- ○○님의 이야기를 듣고 있다 보면 ○○님이 지난 회기 때 이야기했던 것과 비슷한 점들이 많은 것 같아요.

② 중지와 연결의 효과

- 집단에 집중하기 및 자신의 내면 탐색에 도움
- 집단원들의 상호작용과 응집력 향상
- 집단원들에게 보편화 경험의 기회 제공

3) 의사소통과 상호작용을 촉진하는 기법

(1) 관심기울이기

① 관심 기울이기 정의

집단상담자의 자세, 시선 표정 등을 통해 집단원에게 지속적인 관심을 나타내는 행위이다. 집단상담자가 집단원 전체를 살펴보는 시선, 집단원이 이야기 할 때 고개를 끄덕이거나 간단하게 하는 응답은 말을 하고 있는 집단원만이 아니라, 그 집단에 참여하고 있는 집단원 전체에게 집단상담자의 마음을 전달하는 방법이자 의사소통에 대한 의미 있는 모델링이 된다.

② 관심기울이기 내용

- 표정: 자연스러운 표정으로 자신의 감정이 진정성을 드러나게 함
- 목소리: 온화한 목소리와 적절한 속도로 말해야 함
- 시선: 따뜻한 시선으로 이야기하는 집단원을 바라보거나 그렇지 않을 경우 집단원 전체를 바라봐야 함
- 자세: 편안한 자세로 집단원을 향해 몸을 기울임
- 끄덕임: 집단원의 이야기에 고개를 적절하게 고개를 끄덕여야 함. 고개를 옆으로 흔드는 경우 부정의 의미로 받아들일 수 있어 주의해야 함

③ 관심기울이기 효과

- 집단상담에 대한 신뢰감이 형성됨
- 집단원들의 방어적인 행동들을 감소시켜서 의사소통에 모델링이 됨

(2) 경청

① 경청의 정의

경청은 집단상담자가 집단원의 말을 귀담아듣는 행위로 단순히 듣기만 하는 것이 아니라 집단원이 전달하고자 하는 말의 내용, 그 말에 숨겨져 있는 정서나 동기까지 알아차리는 것이 포함하기 때문에 적극적 듣기라고 할 수 있다. 언어적 의사소통이 중심이 되는 경청은 집단상담에서 공감, 질문, 요약, 명료화 등의 기법들을 제대로 사용할 수 있다.

② 경청을 방해하는 요인

- 집단원의 말을 마음보다는 머리로 들으며 판단하고 평가하는 경우
- 집단원의 말보다 집단상담자 자신이 해야 할 말에 더 신경을 쓰는 경우
- 집단원들의 말에 의무적이거나 집단상담자의 호기심을 충족하기 위한 경우

③ 경청의 효과

- 집단원들의 의사소통을 촉진 시켜서 신뢰로운 관계 형성
- 타인에 대해 올바른 이해를 돕는 기회 제공

④ 경청의 유의점

- 집단원의 이야기를 듣기에만 집중하여, 판단하거나 평가하지 않는다.
- 집단원의 이야기는 집단상담자의 자신의 경험에 비추어 생각하지 않는다.

(3) 공감적 반응

① 공감적 반응의 정의

공감은 집단상담자의 내면에서 일어나는 깊은 수준의 이해와 수용을 통해 이루어진다. 공감적 반응은 집단원이 경험한 주관적인 세계를 집단상담자가 인식하고 이해하는 것으로, 간혹, 집단원들이 자신의 심리적 상처가 치유되는 경험을 하기도 한다.

② 공감적 반응의 목적

- 자기 탐색의 기회를 제공한다.
- 타인에 의해 수용되는 경험으로 심리적 치유에 도움을 준다.

③ 공감적 반응의 내용

- 메시지에 담겨 있는 집단원의 감정, 태도, 신념

예 집단원: 집에 가면 혼자 지내는 시간이 많아요. 가족들은 각자 직장 일로 바빠서 이번 일도 함께 의논할 수가 없었어요.

집단상담자: 가족에게 의논하고 도움받고 싶은데 의논 상대가 없어서, 많이 답답하고 외롭군요.

- 겉으로 드러나지 않은 숨겨진 의미

예 집단원: 요즈음은 남편이 많이 원망스럽네요. 아이 돌보고 살림하느라 힘든데, 남편은 주말마다 회사 일이라면서 등산, 낚시를 가고 없어서 우울하네요.

집단상담자: 한편으로는 '내가 왜 이렇게 살고 있나!' 하는 생각도 들고, 결혼생활이 후회되고, 한편으로는 남편이 원망스럽기도 하고, 가끔은 자괴감도 들겠네요.

④ **공감적 반응의 효과**

- 문제해결을 위한 새로운 행동 시도와 자기 노출을 할 수 있는 용기 부여
- 다른 집단원의 피드백 수용과 집단상담에서 좀 더 적극적 참여 계기가 됨

(4) 명료화

① **명료화의 정의**

집단원이 자신의 감정이나 생각을 파악하지 못하고 있을 때 분명하게 말하지 않은 부분에 대해 좀 더 구체적이고 명료하게 표현하도록 돕는 기법이다. 집단상담자는 집단원이 이야기한 내용 중에서 핵심 내용이나 감정을 찾아내어 집단원이 그 문제에 대해 인식하고 이해하도록 돕는 것이다.

② **명료화의 내용**

- 표현이 모호한 경우

  예 집단원: 이전 집단은 참여하지 않는 편이 나았던 것 같아요.

  집단상담자: 그렇다면 집단상담에 참여하지 않는 편이 나았을 것 같은 생각에 대해 좀 더 구체적으로 말씀해 줄 수 있을까요?

- 일반적인 내용이라 구체적인 파악이 필요한 경우

  예 집단원: 어린 시절을 떠올려보면, 아버지와 보냈던 시간은 좋았던 것 같아요.

  집단상담자: 어린 시절이 더 좋았다는 건 어떤 면에서인지 좀 더 구체적으로 이야기 해 주시겠어요?

③ **명료화의 효과**

- 집단원 간의 구체적 의사소통과 친밀감 촉진에 도움.
- 집단원이 집단상담자의 표현을 정확하게 이해하고 있는지 확인에 도움.

(5) 질문

① **질문의 정의**

질문은 집단원의 이야기에 대해 정확히 이해하기 위해 되묻거나 집단원의 내

면탐색 등 어떤 사실이나 상황에 대한 정확한 정보를 얻을 목적으로 사용된다. 질문은 목적과 의도에 따라 그 방법이 다양하므로 적절하게 선택하여 사용하는 것이 좋다.

② 질문의 내용

- 문제해결을 위한 개입적 질문
- 집단원의 내면을 탐색하기 위한 질문
- 질문하는 형태에 따라: 폐쇄 질문, 개방 질문
- 정보 수집 내용에 따라: 단순 질문, 복잡 질문

▣ 문제해결을 위한 개입적 질문

- 문제해결을 위해 상사와 어떤 노력을 해 보셨나요?
- 지금 집단에서 무엇을 해결하고 싶으신가요

▣ 집단원의 내면을 탐색하기 위한 질문

- 처음 그 이야기를 했을 때와 비교해서 지금은 어떤가요?

▣ 질문하는 형태에 따른 질문

- 폐쇄 질문:
  - 이번에 겪은 일 때문에 당황스러우시죠?
- 개방 질문:
  - 이번에 겪은 일에 대해 어떻게 생각하세요?

▣ 정보 수집을 위한 질문

- 단순 질문: 단순한 정보를 얻기 위한 질문
  - 집단상담은 이번이 몇 번째인가요?
- 복잡 질문: 정서, 문제해결 등에 대한 정보를 얻기 위한 질문
  - 남편의 행동에 대해 어떻게 생각하세요?

▣ 질문하는 형태에 따른 질문

- 폐쇄 질문:
  - 지금 화가 나시나요?

– 이번에 겪은 일 때문에 당황스러우시죠?

• 개방 질문:

– 지금 기분은 어떠세요?

– 이번에 겪은 일에 대해 어떻게 생각하세요?

▣ **'왜'를 대신 하는 질문**

• 왜 그런 말을 하시죠?

⇒ ○○님이 그런 말을 할 때는 어떤 이유가 있을 것 같아요. 말해 줄 수 있나요?

▣ **척도로 하는 질문**

집단상담자: 이제 집단을 시작하려고 하는데 기분이 어떠세요?

집단원: 긴장돼요.

집단상담자: 얼마나 긴장되세요?

집단원: 글쎄요. 잘 모르겠어요.

집단상담자: 그럼 아주 긴장돼서 아무것도 할 수 없을 것 같은 상태를 1점이라고 하고, 전혀 긴장되지 않은 상태를 10점이라고 한다면 ○○님은 몇 점 정도일 것 같나요?

③ 질문의 효과

• 사실적인 정보 탐색

• 집단원에 대한 인지, 정서, 행동의 정확한 이해

④ 효과적으로 질문하기

• 한 번에 하나씩 질문한다

• '왜'보다는 '누가,' '언제', '어디서', '무엇을', '어떻게'에 대해 질문한다.

• 무엇을 묻는지 분명하게 알 수 있도록 명료하게 질문한다.

(6) 요약

① 요약의 정의

요약은 집단원이 말한 내용이 길거나 복합적이어서 한 번에 이해하기 어렵거나, 이야기의 초점이 흔들린다거나, 말한 내용이 아주 중요하거나 할 때 사용하는 기법이다. 그 외에 집단상담자가 집단 회기마다 집단이 마무리될 때, 한 회기 활동 목적과 내용에 대해 요약해 줄 때 사용하기도 한다.

② 요약의 내용

- 집단원의 이야기 정리
- 집단회기의 활동 정리

▣ 집단원의 이야기 정리

집단원: 요즘은 출근하기가 너무 싫어요. 회사 상사가 다른 부서와 비교도 할 부분이 아닌데 비교를 하시고, 제가 맡은 업무가 너무 많아서 일에 시달리기도 하고, 체력적으로도 지쳐요. 이제와서 다른 직장을 알아본다는 것도 쉽지 않고...

집단상담자: 나름대로 열심히 일하고 있는데 많은 요구를 하셔서 속상하고 억울하다는 말이군요.

▣ 집단회기의 활동정리

- 오늘 집단상담을 마치기 전에 이번 회기의 경험한 느낌을 나누어 보기로 하겠습니다
- 이제 집단 회기를 마무리하려고 합니다. 오늘 집단활동에서 도움이 되었거나 혹시 불편했던 점에 대해서 이야기를 나누어 보았으면 합니다.

③ 요약의 효과

- 집단원이 하고자 하는 주제를 드러내어 내용을 정리, 확인에 도움.
- 집단 회기를 통해 변화된 집단원 자신을 탐색하는 데 도움.

(7) 재진술

① 재진술의 정의

집단상담자는 집단원이 이야기한 상황, 사건, 경험, 생각, 행동, 감정 등을 동일한 내용의 다른 말로 바꾸어 다시 말해 주는 기법이다. 집단원의 이야기 중에 중요하다고 생각되는 부분을 집단상담자 자신의 언어로 재구성는 기법으로 '내용 되돌려 주기' 또는 '앵무새 기법'이라고 부르기도 한다.

② 재진술의 표현

- 사람에 대한 재진술: 그 사람에 대해 ~하게 여기는군요.
- 행동에 대한 재진술: ○○에 대해 ~하게 생각하는군요.
- 상황에 대한 재진술: ○○이 ~하게 되었군요.

▣ 재진술의 예)

집단원: 저의 아버지는 평소에는 정말 잘해 주시다가 어떤 때는 별일 아닌데 심하게 화를 내세요. 그래서 요즘은 아버지가 아닌 다른 사람들에게도 자꾸 눈치를 보게 돼요.

집단상담자: 어떤 모습이 진짜 아버지의 모습인지 모르겠다는 말이군요. (사람에 대한 재진술)

집단상담자: 아버지의 행동에 일관성이 없다는 말이군요.(행동에 대한 재진술)

집단상담자: 아버지의 일관성 없는 행동의 영향으로 현재 대인관계에서 영향을 준다는 말이군요.(상황에 대한 재진술)

③ 재진술에 대한 효과

- 집단원이 전달하고자 하는 내용 이해
- 집단원 스스로 이야기의 핵심을 깨달음

(8) 즉시성

① 즉시성의 정의

집단상담에서는 다양한 이야기를 나누게 되는데, 여러 사람들이 함께 이야기를 나누다 보면 정말 중요하게 다루어야 할 이야기와 내용들이 있다. 그래서 집단상담자는 지금-여기를 최대한 집중하여 집단원들끼리 주고받는 메시지들에 반응하고, 질문하고, 직면하고, 해석해 주는 것이 즉시성이다.

▣ **즉시성의 예)**

집단상담자: ○○님이 이야기하는 동안 ⊙⊙님의 표정이 어두워지셨는데 지금 어떠한 느낌인가요?

⊙⊙: 음 …….

집단상담자: 지금 머릿속에 떠오르는 장면이나 생각을 편하게 이야기하셔도 됩니다.

⊙⊙: 음 …… 그런 것 같아요. ○○님이 이야기가 마치 저에게 하는 이야기처럼 느껴져서 잠시 불편했어요.

② 즉시성의 효과

- 집단원에 대한 탐색과 자각
- 집단원의 상호작용 촉진 및 신뢰감 형성

4) 집단상담의 종결을 돕는 기법

집단상담은 시작이 중요하듯이 집단상담의 종결도 매우 중요하다. 많은 기대를 안고 시작한 집단상담의 종결이 만족하게 이루어지지 않으면 진행된 회기에서 쌓아온 긍정적인 경험들이 그 의미를 잃을 수 있다.

집단상담자는 집단상담을 종결하기 위해 집단원들의 분리 감정 다루기, 미해결 문제 다루기, 지난 회기 경험 되돌아보기 등을 통해 집단원들이 집단경험에 대해 긍정적인 느낌을 가지도록 도와 주고, 종결 후 집단상담 밖에서 시도할 새로운 도전을 다짐할 수 있도록 도와야 한다.

(1) 분리감정 다루기

① 분리감정 다루기의 정의

집단상담 초기에 자신을 공개해야 한다는 불안과 공개하고 싶지 않고 싫었던 상황의 감정을 집단상담 과정 중에 다룬 것처럼, 집단상담 종결을 앞두고는 이별에 대한 아쉬움과 지지 없이 부딪히게 될 현실에 대한 두려움과 자신의 지지자들과 헤어져야 한다는 이별의 감정을 다루어 주어야 한다.

② 분리감정 다루기의 내용

▣ 집단상담 종결에 대한 불안감 직면 예)

집단상담자: 집단을 시작할 때는 서로 어색해하며 집단상담을 시작했었는데, 오늘 종결을 앞두고 제 마음은 여러 가지로 복잡하네요. 서로 함께 지지하고 격려하던 집단원들과 이별을 해야 하는 지금 여러분의 마음이 궁금합니다.

③ 분리 감정 다루기의 효과

- 집단상담에 대한 성취감 형성
- 분리에 대한 감정 처리 및 건강한 분리 연습

(2) 미해결 문제 다루기

① 미해결 문제 다루기의 정의

집단원들이 집단상담 참여한 목적은 자신이 경험하고 있는 문제를 해결하거나 도움을 얻기 위해 참여하지만, 모든 문제가 집단상담을 통해 해결할 수는 없다. 이때, 집단상담자는 집단원의 미해결 문제를 해결하기 위해 더 탐색하거나 집단원에게 미리 알려 주어 종결 전에 다루어지도록 도와야 한다.

② 미해결 문제 다루기의 내용

- 집단상담을 통해 해결되지 못한 감정이나 문제

▣ 집단상담을 통해 해결되지 못한 감정이나 문제 예)

집단상담자: 집단상담 진행 중에 꼭 해결하고 싶었는데 미처 표현하지 못한 감

정이 남아있지는 않은지 한 번 돌아보시기 바랍니다.

집단원: 저 얘기를 한다는 것이 두려웠어요. 이제 집단상담이 끝난다고 하니 지금은 '한 번 시도해 볼 걸' 하고 후회가 되네요.

집단상담자: 많은 아쉬움이 있을 것 같아요. 어떤 점이 가장 후회할 것 같나요?

③ 미해결 문제 다루기의 효과

- 집단원의 문제해결을 위한 분위기와 계기 마련
- 집단상담의 성과 및 목표 달성 파악

(3) 집단 경험 돌아보기

① 집단 경험 돌아보기의 정의

집단상담자는 집단원이 집단참여 시간을 돌아보는 시간이 의미 있도록, 가능한 구체적으로 집단원이 느낀 것과 알게 된 것에 대해 경험을 나누는 것이다. 집단경험을 돌아볼 때는 집단에서 좋았던 점과 싫었던 점, 생각 전환에 계기가 되었던 순간과 배운 점들에 대해 생각을 나눈다.

② 집단경험 돌아보기의 내용

- 집단상담을 통한 성취 경험

▣ 집단상담을 통한 성취 경험 예)

집단상담자: 집단에 참여하여 지금까지 이 자리에 앉아 있는 여러분의 마음은 어떠세요? 주위를 한번 둘러보세요. 우리의 모습을 보면서 어떤 생각을 했는지 기억이 나세요? 집단상담에서 경험한 다양한 주제들이 여러분의 귀한 자산이 되었을 것입니다. 변화 성장한 여러분들은 이제 집단 밖에서 경험하는 여러 가지 일들도 분명히 잘 감당할 수 있을 것이라 확신합니다.

③ 집단 경험 돌아보기의 효과

- 집단상담 경험의 통합 성장과 미래에 대한 자존감 향상

4. 집단원의 문제행동을 다루기 위한 기법

집단상담은 변화와 성장의 과정이기에 많은 어려움을 겪기도 한다. 처음 집단상담에 참여하는 집단원들은 참여에 대한 불안과 저항은 집단상담자에게 도전하는 방법으로 집단상담자에게 돌리는 형식으로 표현한다. 그러나 문제행동을 보이는 집단원에 대해 집단상담자는 그를 문제 집단으로 낙인찍기보다는 실제 행동에 초점을 맞추어야 한다.

▣ **집단상담을 방해하는 집단원에 대해 집단상담자가 가져야 할 태도**

- 집단원의 문제행동이 집단원과 집단상담의 성장에 도움이 될 수 있으므로 긍정적인 태도를 가진다.
- 집단원과 집단원의 행동을 분리하여 생각하며, 집단원을 한 인간으로서 존중한다.
- 집단원의 문제행동에 대해 판단이나 평가하기보다는 행동 자체만 설명한다.
- 집단원의 문제행동이 집단상담자의 역전이와 관련 있는지 먼저 검토한다.

1) 침묵하는 집단원

침묵은 어떤 의미를 반영할 수도 있으므로 중요하게 다루어야 한다. 겉으로 드러나지는 않지만, 집단원 개인이나 집단 전체에 문제를 초래할 수 있다. 집단 속의 느낌에 대해 질문하거나 침묵할 경우, 다른 집단원들이 오해 할 가능성이 있다는 것을 이야기해 줄 수 있다.

한 회기에 몇 번 이상 이야기를 하는 규칙을 정하거나 소집단을 형성하여 이야기할 기회를 주어 전체 집단에서 이야기하는 부담감을 줄이고 이야기하는 연습 기회를 줄 수도 있다.

- 특정집단원 또는 집단상담자에게 대한 두려움이나 거부, 비밀 누설에 대한

두려움이 있거나 신뢰감이 부족할 경우 침묵한다.

- 상담자가 자신에게 관심을 가지고 말할 기회를 주기를 기다릴 때 침묵한다.

▣ 침묵하는 집단원의 예

집단원: 참여해 봐도 별로 제가 이야기할 게 없네요.(침묵)

집단상담자: 아직 자신의 이야기를 하는 게 어려우신 듯 하네요.

집단상담자: 가만히 계신 동안 무슨 생각을 하셨는지 말씀해 주실 수 있어요?

집단상담자: 마음속에 생각을 자유롭게 이야기하지 못하고 계신 것 같군요.

2) 이야기를 독점하려는 집단원

집단상담 초기에 어색한 분위기일 때 누군가 말을 시작하면 안도감을 느낀다. 그때, 말하려는 욕구가 강한 특정집단원이 집단상담을 독점하는 경우가 반복되고 집단상담자가 그를 저지하지 않아서 집단을 독점하게 되면 다른 집단원들은 그 상황을 어려워하거나 좌절을 느낄 수도 있다.

독점하는 상황이 지속되면 다른 집단원으로부터 적대적인 반응이 나와 이미 형성된 신뢰감과 응집성을 해치게 된다. 이때, 집단상담자는 집단 전체를 통해 접근함으로써 다른 집단원들이 집단참여에 대한 공동의 책임을 생각할 수 있는 기회를 제공해야 한다.

▣ 이야기를 독점하려는 집단원의 예)

집단상담자: ○○님이 집단상담에서 하고 싶은 말이 많은 것 같아요. 아마 다른 분들도 하고 싶은 이야기들이 있을 텐데 다른 분들에게 기회를 나누어 주는 건 어떨까요?

집단상담자: ○○님이 오늘 정말 많은 이야기를 해 주셨는데 너무 많은 이야기를 하셔서 저에게 전달하고 싶은 이야기가 무엇인지 정확하게 잘 모르겠어요. 지금 저에게 전달하고 싶은 메시지를 한 문장으로 표현해 보시겠어요?

3) 자신의 이야기보다 질문과 조언을 하려는 집단원

집단상담에서는 개인이 시간을 가지면서 자신의 갈등을 충분히 탐색하고 스스로 알아가는 과정이 중요하다. 그런데 집단상담에서 자신의 이야기는 털어놓지 않으면서 다른 사람에게 질문하거나 다른 사람의 문제에 대해 조언하는 집단원이 있다. 그 집단원이 도와 주고 싶은 마음에 개인의 문제에 대해 미리 조언 한다면 때로는 그 집단원을 의존적으로 만들 수도 있고, 새로운 문제가 생겼을 때 스스로 문제를 해결하는 방법을 터득하지 못할 수도 있다.

- 질문을 통해 ○○이 계속 질문한 의도를 이야기할 수 있고, 다른 집단원도 ○○에 대해 가졌던 불편함을 줄일 수 있다.
- 조언은 집단 내에서 자신의 문제를 해결하고자 하는 집단원에게 매우 효과적이고 매력적으로 보일 수 있다.

적절한 시기에 이루어지는 질문과 조언은 집단상담을 더욱 발전 시키지만, 개인의 호기심을 충족시키기 위한 질문이나 추궁하는 듯한 질문은 집단원들의 심리적 영역을 침해하고 감정을 나눌 기회를 줄여 집단 전체를 방어적으로 만들 수 있다.

4) 적대적 행동으로 집단상담을 방해하는 집단원

적대적 행동은 저항처럼 두려움의 다른 표현일 수 있으므로 표면화 시켜 다루면 감소 될 수도 있다. 적대적 행동의 지나친 공손, 빈정댐, 결석, 지각, 집단을 떠남 등의 감정을 쏟는 것이다. 집단상담자는 적대적 행동으로 인해 다른 집단원이 어떤 영향을 받는지, 어떤 식으로 다르게 행동하기를 원하는지 말해 주는 것이다.

▣ **적대적 행동으로 집단상담을 방해하는 집단원의 예)**

집단상담자: ○○님이 ⊙⊙님에 대해 말씀해 주셨는데, 다른 집단원들은 ○○님이 이번에 한 비판에 대해서 어떻게 생각하는지 궁금하네요.

집단상담자: ○○님의 이야기를 들으니 이번 집단상담에 대한 불만이 있는 것 처럼 느껴집니다. ○○님이 우리 집단에 바라는 것이 무엇인지 이해하기 쉽도록 이야기해 보는 것은 어떨까요?

이 외에도 지나치게 집단상담자나 집단상담에 의존하는 것, 집단 밖에서의 소모임을 가지는 것, 과도하게 감정을 표현하는 것 등도 집단상담의 진행과 발달에 방해가 될 수 있다.

지금까지 집단상담의 흐름에 따른 몇 가지 중요한 기법을 살펴보았다. 효과적이고 성공적인 집단상담을 위해서는 실제 집단상담을 운영할 수 있는 기술과 다양한 이론에 대한 이해가 필요하다. 특히 집단상담에서 기법은 기법 그 자체보다 어떤 집단원에게 언제, 어떻게 사용할 것인가가 더 중요하다.

이와 같이 집단상담자는 앞서 살펴본 집단상담의 기법들 외에도 다양한 상담 기법과 이론들을 습득해야 하고, 많은 회기의 슈퍼비전 참여를 통해 지속적인 자기발전과 훈련 과정이 필요하고 중요하다.

5. 집단상담 평가

집단상담 서비스의 질을 유지 발전시키기 위해서는 집단상담 평가가 필수적이다. 대부분 집단상담 결과에 대한 평가를 실시하지만 사전평가나 과정평가는 실시 하지 않을 수 있다. 또, 구성원들에게 만족도 조사를 실시하지만 정작 상담자와 개입과 결과에 대한 평가는 실시하지 않을 수 있다.

이 장에서는 집단상담 평가에 대해 설명하기 위해 집단상담 평가의 정의, 집단상담 평가의 대상, 집단상담의 사후 평가 내용 순으로 설명하였다.

1) 집단평가의 정의

집단상담 평가란 집단상담의 목표 달성 및 집단원의 변화와 발전 정도를 확인하고 집단상담 과정이 어떠했는지 점검하는 활동이다. 즉, 면접, 심리검사, 관찰, 실험 등의 과학적인 방법을 통해 집단상담의 계획 및 진행 과정과 결과에 대한 정보를 수집하고, 이를 토대로 체크 되거나 기술된 결과들에 대해서 원인과 결과를 설명하는 일이다(정성란 외, 2019).

집단상담 평가는 집단상담 전체뿐만 아니라 각 회기의 마무리 과정에서도 각 회기의 목표 달성과 집단원의 변화를 알아보기 위해 다양하게 사용할 수 있는 기법이다.

2) 집단상담의 평가 대상

집단상담 평가의 주체는 '상담자, 집단원, 상담기관'이다. 집단상담자는 집단상담에 대한 일차적인 책임이 있으며, 집단원의 변화 및 성장, 집단과정, 자기 자신에 대한 평가 모두를 실시해야 한다. 하지만 평가 방법은 주로 자기 보고식평가와 관찰, 참여자 평점에 의해 이루어진다. 집단상담을 학교나 상담센터 등 기관에서 실시할 경우에는 집단상담 기관이 평가 주체가 되어 집단상담 프로그램과 만족도를 평가하기도 한다.

▣ 집단 참가 목적 및 행동 목표 설정

– 참가 목적

집단상담에 참가한 목적은 무엇인가?

– 행동목표 설정

집단상담 참가 목적을 달성하기 위한 나의 행동 목표는?

(1) 집단원에 대한 평가

집단상담의 궁극적인 목적은 집단상담에 참여한 집단원의 바람직한 행동 변화 또는 성장·발달에 있다. 따라서 '구성원의 태도, 반응 행동'을 평가한다. 집단원들이 '집단상담 이전에 어떤 상태였고, 어떤 반응 행동을 하였는지, 첫 회기부터 종결 회기, 종결 후까지의 집단상담 과정에서 반응 행동이 성장변화에 도움이 되었는지에 대한 평가' 즉, 집단상담 이전과 비교하여 '이전에 어떤 상태였고, 종결 이후 반응 행동이 어떠한지' 등이 집단상담 평가 대상이다.

집단원에 평가항목으로는 문제행동 및 대안 행동, 집단에서의 역할과 기능과 관련된 내용이 있다. 집단원의 행동 변화를 측정하기 위한 유용한 방법으로는 집단상담이 시작되기 전에 각 집단원들이 자신의 행동목표에 포함된 내용 평가서를 만들어 사용할 수 있으며, 집단상담자는 집단원의 행동 목표에 관한 내용을 종합하여 집단원 전체를 위한 하나의 공동평가서를 작성하여 사용할 수도 있다.

(2) 집단상담자에 대한 평가

집단상담자에 대한 평가 대상은 상담자의 개입계획, 개입행동, 개입결과 이다. 즉 상담자가 '집단상담 프로그램 개발, 신청접수, 접수면접, 사전집단, 그리고 첫 회기부터 종결 회기, 종결 후까지 집단과정에서 개입계획을 수립하였는지, 수립된 개입계획이 적합하였는지, 그리고, 실제 집단상담과정에서 개입계획과 개입행동을 실행하였는지, 이런 개입행동이 집단원에게 적합하였는지, 어떤 도움을 주었고, 어떤 결과가 나타났는지, 또, 이러한 개입결과가 개입계획과 비교하여 어떠한 변화가 있었는지 등이 집단상담 평가의 대상이다.

▣ 집단 평가의 예)

집단상담자는 집단원의 평가가 구체적이 되도록 도와야 한다.

- 한 집단원이 "좋았다"라고 말한다면 "무엇이?", "어떤 점에서?", "얼마나?", 등의 추가 질문을 통해 구체화 시켜 주는 것이 좋다.
- 질문지나 평가 척도 등을 통해 집단상담을 평가할 수도 있다.

① 집단평가의 내용

- 집단원의 변화와 성장 확인
- 집단상담을 통한 변화
- 집단상담의 효과 및 검토
- 집단상담의 운영

▣ 집단상담을 통한 변화 예)

집단상담자: 집단상담을 참여하면서 집단상담을 통해 느낀 점이나 알게 된 것, 혹시 달라진 점이 있으시면 무엇인지 생각해보고 함께 나누었으면 합니다.

〈표 2-2〉 집단상담의 운영

내 용	매우 그렇지 않다	그렇지 않다	보통	그렇다	매우 그렇다
집단상담에 참여하는 것이 즐거웠다.					
집단상담에 적극적으로 참여하였다.					
집단상담자의 진로에 대한 전문성에 신뢰가 갔다.					
집단상담자의 집단상담 진행 방법이 집단상담 참여에 많은 도움이 되었다.					

〈표 2-3〉 집단상담 평가 설문지

내 용	매우 그렇지 않다	그렇지 않다	보통	그렇다	매우 그렇다
나의 ㅇㅇ을 하는 데 도움이 되었다.					
나의 ㅇㅇ을 이해하는 데 도움이 되었다.					
나의 ㅇㅇ을 탐색하는 데 도움이 되었다.					
다음에도 이 집단상담에 참여하고 싶다.					
다른 사람에게 이 집단상담을 권하고 싶다.					

▣ 질문지를 통한 전체 집단상담 평가의 예)

1. 본 회기의 전체과정을 회상해 본다면, 어떤 일들이 기억나십니까?
2. 본 집단상담에서 자신의 목표를 어느 정도 성취하였습니까? 성취 정도를 10점 척도로 평점을 한다면 몇 점을 주시겠습니까?

3. 본 집단에서 얻은 것들이 있다면, 구체적으로 무엇입니까?
4. 본 집단상담을 하면서 느낀 아쉬움이나 후회, 그리고 반성 되는 점이 있다면 구체적으로 무엇입니까?
5. 본 집단상담에서 배운 것을 일상생활에 실천하는 것과 관련된 개인적인 결심이나 다짐, 또는 계획이 있다면, 구체적으로 무엇입니까?
6. 집단상담 지도자나 집단 구성원들에게나 인사나 감사의 말을 전하고 싶은 것이 있습니까?

(3) 추후평가

추후평가는 집단상담의 전 과정이 끝나고 1~2개월 경과 후 어느 정도 지속되고 있는지, 집단상담 시 집단원의 변화와 성장·발달에 도움이 되었던 점들이 일상생활에서 어느 정도 집단의 효과가 있었는지에 대하여 평가를 하는 것이다. 평가 이후 문제점이 있다면, 다시 한번 더 문제점에 대한 여러가지 다른 해결책을 모색하여 도움을 줄 수 있는 기회가 될 수 있다.

이와 같이 집단상담자는 집단원들이 가지고 있는 여러 상황에서의 복잡한 심리과정을 이해할 줄 알아야 하며, 집단상담자가 가지고 있는 여러 가지 다양한 기법들을 활용하여 집단원들의 관심사와 목적과 목표에 맞도록 적절한 기법을 활용할 줄 아는 능력을 갖추어야 한다. 그리고 다양한 집단활동에 참여하여 슈퍼바이저를 통해 자신의 문제와 한계에 대해 알아차릴 수 있는 역량과 새로운 기법들을 배우고 활용할 수 있도록 노력해야 한다.

PART

Ⅱ

집단상담의 이론

3장

정신분석적 집단상담

(Sigmund Freud, 1856~1939)

정신분석이론의 창시자인 지그문트 프로이트(Sigmund Freud)는 1856년 5월 6일 오스트리아(현재 체코공화국령)에 속하는 모라비아의 프라이버그에서 3남 5녀 중 장남으로 태어나, 1860년 4살 되던 해 그의 가족은 비엔나로 이주하여 삶의 대부분을 보냈다. 그는 엄격하면서 부드러운 성품을 가진 아버지와 특히 어머니의 사랑과 지지를 받으면서 부모의 높은 기대 속에서 초등학교 시절부터 우수한 성적으로 1873년 비엔나 대학에서 의학공부를 시작했다. 그는 생물학, 생리학, 교육학 등 다양한 분야에 8년을 몰두하여 26세에 의학대학 졸업하였다. 그는 미개척 분야였던 신경학 분야의 전공의가 되면서 신경증 치료를 전문화시키기 위하여, 당시 명성이 높던 사르코(J. Charcot)에게 최면기법을 배우기 위해 파리로 건너가, 최면 암시사용을 관찰하면서 무의식의 중요성과 그 과정을 이해하고 1986년에 다시 비엔나로 돌아왔다. 그 후 프로이트는 히스테

리증상 환자에게 최면 치료를 연구하던 요제프 브로이어(Josef Breuer)를 만나 함께 연구소를 설립하고, 1895년 공동연구로 현대심리학과 정신분석의 기틀의 중요한 출발점이 되는 「히스테리 연구」(Breuer & Freud, 1895)를 출판하였다.

1987년 프로이트는 신경증 환자들의 무의식을 탐색하는 과정에서, 모든 인간의 마음은 무의식과 의식으로 나누어지는 현상을 발견하였다. 또, 무의식 속에 있는 여러 가지 기억들은 어린 시절의 가족과 결부된다는 것을 깨닫고, 프로이트 자신의 어린 시절의 가족정보를 수집하여, 꿈(dream)을 통해 자기분석을 하게 되면서(hall, 1954). 1900년 "꿈의 해석 (The Interpretation of Dream)"이란 책을 출판하였다.

그는 자기분석에서 가부장적인 아버지에게 적대감을 느끼고 정이 많은 어머니에게서 성적 감정을 느꼈다는 사실도 발견하게 되었다. 프로이트는 자신의 경험이 인간 안에 잠재해 있는 무의식(unconsciousness)으로 인식되어 자신의 신경증 문제를 불안신경증 문제로 진단하였고, 자신의 경험과 환자들의 임상경험을 토대로 오이디푸스 콤플렉스(Oedipus complex)를 주장하면서, 신경증 환자의 신체화 증상은 부적절한 성적발달에서 기인한다고 주장하면서 자신의 이론을 정립하였다.

프로이트의 이론과 연구는 인간의 마음의 새로운 길을 찾는 데 기여하였고, 인간의 정신과 행동에 대한 심층적인 이해를 제공하였으며, 20세기에 인류문명을 빛낸 100인 중 한 사람으로 기억되고 있다. 그의 전집은 총 24권이 알려져 있으며, 1905년 정신분석 이론에 관한 세 편의 에세이(Three Essays on Sexual, 1905)를 발표하였고, 젊은 학자들을 중심으로 매주 수요일 저녁 토론모임을 가지다가 1909년 스탠리 홀(Stanly Hall)의 초청으로 정신분석학회를 결성하여 정신분석학을 전파하였다.

그의 활동은 나치 치하에서 자신의 모든 책이 불살라지는 치욕들과, 비엔나를 떠나 오스트리아에서 도피, 다시 런던으로 이주하여 후두암의 고통을 겪으면서도 정신이 흐려진다는 이유로 진통제를 맞지 않으면서까지 연구를 게을리하지 않았다. 생의 마지막 20년 동안 33번의 수술의 고통을 견디며, 1939년 9월 23일 83세에 안락사로 생을 마감하였다.

1. 정신분석의 개념

1) 정신분석 집단상담

이론이란 집단상담 과정 전체를 이해하고 지도자가 집단원들의 성장과 발달을 도모하는 데 있어 이론의 기본 틀을 제공한다. 정신분석학적 집단상담은 자유 연상, 꿈과 환상의 분석, 저항과 전이의 해석, 훈습과 같은 정신분석적 기법을 이용하여 8~11명의 내담자들을 집단으로 면접하는 것이다.

정신분석 집단상담은 주로 집단원의 전이의 분석으로 이루어지기 때문에, 집단은 가능한 한 다양한 특성을 가진 사람들로 구성되는 것이 좋다. 집단참여자의 다양성은 다면적인 상호작용과 다면적인 전이를 촉진하기 때문이다(천성문 외 2022).

따라서 정신분석적 집단상담을 시도하려는 집단상담자는 집단원을 선발하려는 데 있어서 예비적인 개별 면접 과정을 통해 선별(screening)할 필요가 있다. 이러한 집단상담 접근의 주된 노력은 집단활동을 통하여 과거의 일을 재경험하도록 함으로써 무의식적 갈등을 의식화하게 하여 그 갈등을 해소할 수 있는 경험의 기회를 제공해 주려는 데 있다. 이러한 정신분석 집단상담을 이끌어 가는 집단상담자가 어떤 가치관과 상담이론을 적용할 것인가, 또 인간의 문제를 어떻게 바라보는가, 집단참여자들이 가지고 있는 문제가 어떤 성질의 것인가와 밀접한 관련이 있다.

2) 정신분석 집단상담의 정의와 특성

정신분석이론은 지그문트 프로이트에 의해 창시되었으며, 1896년 정신분석이란 용어를 처음 사용하였다. 정신분석이론은 심리학의 한 분야로 인간의 행동을 구분하여 내적 욕구간 충돌의 표출, 내적 욕구가 사회적 요구를 조율하여 표출하는 과정 등 이러한 인간의 행동과 마음을 심층적으로 이해하는 이론으로써, 정신분석이론 이후에 생겨난 많은 분야의 이론들 상당수는 정신분석에 뿌리를 두고 있다.

정신분석상담이론은 내담자가 겪는 심리적 문제의 의미와 원인을 보다 근본적이고도 심층적으로 이해하는 이론으로 출생에서 현재에 이르기까지 내담자가 걸어온 대부분의 삶의 과정을 다루고 있다. 즉, 인간의 모든 행동, 사고, 감정을 추동(drives)하는 에너지의 원천인 본능, 특히 무의식적 성적 본능(리비도, libido)에 의해 결정된다고 전제하고 내담자의 호소 문제는 아동기의 경험을 재구성하는 과정에서 그런 문제가 발생하게 된 원인을 밝혀내어 제거하는 데 중점을 둔다.

정신분석이론은 주로 전이의 분석으로 진행되며, 과거의 경험 탐색을 통해 현재 집단원이 겪는 어려움을 해결하려는 프로이트의 이론에 바탕을 두고 있다. 집단상담자는 집단원들의 과거의 무의식에 있는 감정들이 현재 인간관계를 어떻게 왜곡시키고, 왜곡된 인간관계가 현재 어떤 문제를 유발하는지에 대한 관련성을 탐색해야 한다. 즉, 다양한 특성을 가진 사람들로 구성하여 다면적 상호작용과 다면적 전이를 촉진하여 집단원들이 건강한 인간관계를 경험함으로써 자신의 잘못된 과거 인간관계를 통찰하여 현재 문제를 교정하는 데 초점을 둔다.

반면, 독일 출신인 영국의 정신분석가 지그문트 푹스(Sigmund Heinrich Foulkes, 1898~1976)는 정신분석이론과 집단분석에 기초한 집단분석치료(group analytic psychotherapy)를 장시했다. 그는 인간의 사회성을 강조하면서, '집단을 치료하라. 그러면 개인은 스스로를 치료할 것이다.'라는 주장과 함께 무의식적 문제에 대한 통찰보다 치료자-내담자 관계를 더 중시한 집단 중심적 접근을 적용했다(pines, 1983). 그 후 정신분석 집단은 다양한 형태로 진화했다.

집단원이란, 집단상담자를 제외한 집단에 참여한 구성원을 말한다. 집단상담에서 집단원은 자발적이든 비자발적이든 여러 가지 생각, 느낌, 행동의 변화를 경험하게 되고, 매우 사적인 부분까지도 집단상담자나 다른 집단원들과 공유하게 된다. 집단원은 심리적 문제해결, 인간관계에서의 어려움 극복, 교사, 상담자 또는 전문의의 추천, 성격상의 결점 보완, 집단상담자가 되기 위한 집단경험, 친밀한 인간관계 형성 등 다양한 이유로 참여하며 자신의 문제를 해결하고자 한다.

이 장에서는 정신분석적 집단상담의 기본개념으로 인간관, 성격이론, 성격의 발달, 자아방어기제에 대해 살펴보고자 한다.

3) 인간관

① 정신적 결정론

프로이트의 인간관은 기본적으로 정신적 결정론이다. 프로이트는 인간의 행동은 생의 초기 6년 동안의 주요한 심리성적 발달단계에 따라 전개되는 생물학적 본능적 충동에 의해 결정된다고 본다. 즉, 비이성적인 힘인 본능적 충동이나 무의식적 동기가 인간의 행동을 결정한다고 본다.

이와 같이 정신적 결정론은 인간의 외적인 행동이나 감정과 행동은 정신 내적인 원인에 의해 결정된다고 하는 프로이트에 따르면 '원인이 멈추면 결과도 멈춘다'라는 명제를 발전시켜, 어떤 행동도 원인 없이 발생하는 현상이란 없다. 그 어떤 힘, 곧 원인이 작용했기 때문에 사람들은 기쁘고, 괴롭고, 분노한다고 보았다. 그래서, 사람들의 행동을 결정하는 것은 외적인 환경이 아니라 내적인 그 무엇이라 하였다.

② 정신적 힘으로서의 추동

추동이란 인간으로 하여금 어떤 행위를 하게 만드는 정신적인 힘이다. 프로이트는 인간의 두 가지 기본적인 추동을 성적추동(Libido)과 공격적 또는 파괴적 추동(thanatos)이라고 하였다. 프로이트는 인간의 모든 정서적 행위에는 이 두 가지 추동이 연관되어 있으며, 성적쾌감을 얻는 것과 타인을 공격하고 파괴하고자 하는 것이 인간을 마음을 움직이는 가장 중요한 원동력이라 보았다.

4) 성격 구조

프로이트는 1923년에『자아와 이드』라는 책을 발표하였으며, 그는 원초아(id), 자아(ego), 초자아(superego)라는 새로운 성격 구조를 발표하였다.

(1) 원초아

원초아(id)는 성격의 최초체계라 할 수 있다. 인간의 본능적 욕구와 추동이 자리 잡고 있는 곳으로서 인간은 태어나면서부터 존재한다. 본능적 욕구들을 지체

없이 직접적으로 그리고 무조건적으로 충족시키려 하는 것이 쾌락의 원리에 지배되어, 먹고, 마시고, 자는 등이 원초아에 따라 작동한다고 본다.

쾌락을 얻기 위해 두 가지 전략으로 반사행동과 일차적 과정이 있다. 반사행동은 눈에 먼지가 들어갔을 때 반사적으로 눈을 깜빡거리는 것처럼, 생물학적 성질을 가진 것으로 긴장을 줄이려는 자동적 과정이 이에 해당한다. 일차적 과정은 욕구의 좌절을 경감 할 수 있는 대상의 이미지를 형성하는 수단이 된다. 예로 유아에게는 엄마의 젖가슴이 배고픔과 갈증을 해소 시켜주는 일차적 과정이다.

(2) 자아

자아(ego)는 현실원리에 지배되고 id를 만족시키기 위해 논리적 사고로 현실세계와 접촉하는 성격의 한 부분이다. 예를 들면, 아동은 음식에 대한 욕구가 만족되지 않을 때 바로 울어버리는 행동으로 음식을 달라는 요청하는 방법을 배운다. 자아의 주된 임무는 원초아에 담긴 내적인 본능적 욕구들과 외적인 현실세계를 중재하는 일이다.

자아는 만족을 지연하거나 쾌락의 작동을 잠시 중지함으로써 현실에 원리를 따른다. 자아는 외부의 현실체계와 접촉하면서 발달하며, 원초아와 초자아를 중재하는 '마음의 집행부'로, 현실원리(reality principie)인 논리적 사고를 통해 욕구충족을 위한 계획을 실행하는 작동을 한다. 자아는 원초아를 통제하고 초자아의 제약을 인식하여 둘 사이를 중재하며 자신의 욕구를 조절하는 기능을 한다.

(3) 초자아

초자아(superego)는 완전추구의 원리에 의하여 쾌락보다는 완벽을 추구, 부모의 양육환경과 사회의 표준을 내면화하는 것으로, 자라는 과정에서 환경의 영향을 받은 전통적인 가치관과 사회적인 규칙 그리고 도덕과 양심이 자리 잡은 곳이다. 즉, 어릴 적, 부모로부터 학습된, 사회의 전통적 가치에 기초한 도덕규범으로, 자아가 원초아의 충동을 억제하고 이상적인 목표를 수립하여 부모나 사회의 지시를 따르는 보상 행위를 통해 완벽을 추구하게 하는 기능을 한다.

초자아의 임무는 무엇이 옳고, 그른지 어떤 일을 해야 하고 어떤 일은 하지 말아야 하는지 등을 판단하는 것이다. 초자아를 따르지 않을 경우, 수치심, 죄책감, 불안감을 경험하게 된다. 예를 들면, 배가 고픈 아동이 길에 떨어진 돈을 주웠을 경우, 그 돈으로 자신의 욕구를 채우기보다는 잃어버린 사람의 입장을 생각해 보거나 도덕적 규범에 따라 가까운 경찰서에 주운 돈을 갖다주는 것이다.

5) 의식의 수준

프로이트는 의식의 수준을 의식(consciousness), 전의식(preconsciousness), 무의식(unconsciousness)으로 구분하였다.

(1) 의식

의식은 인간이 현재 생활의 여러 가지 상황에서도 자각하고 있는 부분으로, 현재 인지되는 영역을 말한다. 예를 들면, 따뜻한 온도나 차가운 계절에 대한 자각이나 일상생활에서 사용하고 있는 신발 등 물건 등에 대한 자각이다. 프로이트는 인간이 자각하고 있는 의식은 빙산에 일각에 불과하며 자각하지 못하는 부분이 훨씬 더 많음을 강조하였다.

(2) 전의식

전의식은 의식과 무의식을 연결하는 통로로서 의식화될 가능성 있는 것들의 저장고로, 지금 당장은 자각하지 못하지만 조금만 주의를 기울이면 기억이 되는 영역이다. 예를 들면, "어제 어디 갔다 왔니?, 하루를 어떻게 보냈어?"라는 질문을 받았을 때, 질문을 받기 전에는 어제 외출에 대해서 의식하지 않고 있다가 누군가에게 질문을 받으면 어제 친구들을 만났던 음식점과 즐거웠던 순간들이 떠오르는 경우를 말한다.

(3) 무의식

정신분석 집단상담에서 무의식은 매우 중요한 개념이다. 무의식은 아동기에 경험한 부정적인 경험들이 사라지는 것이 아니라 마음의 지하창고에 모아 둔 물건처럼 고스란히 저장되어 있는 공간이다. 무의식에 저장된 것은 자신의 욕구대로 이끌어가지 못한 갈등과 무능력했던 경험, 충분히 사랑을 주고받지 못한 경험, 그로 인한 미움, 원망, 공격심, 분노 등 많은 부정적인 감정들이다.

이러한 과거의 부정적인 경험과 감정들은 무의식에 저장된 채로 머물러 있는 것이 아니라, 현재에도 대인관계나 개인의 심리적인 면에서 영향을 주어 문제를 유발한다. 즉, 사람들의 무의식 저장고에 있어야 할 고통스러운 심리적 문제는 마음의 방어력이 약해진 틈을 타고 의식 상태로 올라오려는 과정이 무의식이 작용한 결과이다.

(4) 불안

불안은 어떤 행동이나 생각을 하도록 인간을 동기화시키는 긴장 상태를 말한다. 프로이트는 불안(anxiety)을 원초아, 자아, 초자아 사이의 마찰 및 갈등으로 인해 발생한다고 보았나. 불안에는 현실적 불안(reality anxiety), 신경증적 불안(neurotic anxiety), 도덕적 불안(moral anxiety)의 세 종류가 있다.

현실적 불안은 외부에서 받는 위험에 대한 두려움으로, 자신을 지키고자 하는 정상적인 반응으로 불안의 정도는 실제 위험에 비례한다. 예로, 어두운 밤에 길을 걸을 때, 낯선 사람이 따라 올 것 같은 불안감을 느끼는 경우이다.

신경증적 불안은 불안을 느껴야 할 이유가 없는데도 불구하고 본능이 통제 되지 않아 나쁜 일이 발생하게 될 것이라는 막연한 불안감에 휩싸이는 것을 말한다. 예로, 평소 위염과 진통을 자주 경험하는 사람이 위가 조금만 아파도 혹시 위암에 걸리지 않았을까 하고 불안해 하는 경우이다.

도덕적 불안은 인간의 양심에서 생기는 두려움으로, 양심이 잘 발달된 사람은 자신의 도덕적 규칙, 즉 신호등, 거짓말, 약속, 지하철이나 버스에서 노인에게 자리 양보 등과 같은 공중도덕을 지키지 않으면 죄책감을 느끼는 경향이 있다. 이와 같이 어떤 상황에서 합리적·직접적 방법으로 불안을 통제할 수 없을 때, 자아는 자아방어 행동이라는 비현실적인 방법을 택하여 행동하기도 한다.

6) 성격의 발달

성격발달과정에 관련된 프로이트의 정신분석이론을 심리성적발달이론이라 한다. 심리성적 발달단계(psychosexual development)는 유아기에서부터 시작되는 프로이트의 발달단계로, 성격 발달의 기초가 되고 생물학적 욕구와 쾌락의 원리를 바탕으로 한다. 프로이트의 이론은 성적 욕구가 아니라 우리 신체의 어느 부위에 집중되어지는지에 초점을 맞춰 성격의 발달과정을 설명한다.

프로이트는 발달과정을 각 연령대에 맞는 성적 에너지 집중에 따라 성격의 발달이 다르게 성장한다는 점에 주목하여 성격의 발달단계를 다음과 같이 다섯 단계로 나누어 설명하였다.

〈표 3-1〉 성격의 발달

단계 나이	리비도가 충족되는 방법	리비도의 충족여부에 의해 발달 되는 성격
구강기 (0 ~1세)	• 성적에너지 리비도가 입으로 빠는 행위에 몰려 있는 시기 • 입으로 빠는 행위를 통해 욕구를 충족하기 위해 어떤 것이라도 입으로 가져간다.	• 음식물에 대한 집착, 과식, 수다, 흡연, 음주 행동. • 타인에 대한 불신, 타인의 사랑에 대한 거부, 관계형성의 어려움, 비난하는 성격으로 형성될 수 있다.
항문기 (1 ~3세)	• 배변 훈련과 연관되어 있으며, 양육자가 보이는 태도와 반응, 감정에 따라 영아의 성격이 다르게 형성될 수 있다. • 배변 훈련 미숙으로 양육자가 보이는 부정적인 감정은 자아존중감 형성과 청결함에 대한 의존적인 태도나 강박적인 태도로 나타날 수 있다.	• 엄격한 배변훈련은 지나치게 꼼꼼한 성격이나 고집이 세고 완고하며 인색한 성격을 갖게 되며, 결벽증이나 지나친 청결함에 집착을 보인다. • 양육자가 배변 행위에 대해 지나치게 허용되면, 무절제한 생활 및 도박, 낭비 등의 습성이 형성될 수 있다.

남근기 (3세~5세)	• 성기기로 자기의 신체에 호기심을 갖는 시기로 동성인 부모와 동일시를 통해 이성에 대한 성적인 느낌을 승화시키게 된다. • 남아는 어머니를 대상으로 오이디푸스 콤플렉스를, 여아는 엘렉트라 콤플렉스를 경험한다. • 이 때 부모의 반응에 따라 성에 대한 태도, 감정에 영향을 미친다.	• 성 정체성에 관련된 문제를 유발한다. • 자신의 성에 역할을 조절하거나, 도덕적 태도 및 가치관 등을 내면화 하게 된다. • 초자아의 양심과 자아의 이상 부분이 발달하게 된다.
잠복기 (잠재기) (6 ~12세)	• 학교생활에서 새로운 도전과 작은 성공경험을 선호한다. • 현실적인 목표를 설정하여 성취하면서 자존감을 갖는 시기 • 공격적 행동, 성적 본능, 리비도의 힘은 잠재된 상태이다.	• 사춘기 이전의 비활동적인 시기로 아동이 외부세계로 눈을 돌려 다른 사람들과 관계를 형성한다. • 성공경험은 높은 자존감을 갖게 되고 실패경험은 낮은 자존감을 형성하게 한다.
생식기 (성기기) (13세 이후)	• 12세 전후의 초기 청소년기에 시작해서 일생동안 지속된 자 • 다른 성적인 대상에게 관심이 쏠리게 되는 시기이다. • 이 시기를 순조롭게 성취한 경우 타인에 대한 관심이 높고 사교적이며 객관적으로 세계를 바라볼 수 있는 견해를 만든다.	• 청소년과 성인들은 성정체성을 확고하게 정립하는 시기 • 자아와 초자아 욕구와 충동 사이의 불안정함으로 충동적인 행동을 시도하기 쉬움 • 사회적으로 인정된 활동에 자신의 에너지를 투자함으로써 성욕을 처리한다. • 직업과 진로에서 진보를 이룸

7) 자아방어기제

자아는 정신적 갈등과 불안에 대처하기 위한 방어기제로 자신을 보호하기 위해 사용된다. 자아방어기제(ego-defense mechanisms)는 개인이 이성적이고 직접적으로 불안을 통제할 수 없을 때 즉, 불안하거나 붕괴의 위기에 처한 자아를 보호하기 위해서 무의식적으로 사용하는 자기보호적 사고 및 행동수단을 말한다.

자아방어의 목적은 무의식적 욕구나 추동들이 의식적 현실 속으로 분출하지 못하도록 제어하는 것이다. 이러한 방어기제는 위협적 충동 또는 외적 위협을 직면하기보다 자아 보호를 위해 사용하는 무의식적 심리를 책략으로 기만형, 대체형, 도피형으로 나누어 볼 수 있다.

기만형은 불안이나 위협을 느꼈을 때 감정이나 태도를 변화시킴으로써 스스로에 대한 인식을 달리하려는 무의식적 기제로 합리화, 억압, 투사가 이에 속한다. 합리화는 자신의 자존심 보호를 위해, 실패 또는 상실에 대해 더 이상 실망을 느끼지 않으려고 그럴듯한 구실을 붙여서 자신의 실망감을 경감시키는 것이다. 억압은 '동기화된 망각'이라고도 한다. 즉 위협적이거나 고통스러운 생각, 감정들을 의식들을 무의식 속으로 억눌러 버리는 것이며 다른 방어기제나 신경증적 증상의 기초이다. 투사는 어떤 대상에게 느낀 감정을 다른 대상에게 전환하는 방어기제로, 바람직하지 못한 생각, 행동, 동기를 타인에게 있는 것처럼 생각하고 행동하면서 자신을 보호하는 방법이다.

대체형은 불안 또는 위협적인 현실을 그럴듯한 다른 것으로 대신하려는 무의식적 기제로, 치환, 반동형성, 승화, 주지화가 포함된다. 치환은 원래의 대상에게 감정을 해소하지 못하고, 전혀 다른 대상에게 자신의 감정을 발산하는 것이다. 반동형성은 용납할 수 없는 생각이나 감정들을 자신의 실제 감정과 정반대되는 방향으로 대체해서 행동한다. 승화는 성적충동 혹은 공격적 에너지 갈등을 사회적으로 인정되는 창조적 활동으로 전환하여 발산하는 것이다. 주지화는 심각한 상황이나 힘든 감정의 정서적인 주제를 직접 다루기보다 추상적인 사고과정을 통해 간접적으로 처리하는 것이다.

도피형은 불안이나 위협적인 현실에서의 탈출, 비현실적 세계로 도피를 통해 만족과 위안을 추구하려는 기제로, 부인, 퇴행, 동일시가 이 유형에 속한다. 부인은 억압이 무의식 영역이라면 부정은 전의식이나 의식에서 일어나는 것으로, 고통스러운 현실을 인정하지 않으려는 것이다.퇴행은 심각한 스트레스 상황이나 곤경에 처했을 때 불안 감소를 위해 단순한 초기의 발달단계의 미숙한 행동으로 후퇴하는 것이다. 동일시는 다른 개인이나 집단의 특징을 자신의 것과 동일하게 여기는 것으로, 자신보다 더 강한 사람에게서 받은 공포를 제거하는 데 이용된

다. (예 오이디푸스 콤플렉스, 엘렉트라 콤플렉스)

2. 정신분석의 특성

1) 집단상담의 목표

정신분석이론의 집단상담에서는 과거 무의식에 있는 감정들이 현재 인간관계를 어떻게 왜곡시키고, 왜곡된 인간관계가 현재 어떤 문제를 유발하는지에 대한 관련성을 탐색하여 집단상담자와 건강한 인간관계를 경험함으로써 잘못된 과거 인간관계를 통찰하여 현재문제를 교정하는 데 초점을 둔다. 이러한 집단상담자의 핵심목표는 무의식의 의식화를 통한 재건(reconstruction)이다.

이에 집단상담자는 집단원들의 무의식에 묻혀있는 과거의 내적 갈등이 현재 성격의 기능에 미치는 영향에 초점을 맞추고, 집단에서 반복되는 상징적인 방식으로 원가족(family of origin)의 재정립을 통해 미해결과제를 훈습(working-through)한다. 따라서 집단상담자는 생후 5~6년간 생애 경험과 돌봄 및 관심을 토대로 집단원과 소통을 중시하며, 협력관계를 형성하여 내담자의 성장과 발전을 저해하는 정신적 갈등을 해소, 자아의 기능을 강화시킴으로서 집단원의 인격적 성숙을 도모한다.

최근 정신분석이론 집단상담은 집단구성원의 과거에 대한 관심과 이해로 현재의 불편함과 미래의 상황과 연결시키는 데 많은 관심을 가지고 있는 경향이 있다.

2) 집단상담자의 기능과 역할

정신분석 집단상담에서 집단상담자는 개인상담에서 상담자의 역할과 크게 다르지 않다. 차이점은 집단상담이 다수에 의해 진행되므로 개인상담처럼 상담자가 모든 역할을 담당하는 것은 아니라 다른 집단원들과 함께 공유할 수 있다. 정신분석 집단상담에서 집단상담자는 전이와 저항에 대하여 항시 주의를 기울여야 하고, 적절한 때에 집단원들에 대하여 해석해 주고, 언어화를 통해 통찰하도록 도와주며, 집단원들로 하여금 어린 시절의 경험을 탐색할 수 있도록 도와야 한다(정성란 외, 2019).

집단상담자는 참여한 집단원들이 자신과 서로에 대한 탐색과 이해를 도울 수 있는 질문이나 대답을 할 수 있도록 진행하여야 하며, 신뢰로운 관계를 형성할 수 있도록 도와야 한다. 그리고 집단원들의 이야기를 명료화하고, 집단상담 과정에서 진행되는 이야기에 초점을 맞추어 이야기를 할 수 있도록 도와주어야 한다. 그러한 과정을 통해 집단원들이 자신과 타인의 상황에 대한 자유연상, 꿈, 저항 등에 대해 분석하고 이해하도록 촉진해야 한다(천성문 외, 2022).

정신분석 집단에서 집단상담자의 가장 중요한 기능은 해석적 기능이다. 자유연상이나 꿈, 저항 속에 담긴 행동상의 의미를 집단원에게 해석해 줌으로써 집단원들이 미처 지각하지 못했던 의식을 성찰할 수 있도록 도움을 주는 것이다. 즉, 집단상담자는 과거와 현재, 무의식과 의식, 중요 인물들과의 전이, 문제와 저항들을 연결하여 해석 하도록 돕거나 직접 해석해 줌으로써 집단원들의 통찰을 돕는 역할을 해야 한다. 그리고 집단원들의 그때그때의 감정을 자유롭게 털어놓도록 격려하고 꿈과 자유연상의 의미를 추론하거나 내담자가 보이는 저항과 전이 감정 및 행동을 해석해야 한다(강진령, 2019).

볼프(wolf, 1969)는 집단상담자는 자신에게 향한 집단원들의 전이행동을 지각하고 잘 처리할 수 있어야 한다고 보았다. 즉, 집단원들이 그를 아버지로 혹은 권위자로 보고 그에게 나타내는 적개심이나 칭찬 등을 감당하고 이를 잘 활용하기를 배워야 한다. 그리고 집단 내에서 이루어지는 여러 가지 갈등을 원만히 해결하는 기술도 터득해야 한다. 따라서 집단에 대하여 권위자로서 독단적인 태도를 취하지 말아야 하며, 여러 가지 문제의 심층에 깔린 역할을 이해하고 적절히 해석할 줄 알아야 한다.

슬랩손(Slavson, 1964)은 집단상담자의 기능으로 지도적 기능, 자극적 기능, 확충적 기능, 해석적 기능으로 네 가지를 들고 있다.

첫째, 지도적 기능이다. 집단상담자는 그 집단이 해결하려고 노력하고 있는 밑바탕에 깔려 있는 숨은 주제를 지적해 주어, 그 집단으로 하여금 그 주제에 초점을 맞춰 활동을 계속해 나가도록 도와주어야 한다.

둘째, 자극적 기능이다. 집단상담자는 집단으로 하여금 활기를 되찾게 하기 위하여 보다 능동적으로 질문하고, 앞서 토의한 생각을 재생시키기도 한다.

셋째, 확충적 기능이다. 집단상담자는 집단원들의 의식적 자아와 무의식적 자아 사이에 관련을 지어 주는 역할을 해야 한다.

넷째, 해석적 기능이다. 집단상담자는 집단원들의 마음속에 숨은 무의식을 의식화 하려는 노력을 한다. 이 해석적 기능은 적절할 때 이루어져야 한다. 그 개인이 억압과 저항을 충분히 해결했을 때나 통찰을 위한 준비가 되었다고 판단될 때에 한해서만 주어져야 한다.

정신분석 집단상담에서 집단상담자는 참여집단 다수에 의해서 진행되므로 개인 상담에서처럼 상담자가 역할을 담당하는 것이 아니라 참여집단원과 함께 공유하는 일이다.

이와 같이 정신분석 집단상담에서 집단상담자의 역할은 다음과 같다.

첫째, 집단원들이 명백한 목적이나 결론이 없는 표현과 반응을 할 때, 상담자는 잘 드러나지 않는 주제들을 확인하여 '명료화 해주고 그 주제에 초점'을 맞추도록 돕는다.

둘째, 참여자들의 억압이나 저항, 흥미의 부족 등으로 집단원이 사소한 주제들에 매달리고 있을 때, 집단상담자는 집단에 활력을 불어넣기 위한 '자극제'의 역할을 해야 한다. 즉, 이전에 논의되었던 주제들에 대해 내담자에게 질문을 던지거나 그 내용 들을 다시 한번 환기 시킴으로써 집단의 진행 과정을 다져주는 역할을 한다.

셋째, 내담자들이 어느 영역에 고착되어 그 이상의 의사소통을 하지 못할 때, 상담자는 서로에 대한 이해와 해석을 도울 수 있는 질문이나 대답을 할 수 있도록 넓고 깊은 의사소통으로 진행하여 집단상담자는 '확장적인 역할'을 담당한다.

넷째, 정신분석적 집단상담에서 집단상담자가 담당해야 할 가장 중요한 기능은 '해석적인 기능'이다. 집단상담자는 집단원의 과거와 현재, 무의식과 의식, 중요 인물과의 전이, 현재문제와 저항을 연결하여 해석하도록 돕거나 직접 재해석해 줌으로써 집단원들의 통찰을 돕는 역할을 담당한다.

3) 집단원들의 입장과 경험

정신분석적 집단상담은 집단원들로부터 개인상담의 경우와는 질적, 양적으로 차이가 나는 행동들을 유도한다. 집단상담의 내담자들은 동료들과의 상호작용이 중시되는 집단상황에 처해있기 때문에, 권위적인 치료자와의 2차 대면관계에서보다 자신들의 주장을 더 자유롭게 표현하게 되고 그 결과로 그들의 사회적 자아가 성숙 될 가능성이 커진다. 또한, 집단상담에서의 내담자들은 상담자와의 관계뿐 아니라 다른 집단원들과의 다양한 접촉을 통해 다면적 또는 복합적인 전이를 나타낼 가능성이 있다.

4) 개인 정신분석과의 차이점

정신분석이론에서의 개인분석은 내담자 개인의 내면적 심리과정이 분석된 뒤에 그의 대인관계 과정을 살펴보게 되지만, 정신분석 집단상담에서는 이와 반대로 내담자의 대인 관계적 양상이 먼저 분석된 뒤에 각 개인의 내적인 심리과정이 분석되게 된다. 정신분석 집단상담에서는 어느 한 개인에게만 독점적으로 집중되는 경우가 없으므로 자신으로부터 주의가 돌려진 사이에 다른 집단구성원이나 집단상담자의 자극에 의해 이루어진 통찰을 소화하고 훈습 할 기회를 가질 수 있다. 그리고 전이의 대상과 내용이 확장됨에 따라 집단구성원들의 심리적 문제를 깊이 있게 다루기가 힘들다는 문제점이 있다.

3. 정신분석의 주요기법

정신분석 집단상담의 주요목표는 무의식의 의식화를 통한 성격의 재구조화이다, 이러한 정신분석 집단상담에서는 참여집단원들의 행동을 무의식적 동기와 생애초기경험의 영향을 받았다고 전재한다. 집단상담자는 집단원들과 치료동맹(therapeutic alliance)을 구축하여 집단원의 무의식적 과거의 내적갈등이 현재의 성격기능에 미치는 영향에 초점을 맞추고, 집단에서 반복되는 상징적인 방식으로 원가족(family of origin)을 재정립하여 미결과제를 일상생활에서 반복적인 훈련을 하도록 한다.

정신분석 집단상담에서 주로 사용되는 기법으로는 자유연상, 해석, 꿈 분석, 저항의 분석, 전이의 분석, 훈습이 있으며, 주로 참여집단원들의 자각을 증진하여 통찰을 유도하여 성격재구성 목표를 위한 훈련을 돕는다.

1) 자유연상(free association)

자유연상은 집단원으로 하여금 의식적으로 억압된 생각을 내려놓고, 비이성적이거나 고통스러운 것이라도 머릿속에 떠오르는 그대로 표현하도록 하는 기법이다. 이를 토대로 자신의 현재 문제가 과거의 경험과 어떤 관련성이 있는지를 탐색하고 이해하게 된다. 이때 집단상담자는 집단원들로 하여금 무의식적 감정과 동기에 대하여 알게 하려면 우선 그들의 마음속에 떠오르는 것이 무엇이든지 서슴없이 말하고 아무런 구애도 받지 않은 채 표현하도록 격려하여야 한다.

볼프와 슈바르츠(Wolf & Schwartn, 1962)는 자유연상의 한 방법으로 '돌림차례법(go-around technique)'을 사용하였다. 집단원들이 차례로 돌아가면서 한 사람씩 택하여 모든 집단원들이 그 사람을 볼 때 마음에 연상되는 것이 있으면 무엇이든지 이야기하게 하는 기법으로 집단상담에서 집단활동이 활발하게 일어나도록 한다. 이러한 활동으로 자신이 타인들의 눈에 어떻게 보여지며, 왜 그렇게 보이는가에 대한 통찰을 얻게 된다. 즉, 정신분석 집단상담은 개인분석의 자유연상에 해당하는 중요한 변화 기제이고, 집단에서의 대화는 집단원들의 무의식과 연결된 자유연상이다.

2) 해석(interpretation)

해석은 꿈, 자유연상, 저항이나 전이 감정을 분석하거나 상담관계 자체에 나타난 행동의 의미를 지적하거나·설명하고 때로는 가르치기도 하는 것이다. 해석기법은 참여자의 사건, 행동, 감정에 의미를 부여하여 무의식적인 현상을 의식화하기 위해 고안된 기법으로, 집단원들이 자신의 삶을 이해하고 무의식 확장에 도움이 되도록 우호적인 방식으로 제공해야 하며, 가능하면 겉으로 드러나는 불일치에서부터 점차 내면으로, 집단원이 의식하기 어려웠던 부분들에 대해 해석할 수 있도록 도와주어야 한다.

효과적인 해석을 위해서 집단상담자는 집단원이 보여주고 있는 저항이나 방어에 대한 행동을 먼저 알아차리게 하는 준비 작업과 자신에 대한 해석을 받아들일 수 있도록 해석의 시기를 잘 파악하여야 한다. 만약 해석을 받아들이기를 거부한다면, 이는 저항이라기보다는 해석이 부정확하기 때문일 수도 있다. 따라서 집단상담자의 시의적절하지 않은 해석은 집단원의 수용을 기대할 수 없다.

3) 꿈분석(dream analysis)

프로이트는 꿈분석에서 억압된 욕구와 충동이 자아에 대한 방어가 약해진 자리를 차지했을 때 꿈으로 나타난다고 보았다. 즉, 꿈 분석은 자아의 방어벽이 허술해져 억압된 감정이 표면화되는 꿈을 여러 조각으로 나누어 상징을 명료화하도록 하여, 집단원의 무의식적 욕구 탐색과 미해결과제에 대한 통찰을 돕기 위한 기법이다.

꿈을 기술하게 하는 주요 목적은 집단원들의 참여를 유도하고 집단원들 간에 상호작용이나 토론이 이루어지도록 하기 위한 것이다. 가령, 집단원들에게 각자의 문제를 간단하게 이야기하게 하거나, 집단에 참여하여 느끼는 점을 돌아가면서 표현하도록 하는 기법이 있다.

이와 같이 정신분석 집단상담에서 집단상담자가 꿈분석을 할 때는 꿈이 의미하는 현재 상황에 대한 이해뿐 아니라 과거의 중요한 타인에 대한 의미에 대한 이해를 돕는 과정으로 꿈에 등장한 인물이나 여러 대상에 대해 의미를 부여하면서, 이를 바탕으로 이전에 의식하지 못했던 욕구, 바램, 충동에 대해 현재 문제와 연결하여 자신과 현재에 대해 어떻게 통찰하는지에 대해 중요하게 다루어주어야 한다.

4) 저항의 분석·해석

저항(resistance)은 과거에 억압·부인 되었던 위협적인 무의식 요소들이 의식을 통해 자각되는 것을 거부하는 심리적 현상으로, 집단상담의 성장을 방해하고, 집단상담자에게 비협조적인 집단원의 무의식적인 행동을 말한다.

저항의 분석은 집단원의 억압된 충동행동과 감정을 자각하게 되면서 불안이 발생하는데, 견디기 힘든 불안으로부터 자아를 보호하려는 무의식적 역동성을 명료하게 자각·처리하도록 돕기 위한 기법이다. 집단상담의 진행 과정 중 저항으로 표출뇌는 행농으로는 잦은 지각이나 결석과 참여는 하지만 비협조적인 행동을 하기도 한다. 또한 자신의 성찰을 회피하기 위하여 다른 집단원의 신경증 행동에만 관심을 표명하기도 하고 불필요하게 긴 이야기, 동정을 구하는 눈물 흘림 등으로 나타난다. 내담자가 저항하는 이유는 자신의 억압된 자신의 단점이 노출되었을 때 느끼는 불안으로부터 자아를 보호하기 위해서다.

집단상담자는 집단원들이 집단상담에서 고립되거나 집단과정을 독점하려는 집단원, 강박적으로 자신에게만 집착하려고 하는 집단원들의 저항을 알아차리고 발견하여 집단원이 새로운 행동들을 할 수 있도록 집단상담자가 개입할 수 있어야 한다.

5) 전이의 분석·해석

전이를 해석하는 것은 내담자의 내적 세계를 밝히는 길이다(Wolizky, 2011).

전이의 분석은 집단원이 과거 중요한 타인과의 미결과제로 인해 현재 상황을 왜곡되어 과거 중요한 타인에 대한 감정을 집단상담자 또는 집단원들에게 투영하는 감정의 재경험을 돕는 기법이다.

전이(transference)는 참여집단원이 과거의 중요한 대상에 대한 반응에서 비롯된 정적·부적 감정, 행동 및 태도, 환상들을 무의식적으로 집단상담자에게 옮기는 것을 말한다. 이는 과거 경험과 초기에 습득된 왜곡 패턴이 현재의 관계에서 나타나는 심리적 현상으로 정신분석 집단상담은 참여집단원의 이러한 전이 반응의 탐색이 가능한 공간이다(Luborsky, O'Reilly-Landry, & Arlow, 2011).

정신분석 집단상담에서 가장 중요한 것은 전이(transference)의 발견과 분석 및 해결이다. 집단상담은 다양한 집단원들로 이루어지기 때문에 다면적 전이 현상이 유도되어 보다 폭넓은 전이 관계가 관찰될 수 있다. 즉, 집단상담에서 집단원이 집단상담자 또는 다른 집단원에게 부모, 형제자매, 배우자, 동반자, 이전 연인, 직장 상사 같은 중요한 인물로 보게 되면서, 강렬한 감정을 촉발하는 과거의 미해결사건이 재현되기도 한다.

이 단계에서 집단상담자가 집단원들에게 전이의 중요성과 전이 현상이 무엇인가를 설명함으로써, 집단원들이 다른 집단원과 집단상담자에게 자기 부모나 형제 및 다른 중요 인물들의 특성을 투사하는 정도를 각자 깨닫게 해야 한다.

6) 훈습

훈습(worhing-through) 과정이란 현재 상황에서 지속되고 있는 인지적·정서적·행동적 저항이나 문제에 전이적 왜곡반응을 집단에 참여하여 자신이 통찰한 내용을 바탕으로 좀 더 이성적이고 현실적인 대안으로 수정해 나가는 기법이다.

한 집단원이 비현실적이고 병리적인 증후를 나타내는 언행을 보이면 즉각 다른 집단의 주목이나 지적을 받기 쉽다. 이를 통해 그 집단원은 자신의 병리적 행동을 자각하게 되며, 자신의 행동이 타인에게 미치는 영향을 의식하게 된다. 이러한 집단원의 불안한 심리상태를 이해하고 집단원을 세밀하게 탐색하여 훈습에 대한 철저한 계획을 수립하여 교육, 지지, 격려를 통해 집단원의 불안감과 좌절을 도와주어 지속적인 훈련을 통해 변화를 이끌어야 한다.

이와 같이 집단상담자는 집단원들이 미처 받아들일 준비가 되어있지 못한 통찰(insight)이나 시의성(timing)이 없는 해석을 제공하지 않는지에 대해 관심을 가져야 한다.

4. 정신분석의 상담과정

정신분석 집단에서의 집단상담 과정은 치료자를 포함한 집단에 의한 집단의 분석으로 '거울로 둘러싸인 마술의 방'으로 비유된다(Foulkes, 1975). 집단상담에서 개인은 자신의 문제를 말하는 즉시 다른 집단원들의 현실검증의 벽에 부딪혀 스스로 문제에 직면하게 된다. 거울로 둘러싸인 마술의 방에서 다른 사람에게 비춰지는 자신의 모습과 다른 집단원들에 의해 반응하는 자신의 모습을 보면서 자기의 내면세계에 통찰을 얻게 되는 과정이다. 즉, 자유연상을 이용하여 자기의 무의식을 이끌어내어 그에 대한 의미해석을 통해 미처 몰랐던 무의식의 사건들을 탐색하고 이해하는 통찰의 원동력이 작용하는 과정이다.

집단상담 과정은 여러 학자들에 의해 다양하게 제시되어 왔는데, 이형득(1986)은 그의 저서「집단상담의 실제」에서 집단상담 과정을 정리 한 바 있다. 이를 요약하면 다음과 같다.

날리지(Knowles, 1964)는 집단상담 과정을 '시작 단계, 정보교환 단계, 감정교환 단계, 정서적 조율 단계, 자율성과 상호의존성 확립 단계로'로 구분하였다.

라이드(Reid, 1969)는 집단상담 과정을 '의존 단계, 저항 단계, 반항 단계, 독립 단계, 상호의존 단계'로 구분하였다.

로저스(Rogers, 1970)는 집단상담 과정을 '혼돈과 무질서, 사적 자기노출에의 저항, 과거 느낌의 진술, 부정적 느낌의 표현, 개인에게 의미 있는 자료의 표출과 탐색, 집단 내에서 대인의 즉시적인 느낌의 표현, 집단 내에서의 치료적 능력의 발달, 자기수용 및 변화의 시작, 가면의 파괴, 피드백 주고받기, 맞닥뜨림, 집단 밖에서의 조력 관계 발전, 참만남, 긍정적 느낌과 친근감의 표현, 집단내에서의 행동변화'로 구분하였다.

슈츠(Schutz, 1973)는 집단상담 과정을 '소속 단계, 통제 단계, 애정 단계, 종결 단계'로 구분하였다.

한센(Hansen, 1976)은 집단상담 과정을 '시작 단계, 갈등 단계, 응집성 발단 단계, 생산단계, 종결단계'로 구분하였다.

도니지안과 말나티(Donigian & Malnati, 1997)는 집단상담 발달 단계를 '오리엔테이션 단계, 갈등과 직면 단계, 응집력 단계, 작업 단계, 종결 단계로'로 구분하였다.

코리(Corey, 2004)은 집단상담 발달단계를 '초기 단계, 전환 단계, 작업 단계, 종결 단계'로 구분하였다.

이와 같이 집단상담 과정들을 살펴보면 각 모형마다 집단상담 과정을 서로 다르게 진술하고 있다. 하지만 그 내용을 자세히 살펴보면, 유사한 공통점을 찾을 수 있다. 이러한 공통요소에 초점을 두고 하나의 통합된 집단상담 과정을 도출하여 통합된 정신분석적 집단상담 과정을 제시하고자 한다.

이 장에서의 정신분석 집단상담 과정을 시작단계, 전이발단 단계, 훈습 단계, 전이해결 단계 순으로 설명하고자 한다.

첫째, 시작 단계에서는 집단원들과 집단상담자의 만남을 통해 서로의 관심사와 집단원의 문제에 관한 이야기로 시작한다. 정신분석 관점에서 볼 때, 집단상담은 다양한 만남으로 심리적으로 취약한 패턴을 인식하기 좋은 공간이다. 이에 집단상담자는 자유연상처럼 집단원들이 즉흥적으로 떠오르는 생각과 감정을 자유롭게 표출할 뿐 아니라, 의미 있는 과거 사건들을 재현할 수 있도록 중립적인 환경을 제공하여야 한다.

시작 단계에서는 집단상담 과정에서 발생하는 전이와 역전이를 치료적 도구로 활용해야 한다(Hays et al., 2011). 전이는 집단에서 집단상담자와 집단원들의 상호작용을 시작하면서부터 다양한 형태로 나타난다. 즉, 집단에서 집단원들을 통해 과거 자신의 삶에서 중요한 타인에게 가졌던 감정을 불러일으키는 집단원들을 만나게 되기 때문이다.

이 과정에서 집단상담자는 집단원이 치료동맹을 통해 한 인간으로서 온전히 수용 받고 존중받는 경험을 하게 하여, 집단원들의 과거의 관계에 기반한 전이반응을 탐색하기 위한 기회를 제공하여야 한다.

둘째, 전이발달 단계에서는 집단 회기가 거듭되면서 집단원들과 집단상담자 사이에 신뢰관계가 형성되면서, 무의식적 갈등 문제를 표출하기 시작하는 단계이다. 집단원의 무의식적 갈등과 연결되어 억압되었던 유아기적 욕구 즉, 중요한 타인에 대한 정서적 반응이 다른 집단원들을 향해 표출되는 전이가 나타난다. 이때, 집단상담자는 집단원들이 다른 참여집단원에게 그들이 마치 자신에게 중요한 타인인 것처럼 반응하는 행동을 알아차리도록 돕는다. 이 과정에서 집단상담자는 전이분석과 해석을 통해 집단원들이 갈등을 겪는 본질에 대한 통찰을 도와야 한다.

전이발달 단계에서 집단상담자가 집단원에게 관심을 가지고 다루어야 할 집단원의 쟁점은 다음과 같다.

첫째, 성격 형성에 있어서 영향력 있는 요인. 둘째, 삶의 전환점과 위기. 셋째, 삶의 결정적 시기에 내린 결정과 선택 그리고 위기를 해결할 방법. 넷째, 삶에서 계속해서 주어지는 주제. 다섯째, 현재 문제와 미해결된 갈등. 여섯째, 현재 문제와 생애 초기의 주요 사건 간의 관계. 일곱째, 현재 삶의 진행 방향 등 여러 가지가 있다.

셋째, 훈습 단계에서는 집단원이 통찰한 것을 일상생활에 적용하여 집단원의 실생활에 변화를 도모하는 단계이다. 훈습(working-through)이란 아동기 때부터 형성된 역기능적 패턴을 변화시키고, 반복적으로 해석하며, 통찰을 바탕으로 새로운 삶의 선택을 하는 과정을 말한다. 훈습단계에서는 변화와 성장을 가로막는 방어기제와 치료에 저항하는 자아의 일부를 분석하는 것, 즉 원초아에 무엇이 숨겨져 있는지를 밝히는 단계이다. 집단원의 훈습의 중심에 심리성적 발달단계에서의 장해(disturbance)가 자리하고 있다. 따라서 집단상담자는 집단원이 지속적인 자유연상, 꿈 분석, 저항, 전이분석과 해석을 통해 집단원들의 신경증적 갈등 문제에 대한 통찰이 지속된다는 것을 인지해야한다. 특히, 전이의 훈습은 반복(repetition), 확대(amplification), 정교화(elaboration)가 지속적으로 이루어진다.

넷째, 전이해결 단계에서는 전이분석과 해석이 종결되는 시기이다. 이 시기에는 집단상담자와 집단원들에 대한 무의식적이고 신경증적인 애착이 해결되면서 신경증 해소에 박차를 가하게 된다. 이 과정을 통해 자신의 미해결된 갈등 또는 역기능적 행동 또는 대인관계 등 오래된 패턴이 현재 삶에 어떤 방식으로 영향을 미치고 있는가에 대한 통찰을 얻게 된다. 이러한 부정적 감정이 해소되면서, 집단원들은 상황에 적절한 언어 반응과 자아통찰을 얻게 된다.

오늘날 정신분석 집단상담자들은 집단원들의 과거가 현재와 미래에 영향을 주는 경우에 한해 의미가 있기 때문(Rutan et al., 2007)에 과거와 현재, 미래를 연결하여 이해하려고 노력한다.

이와 같이 정신분석 집단상담의 집단상담자들의 궁극적인 목표는 참여집단원의 성장과 발전을 저해하는 신경증적 갈등을 경감시켜 집단원들이 다양한 환경적 압력을 현실적으로 대처해 나갈 수 있도록 판단하는 능력과 행동기능의 회복을 돕고, 부적응행동에서 벗어날 수 있도록 내면세계에 대한 통찰을 얻게 하는 것이다.

이러한 목표를 달성하기 위하여 집단상담자는 집단장면에서 유발된 전이를 분석하거나, 자유연상 및 해석 등의 정신분석 집단상담 기법을 통해 집단원들의 심리 과정과 행동을 다룬다.

5. 정신분석의 평가

정신분석상담은 장기간의 치료시간이 소요되는 비효율성에 대한 비판으로 새롭게 등장한 치료적 접근이 행동주의 이론이고, 정신분석상담의 생물학적·결정론적 인간관에 반론하여 제기한 상담이론이 칼 로저스(Carl Rogers)의 인간중심 이론이다.

이러한 여러 가지 상담이론들 또한 정신분석의 원리와 개념을 바탕으로 발전된 이론으로서 정신분석이론의 영향에서 자유로울 수는 없다.

여기서는 심리치료 분야의 초석인 정신분석 집단상담의 공헌점 및 한계와 비판점에 대해서 살펴보고자 한다.

1) 공헌점

정신분석이론 집단상담의 공헌점 중에서 가장 중요한 것은 인간 발달에 대한 이해에 아주 심대한 영향을 미쳤다는 것이다. 정신분석이론 집단상담의 개념들은 집단원과 집단역동을 설명하고 이해하는 데 도움을 준다. 이로 인해 대부분의 사람들은 아동기 경험의 중요성을 인정하며, 인간발달에서 성 정체성의 중요성을 이해하고, 부모양육태도가 우리의 삶에 강력한 영향을 미친다는 것을 인식하게 하였다. 또한, 무의식의 존재와 내적 갈등은 대부분 성격 내부에서 일어난다는 것이 확인되었다.

정신분석 집단상담은 집단원의 현재를 이해하기 위해 필요한 과거 생활사건과 원인, 인과관계 등과 관련된 무의식과 전이에 대해 탐색하기 때문에 '내가 왜 이렇게 되었는가?' 또는 '무엇이 나를 이렇게 변화시켰는가?' 에 대해 설명할 수 있다.

정신분석 집단상담 과정 중 투사, 저항, 전치 등 중요한 방어기제들이 집단진행 과정 중 불안을 해소하기 위해 사용되고, 점차 드러나는 불안과 방어기제들은 과거의 패턴이 현재(집단과정)에 반복되고 있다는 것에 대한 탐색 할 수 있다. 또한, 집단상담을 통해 무의식적 접근을 활용하여 자신과 다른 집단원을 충동행동과 무의식태도를 현장감 있게 탐색하고 이해할 수 있다.

이와 같이 정신분석 집단상담은 집단원의 어린 시절에 미해결된 문제와 부정적 감정들을 살펴볼 수 있는 중요한 단서를 제공한다.

2) 한계와 비판

정신분석 집단상담이론의 한계는 다음과 같다. 첫째, 정신분석 집단상담은 개인의 과거 어린 시절, 부모와의 관계에 한정된 집단원의 문제를 분석하기 때문에 그 외에 집단원 개인에게 영향을 미칠 수 있는 다른 사회적·문화적 요인들을 배제하고 있다는 한계점을 가진다. 둘째, 개인의 과거와 쉽게 드러나지 않은 무의식을 탐색하다 보니 집단원이 시간적·경제적인 것에 대한 부담을 느낄 수 있다. 이는 빠른 문제해결을 희망하는 집단원에게 집단상담의 경제성이나 효율성에 대한 회의를 가지게 할 수 있다. 셋째, 정신분석 집단상담은 건강한 성인의 생활방식을 촉진하는 대안에는 별다른 언급이 없다. 넷째, 정신분석 집단상담이 장기적이고 집중적인 치료방식이라는 점으로 인하여 고전적 정신분석이론의 가치를 뒷받침하는 요구가 많지 않다는 것이다.

이러한 한계를 극복하기 위해 전통적인 정신분석 집단상담 훈련을 받는 상담자들이 대상관계이론이나 자아심리학이론과 같은 발전된 형태의 정신분석 이론을 기존의 이론들과 통합하여 정신분석 집단상담 진행목표에 맞도록 수정하기 위해 노력하고 있다. 그리고 정신분석 집단상담 활동에서 전통적 접근방식만 사용하기보다는 현재 상황에 맞도록 사회적·환경적 요인을 포함하는 통합시스템 개발을 시도하고 있다.

4장

인간중심적 집단상담

1. 인간중심의 개념

1) 인간중심 집단상담의 이론적 개념

로저스(Rogers, 1960) 이전의 심리 이론은 프로이트의 정신분석이론과 칼 융의 분석심리학이 주류를 이루고 있었고 지시적 상담의 근간이 되어 있었다. 1940년대 초에 등장한 로저스의 '비지시적 상담'은 현대 심리학의 제3세력으로 불릴 만큼 획기적이었다. 인본주의 이론은 무의식적 결정론에 근거하고 있는 정신분석이론과 환경결정론에 근거를 두고 있는 행동주의 입장에 반대하는 '제3세력의 심리학'에 속한다.

인본주의 철학의 기원은 실존주의에 있으나 실존주의가 주장하는 인간의 소외와 무의미와 같은 인간의 제한성에 초점을 두고 있다면 인본주의는 사랑과 창조성과 선택, 의미, 가치, 자아실현 등과 같은 인간의 긍정적인 측면에 초점을 둔다. 인본주의의 등장은 상담자 중심에서 내담자 중심으로 상담의 방향과 목표가 설정된다.

로저스 이전 당시 상담은 주로 진단하고 해석하거나 교육하고 제안하는 지시적 접근이 이루어진 데 반해 로저스는 집단원에 대한 상담자의 진실한 공감이 집단원을 변화시키는 데 좀 더 효율적으로 판단이 되었기 때문에 기존 상담과는 다른 관점에서의 새로운 접근을 시도하였다.

로저스는 자기실현 경향성을 가진 집단원이 상담자 또는 다른 집단원과의 만남과 함께 상담을 통해 발전적 변화의 기회를 가진다는 점에서 집단상담이라 불렀고 그 만남을 참만남집단(encounter–group)이라 하였다. 집단상담을 통해 인간 대 인간의 관계를 확대해 나가고자 하였던 로저스의 시도는 그의 이론은 '비지시적 상담', '집단원 중심 상담'으로 변화와 발전으로 나타나 결국 '인간중심 상담'으로 불리며 상담의 중요한 이론으로 자리 잡게 되었다.

이는 로저스가 가진 인간관에서 확인할 수 있다. 로저스는 다양한 유형의 집단 접근에서 상담의 이론과 실제 부분에 지대한 변혁을 일으킨 인물이라고 할 수 있다. 로저스의 접근은 인간이 전체성과 자기실현을 향해 나아가려는 경향이 있다는 가정에 근거를 두고 있다. 그의 초기 저술부터 일관되게 지속으로 강조되는 주제는 내담자의 성장을 촉진할 수 있는 존경과 신뢰의 분위기만 갖추어진다면, 내담자 스스로 건설적인 방향으로 발전해 나갈 수 있는 능력이 있는 존재라는 믿음이다. 로저스는 경험을 통해 인간의 마음속 깊이 들어갈 수만 있다면 신뢰할 수 있고 긍정적인 본성을 되찾을 수 있다는 사실을 알게 되었다.

또한, 인간을 근본적으로 합목적적이고, 건설적이고 긍정적이며, 독립적이고 수용적이고, 현실적인 동시에 믿을 수 있는 선한 존재로 보았다. 그는 프로이트와는 달리 인간을 결정론적인 관점이 아닌 자유로운 존재와 인간은 사회적이고 미래지향적이며 자아실현의 의지를 가진 선한 마음을 갖고 태어난 존재로 보았다. 로저스가 본 인간의 본성에 관한 긍정적 관점은 치료의 실제에서 중요한 시사점을 제시한다.

인간중심 집단상담에서는 인간은 누구나 부적응 상태를 극복하고 건강한 정신을 회복할 수 있는 능력이 있다고 믿기 때문에, 상담의 일차적 책임을 집단원에게 부여하고 집단상담 과정에서 집단상담자는 자신이 최선의 해결책을 가진 권위적인 존재라고 여기지 않으며, 집단원 역시 상담자의 지시에 따르기만 하는 단순하고 수동적인 존재가 아닌 능동적인 존재로 인정한다.

인간중심 집단상담은 집단원의 자아개념과 유기체의 경험 간의 불일치와 집단원이 느끼는 자아에 대한 위협과 그것을 방어하려는 방어기제를 해체하여 집단원이 충분히 기능하는 사람이 되도록 하려는 것이다. 여기서 상담자의 역할은 상호 신뢰적인 분위기 속에서 내담자가 거리낌 없이 자기를 노출하도록 하여 집단원이 자신의 내면세계를 이해하고 자신의 문제를 제대로 파악하도록 길을 안내하는 일을 한다.

상담자 곧, 집단촉진자의 역할이 순기능으로 나타나면 왜곡된 지각을 수정하며 집단원 자신의 능력과 개성을 최대로 발휘하여 자아를 실현하는 사람으로 성장하게 된다. 전자에서 다루어진 바대로 인간중심 집단상담은 개인이 가진 방어기제 곧, 방어적 행동을 일으키는 가치조건들의 해체를 도와서 유기체적 경험에의 개방성을 증대시킬 수 있도록 한 결과로 자아 혹은 자아개념과 유기체의 경험 간의 일치도를 높일 수 있도록 돕는 데 있다.

인간중심 집단상담이 지향하는 개념으로 인간은 자신의 문제를 이해하는 능력을 지니고 있고 또 그 문제를 해결하는 자원이 스스로가 가지고 있다고 가정한다. 집단 촉진자, 상담자는 인간 본성의 건설적인 측면과 집단구성원들에게 도움이 되는 것에 초점을 두어야 한다. 집단구성원들은 집단상담자로부터 잘 정리된 구조와 방향성에 대한 제공이 없어도 변할 수 있다. 집단상담자는 이해와 진솔함과 지지와 수용, 보살핌, 긍정적 존중을 제공한다.

이러한 접근방식은 현 순간을 충분히 경험하고, 자신을 수용하는 것을 배우며, 변화하는 방법을 결정하는 것을 강조한다. 그리고 집단구성원의 적극적인 역할과 책임을 중요시한다. 또한, 이 접근은 긍정적이고 낙관적인 관점을 지니며 개인의 내적, 주관적 경험에 주목한다.

2) 주요 개념

(1) 실현 경향성

로저스는 인간에게 하나의 기본적 동기가 있다고 믿었는데 이를 실현 경향성(actualizing tendency)이라고 불렀다. 로저스는 인간뿐만 아니라 자연조차도 자신을 유지하고 향상하려는 자기실현 경향성을 지니고 있다는 것을 강조한다. 이때 경향성이란 자신을 유지하고 보전할 뿐 아니라 좀 더 나은 성취와 실현을 자율적으로 이루려는 힘이며, 타율성이나 외부의 통제로부터 벗어나려고 하는 성향을 의미한다. 그러나 이것은 자기실현 경향성이 타인과의 단절을 의미하는 것은 아니다. 오히려 자신의 경험이 존중받는 경험을 통해 신뢰할 만한 사람으로 변화하려는 것이다.

여기서 자기와 유기체의 총체적인 경험이 비교적 일치한다면 실현 경향성은 비교적 통일된 형태로 남지만, 반대로 자기와 유기체의 경험이 불일치한다면 유기체의 실현 경향성은 그 동기의 하위 체계, 즉 자기실현 경향성과는 상충되는 목표를 위해 움직일 수도 있다. 다른 방법을 찾아 나선다는 것이다. 어쩌면 자기실현 경향성은 인간에 대해 가지는 로저스의 믿음이라 볼 수 있다.

이러한 자기실현 경향성은 자신의 의견이나 생각이 존중받는 경험을 통해 자신과 타인에게 신뢰가 있는 사람으로 변화해 가는 것이다. 실현 경향성을 구속하는 요인 중 매우 큰 영향을 미치는 것은 각자가 속한 환경이다. 자양분과 수분, 적절한 보살핌이 부족할 때 꽃이 활짝 피어나기 어렵듯, 인간도 실현 경향성을 성취할 만큼의 호의적인 여건과 환경이 주어지지 않을 때는 건강한 성장을 이루기가 힘겨워진다.

(2) 자기와 자기개념

로저스가 유기체의 실현 경향성을 의미 있게 생각하고 강조하고 있으나 자기(self)라는 개념도 그의 성격이론에서 매우 중요한 가치를 지닌다. 자기(self)는 인간 경험의 조합체이며 감정의 근원이다. 로저스는 자기개념의 형성은 유아기 시기에 자기 안에서 비롯되는 자기 경험과 타인이나 사물로부터 겪는 외부 환경과의 경험을 구별하기 시작하면서부터 발달하는 것이라고 했다. 자기(self)란 유아기로부터 얻어진 자신이 겪은 경험의 일부분 또는 전체 경험에 의한 현상으로부터 그 구조가 형성된다.

로저스는 자기(self)와 자기개념(self-concept)을 혼용하고 있는데, 자기(self) 또는 자기개념(self-concept)은 개인이 자신에 대해 가지고 있는 지속적이며 체계적 인식을 의미한다. 즉, 자기개념은 자신이 어떤 사람인지에 대한 현재의 인식, 즉 자아상과 같은 의미이다. 또 자기는 개인의 경험세계로부터 분화된 것으로 자신에 대한 의식적 지각과 자신이 소중하게 여기는 가치를 포함한다.

자신에 대한 인식이 발달하면서 아동기에는 타인으로부터 긍정적인 존중을 받고 싶은 욕구도 함께 발달시키게 된다. 자기개념은 현재의 자기의 모습을 반영하는 현실적 자기(real self)뿐 아니라, 긍정적인 존중을 받기 위해 추구하는 이상적 자기(ideal self)도 포함되어 있다. 이상적 자기는 다른 사람으로부터 긍정적인 평가를 받기 위한 가치의 조건을 반영한다.

로저스에게 심리치료란 내담자의 내면에 자연스럽게 일어나고 있는 성장의 과정을 이끄는 작업으로 생각한다. 이는 고정된 구성물이 되이비린 자아 또는 부석응 상태가 되어버린 자아를 유동적인 자아로 변화시켜 심리적인 적용으로 나아가도록 돕는 과정을 스스로 만들어가는 과정이다. 이러한 유기체의 전체적인 경험이 자아로 통합되고, 자아는 발달과정 안에서 유기체의 실제적인 경험과 일치되어야 하는 그때가 되어서야 비로소 인간은 본인이 자신의 진정한 자아 곧, 유기체적 자아인 것을 실감하게 된다고 한다.

3) 가치의 조건화

개인은 각자의 경험을 스스로 어떻게 느끼는가에 따라 그 경험을 정의하게 되는데 이러한 평가 과정을 로저스는 유기체적 가치화 과정(organismic valuing process)이라고 명명했다. 개인이 유기체적 가치화 과정을 따를 때, 자기와 경험이 일치하게 되어 방어할 필요가 없고 있는 그대로의 편안함을 느끼며 살아가게 된다.

유아는 부모를 비롯한 중요한 타인과의 상호작용 안에서 그들로부터 존중받는 느낌. 사랑받는 느낌을 얻기 위한 가치의 조건화(conditions of worth)를 습득한다. 그 결과로 아동은 자신의 유기체적 경험보다 긍정적 존중을 받기 위한 가치의 조건을 더 중요하게 여기고 그것을 추구하게 된다. 더 나아가 부모나 타인들이 원하는 가치와 기준을 받아들여 자신의 체계로 내면화한다.

이런 가치의 조건을 자기 개념화로 내면화하게 되면 그 조건과 일치하지 않는 자신의 특성이나 경험은 불쾌하거나 불편하게 느끼게 된다. 이러한 과정을 지나는 중에 자신이 처한 환경 속에서 살아가면서 이런 과정들을 통해 내면적 가치체계를 더욱 정교하게 형성해 나가게 된다.

주 양육자부터 긍정과 지지를 많이 받고 자란 아동은 유기체적 가치화 과정을 따르기 때문에 자존감이 높고 자기와 자기 경험 간의 불일치 간격이 적어 심리적 불안감을 빨리 극복할 수 있다. 그러나 자신이 하고 싶은 것 대신 주 양육자의 칭찬을 받기 위해 행동을 해 온 아동은 가치의 조건화 과정을 따르기 때문에 타인의 반응에 심하게 영향을 받는다. 그러므로 감정표현에 인색한 부모나 일관성 없는 부모 아래에서 자란 아이들은 불안과 혼란을 심하게 겪게 되면서 거짓된 자기 개념을 발달시키게 된다.

그리고 자기(self)는 두 가지 개념이 포함된다. 첫째는 현상학적인 자기로 삶에서 직접 보고, 듣고, 느끼고, 생각하고, 행동하는 실제적 자기(real self)와, 둘째는 내면에서 요구받은 희망과 소원을 내재한 자기로 여러 상황을 책임지고 짐을 져야 한다는 당위성에 놓인 이상적 자기(ideal self)이다.

4) 무조건적인 긍정적 존중

집단상담자의 또 다른 중요한 태도는 집단원을 무조건적이고 긍정적으로 존중하는 것이다. 이는 집단원을 한 인간으로서 존중하며, 집단상담 활동 안에서 이루어지는 집단원의 행동이나 표현에 대해 어떤 판단이나 평가를 하지 않는 것을 의미한다. 이는 집단원의 말이나 행동에 대한 찬성의 의미가 아니라 집단원의 말이나 행동이 나오게 된 상황이나 심리적인 상태를 이해하고 존중해 주는 것이다.

무조건적이고 긍정적인 존중을 받은 집단원은 이해와 위로의 경험을 하게 되며, 자신을 가치 있는 사람으로 여기게 되어 성장할 기회를 갖게 된다. 집단상담자는 무조건적이고 긍정적인 존중을 위해서 말뿐만 아니라 눈빛, 음색, 몸짓 등을 통해 존중의 메시지를 전달할 수 있다. 이러한 존중의 메시지는 집단원 전체에게 긍정적인 영향을 미친다.

반면, 집단상담자의 인위적이고 기술적인 접근은 집단상담자에 대한 신뢰감을 떨어뜨리게 되어 집단의 변화와 성장을 방해할 수 있다. 또 집단원이 존중의 의미를 허용의 의미로 잘못 이해하고, 집단활동 중에 공격적이고 폭력적인 언행이 드러난다면 집단의 성장을 기대하기 어렵다. 이때 집단상담자는 존중과 찬성은 다르며, 특정 언행에 대해서는 집단에서 허용되지 않음을 알려 주어야 한다.

집단원에 대한 집단상담자의 무조건적이고 긍정적인 존중은 개개인에게 적용되는 것이지만, 점차 집단 전체에도 영향을 미쳐 집단상담자가 집단활동이나 방향에 대해 어떤 영향을 미치거나 목표를 강요하지 않게 되며 집단원을 있는 그대로 존중하게 된다.

이러한 존중을 받을 때, 내면적 자원을 맘껏 발휘하는 충분히 기능하는 사람(fully functioning person)으로 성장하게 된다. 이런 사람은 자기를 신뢰하기 때문에 외부의 가치나 권위에 영향을 덜 받고, 삶을 자유롭게 즐기며 생산적이면서도 보람 있는 방향으로 이끌고 자신의 행동과 결과에 대한 책임도 기꺼이 질 줄 아는 사람이 된다.

5) 집단과정에 대한 신뢰

로저스(Rogers)가 인간에 대해 가졌던 자기실현 경향성에 대한 믿음은 집단상담에서도 동일하게 적용된다. 이는 인간중심 집단상담에서는 집단원들이 자신의 잠재력을 스스로 믿고 발현시키고 성장을 위해 노력하면서 그와 함께 집단원들도 성장할 수 있게 된다고 신뢰감이 형성된다. 집단상담에 참여하기 전에는 비교적 폐쇄적인 집단원들이 집단상담을 경험하는 과정을 통해 자신의 내면에 대해 점차 인식하고, 스스로 자신의 삶을 바꾸려는 의지를 가지게 되면 이러한 것이 자신을 개방하는 행동으로 드러나게 되는데 이러한 변화는 집단과정에 대한 신뢰에서 비롯된다고 보았다. 이러한 변화는 집단과 구성원들에 대한 신뢰가 깊을 때 더욱 효과를 발휘하기 때문에, 집단상담자는 구성원들이 감추었던 속내를 드러내고 새로운 행동을 시도할 수 있을 만큼 집단원 간 신뢰와 수용적인 집단 분위기를 조성하고 발전시키는 것이 중요하다.

2. 인간중심의 특성

여기서는 용어 정리로 촉진자와 상담자를 그리고 내담자와 집단원을 구분 없이 사용한다. 인간중심 집단상담은 기본적 개념에서 나타난 바와 같이 집단원과 상담촉진자 곧, 상담자의 관계에서 내담자 자신이 자아와 자아개념을 스스로 해결해 가는 과정으로 상담자의 역할의 중요성이 인간중심 집단상담의 특징이다. 이처럼 인간중심 집단상담의 주된 목표는 치료 장면에서 안전함과 신뢰의 분위기를 제공하는 것인데 집단원은 이러한 치료적 관계를 통해 성장의 장애물을 자각할 수 있게 된다.

이 접근은 집단원-촉진자(상담자) 관계를 변화를 일으키는 필수적이고도 충분한 조건이라고 보기 때문에 지시적 기법, 해석, 질문하기, 탐색하기, 진단, 과거 경험에 대한 자료 수집을 중요하게 생각하지 않는다. 집단구성원들은 스스로 개인적으로 의미가 있는 목표를 명료화할 수 있고 촉진자인 상담자로부터 적극적이고 직접적인 구조를 제공받지 못해도 자신의 길을 찾을 수 있다고 믿는다.

치료적 관계에서 이 접근은 치료자의 태도와 개인적 특성이 치료에서 핵심적인 역할을 한다고 강조한다. 따라서 이 접근은 치료의 과정을 기법 중심이 아니라 관계 중심으로 본다. 관계 형성에 결정적인 역할을 하는 촉진자의 특성에는 진솔성, 비소유적 따뜻함, 정확한 공감, 무조건적 수용과 존중, 보살핌의 태도와 이러한 태도를 집단원에게 전달하는 능력이 포함된다.

촉진자의 주된 기능은 수용적이고 치료적인 집단 분위기를 만드는 것이다. 인간중심 상담은 '행동방식'보다는 '존재 방식'으로 가장 잘 설명된다. 집단상담자는 '촉진자'라고 불리는데, 그 이유는 상담사의 역할을 집단구성원 간의 상호작용을 촉진하고 집단구성원들이 자기 자신을 표현하도록 돕는 것으로 보기 때문이다. 인간중심 집단 촉진자는 자신을 변화의 도구로 사용한다. 그들의 핵심 기능은 집단구성원들이 점차 진솔한 방식으로 상호작용하는 치료적 분위기를 조성하는 것이다.

인간중심 집단상담은 다음과 같은 태도와 기술이 촉진자에게 필수적이라고 강조한다. 적극적이고 민감하게 경청하기, 수용하기, 이해하기, 반영하기, 명료화하기, 요약하기, 개인적인 경험을 나누기, 반응하기, 多人(다인)과 만나 관계하기, 집단이 나아갈 방향을 지시하기보다 집단의 흐름과 함께 가기, 집단구성원의 자기 결정력을 인정하기이다. 인간중심 상담자들이 지닌 다른 관계적 특성과 태도에는 경험의 수용, 접촉과 관여, 치료적 동맹, 진솔한 대화, 내담자의 경험을 이해하기, 내담자의 관계 능력에 대한 민음이 포함된다.

인간중심 집단상담은 다양성, 발명성, 창의성, 개별화를 강조하면서 발전해 왔다. 새로운 형태의 인간중심 접근의 집단 촉진자들은 자유롭게 치료적 관계에 참여하고, 자신들의 반응을 내담자들과 나누며, 내담자를 보살피면서도 직면시키고, 치료적 과정에 적극적으로 개입하는 행동을 더욱 증가시켜 왔다. 현대적인 형태의 이 접근 치료자들은 집단에서 일어나고 있는 것에 대한 치료자 자신의 '지금-여기' 반응을 드러내는 것을 보다 중시하고 있다.

그렇게 하는 것이 집단구성원들이 자신을 좀 더 깊은 수준에서 탐색하게 하는 동기를 부여한다고 보기 때문이다. 상담자에 관해 로저스가 지녔던 본래의 관점과는 다른 이러한 변화된 관점은 더욱 폭넓은 기법과 훨씬 다양한 치료적 스타일을 사용할 수 있게 했다. 집단 촉진자는 치료 기법의 목록을 확장시키는 것보다는 한 개인으로 성장, 발전할 필요가 있다. 하지만 효과적인 집단 촉진자는 치료자로서의 인격뿐 아니라 집단구성원들이 개인적인 목표를 달성할 수 있도록 돕는 데 필요한 지식과 기술을 지녀야 한다는 것을 기억하는 것이 중요하다.

집단 촉진자는 자신의 개인적인 삶의 경험과 아이디어를 집단 작업에 통합시킴과 동시에 인간중심 접근을 자신의 개인적 신념과 치료 스타일에 맞게 만들어 갈 필요가 있다. 통합적 치료를 추구하는 인간중심 상담자들은 인간중심 접근의 기본 철학에 충실하면서도 실존주의, 게슈탈트 체험적 접근에서 도출된 개념과 방법을 통합해 사용할 수 있다.

나탈리 로저스(Natalie Rogers, 2011)는 표현 예술을 개인 탐색을 촉진하기 위한 도구로 통합시킴으로써 인간중심 접근을 다양하게 적용하는 데 중요한 기여를 해왔다. 인간중심 표현 예술치료는 성장, 치료, 자기 발견이라는 치료 목표를 위해 운동, 그리기, 색칠하기, 조각하기, 음악, 글쓰기, 즉흥 작곡과 같은 다양한 예술 방식을 활용한다. 이것은 마음, 몸, 정서, 영성적 자원을 통합시키는 다면적인 집단 접근이다. 언어로 자신을 표현하기 어려워하는 사람들은 자신이 사용할 수 있는 다양한 비언어적 표현방식을 통해 자신을 표현할 수 있다.

인간중심 치료와 상담의 다문화적 적용 인간중심 접근의 보편적, 핵심적 치료 조건에 대한 강조는 다양한 세계관을 이해할 수 있는 틀을 제공한다. 공감, 현재에 머무르기, 집단구성원의 가치관을 존중하는 것은 다문화 집단구성원들로 구성된 집단에게는 특별히 중요한 태도이자 기술이다. 이러한 태도는 특정 문화 집단에 한정되지 않고 문화라는 틀을 초월한다.

인간중심 상담자는 모든 종류의 다양성을 깊이 존중하고, 내담자의 주관적 세계를 수용적이며, 개방적인 태도로 이해하는 것을 중시한다. 이 접근의 한 가지 제한점이라고 한다면 어떤 내담자들은 현재 겪고 있는 문제에 대한 해결책을 찾기 위해 집단에 참여한다는 점과 관련된다. 어떤 문화적 배경을 가진 사람들은 집단지도자가 권위적인 전문가의 역할을 하면서 조언과 구체적인 행동 방향을 제시하는 지시적인 지도자이기를 기대할지도 모른다. 따라서 그들이 원하는 구조를 제공하지 않는 지도자와는 어려움을 경험할지도 모른다.

인간중심 집단상담은 기법보다는 집단지도자의 개인적인 자질을 더욱 강조한다. 집단 촉진자의 주된 역할은 집단 내에 수용적이고 치유적인 분위기를 형성하는 것이다. 그런 의미에서 인간중심 치료는 '행동하는 방법'이 아닌 '존재의 방법'에 더 가깝다.

로저스는 치료자의 역할이란 내담자의 자기 발견을 위한 여행에서 그들의 동반자가 되어주는 것이라고 서술했다. 따라서 그는 지시하는 역할보다는 집단의 구성원이 되고자 최선을 다했다. 집단지도자는 집단 촉진자라고도 불린다. '촉진자'라는 표현은 구성원과 지도자의 상호작용이 중요하다는 것을 의미하며, 지도자는 구성원들이 스스로에 대해 표현하도록 도와야 한다는 것을 시사한다. 인간중심 집단촉진자들은 자신을 집단의 변화를 위한 도구로 사용해 구성원들이 점점 더 진실하고 정직한 방법으로 상호작용할 수 있도록 치료적 분위기를 만들어 가는 것이라고 보았다.

인간이 자기실현 경향성을 가지고 있다고 해도 필요할 때 그것을 정확히 발휘하는 사람은 드물다. 어두운 방을 밝히기 위해 스위치를 켜야 하는 것처럼 자기실현 경향성을 작동시키기 위해 필요한 상담자의 태도를 로저스는 늘 강조했다. 상담자의 태도에서 진실성, 무조건적 긍정적 존중, 공감적 이해가 갖추어졌을 때 집단원이 변화와 성장은 그 위에서 자연스럽게 촉진되기 때문이다.

로저스는 상담자를 "새로운 한 사람의 탄생 과정을 지켜보는 산파"라고 표현하고 있다. 즉, 내담자 스스로가 자신을 찾아갈 수 있도록 상담자는 기다려 주는 역할을 한다는 것이다. 그러나 이러한 기다림이 단지 방관적이거나 내담자에 대한 무관심의 표현을 의미하는 것은 아니다. 상담자는 진실로 안전하고, 공감적이고, 수용적인 분위기를 제공하고 내담자가 이것을 경험하고 치료적 변화가 일어나도록 촉진적인 치료를 위한 분위기를 형성하기 위해 노력한다.

로저스는 이러한 상담자의 역할의 근본 원리를 집단원이 경험하고 있는 모든 지각적 장을 동일한 전경과 배경의 관계로, 집단원이 그 지각적 장을 의사소통하고자 하는 만큼, 가능한 한 민감하고 정확하게 지각하는 것, 그리하여 가능한 한 완벽하게 내담자의 내적 참조체제를 가지고, 집단원의 눈을 통해 그가 보고 있는 정도를 내담자에게 보여주는 것이라고 정의하고 있다. 가능한 한 집단원의 내적 참조체제를 추측하는 것, 집단원이 세상을 보듯이 세상을 지각하는 것, 집단원이 자기 자신을 보는 것처럼 집단원을 지각하는 동안에는 외적 참조체제를 통해서 지각하는 것은 삼가고, 즉 상담자가 자신의 평가 기준을 가지고 집단원의 표현이나 집단원의 문제를 평가하지 않은 채 집단원에게 이러한 공감적 이해를 전달하는 것이 상담자의 역할이라고 할 수 있다.

로저스는 지시적 상담이론에서와 달리 인간중심 상담자가 가지는 차별성으로서 "상담자는 진단에 대한 선입견과 예리함을 내려놓아야만 하며, 정확하게 예측하려고 하는 노력을 하지 말아야 하며, 개인을 교묘하게 지도하려는 유혹을 포기해야만 한다. 그리고 단 한 가지 목적에 집중해야 한다. 내담자가 지금까지는 의식적으로 부정했던 위험스러운 영역들까지 조금씩 조금씩 탐색함에 따라 그가 지금 이 순간 보여주는 태도에 대한 깊이 있는 이해와 수용을 제공하는 것이다. 상담자가 깊이 있게 진실로 이러한 태도들을 받아들일 수 있을 때만이 이러한 관계가 존재할 수 있다고 생각한다. 이것은 내담자가 자신을 이끌도록 놓아두는 척하면서 교묘하게 상담자가 내담자를 끌고 가는 방식이 아니다. 그것이 효과적이기 위해서는 진실해야만 한다."라고 말한다. 따라서 인간중심 상담자는 직접적인 개입도, 평가도 하지 않고, 상담 관계에 있어서 진실하게 내담자의 내적 참조체제를 통해 내담자를 보며, 자신이 공감한 만큼 내담자에게 표현하는 것이다.

또한, 로저스가 말하는 인간중심 상담의 차별적인 특성은 "치료적 관계 속에서 민감하고 진실한 내담자 중심성"이라고 밝힌 바 있다. 즉, 로저스가 말하고 있는 상담자의 역할은 상담자의 태도로부터 비롯된다는 것을 알 수 있다. 내담자 중심적인 태도를 가진 상담자는 진실하고 수용적인 태도를 보여줌으로써 인간중심 상담자로서의 역할을 하는 것이다.

로저스에 의하면 치료자가 내담자의 '진실한 또 다른 나(genuine altered ego)'의 역할을 하는데, 그것은 내담자가 직면하지 못하고, 명확하게 지각하지 못하는 경험들을 정확하게 인식하고, 수용하도록 하는 것이라고 설명하였다. 내담자가 그런 경험들을 직면하고 인정하는 것은 현재 자기구조(self-structure)에 있어 불일치와 위협을 가져오기 때문에 직면하거나 명확하게 지각하지 못한다. 따라서 인간중심 상담에서 내담자는 치료적 경험 속에서 상담자의 표현을 통해서 자신의 태도, 혼란스러움, 양가감정, 감정 그리고 지각을 정확하게 알게 됨으로써 자기 자신을 객관적으로 보고, 이제는 훨씬 더 명확하게 지각되는 이 모든 요소들을 수용함으로써 상담자에게서 자신의 진실된 자기를 발견하게 되는 것이다. 따라서 내담자는 상담을 통해 자기에 대한 인식과 훨씬 더 통합된 자기의 기능이 촉진되는 것이다. 이는 내담자로 하여금 그동안 부인해 왔던 자신의 경험들을 탐색하고 이해하고 수용할 수 있도록 한다는 의미이다.

지금까지 정리해 온 로저스의 인간중심 상담의 원리를 7가지로 아래와 같이 요약할 수 있다.

1) 로저스는 치료자의 역할이 내담자들이 자기-발견을 위한 여행 동안 동반자가 되는 것이라고 했다.
2) 지시하는 역할보다는 참가자의 한 사람이 되고자 최선을 다했다.
3) 인간중심 집단 상담자는 기본적으로 자아실현 경향성을 믿기 때문에 그들로부터 조력의 방향성을 도출해 낸다.
4) 역동을 움직이게 하기 위해 기법을 사용하는 것을 그다지 선호하지 않는다.
5) 스스로 나아갈 방향에 대한 책임이 자신에게 있다.
6) 일반적으로 수행하는 다섯 가지-온화함과 공감을 전달하기, 집단구성원에게 관심 갖기, 의미와 내용 이해하기, 수용전달하기, 연결하기 등이다. 이러한 기능은 경청하기, 지지하기, 반영하기, 공유하기, 확인하기, 명료화하기, 요약하기, 참여하기 등의 기본적인 집단지도력 기술을 통해 표현한다.
7) 상담자는 스스로 내적 자원을 개발할 수 있는 능력이 있다고 본다.

3. 인간중심의 기본기법

로저스는 집단상담에서 기법의 사용보다는 사람과 사람의 만남을 더 중요시했다. 만약 집단상담 진행 과정에서 기법에 집중하게 되면 집단은 기법의 하나로 전락하고 만다는 것이 그의 생각이었다. 기법에 얽매이게 되면 자신과 타인을 탐색하고 이해하는 데 오히려 어려움을 겪을 수 있다고 생각해, 인간중심 집단상담에서는 집단원들이 자신과 타인을 좀 더 깊이 탐색할 수 있는 기술들만을 소개해 준다. 그것을 기법이라고 굳이 부르지 않는 이유는 집단상담 과정에서 가져야 하는 기본적인 태도이자, 자연스러운 집단 자체의 흐름에 가깝기 때문이다.

인간중심 집단상담은 상담자가 해석이라는 기법을 사용해 집단원에게 관여를 하게 되면 집단은 의식적이 되어 진행의 흐름이 느려진다고 경고한다. 또 집단과정에서의 관찰은 구성원들로부터 나와야 하며 집단이 나아갈 방향에 대한 책임 역시 구성원들이 져야 한다고 여긴다. 인간중심 집단에서 집단상담자는 참가자들이 다른 구성원들의 말을 경청하도록 돕고 스스로와의 싸움에서 이겨 결국 자신을 신뢰하고 표현하는 방법을 배울 수 있도록 촉진하는 사람이다.

카인(Cain, 2010)은 집단 촉진자들이 집단에서 진실성, 수용, 적절한 공감을 보여주고 구성원들이 그것을 인식할 때 보다 치료적인 효과가 있으며 성격의 변화와 성장도 이루어진다고 말했다. 로저스는 이러한 핵심조건들이 독립적인 것이 아니라 함께 시너지를 내면서 작용하는 것이라고 믿었고, 이것들이야말로 효과적인 치료를 위한 필요조건이자 충분조건이라고 강조했다.

집단상담자에게 필요한 첫 번째 요소는 바로 진실성(일치성)이다. 이것은 집단상담자가 외부적으로 드러내는 표현과 자신의 내부적 경험을 일치시키는 것이다. 즉, 실제로는 그렇지 않은데 관심이 있는 척 또는 이해하는 척하거나, 진심이 아니면서 상대방의 동의와 인정을 이끌어내기 위해 계획된 행동을 하지 않아야 한다는 것이다. 이것은 상담자가 전문가라는 역할 뒤에 숨지 않으면서도 고유의 전문적인 역할을 명료하게 해내는 것을 의미한다.

인간중심 집단상담에서 집단지도자는 전문가의 역할보다도 한 인간으로서 집단에 개입하는 범위가 커질수록 구성원들의 변화와 성장에 더 큰 기여를 하게 된다고 믿기 때문에 적어도 상담이 진행되는 동안만큼은 집단지도자는 외적으로 표현하는 것과 그의 내적 경험을 반드시 일치시킬 필요가 있다.

나티엘로(Natiello, 1987)는 상담자가 진실성을 유지하기 위해서는 자기인식, 자기수용, 자기 믿음이 강해야 한다고 보았는데, 진실성이란 자신에 대한 깊은 탐색과 이를 진실로 받아들이겠다는 의지에서 생기는 진정한 상태라고 믿었다. 그는 진실성이 없다면 다른 치료적 조건들도 별 효과를 보지 못하게 되고, 치료기법 역시 그 의미를 상실한 채 단순한 기술이나 조작 또는 통제에 불과하게 되는 것이라고 주장했다. 집단상담자가 진실성을 가지고 집단원에게 공감과 무조건적 긍정적 존중을 제공할 때 구성원들로부터 더 큰 신뢰를 얻게 된다. 치료자가 진실한 사람이라고 판단되어야만 구성원들은 자신의 모습을 있는 그대로 드러내게 되며, 그 자체를 온전히 수용받는 경험을 한 후에야 비로소 상담자의 무조건적인 긍정적 존중을 믿을 수 있다.

집단상담자는 집단원과의 상담관계에서 순간순간 경험하는 감정을 있는 그대로 솔직하게 표현하고, 겉으로 드러난 표현과 내면에서 경험한 것을 일치시킬 필요가 있다. 이 말은 상담자가 모든 감정을 충동적으로 표현하거나, 집단원과 모든 감정을 공유하라는 것이 아니라 적정 수준의 자기표현을 할 필요가 있다는 뜻이다. 즉, 집단상담자는 자신이 전문가라는 입장에 서서 문제를 이해하거나 공감하려고 하기보다는, 집단원과 똑같은 한 존재로서 있는 그대로의 만남을 가져야 한다는 것이다. 그렇게 하기 위해 집단상담자는 자신의 내면에 집중하고 그 안에서 일어나는 변화를 민감하게 알아차리며 솔직한 감정을 스스럼없이 개방하는 훈련이 되어 있어야 한다.

진솔성은 인간중심 집단상담에 있어서 가장 중요한 상담자의 태도이며 집단상담 및 상담자에 대한 신뢰를 형성하는 필수적인 조건이다. 진실성이 없으면 집단원들은 상담자를 신뢰할 수 없기 때문에 자신의 속내를 드러내지 않아 집단의 흐름을 따라가기 어렵고, 그렇게 되면 다른 치료적 요인들이나 기법들을 효율적으로 사용하는 데도 어려움을 겪게 된다.

그리고 집단상담자에게 필요한 두 번째 핵심 요소는 무조건적인 긍정적 존중이라 불리는 태도이다. 이것은 집단 촉진자들이 구성원들을 수용하고 보살피는 것을 의미하며, 집단상담자의 긍정적이면서도 비판단적인 수용적 태도가 구성원들에게 치료적 변화를 더 많이 일으킨다는 인간중심이론의 철학에서 나온 것이다. 긍정적 존중은 무소유적인 배려나 따뜻함과 같은 태도이며 제스처, 눈 맞춤, 목소리 톤, 얼굴 표정과 같은 미묘한 방식으로 드러난다. 구성원들은 상담자의 이런 진실한 존중의 표현을 알아챌 수 있고 이를 통해 자신들의 성장을 촉진시킨다. 반면 가식적인 따뜻함 역시 쉽게 식별되기 때문에 전혀 도움이 되지 않을 뿐 아니라, 진짜가 아니라는 것이 전달된다면 치료자의 다른 반응들 역시 그 진실성을 오해받을 수 있다.

인간중심적 집단상담의 목표는 각 참가자와 집단 전체가 자아실현 경향성을 자유롭게 표현하는 분위기를 만드는 것이다. 무조건적 긍정적 존중은 개인과 집단이 이러한 성장의 힘을 표출하도록 만드는 진실성 다음으로 중요한 두 번째 요소이다. 긍정적 존중이란 구성원들의 느낌이나 생각을 평가하거나 판단하지 않고 무조건적인 애정과 존중감을 담아서 반응하는 것을 의미한다. 즉 '할 때 당신을 받아들이겠다.'가 아니라 '지금의 당신 자체를 있는 그대로 받아들이겠다.'라는 느낌을 전달하는 태도이다.

집단상담자가 구성원을 조건 없이 존중하고 수용하고 비유적인 방식으로 관심을 기울이면서 격려하고 존중할 때 집단상담은 성공적인 방향으로 나아간다(Rogers, 1977), 또 집단지도자가 무조건적인 긍정적 존중과 수용의 태도로 구성원을 대할 때 구성원들은 방어적인 태도를 덜 보이고, 모든 경험을 열린 마음으로 받아들이면서 집단에 더욱 적극적으로 참여하게 된다. 이때의 수용은 인정받기와는 다른 것이다. 진정한 수용은 타인의 어떤 행동을 인정해 주는 것이 아니라, 개별성을 존중하고 한 명의 독립된 존재로서 있는 그대로를 온전히 받아들여 주는 것이다. 이런 경험을 통해 집단원들은 더욱 자기 수용적인 태도를 취하게 된다(Cain, 2010). 또 지도자의 이런 긍정적 존중에 대한 구성원들의 인식은 집단에도 긍정적인 결과를 가져온다(Norcross, 2010).

무조건적인 긍정적 존중, 배려, 따뜻함 등으로 개개인을 수용한다는 것은 집단이 하나가 되어 수용적 태도를 발전시켜 나가는 것과 관련이 있다. 집단원에 대한 무조건적이고 긍정적인 존중은 개개인에게 적용되지만, 이것은 점차 집단 전체에도 영향을 미치게 되어 집단상담자는 집단활동이나 방향에 어떤 영향력을 행사하거나 목표를 강요하지 않으면서도 구성원과 집단을 있는 그대로 존중하게 된다. 즉, 집단원을 한 인간으로 존중하고 집단상담 활동 안에서 보이는 말이나 행동에 대해 어떤 평가나 판단도 내리지 않는 것이다.

이것은 무조건적인 찬성이나 동의가 아니라, 그 말과 행동을 하게 된 상황이나 그 순간의 심리적 상태를 이해하고 존중해 주는 것이다. 이렇게 무조건적이고 긍정적인 존중을 받은 집단원은 이해와 위로의 경험을 통해 자신을 가치 있는 사람으로 여기게 되고 궁극적으로 성장의 기회를 받아들이게 된다.

집단지도자가 언제나 높은 수준의 따뜻함과 긍정적 존중을 보여 줄 수는 없겠지만 따뜻함과 무조건적인 긍정적 존중은 어느 하나를 선택하는 문제가 아니라 연속선상에 있다는 사실을 이해해야 한다. 효과적인 집단지도자가 되는 것은 먼저 자신을 수용하는 것에서부터 출발해 구성원들을 수용하고 존중하는 방향으로 나아가야 하며, 그것이 진정한 변화를 촉진하는 기회로 이어진다는 것을 명심해야 한다.

집단상담자가 갖추어야 할 세 번째 요소는 구성원 각자의 내적이고 주관적인 틀에 대한 공감적 이해이다. 로저서는 공감을 그 사람의 내적 참조체계를 가지고 상대의 세계를 볼 수 있는 능력이라고 말했다. 또 그는 공감이란 가치판단을 하지 않는 것이며 많은 상담자들이 갖추어야 하는 필수 요인이라고 말했다(로저스, 1975). 내담자의 주관적 세계를 마치 본인의 세계인 것처럼 느끼는 것이 바로 공감이고 이것은 상담자에게 꼭 필요한 능력이다. 그러나 집단원의 내적인 세계를 느끼고 이해한다 할지라도 전부를 다 아는 것은 아니기 때문에, 상담자와 내담자는 이에 대해 효과적으로 서로 이야기를 이어가야 한다.

공감의 활용은 인간중심 집단상담의 실제에서 핵심이라고 해도 과언이 아니다. 이는 내담자가 의식의 말단으로 드러낸 표현 속에서 내적인 의미와 진심을 들을 수 있는 방법을 의미하기 때문이다. 상담자가 이러한 전인지적인 의미를 이해하고 활용할 수 있을 때, 내담자를 더욱 깊이 경험하고 자신의 생각을 확장할 수 있도록 안내할 수 있다.

공감적 이해는 공간의 확장으로 집단원의 경험을 공유하고 그 생각과 감정을 알아차린 후 다시 집단원에게 되돌려주는 것이다. 집단상담자는 본인이 했던 경험이 아니라 간접 경험을 통해 그 집단원이 느꼈을 감정을 함께 느껴야 하기 때문에, 공감적 이해에는 상담자의 민감성과 진실성이 요구된다. 이때의 공감은 집단원의 입장에서 그 경험을 함께 느끼고 이해하는 것이지 타 집단원의 감정과 동일시되는 것과는 다르다.

올바른 공감을 위해서는 집단상담자는 집단원의 말을 경청해야 한다. 그 중에서도 중요한 감정의 반영이 필요할 때 그것을 알아차리게 해주거나, 다른 말로 바꾸어 주거나, 이면의 메시지나 감정을 이해해서 되돌려 주는 능력도 상담자에게 요구된다. 공감적 이해가 잘 이루어지면 집단원은 자신이 미처 알아차리지 못했던 감정과 마음을 알아차리게 되어 자신에 대해 더 깊이 이해할 수 있다. 또 타인으로부터 온전히 이해받는 과정을 통해 성숙한 변화의 계기를 마련하기도 한다.

적극적이고 민감한 경청은 로저스(1970)가 집단의 촉진을 위해서 사용한 방법이다. 이것에 대해 그는 "나는 각각의 개인이 표현하는 것을 내가 할 수 있는 한 조심스럽고 정확하고 민감하게 들었다. 그들의 말이 피상적이든 의미가 있듯 나는 그들의 말을 귀 기울여 들었다."라고 표현했다. 이때 로저스는 말 이상의 것을 들으려고 집중했을 것이고, 개인이 가진 주관적인 경험을 가장 진실하게 표현할 수 있도록 촉진하는 것에 관심을 기울였을 것이다.

공감적 이해는 수용과 믿음의 분위기를 만들어가는 데 필수적이며, 이러한 분위기는 집단의 성공을 위해 반드시 필요한 요소이다. 공감능력은 충분히 계발할 수 있는 기술이며 효과적인 집단지도자라면 반드시 발달시켜야 한다. 그렇게 함으로써 집단지도자가 자신의 감정을 개방하고 다른 사람의 감정에 공감하면서 해결하기 어려운 문제와 사건을 기꺼이 다시 경험하고자 하는 노력 등을 지속한다면, 다른 이들과 '심리적으로 함께 할 수 있는 능력'은 더욱 확장될 것이다.

인간중심 집단상담에서 사용되는 기법들은 아래와 같다.

- 다른 집단원에게 관심 가지기–적극적으로 들어 주기–깊이 생각하기
- 명료화하기–요약하기
- 자신의 경험 말하기
- 집단과 집단원의 결정을 인정하기
- 집단의 흐름에 함께하기

인간중심 집단상담자들은 앞서 제시한 태도나 기법을 통해 허용적이면서 안정적인 집단의 분위기를 형성하고, 더불어 집단원들이 진실하게 자신을 탐색하고 타인과 교류할 수 있도록 돕는다. 이는 집단상담자 자신이 집단의 가장 큰 기술이 된다는 것을 의미한다.

4. 인간중심의 상담과정

인간중심적 집단상담은 총 회기 수를 정하지 않고 주 1~2회 성노 만나거나, 또는 매주 혹은 그 이상 만나는 성장집단 등으로 진행된다. 이러한 소규모의 개인 성장집단에서 함께 만나고 활동하면서 참가자들은 하나의 공동체를 경험하게 된다. 인간중심 집단을 조직화하고 운영하는 데 있어서 특정한 규칙이나 절차는 정해져 있지 않다. 상담 회기 수나 목표를 달성하기 위해 도움이 되는 규칙을 만드는 것은 집단의 참가자들의 몫이다. 로저스는 성공적인 집단 경험에서 일어날 수 있는 변화에 대해 다음과 같이 열거했다.

* 참가자들은 시간이 지날수록 더 개방적이고 솔직해진다.
* 자신이 이해받고 수용 받는 경험을 반복할수록 자신을 방어하지 않고 직면하게 된다.
* 자신의 감정을 더 잘 깨닫고 무슨 일이 일어나고 있는지 잘 알아차리게 되면

서 더 현실적이고 객관적으로 변화한다.

* 참가자들은 쉽게 위협받지 않고 창조적으로 변화하며, 삶을 변화시키는 과정에는 고통과 기쁨이 동시에 주어진다는 것을 알게 된다.

인간중심 상담의 상담과정은 로저스 저서들의 시기에 따라서 약간의 차이가 있다. 로저스는 초기 저서에서 상담의 과정을 크게 표현의 해소, 통찰의 성취, 종결단계로 나누어 설명하고, 이것을 12단계로 설명하고 있다. 이후에 그의 후기 저서에서는 이를 7단계의 과정으로 소개하고 있다. 초기 저서에서 소개하는 상담의 과정을 요약하면, 아래와 같다.

1) 제1단계, 개인이 도움을 얻기 위하여 상담실을 찾아온다.
2) 제2단계, 도움을 주는 상황 즉 상담상황이 설정된다. 여기서 상담자는 내담자의 문제와 답을 가지고 있는 것이 아니라 내담자가 자신의 문제에 대하여 도움을 얻어 스스로 해결해 가는 과정임을 알려준다.
3) 제3단계, 상담자는 내담자가 자신의 문제에 대한 감정을 자유롭게 표현할 수 있도록 격려한다.
4) 제4단계, 상담자는 내담자가 표현하는 부정적인 감정들을 수용하고, 인정하고, 명료화한다.
5) 제5단계, 내담자의 부정적 감정들이 아주 충분하게 표현되면, 성장에 도움이 되는 긍정적인 충동이 시험적으로 약하게 표현된다.
6) 제6단계, 상담자는 부정적 감정들을 수용하고 인정했던 것처럼 긍정적 감정들도 같은 태도로 수용하고 인정한다.
7) 제7단계, 이러한 통찰과 자기이해 및 자기수용은 전체 상담 과정 중 이 단계에서 나타나는 중요한 측면이다.
8) 제8단계, 가능한 선택과 행동방향을 명확히 해주는 과정이 통찰의 과정과 혼재되어 나타난다.
9) 제9단계, 미미하지만 매우 중요하고 적극적인 행동이 나타난다.

10) 제10단계, 내담자는 자기의 행위에 대한 보다 진전된 통찰을 통해서 더욱 완전하고 정확한 자기이해를 할 수 있게 된다.
11) 제11단계, 내담자는 점점 더 통합된 적극적인 행위를 하게 된다.
12) 제12단계, 내담자는 도움의 필요성이 감소되고 상담관계를 끝내야겠다고 인식하게 된다

로저스는 후기의 저서에 종전의 상담과정과 달리 성격의 변화가 일어나는 과정으로서의 상담과정을 소개하고 있다. 그는 성격의 변화과정을 고정성에서 변화성, 경직된 구조에서 유동적 구조로, 고정된 상태로부터 과정으로 이어지는 연속선상의 변화과정이라는 개념으로 발전시켰다. 인간중심 상담이론은 그 특성상 상담과정이 명확히 구분되어지지 않는다. 단지 편의상 구분 지어 이해하는 것이다. 여기서 상담의 진행 과정을 요약하면 다음과 같다.

(1) 제1단계: 경직된 경험의 상태에 있는 개인은 자신에 대한 이야기를 할 수 없다. 친밀하게 터놓고 대화하는 것은 어렵고 아주 피상적인 의사소통이다.
(2) 제2단계: 내담자가 지신이 충분히 수용되고 있음을 경험하게 되면 가끔 감정들을 표현하기도 한다.
(3) 제3단계: 약간 느슨해지고 유동적으로 된 태도의 변화가 방해받지 않고,계속 자신이 있는 그대로 수용되고 있다고 느낄 수 있게 되면, 보다 많은 감정과 사적인 표현을 하게 된다.
(4) 제4단계: 내담자가 여전히 있는 그대로의 자신이 수용되고 이해되고 있다고 느낄 때, 보다 자유로운 감정의 흐름이 가능해진다.
(5) 제5단계: 전에 부인되었던 감정들이 이제는 비록 두려움이 있기는 하지만 의식 속으로 흘러나온다. (진실된 나 가 되려는 바람)
(6) 제6단계: 전에 부인했던 감정을 즉각적으로 현재의 경험들로 수용한다.자신의 문제를 주체적으로 대체해 갈 수 있게 된다.
(7) 제7단계: 상담자의 도움을 필요로 하지 않는다. 개인은 자유롭게 경험하면

서 충분히 기능 하는 인간으로 성장한다

* 1단계 : 소통의 부재
* 2단계 : 도움의 필요성 인식 및 도움 요청
* 3단계 : 대상으로서의 경험 표현
* 4단계 : 지금-여기에서 좀 더 유연한 경험 표현
* 5단계 : 감정 수용과 책임 증진
* 6단계 : 경험과 인식의 일치
* 7단계 : 자기실현의 경험

〈표 4-1〉 집단상담 프로그램의 실제

단계	회기	주제	목표	활동
초기	1	지금 여기에서 만나기	• 프로그램을 안내하고 집단원 간 친밀감을 형성한다. • 안전한 환경을 위한 약속을 정한다	• 프로그램 목적과 내용 안내 • 게임을 통한 촉진활동 • 약속 정하기 • 나 표현하고 소개하기 • 소감 나누기
	2	마음 바라보고 열기	• 점토로 자유로운 감각 경험과 표현을 통해 긴장감을 낮춘다. • 이완하는 호흡을 통해 편안함을 이미지로 표현하다.	• 게임을 통한 촉진활동 • 약속 정하기 • 점토로 상징물 만들기 • 수수깡으로 꾸미기 • 소감 나누기
중기	3	안전함 경험하기	• 자신만의 안전한 공간을 스스로 선택하고 구성한다. • 서로의 공간을 연결하는 활동을 통해 자연스럽게 상호작용을 한다.	• 게임을 통한 촉진활동 • 나만의 집 만들기 • 초대하고 방문하기 • 소감 나누기
	4	내 안의 감정 표현하기	• 내 안의 감정을 창조적으로 표현하고 함께 탐색하는 활동을 통해 감정을 인식하고 표현하며 수용한다.	• 음악 신체표현 통한 촉진활동 • 흰 점토에 검정 색 표현하기 • 친구의 감정 맞추기 • 소감 나누기

중기	5	나, 너 우리 만나기	• 조각난 이미지로 협동 작품을 완성하면서 다른 사람의 상태와 생각을 만나는 경험을 한다.	• 협동 게임을 통한 촉진활동 • 마음에 드는 조각 꾸미기 • 조각으로 협동화 꾸미기 • 소감 나누기
	6	경험에 개방하기	• 내 작품과 어울리는 작품을 찾아 짝을 이루고 이해와 수용의 경험을 한다. • 다양한 자신의 모습을 만나고 몸으로 표현하며 개방할 때의 자유로움을 경험한다.	• 협동 게임을 통한 촉진활동 • 나와 어울리는 작품 짝 찾기 • 가면 만들어 또 다른 나 되기 • 소감 나누기
	7	허용하고 믿기	• 색한지를 활용하여 신체활동을 통해 스트레스를 해소하고 있는 그대로 수용되는 경험을 한다. • 수용과 존중을 바탕으로 상호작용하며 상호 간 신뢰를 키운다	• 움직임 활동을 통한 촉진활동 • 마음껏 꾸미고 움직이기 • 털실로 연결지도 그리기 • 소감 나누기
후기	8	내가 할 수 있는 것들	• 자신이 선택한 표현이 수용되고 존중되는 경험을 한다.	• 움직임 미러링 통한 촉진활동 • 그림 이어 그리기 • 과자로 만든 세상 • 소감 나누기
	9	지금 이대로도 괜찮아	• 지금까지 활동한 모습이 담긴 사진첩을 만들고 전시한다. • 자신과 집단원의 모습을 진심으로 받아들이고 수용한다.	• 협동 움직임 통한 촉진활동 • 사진첩 만들기 • 참여 소감 및 다음 차시 안내
	10	희망을 노래하기	• 프로그램을 통하여 변화된 자신의 모습을 확인한다. • 각자의 변화를 상징화하여 유지할 수 있도록 서로를 응원한다.	• 춤 활동을 통한 촉진 활동 • 가져가고 싶은 것 몸으로 표현하기 • 상장 만들기 및 수여식 • 전체 참여 소감 나누기

초기 단계(1~2회기)는 자기표현 및 이해 단계로 서로 다른 성격의 그룹원들이 모두가 안전하다고 느낄 수 있는 환경을 함께 조성하고 좀 더 편안하고 즐거움을 느낄 수 있는 시간을 가지기 위해 함께 지켜져야 할 규칙을 만든다. 또한, 긴장을 낮추고 이완을 도와 충분히 기능할 수 있는 분위기를 조성한다.

중기 단계(3~7회기)는 상호작용 및 손중 단계로 3 회기에서는 안전한 장소를 구체화하기 위해 자신이 어떻게 하고 싶은지 스스로 묻고 원하는 방법을 자신이 선택할 수 있도록 충분히 기다려 주도록 한다.

이 시간과 공간 안에서 지도자의 안내는 모두 하나의 제안일 뿐이라는 것을 인식시키고 선택은 자신이 스스로할 수 있도록 돕는다.

4회기에서는 이곳에서 자신의 상태와 감정을 스스로 확인하고 알려 주는 것이 중요하고 여러 가지 상황에서 일어나는 감정과 생각들이 자기 자신의 것임을 인식하고 책임을 질 수 있도록 돕는다.

5회기에서는 이해가 되지 않는 상황에 대해 상대방의 상태 및 생각을 들어보고 다른 관점에서 바라보았을 때 어떤지, 또 같은 상황을 두고 그룹원들의 생각들은 어떤지 함께 이야기 나눠 볼 수 있도록 돕는다.

6회기에서는 지금-여기에서의 감정을 먼저 다루는 방식으로 각자의 욕구에 따라 미술매체를 활용할 수도 있고 마음이 안정될 만한 장소를 찾거나 개인적으로 이야기를 해 보는 등 자신에게 도움이 되는 방법을 찾을수 있도록 한다.

7회기에서는 다양한 상황에서 생각과 감정이 자신의 것임을 알고 스스로 책임을 질 수 있는 연습과 노력을 하도록 한다. 이와 같이 자신이 있는 그대로를 수용받고 존중받는 경험을 통해 집단 안에서 존중을 바탕으로 한 상호작용을 경험하게 한다.

후기 단계(8~10회기)는 신뢰 및 수용 단계로 안전하고 편안한 환경 안에서 아이들이 자신의 선택 및 표현이 자연스럽게 흘러나올 수 있도록 돕는다.

5. 인간중심의 평가

1) 공헌점

인간중심 상담은 비의료적인 모형을 기반으로 인간 문제의 변화를 시도했다는 점에서 다른 상담이론의 교량역할을 충분히 했다. 인본주의 심리학을 기반으로

한 성격이론을 토대로 개인의 주관적 세계를 이해하고 공감하면서 변화를 촉진하는 데 초점을 맞추고, 인도주의에 입각한 상담의 장을 열었다는 점에서도 중요한 의미를 지닌다.

인간중심 접근의 주된 강점이라면 내담자들의 내적 참조 틀을 통해 그들을 깊이 이해하려 한다는 점과 진심으로 그들의 말을 경청하려 한다는 점을 들 수 있다. 공감은 인간중심 접근의 주춧돌이라고도 할 수 있으며 다른 모든 이론의 기초를 이룬다(Bohart, 2003; Bohart & Greenberg, 1997; Cain, 2010).

이러한 경청과 이해는 모든 집단의 접근 중에서 특히 구성원 자신의 고민을 개방적으로 탐색하는 초기 단계에 이루어져야 하는 중요한 전제조건이다. 구성원들이 초기에 자신이 이해받고 받아들여지는 경험을 하지 못한다면 이후에 이어지는 어떤 기법이나 개입도 효과를 거두기 어렵다.

인간중심 집단상담의 가장 큰 공헌점은 누구나 집단상담에 참여할 수 있도록 집단상담을 보편화한 것이다. 인간중심 집단상담에서는 상담사의 전문적인 기법보다 진실성, 무조건적이고 긍정적인 존중 그리고 공감적 이해를 강조하며, 집단상담의 기법보다 집단상담원과의 관계를 중요시하면서 누구나 집단상담에 참여할 수 있게 하였다.

인간중심 집단상담은 집단상담에서 기법이나 기술보다 무엇이 먼저 선행되어야 하는지 잘 설명하고 있다. 인간중심 집단상담은 집단원 개인의 내적 경험을 중요시하는 이론으로, 그러한 내적 경험을 존중하는 수용, 공감, 진실성 등이 중심 개념이다. 이는 인간중심 집단상담이 아니더라도 모든 집단상담에서 필수 요소라고 해도 과언이 아니다. 집단원에 대한 판단이나 평가보다 다른 집단원의 말에 귀를 기울이고 마음으로 그 감정을 이해하고 수용할 때, 진정한 참만남이 이루어졌다는 확신이 생기고 집단상담자의 개입이 더욱 효과를 거둘 수 있다.

인간중심 집단상담에서는 사람이 누구나 문제를 해결할 수 있는 능력을 가지고 있다고 본다. 집단상담은 단지 집단원의 그러한 능력을 좀 더 잘 발휘할 수 있는 장을 제공한다. 개인의 내적 경험을 중요시하는 인간중심 집단상담에서는 집단원의 긍정적인 집단 경험을 새로운 하나의 장으로 제공한다.

2) 비판점

인간중심 집단상담은 특별한 기법이나 기술을 적용하지 않기 때문에 누구나 쉽게 접근할 수 있지만 집단상담자가 이론에 대해 충분히 이해하는 것이 선행되어야 한다. 다른 집단상담들도 마찬가지지만, 특히 인간중심 집단상담의 경우 집단상담자의 태도와 인격이 집단상담의 결과에 많은 영향을 미치므로 무엇보다 집단상담자가 집단원의 이야기를 경청하고, 솔직하게 자신의 것을 개방할 수 있는 모델로서 훈련되지 않는다면 집단상담의 효과를 기대하기 어렵다.

인간중심 집단상담은 앞서 말한 바와 같이 어떤 기법이나 기술보다 집단상담자의 태도를 중요시하므로 치료나 회복을 위한 구조적인 개입, 전략, 기법 등을 사용하지 않는다. 이는 집단상담자가 문제해결에 적극성을 띠고, 도전하기보다는 문제를 유지하도록 내버려두는 것처럼 집단원들에게 오해받을 수 있다.

이러한 한계를 보완하기 위해 최근의 인간중심 집단상담 역시 다른 접근들과 통합하여 사용되기도 한다. 예를 들면, 정서적인 부분을 강조하는 인간중심 집단상담 이론을 음악, 미술 등과 같은 표현 중심의 활동과 융합한 집단상담 프로그램을 진행하는 것이다. 이를 통해 표현과 이해를 함께 경험함으로써 집단원의 문제 접근에 균형을 이루고자 하는 노력이 이루어지고 있다.

인간중심 치료는 내담자와의 관계형성이나 변화촉진 방법에 대한 구체적이고 체계적인 지침이 없다는 비판을 받는다. 집단상담자가 특별한 기법이나 기술을 사용하지 않는다는 것은 누구나 쉽게 접근이 가능하다는 의미가 될 수도 있고, 그만큼 이론에 대해 충분히 이해하고 운영할 수 있을 만큼 숙련도를 갖추고 있어야 한다는 의미이기도 한다. 또 특별한 기법이 없는 만큼 집단상담자의 태도와 인격은 집단의 흐름과 결과에 지대한 영향을 미친다. 따라서 집단상담자가 집단원의 이야기를 경청하고 솔직하게 자신을 개방할 수 있는 모델로서 충분히 훈련되지 않은 상태라면 집단에서 긍정적 효과를 기대하기란 어렵다.

인간중심 집단상담에서는 집단상담자의 태도를 지나치게 강조하느라 치료나 회복을 위한 구조적인 개입과 전략, 기법 등의 사용에 소극적이다. 이것이 때로는 집단원들에게 문제에 대해 적극적이고 도전적으로 맞서기보다는, 문제를 유지하거나 그냥 두어도 된다는 느낌과 오해를 불러일으킬 수 있다. 인간중심 치료자는 지나치게 내담자 중심이 되다 보니 상담과정에서 오히려 상담자 고유의 인간성과 독특성을 상실할 가능성이 있다는 비판도 제기된다. 내담자에게 지나치게 많은 권한을 부여하는 것이 역설적으로 상담자의 전문가로서의 영향력은 상실하게 만들 수도 있다는 것이다. 이것은 상담자의 전문가적인 치료적 영향력을 내담자의 선택권에 내어준다는 것은 내담자에게 해를 끼치지도 않겠지만 반대로 치료적 효과와 변화에 대한 기대도 작을 수 있다는 의미가 된다.

카인(Cain, 1990)은 비지시성이 반드시 구성원들에게 '자유'로 받아들여지는 것은 아니라고 주장하며 비지시성은 오히려 자유라기보다는 '방해물'에 가깝다고 말했다. 그 이유는 스스로 방향을 정하도록 자유가 주어진다고 해서 집단원들이 항상 생산적으로 움직이는 것은 아니기 때문이라고 했다. 집단원에게 스스로의 삶의 권한을 준다고 해도 모두가 내면의 자원을 이용해 잘 나아가지 못할 수도 있다. 따라서 치료자들에게는 매번 집단원과 집단의 필요에 맞게 접근방식과 치료의 방향을 수정해 나가는 것이 매우 중요하다.

5장

게슈탈트 집단상담

1. 게슈탈트의 개념

게슈탈트 치료(Gestalt Psychotherapy)는 프리츠 펄스(Fritz Perls, 1893~1970)가 게슈탈트 심리학, 실존철학, 현상학, 사이코드라마, 연극기법 등을 통합하여 창안한 심리치료법이다(권석만, 2012). 펄스는 과거를 중심으로 지나치게 해석을 통한 이해를 강조하는 정신분석을 비판하며 심리적 갈등이나 문제해결을 위한 경험을 통해 통합을 강조하는 게슈탈트 치료를 발전시켰다.

게슈탈트(Gestalt)의 어원은 독일어로 형태, 모양, 유형, 조직화된 전체로 지각된 형태나 구조를 의미한다. 게슈탈트 치료는 인간 유기체가 환경과의 접촉 속에서 전경과 배경이 역동적으로 조직화되어 통일된 전체로 기능하는 존재라는 점을 강조하며 개인의 의식에 떠오르는 게슈탈트를 중시한다.

게슈탈트 상담은 경험적이고, 실존적이며, 실험적인 접근이다. 언어를 통해 정신적 조작을 하는 것보다 행동을 강조한다는 점에서 경험적이며, 개인의 독립적

선택과 책임을 강조한다는 점에서 실존적이다. 그리고 개인이 매 순간에 느끼는 감정을 표현하도록 촉진한다는 점에서 실험적이다(노안영, 2013).

환경과의 상호작용 과정에서 인간 유기체의 내부에는 균형과 불균형 상태가 번갈아 나타나는데, 불균형 상태에서는 균형의 복원을 위해 해결을 요구하는 과제가 의식에 게슈탈트를 형성하여 떠오르게 된다.

게슈탈트 치료는 개인의 의식에 떠오르는 체험의 자각을 강조한다는 점에서 현상학적이다. 또한 개인은 자유로운 실존으로서 자신의 삶을 창조하는 존재라고 보는 점에서 실존주의적이라고 할 수 있다.

개인은 자신과 다른 존재 사이의 적절한 경계를 갖는 것이 중요하다. 타인과 친밀한 관계를 맺기 위해서 유연한 경계를 갖는 동시에 자율적 존재로 행동하기 위해서는 확고한 경계를 갖는 것이 필요하다. 개인이 적절한 경계를 갖지 못할 때 환경과의 접촉이 왜곡되고 자기 체험의 자각이 제한됨으로써 정신병리가 발생하게 된다. 건강한 삶을 위해서는 유연한 자기경계를 지니고 의식에 떠오르는 유기체적 욕구를 자각하며 그에 부응하는 것이 중요하다.

게슈탈트 치료자는 내담자로 하여금 지금-여기에서 경험하는 것에 대한 자각을 증진함으로써 진정한 자기와 접촉하며 생명력 있는 창조적인 삶을 영위하도록 돕는다.

게슈탈트 치료의 핵심은 내담자의 현존이다. 즉, 지금-여기에서 경험되는 감각, 감정, 인식, 행동의 알아차림을 고양시키는 것이다. 또한 치료자는 자신의 현존을 자각할 뿐만 아니라 내담자가 들어와 현존할 수 있는 심리적 공간을 만들고 대화적 과정에 집중해야 한다. 즉, 치료자는 전체적이고 진실한 사람으로서 내담자를 그대로 수용하고 지지하고 실험적 행동을 통해서 내담자가 새로운 경험을 하도록 격려한다.

게슈탈트 상담은 인간의 한 측면만을 강조하지 않고 인간 성격의 '전체성'을 강조한다. 그러므로 이 접근에서의 주요 목표 중의 하나는 집단원으로 하여금 이전에 거부했거나 보지 못했던 자신의 부분을 다시 받아들이고 통합하도록 돕는 것이다(이현림, 김순미, 천미숙, 2015).

여기에서는 게슈탈트치료에 근거한 집단상담을 이해하는데 필요한 주요개념으로 접촉, 전경과 배경, 지금-여기, 알아차림, 자각과 책임감, 미해결 과제와 회피, 신경증 층, 접촉경계 장애 등을 살펴보고자 한다.

1) 접촉(contact)

환경과의 접촉(contact)을 통해 가장 시급하게 필요한 게슈탈트를 완성하지 못하게 되면 문제가 된다. 가장 시급한 게슈탈트를 완성하여 원만하고 건강한 삶을 유지하도록 하기 위해서는 우리의 에너지가 차단되지 않도록 해야 한다.

에너지의 흐름을 방해하고 접촉을 차단하는 것은 우리가 가지고 있는 잠재력을 충분히 발휘하지 못하도록 하여 게슈탈트의 완성을 방해하기 때문이다. 즉, 학교나 직장에서 자신이 해야 할 일을 수행하는 데 집에서 있었던 좋지 않았던 일이 계속해서 당신을 괴롭힌다면 문제가 된다. 건강한 삶을 위해서는 시급한 게슈탈트의 완성을 통한 게슈탈트의 순환이 계속되는 것이 필요하다.

펄스는 유기체의 자각 혹은 알아차림을 통한 접촉 결여를 주요한 문제로 보았는데 그가 지적한 접촉경계 장애는 우리의 성숙과 문제해결을 방해한다. 또한 펄스는 "접촉에서 자각은 강력하다."고 하였고 자각을 통한 접촉을 방해하는 장애기제는 프로이트가 제안한 개념인 방어기제와 유사하다.

2) 전경과 배경

[그림 5-1] 전경과 배경

전경과 배경은 관계로 설명된다. 개인이 대상을 지각할때에는 지각의 중심 부분에 떠오르는 부분과 그 뒤로 물러나는 부분이 있는데, 이때 지각의 초점이 되는 부분이 전경이고 관심밖에 있는 부분은 배경이다. 즉, 어떤 상황에서 개인의 욕구와 필요의 초점이 되는 부분을 전경, 그 밖의 부분을 배경이라고 할 수 있다. 예를 들어 목이 마르다는 것을 느낀 순간에 목마름이 전경으로 떠오르고 그때 하던 다른 일들은 배경으로 물러난다.

심리적으로 건강한 사람은 매 순간 자신에게 중요한 게슈탈트를 전경으로 떠올릴 수 있고 그 욕구를 알아차리며, 그것을 충족시켜 해소하기 위해 적극적으로 활동하거나 환경과의 접촉을 통해 평형상태를 이룬다. 그러나 건강하지 못한 사람은 전경과 배경을 명확하게 구분하지 못하여 매 순간 자신이 가진 욕구나 하고 싶은 일 또는 그 욕구를 충족시키기 위해 필요한 일이 무엇인지에 대해 혼란을 경험하게 되고 욕구를 제대로 알아차리지 못하여 충족시키지도 못한다.

3) 지금-여기(here and now)

펄스의 가장 중요한 공헌은 현재를 온전히 음미하고 경험하는 학습을 강조했다는 점이다. 과거는 지나가 버렸고 미래는 아직 오지 않았고 현재만이 유일하게 중요한 시제이다. 그러나 대부분의 사람들은 현재의 힘을 상실하고 과거를 생각하거나 미래를 위한 끊임없는 계획과 대비책에 연연하고 있다.

게슈탈트는 언어적이지도 해석적이지도 않은 실험적인 치료이고 집단구성원이 즉시적인 상황에서 자신의 경험과 직접적인 접촉을 하는 것이 그 목적이다. 그러나 현재에 초점을 둔다는 것이 과거에 관심이 없다는 것을 뜻하는 것은 아니다.

과거는 우리의 현재와 관련되어 있는 것으로서만 중요하다. 게슈탈트치료 집단에서 집단구성원은 과거의 문제 상황을 현재에 가져와 마치 그것이 지금 일어나고 있는 것처럼 상황 재연을 한다. 이런 재연 과정에서 집단상담자는 기법에 대한 설명을 간단히 제공할 수 있고, 집단 내에서 집단구성원의 부적절한 감정을 보다 전적으로 토론하고, 이러한 감정이 유력한 실험의 참석에 있어서 얼마나 방해가 되는지 이야기해 볼 수 있다. 집단상담자가 집단구성원의 인생에서 중요한 타인과 관련한 많은 미해결의 상황을 아는 것은 유용하다.

우리는 현재 자신이 맡아야 할 책임감을 회피한 것을 정당화하기 위해 과거에 매달리는 경향이 있다. 과거에 머무름으로써 우리의 존재방식에 대해 타인을 비난하는 게임을 끊임없이 할 수 있고 그래서 다른 방향으로 움직일 자신의 능력과 결코 마주치지 않는다.

게슈탈트치료가 현재의 힘에 초점을 두기 때문에 대부분의 집단상담 기법은 집단구성원들의 계속되는 경험에 보다 가깝게 접근하는 것과 순간순간의 느낌의 자각을 증가시킬 수 있는 쪽으로 고안되었다.

4) 알아차림(Awareness)

게슈탈트 집단상담 이론은 유기체의 알아차림을 통한 접촉을 매우 중요시한다. 알아차림과 접촉을 통해 전경과 배경을 교체하므로 알아차림은 게슈탈트의 형성이다(박경애, 2011).

건강한 개체는 순간마다 자기에게 중요한 게슈탈트를 형성하여 전경으로 떠올릴 수 있지만 건강하지 못한 개체는 전경을 배경으로부터 명확하게 구분하지 못하므로 특정한 욕구나 감정을 다른 것보다 강하게 지각하지 못하여 자신이 진정으로 원하는 것이 무엇인지 제대로 깨닫지 못하게 되는 것이다.

알아차림이란 개체가 어느 한 순간 가장 중요한 자신의 욕구나 감정을 알아차린 다음 게슈탈트를 형성하여 특정한 욕구나 감정을 전경으로 떠올리는 것을 말하다. 건강한 사람은 전경과 배경의 교체가 자유롭고 원활하게 일어난다. 반면, 건강하지 못한 사람은 자신의 진정한 욕구나 감정을 제대로 구별하지 못하여 게슈탈트로 형성하지 못한다.

따라서 진커(Zinker,1978)는 자신이 진정으로 하고 싶은 일이 무엇인지 잘 몰라 전경으로 둘 수 없고, 행동목표가 불분명하며 매 순간 의사결정을 잘하지 못하여 혼란스러워한다고 하였다.

5) 자각과 책임감

자각이란 우리가 생각하고, 느끼고 감지하고, 행동하는 것을 인식하는 과정이며 자신과 만나기 위한 끊임없는 수단이다. 거기에는 필요할 때는 언제든지 솟아날 준비가 되어 있는 지하수처럼 신선하고 생명력 넘치는 경험이라는 것이 있다(Polster & Polster, 1974).

게슈탈트치료 집단구성원의 과업은 자신의 경험구조에 주의를 가지고 그러한 경험의 무엇을 어떻게 자각할 것인가에 있다. 정신분석 접근의 관심이 어떻게 할 것인가 보다는 무엇을 왜 해야 하는가에 있는 반면, 게슈탈트치료 집단상담자는 '왜'라는 질문은 거의 하지 않고 '무엇'과 '어떻게'로 질문한다.

펄스는 게슈탈트치료에서 결코 이해하는 것 없이 합리화나 명석한 해명을 하려고 하는 '왜'는 좋지 않은 단어라고 했다. 대조적으로 펄스는 즉시적인 상황에서 경험하는 것과 현재의 자각을 증가시키기 위해 어떻게 경험하는가에 초점을 둔다. 즉, 경험의 흐름에 머무름으로써 집단구성원은 세계에서 그들이 어떻게 기능하는가를 발견할 것이다. 우리의 존재에 대해 현재 중심적인 지금-여기에 대한 자각을 얻기 위해서는 집단구성원의 움직임, 자세, 언어유형, 목소리, 제스처, 타인과의 상호작용 등의 외현적인 것에 주목해야 한다. 많은 사람들이 외현적인 것을 보지 못하기 때문에 게슈탈트치료 집단상담자는 집단구성원이 어떻게 그의 감각을 전적으로 사용할 것인지를 배우고 외현적인 것을 어떻게 회피하고 있는지를 알게 하며 지금-여기에 개방하는 것에 도전시킨다.

집단상담자는 게슈탈트를 통해 집단구성원이 경험하고 행동하는 것이 무엇이든 간에 타인에게 탓을 돌리지 않고 자신이 책임을 지도록 한다.

개인의 책임감은 의무를 수행하는 것과 다르다. 성숙한 인간은 타인의 기대에 부합하려 하지 않고 타인에게 보은하는 삶을 살아가려고 노력하지도 않는다.

그들은 자신의 기대와 진실로 자기 자신이 되는 것에 관심이 있다. 개인적인 책임감을 증진시키는 방법 중의 하나는 우리가 타인에게 자신의 책임을 떠맡기는 방식을 자각하는 것이고 타인이 우리에게 기대하리라 생각하는 것으로부터 우리를 분리시켜 자신의 기대로 살 수 있는 현명한 결정을 하는 것이다.

6) 미해결 과제와 회피

개인에게 어떤 욕구가 생겼는데 해결하지 못해 게슈탈트를 완성하지 못하면 그는 미해결 과제를 갖게 된다. 이러한 미해결 과제는 분노, 증오, 노여움, 고통, 불안, 죄책감, 회한과 같은 표현되지 않은 감정으로 나타난다.

미해결 과제나 표현되지 않은 정서가 지금 상황에서 지각되거나 다루어지지 않는다면 그것은 현재의 자각과 효과적인 기능을 계속 방해한다. 이러한 미해결 과제는 기본적으로 해결을 추구한다. 만일 특정 시간 동안 계속적인 자각에 머물러 있다면, 의미 있는 미해결 과제가 출현할 것이다.

내담자는 경험하고 있는 것과 회피하고 있는 것을 자각함으로써 자신의 현재 상황에 충격을 준 미해결 상황을 해결할 수 있다.

미해결 과제와 관련한 개념인 회피는 사람들이 미해결 과제를 직면한다거나 미해결 상황과 관련 있는 불편한 정서를 경험하는 것을 방해하는 데 사용하는 수단이다. 대부분의 사람들은 변화에 필요한 것을 실행하기보다는 고통스러운 정서를 경험하는 것을 피하려고 한다. 그래서 그들은 옴짝달싹할 수 없게 되고 난국을 극복할 수 없으며, 그들의 성장 가능성을 방해한다.

파국적 기대는 성장을 요구하는 위험을 감수할 필요성을 회피하는 데 그것을 사용하기 때문에 우리의 삶을 방해한다. 그래서 게슈탈트치료에 근거한 집단상담은 전에는 결코 직접적으로 표현한 적이 없는 강렬한 감정을 집단상담 회기의 현재 상황에서 표현하도록 격려한다.

집단상담 회기 중에 집단구성원이 공허감과 무력감을 토로하면 집단상담자는 이러한 불편한 감정에 머물러 있도록 격려한다. 심지어는 그것을 과장해서 '공허하게 돼라', '무력해져라'라고 말을 할 수도 있다.

만일 집단구성원이 그의 깊은 감정을 참아 낼 수 있고 진정으로 경험할 수 있다면, 그는 이런 무력감과 공허가 그를 붕괴시키지 않을 것이라는 것을 알게 된다. 공포 정서를 경험하는 것은 통합성과 성장으로 이끈다.

7) 신경증 층

펄스는 인간의 인격을 펼쳐 보이는 것을 양파껍질을 벗기는 것에 비유하여 설명하였다.

인간은 심리적 성숙을 얻기 위해 다섯 가지 신경증 층을 벗겨야 한다. 가장 바깥에 있는 층인 허위층, 공포층, 교착층, 내적 파열층, 폭발층의 차례로 살펴보면 다음과 같다.

(1) 허위층

진실한 마음 없이 상투적으로 대하는 거짓된 상태를 의미하며, 이것은 우리가 게임을 하고 역할을 잃어버리는 수준이다. 우리는 자기가 아닌 것처럼 행동함으로써 타인이나 자신이 만들어 낸 환상을 위해 살아가려고 한다.

우리가 일단 게임의 허구성을 자각하면 보다 정직해지게 되고 그래서 우리는 불쾌와 고통을 경험한다. 이 단계에서 사람들은 서로 형식적이고 의례적인 규범에 따라 피상적으로 만난다.

치료 초기에 내담자는 표면적으로는 세련된 행동을 보이고 적응적인 행동을 보이지만 자신을 깊이 노출시키지 않으므로 진정한 변화는 일어나지 않는다.

(2) 공포층 or 연기층

사람들이 자신의 역할에 너무 치중해서 생활하면 대인관계에서 어떻게 역할수행을 할 것인지 불안해하거나 두려움을 느낄 수 있다. 이는 개체가 자신의 고유한 모습으로 살아가지 않고 부모나 주위 환경의 기대역할에 따라 행하며 살아가는 단계다. 이 단계에 있는 개체는 환경에 적용하기 위해 자신의 욕구를 억압하고 주위에서 바라는 역할행동을 연기하며 산다. 그리고 그들은 자신이 하는 행동이 연기라는 것을 망각하고 그것이 진정한 자신인 줄 착각하고 산다. 이러한 역할연기의 전형적인 예를 들면, 모범생, 지도자, 구세주, 협조자, 중재자 등이 있다. 이러한 역할연기는 집단치료상황에서 흔히 관찰할 수 있다.

역할연기는 의존적 태도에서 비롯한다. 우리는 타인의 원조가 절대적으로 중요하다고 생각하기 때문에 진정한 우리의 모습을 드러내는 대신 남에게 잘 보이려는 태도로 행동한다. 그래서 실제보다 더 친절한 척 행동하거나 혹은 실제보다 더 악한 모습을 연기하기도 한다.

내사된 사회규범과 부모의 목소리가 그들의 내면에서 끊임없이 그들을 위협하기 때문에 많은 사람들은 진정한 자신과 만나는 것을 매우 두려워한다.

(3) 교착층 or 막다른 골목

개인이 자신의 욕구를 나타내고자 하나 불안상태에서 어쩔 줄 모르는 상태에 있게 된다. 이 단계에서 개인은 이제껏 해 왔던 역할연기를 그만두고 자립을 시도하지만 동시에 심한 공포를 체험한다.

내담자는 지금까지 환경으로부터 도움을 받기 위해 역할연기를 해 왔으나 치료 과정을 통해 역할연기의 무의미성을 깨닫고 역할연기를 포기한 상태다. 그러나 다른 한편으로는 아직 스스로 자립할 수 있는 능력이 생기지 않은 상태여서 오거나 가지 못하는 실존적 딜레마에 빠지게 되어 심한 허탈감과 공포감을 체험하게 된다.

개인은 이러한 공포감과 공허감을 만나는 것이 두렵기 때문에 이 단계에 들어서기를 한사코 회피한다. 흔히 집단치료 장면에서 내담자들이 자신이 직면하려는 순간에 농담을 하거나 웃어 버림으로써 이 단계와 만나는 것을 피하는 것을 관찰할 수 있다. 그러나 치료가 진전되면 내담자는 마침내 이 단계에 도달하게 되는데 이때 내담자는 "갑자기 모든 게 혼란스럽다.", "도대체 무엇이 무엇인지 모르겠다.", "앞으로 어떻게 해야 좋을지 모르겠다.", "마음이 공허하다.", "쉬고 싶다." 등의 표현을 하곤 한다. 이러한 현상이 바로 '막다른 골목' 체험인데 이때 치료자는 내담자로 하여금 이러한 상태를 피하지 말고, 직면하여 견뎌 내도록 격려해야 한다. 내담자가 이러한 혼돈상태와 공백상태를 참고 통과하게 되면 유기체적인 변화가 일어나면서 새로운 돌파구가 열린다.

(4) 내적 파열층

개인은 자신의 욕구를 인식하지만 겉으로 나타내지 못하고 안으로 억압하는 상태에 있게 되며, 자신이 억압하고 차단해 왔던 욕구와 감정을 알아차리게 된다. 그런데 이러한 유기체 에너지는 오랫동안 차단되어 왔던 것들이기 때문에 상당한 파괴력을 지니고 있다.

개인은 이러한 파괴적 에너지를 외부로 발산하면 타인과의 관계가 악화될 것이라는 두려움을 갖고 있기 때문에 이것을 자신의 내부로 향하게 한다. 이러한 에너지는 개체 내부에서 폭발하여 파괴적으로 작용하고 죽음에 대한 공포로 체험되기도 한다. 이때 신체근육이 긴장되고 온몸이 경직되는 현상이 나타난다. 이렇게 외부로 발산되지 못하고 내부에서 맴도는 에너지는 마침내 그 안에서 얼어붙은 것 같은 동결상태가 된다.

이 단계의 내담자는 처벌에 대한 두려움과 혹은 상대편에게 상처를 줄까 하는 두려움으로 자신의 감정을 표현하지 않고 억제하며, 타인에게 분노를 표현하는 대신 자기 자신에게 공격성을 돌려 자신을 비난하고 질책하는 행위를 한다.

이 단계에 있는 개인은 접촉경계 장애 가운데 주로 반전행동을 많이 보인다.

(5) 폭발층

감정이나 욕구를 더 이상 억압하지 않고 표출하는 상태이며, 개인은 자신의 감정과 욕구를 더 이상 억압하거나 차단하지 않고 직접 외부 대상에게 표현한다. 개인은 자신의 욕구와 감정을 분명하게 알아차리고 강한 게슈탈트를 형성하여 환경과의 접촉을 통해 완성한다. 또한 이전에 억압하고 차단했던 미해결 과제들은 전경으로 떠올려 완성하고 내담자가 이 단계에 도달하게 되면 치료가 종결된다.

그들은 이제까지 자신을 지탱해 왔던 유아적인 욕구와 어리석은 생각을 포기하고 자신의 과거 삶에 대해 슬퍼하며 흐느껴 울기도 하면서 이제까지 억압해 왔던 분노감정을 표출하기도 한다. 이러한 과정에서 내담자는 종종 깊은 단계의 치료적 작업을 통과하기도 한다. 이때 그들은 온몸으로 자신의 억압되었던 감정을 표출하기도 한다.

8) 접촉경계 장애

펄스는 유기체의 자각 혹은 알아차림을 통한 접촉의 결여를 주요한 문제로 보았다. 게슈탈트에서 저항이란 우리가 온전하고 진실하게 현재를 경험하는 것을 방해하는 방어기제라고 본다. 그가 지적한 접촉경계 장애가 우리의 성숙과 문제해결을 방해하는 이유를 살펴보면서 자각과 접촉의 중요성을 알아보자.

자각을 통한 접촉을 방해하는 장애기제 혹은 저항적 의사소통의 통로는 프로이트가 제안한 개념인 방어기제와 유사하다. 펄스와 그의 추종자들이 설명한 접촉경계 장애의 주요한 기제인 내사, 투사, 반전, 융합, 편향의 내용을 살펴보면 다음과 같다.

(1) 내사(introjection)

타인의 관점이나 주장 또는 가치관을 깊이 생각해 보지 않고 자신의 것으로 받아들이는 것을 의미하며, 무비판적으로 받아들여 그대로 따라 하기 때문에 고정된 부작용 행동 패턴대로 자동화된 언행을 반복하게 된다. 또한 그렇게 하는 것을 스스로 자신의 삶이라고 착각하기도 한다.

외부의 대상을 자기 내면의 자아체계로 받아들이는 내사(introjection)가 심할 경우 자신의 진정한 욕구조차 잘 모르면서 타인의 기대에 맞추어 사는 것이 익숙하며 창의적인 삶의 태도를 두려워하여 피하게 된다.

내사는 내가 가지고 있으면서도 내가 아닌 다른 어떤 것이다. 이러한 이물질은 암적인 존재로서 나에게 통합되지 않고 남아서 자신을 괴롭히게 된다.

투사(projection)는 내사의 반대의 의미로 내가 가진 것을 부인하고 남에게 돌려서 접촉을 피하는 것이다. 내가 접촉하기 싫어한 나의 어떤 면을 타인에게서 봄으로써 자신이 느끼는 감정이나 자기를 부정하는 것이다.

만약 자신이 청중 앞에서 연설을 한다고 할 때, 자신이 강연자로서 청중 때문에 느끼게 되는 불안감과 두려움으로 청중의 수많은 시선을 비판적이거나 적대적으로 상상하게 된다면 자신의 비판을 청중에게 투사하고 있다고 할 수 있다.

자신의 불안감과 두려움에 접촉하여 있는 그대로 받아들이고 그것을 극복하려는 노력이 투사를 해결하는 방법이다.

당신의 부정적인 면을 투사를 통해 회피하고 도피하여 접촉을 피하는 것보다 자신이 그것에 대한 책임을 지는 것이 필요하다.

(2) 투사(projection)

투사는 내담자가 흔히 자신의 생각이나 욕구 감정 등을 타인의 것으로 지각하는 현상을 말한다. 이러한 현상은 개체가 자신의 욕구나 감정을 자신의 것으로 자각하고 접촉하는 것을 두려워한 나머지 그것에 대한 책임 소재를 타인에게 돌림으로써 나타난다.

투사에는 창조적 투사와 병적인 투사로 나누어 설명할 수 있으며, 창조적 투사는 개체가 새로운 상황에 능동적으로 대처하는 한 방편으로 의도적으로 자신의 상상력과 창의력을 사용하는 행위를 말한다.

병적인 투사는 개체가 직면하기 힘든 자신의 내적인 욕구나 감정 등을 회피하기 위하여 무의식적이고 반복적으로 하는 행위를 지칭하며 게슈탈트 치료 이론에서 말하는 투사를 뜻한다. 예를 들어 자신이 타인에 대해 가지고 있는 부정적 감정을 투사하여 다른 사람이 자신을 미워한다고 의심하는 경우이다.

(3) 반전(retroflection)

개체가 타인이나 환경에 대하여 하고 싶은 것 혹은 타인이 자신에게 해 주기를 바라는 것을 자기 자신에게 스스로 하는 것을 의미한다.

우리 각자는 유기체로서 외부 환경과의 상호작용을 하며 살아가므로 대인관계에서 우리가 대하는 사람에게 적절한 자기표현이 매우 중요하다. 그러나 반전을 기제로 사용하는 사람은 자신의 감정을 타인에게 표현하지 못하고 방향을 바꾸어 자신에게 표현하는 사람이다.

심하게 처벌적이고 공격적인 부모의 영향을 받으면서 성장한 사람이 처벌에 대한 두려움으로 타인에게 감히 자신의 감정을 표현하지 못하는 경우가 그 예이다. 누군가에게 화가 난 경우, 이런 사람은 자신의 에너지의 방향을 직접 관련 당사자에게 돌려 화를 내지 못하고 자신을 공격하고 자신을 학대하며 살아간다. 이러한 행동은 성장환경이 억압적이거나 비우호적이어서 자연스러운 접촉행동을 할 수 없을 때 나타나게 되며, 우울과 신체화에 대한 문제들은 종종 반전을 사용함으로써 나타나게 된다.

반전기제는 때로는 긍정적으로 사용할 수 있다. 즉, 주어진 상황에서 합리적인 근거로 반전을 사용하여 타인에게 행동할 것을 억제하는 것이다. 우리가 막무가내로 에너지의 방향을 외부로 돌려 행동하기보다 때로는 내부로 돌려 행동하는 것이 우리와 타인에게 도움이 되는 경우가 있다.

(4) 융합(confluence)

밀접한 관계에 있는 두 사람이 서로 간에 차이점이 없다고 느끼도록 합의함으로써 발생하는 접촉-경계 혼란이다. 즉, 갑이 행복하다고 느끼면 을도 행복하다고 느끼고 갑이 불행하다고 느끼면 을도 함께 불행을 느끼는 마치 일심동체의 관계와 같은 것이다. 따라서 그들은 서로 간에 어떤 갈등이나 불일치도 용납하지 못한다.

그들은 오랫동안 서로 길들여진 관계에 익숙해져 있기 때문에 그러한 균형을 깨뜨리는 행동은 금기로 되어 있다. 즉, 각자의 개성과 자유를 포기한 대가로 얻은 안정을 깨뜨리려는 행위는 서로에 대하여 암묵적인 '계약'을 위반하는 것이므로 상대편의 분노와 짜증을 일으키게 되며 융합관계를 깨뜨리는 쪽은 심한 죄책감을 느낀다.

그들은 단지 차가운 외부의 대기에 직접 노출되지 않을 목적으로 두껍고 단단한 껍질을 만들어 그 속에 안주하고 있을 뿐이다.

융합으로 인하여 경계를 갖지 못할 때, 개체는 자신의 욕구와 감정을 제대로 해소할 수가 없고 그러한 삶은 미해결 과제를 축적시킨다.

(5) 편향(deflection)

감당하기 힘든 내적 갈등이나 외부 환경적 자극에 노출될 때, 이러한 경험으로부터 압도당하지 않기 위해 자신의 감각을 둔화시킴으로써 자신 및 환경과의 접촉을 약화시키는 것이다. 이러한 행동은 흔히 지식인에게서 많이 볼 수 있다.

예로, 말을 장황하게 하거나 초점을 흩트리는 것, 말하면서 상대편을 쳐다보지 않거나 웃어 보이는 것, 구체적으로 말하지 않고 추상적인 차원에서 맴도는 것, 자신의 감각을 차단시키는 것 등이 있다.

편향을 사용하여 알아차림과 접촉을 차단하는 것은 과거의 고통스럽고 충격적인 경험이었던 것들을 극복하기 위한 자구책이라고 할 수 있다. 즉, 계속적인 애정결핍이나 상처받은 자존심 혹은 내적인 갈등을 극복하기 위한 의미 있는 자구책으로 이 행동이 처음 생기게 된 당시로서는 효과적인 행동이었을 수도 있지만 현재에는 더 이상 현실에 근거하지 않은 부적응적인 행동이다.

2. 게슈탈트의 특성

여기에서는 게슈탈트 치료이론의 방법론적 특성인 지금-여기의 체험, 발견학습 중심, 관계 중심, 창의적 태도, 실존적 체험 중심, 존재수용적 자세, 프로세스 중심을 살펴보고자 한다.

1) 지금-여기의 체험

지나간 과거에 대해서는 더 이상 생각하지 않고 아직 오지 않은 미래에 대해서는 걱정하지 않으며 현재를 받아들이는 것이다. 과거나 미래는 관념의 세계이다. 과거나 미래에 집착하는 것은 현재를 직면하지 않으려는 데서 비롯되며 '현재 순간의 온전함'을 믿지 않기 때문이다.

현상학적 관점은 모든 실존치료에 공통적이다. 현상학적 관점이란 어떤 객관적 사실보다는 개체가 주관적으로 체험하는 것을 중요시하는 입장을 말한다. 현상학에서 시간이란 '이어지는 시점들의 합'이 아니라, 현상학적으로 의식에 나타나며 주관적으로 체험되는 '의식의 흐름'이다. 따라서 엄밀한 의미에서 지금-여기만이 실존적인 시간이라 할 수 있다.

치료자는 내담자와 관계함에 있어 지금-여기에 초점을 맞추려고 하고 지금-여기에 일어나고 있는 내담자의 감정, 욕구, 사고, 심상, 신체감각, 행동 등의 현상에 주의를 기울인다.

펄스는 "관념의 세계를 떠나 감각세계로 돌아오시오(lose your mind, and come to your senses!)"라고 촉구했다. 이는 지금-여기에 집중하라는 의미인데 그렇게 함으로써 전이나 관념의 세계에 빠지지 않고, 지금-여기의 현상들에 깨어 있을 수 있기 때문이다.

지금-여기에 집중함으로써 이러한 인과적 사고를 희석시키고 자신의 행동에 대하여 내담자 스스로 책임질 수 있도록 해 준다. 그러나 미래에 대한 기다림이나 설레임도 중요한 현재적 사건이다. 따라서 지금-여기의 개념에서 미래를 배제할 필요는 없다. 또한 내담자의 과거 사건에 초점을 맞추는 것도 중요한 일이다. 다만 지나간 사건으로서가 아니라 지금-여기의 체험으로 만들어줌으로써 새로운 의미를 발견하도록 해주어야 한다.

내담자들은 이러한 지금-여기 체험을 통해 진정한 성장을 할 수 있다. 그래서 게슈탈트치료에서는 지금-여기에 머무를 수 있는 능력이 우리의 최대 '지지(support)'가 된다(smith, 1990).

2) 발견학습 중심

개체는 삶의 주제와 관련하여 자신의 삶에서 미완결된 주제를 완성하려는 욕구가 있는데, 이러한 주제를 완결시키려면 삶의 크고 작은 주제들을 발견해야 한다. 여기서 주제란 행동동기와 같은 의미이다. 즉, 자신의 행동동기가 무엇인지 알아야 완결시키기 위한 노력을 할 수 있다는 것이다. 그러한 동기의 예로 단기적인 것으로 어느 한순간의 갈증이나 성욕 또는 타인으로부터 따뜻한 관심을 받고 싶은 욕구 같은 것이 있으며, 장기적인 것으로 저명한 화가나 소설가가 되고 싶은 욕구 등을 들 수 있다.

인간은 누구나 이러한 욕구를 갖고 있으며, 만일 개체가 이를 완결시키지 못하면 긴장과 불안을 느끼게 되며 심각한 장애를 겪을 수 있다. 게슈탈트 치료에서는 이러한 주제의 발견을 게슈탈트 형성이라고 한다. 게슈탈트 치료는 개체로 하여금 자신의 크고 작은 주제들을 찾아 해결하도록 도와주는 데 역점을 둔다.

발견학습의 단계는 두 단계로 이루어지는데 첫째 단계는 자신이 처해 있는 내적 혹은 외적 현실을 있는 그대로 지각하는 것을 배우는 것이다. 즉, 환경에 있는 자들이나 자신의 억압된 욕구들, 삶의 목표와 의미, 자신의 사고패턴, 행동패턴 등을 발견하는 것이다.

둘째 단계는 내담자가 치료자의 도움을 받으면서 자신이 해 오지 않은 행동들을 실험해 보고 그 결과 새로운 형식과 삶의 영역을 발견하고 체험하여 이를 자신의 삶에 통합하는 과정이다.

첫째 단계와 둘째 단계는 서로 상보적인 관계로 서로 번갈아가면서 이루어지며 어떤 종류의 게슈탈트는 첫째 단계를 수행함으로써 저절로 완결되는 것도 있다.

3) 관계중심

게슈탈트 치료의 관계는 수평적 관계이다. 치료자는 내담자와 동등한 입장에서 자신의 감정을 드러내고 표현함으로써 내담자에게 새로운 관계 체험을 하도록 도와 주며, 치료자 자신도 더불어 자신에 대해 학습할 기회를 갖는 점이 특징이다. 수직적 관계에서는 내담자 혼자 이야기하고 치료자는 분석과 해석만 하므로 두 사람 사이에 의존적 관계 외에는 어떠한 실존적 관계도 불가능하므로 진정한 치료적 변화를 초래하지 못하게 된다.

전이는 단순한 과거경험의 되풀이가 아니라 내담자가 현실에서의 적응 및 자기보호를 위한 조직화된 활동의 일환이라고 본다. 즉, 전이란 내담자가 치료자의 관계를 자신의 주관적인 체험구조 안으로 동화시키면서 체험하는 방법이다.

자연적으로 발생하는 전이현상은 인정하지만 분석하는 대신 자신의 감정을 내담자에게 분명히 표현하고 지금-여기에서의 상호관계에 초점을 맞춤으로써 내담자의 왜곡된 지각을 치료자와의 새로운 관계를 통하여 현재의 새로운 경험으로 동참할 수 있도록 이끌어준다.

전이와 관련하여 주의해야 할 점은 역전이 현상이다. 치료자들은 신비적인 힘과 자신을 동일시함으로써 역전이에 빠지는 실수를 종종 한다. 치료자가 자신의 미해결 과제를 쌓아 둠으로써 내담자와 순수하게 지금-여기에서 만나는 것이 불가능해지기 때문이다.

역전이의 다른 형태로서 과거 내담자의 부모들이 내담자에게 느꼈던 감정(거부감, 죄책감)을 치료자가 똑같이 느끼는 현상이다. 그리고 내담자가 체험하는 혹은 피하는 감정을 치료자가 똑같이 체험하는 융합현상도 역전이의 한 형태이다. 치료자는 이러한 역전이와 지금-여기의 순수한 관계에 근거한 반응들을 분별할 수 있어야 한다.

4) 창의적 태도

게슈탈트 치료는 어떤 미리 정해져 있는 구도에 따라 치료를 계획하고 실천에 옮기는 기계적인 작업이 아니다. 게슈탈트의 형성과 생명을 창조하고 파괴시키면서 창조적인 변화를 창출해 낸다. 이러한 삶의 현상은 항상 반복되지만 그때마다 태어나는 생명은 항상 새롭게 느끼듯이 매 순간 형성되고 소멸되는 게슈탈트는 항상 새롭고 다르다.

게슈탈트 치료는 내담자가 자신의 삶을 새롭게 '창출해 내는(gestalten)' 작업이다. 즉, 세계와의 관계 속에서 자신의 새로운 모습을 발견하고 새로운 삶의 가능성을 실현하는 것이다.

게슈탈트 치료자는 자신의 생각이나 감정, 욕구, 상상들을 적극적으로 창조적인 실험으로 발전시킴으로써 치료 상황을 창조적 실험의 장으로 만들어 낸다. 가령 한 내담자가 "이 재떨이는 아름답고 귀엽게 생겼네요?"라고 말했을 때, 치료자는 내담자에게 "방금 재떨이를 묘사한 형용사들을 당신 자신에게 그대로 사용해서 당신을 저에게 소개해 보시겠습니까?"라고 말함으로써 내담자로 하여금 자신에 대해 새로운 체험을 할 수 있도록 해 줄 수 있다.

펄스는 치료란 창조적 태도를 통해 문제에 대한 새로운 해결을 가져다주는 것이라고 했다. 개체는 자신의 구태의연한 시각에서 벗어나서 환경과 새롭게 만남으로써 문제에 대한 새로운 해결책을 찾을 수 있다. 창조적인 삶이란 양적으로 많은 체험을 한다는 의미가 아니라 체험에 있어서 막힌 데가 없는 삶이란 뜻이다. 즉, 어떤 상황에 처했을 때 정형화된 행동패턴으로만 반응하지 않고 새로운 방식으로 반응하고 체험할 수 있는 능력을 의미한다.

창조성은 문제찾기와도 관련이 있으며, 내담자가 내놓은 사소한 소재로부터 출발하여 이를 창의적인 실험으로 발전시킴으로써 성공적으로 치료 작업을 할 수 있다. 문제를 해결하기 위한 창조적 실험의 과정으로 첫째 단계는 그의 체험을 그대로 파악한다. 둘째 단계는 그의 성격을 이해하기 위해 이론적 가설을 수립한다. 셋째 단계는 그가 자신의 문제행동을 구체적으로 체험하면서 관찰할 수 있도록 실험을 마련해 준다.

특히 치료자의 창의성을 필요로 하는 세 번째 단계는 치료자가 마련해 준 창조적 실험의 장에서 자신의 문제행동을 단순화시키고 객관화시킨다. 또한 창조적 행동을 해냄으로써 이제 다른 사람이 설정한 목표를 향해서가 아니라 스스로 자신을 변화시켜 가는 과정으로서 치료를 소중히 여기고 치료에서 얻은 이러한 경험을 일상생활에서도 활용할 수 있게 된다.

5) 실존적 체험 중심

과거나 미래의 사건이 아니라 바로 지금 여기에서 일어나는 체험에 관심이 있다. 과거와 미래는 현재 행동의 맥락 속에서 의미를 갖는 것으로 단지 과거나 미래 그 자체로도 무의미하다는 것이다. 과거 사건이나 미래 사건도 현재화하여 지금-여기에서 체험하도록 해 줌으로써 실존적 사건으로 체험될 수 있다. 게슈탈트치료의 내용은 실존철학, 그중에서도 특히 하이데거의 철학에 많은 영향을 받았다. 하이데거의 철학은 인간의 대상화와 그로 말미암은 인간존재의 소외문제를 심도 있게 다루어 인간존재의 회복에 관심을 기울였다.

게슈탈트의 본질은 삶과 생명이다. 게슈탈트가 배경에서 전경으로 나타나는 것은 바로 이러한 짧은 순간에 영원한 진리가 실현되는 순간이다. 생성과 변화의 강물의 표면으로 잠시 떠올랐다가 사라지는 물거품이지만 그것은 바로 존재의 생동이며 존재의 신비이다. 이는 형상과 질료, 소유와 존재, 정신과 물질, 관념과 실체의 끝없는 변증법적 대립과 그것들의 극복의 운동과정에서 나타나는 실존적 삶 그 자체이다. 그것이 바로 게슈탈트의 생성과 소멸이며 삶과 죽음이며 생명의 넓은 바다에서 출렁이는 온갖 실존의 춤들이라고 할 수 있다.

6) 존재수용적 자세

모든 사람의 존재를 독특하고 가치 있는 것으로 생각하며 치료자는 내담자의 존재를 있는 그대로 수용하려고 노력해야 한다. 즉, 내담자의 능력이나 사회적 지위와 관계없이 미래의 가능성과도 관계없이 그를 그냥 한 존재로서 받아들여야 한다. 만일 우리가 타인을 대함에 있어서 우리가 그들을 위해 설정한 목표 때문에 사랑하는 것이 아니라, 그들의 존재 자체 때문에 관심을 기울이고 사랑한다면 우리는 진정으로 그들의 성장을 도와줄 수 있게 될 것이다.

우리와 타인과의 관계가 불행해지는 것은 상대편의 존재를 있는 그대로 인정하고 수용하지 못하기 때문이라고 보았다 (Simkin, 1976).

치료자는 인간을 있는 그대로 본질적으로 사랑하는 자세가 필요하다. 즉, 어떤 영원한 진리나 천박한 자기정당성에 집착하지 않고 내담자로 하여금 스스로 자신의 성장과정에 몰두하면서 배우는 자유를 만끽하게 허용해 주고 스스로 가설을 자유롭게 변경해 가면서 학습하는 기쁨을 누리게 해 주어야 한다(Zinker,

1977). 이처럼 치료자가 내담자를 무조건적으로 수용해야 한다는 사실은 아무리 강조해도 지나치지 않지만, 이는 어디까지나 치료자가 지향하는 이상적 목표일 뿐 반드시 그래야 한다는 것은 아니다.

이러한 내용의 해석을 치료자에게 도덕적 요구로 적용되어 이를 행하지 못하는 치료자에게 죄책감을 불러일으키고 결국 치료관계에 부정적인 영향을 미치게 된다.

우리는 관심이 있는 사람에게만 사랑과 미움의 감정을 갖게 되어 어떤 사람에게 관심이 있으면 불가피하게 긍정감정과 부정감정을 모두 갖게 된다. 치료자가 내담자의 존재를 수용하는 것도 필요한 일이지만 그것은 결코 강요나 도덕적 당위에 의해서 달성될 수 있는 것은 아니다. 언제나 내담자를 진심으로 사랑하는 것은 가능하지 않지만 정성스럽게 대하는 것은 반드시 필요하다.

언제나 자신의 존재를 수용 받음으로써 개체는 환경과의 적극적인 관계를 하고 새로운 당면과제를 시도해 나갈 수 있게 된다. 그래서 이제까지 자신을 방어하려는 쪽으로만 해오던 내담자가 환경과의 축을 통해 스스로 변화성장하게 된다. 따라서 치료자에게 필요한 것은 인간을 있는 그대로 본질적으로 사랑하는 자세가 필요하다.

7) 프로세스 중심

게슈탈트치료는 내용(content)보다는 과정(process)을 더 중시하는 치료이다. 내용이 사실이나 판단에 관한 것이라면, 과정은 흐름에 대한 것으로 현상의 일어남과 사라짐에 대한 것이다. 또한 내용이 개념적 사고에 의해 추상적으로 파악된다면, 과정은 감각이나 직관을 통해 구체적으로 인식된다.

우리의 정서나 신체, 욕구, 사고, 이미지, 행위, 관계들도 모두 이러한 변화과정에 있는 에너지로 볼 수 있다. 이들은 다른 힘들과 서로 영향을 주고받으면서 끊임없는 변화과정에 있다.

프로세스는 현상학적 접근의 기본단위로 지금-여기의 장에 일어나는 모든 현상들의 상호작용이며 흐름이 프로세스이다. 콘텐트는 어떤 사실이나 사태에 대한 판단이나 분석으로서 현상을 직접적으로 파악하는 것이 아니라 개념적 추상을 통한 구성물에 불과하다.

프로세스만이 '실재(real existence)'인 것이다. 치료자가 내담자와의 치료 장면에서 콘텐트와 프로세스를 구분하는 것은 매우 중요하다. 내담자의 이야기 중 많은 부분은 콘텐트로 이루어져 있다. 예를 들어 "저의 아버지는 매우 권위적이고, 어머니는 양가적이었습니다."라고 말한다면, 치료자는 부모의 양육태도에 대한 이 내담자의 주관적 판단을 전해 들었을 뿐이고 실제로 무엇이 어떻게 일어났는지에 대한 구체적 자료나 정보는 전혀 제공받지 못한 것이다. 내담자의 진술은 주관적인 콘텐트이고 실제 일어난 프로세스는 아니다. 그러나 많은 치료자들은 마치 콘텐트가 객관적 사실인 양 그것을 토대로 온갖 추리나 분석, 치료적 개입을 시도한다.

프로세스 개념에 대해 매우 흥미로운 사실은 모두 임상적 현상들을 '과정용어(process term)'로 바꾸어 기술할 수 있다는 것이다. 즉, ADHD, 우울증, 강박증과 같은 단정적인 콘텐트적 임상용어들의 개념들을 발달·변화하는 과정 개념으로 기술이 가능하다. 모든 실체 개념인 '구조(structure)'들을 미세한 프로세스의 움직임들로 바꾸어 설명할 수 있다.

게슈탈트치료적 개입은 항상 프로세스 중이다. 예를 들면, 권위적인 아버지나 양가적인 어머니에 대해(about) 분석하거나 해석하기보다 등 돌리고 앉은 아버지에게(to) 직접 자신의 감정을 표현해 보도록 해 주는 실험을 선택한다. 이는 불변적인 구조를 바꾸려고 시도하기보다는 행위를 통한 프로세스의 변화를 도모하는 것이다.

3. 게슈탈트의 기본기법

게슈탈트를 적용하는 집단상담자는 집단구성원들이 자신의 욕구와 감정을 자각하여 알아차림을 향상시키고 경험하는 것을 인식시키기 위해 다양한 기법을 창조적으로 활용한다. 여기에서는 게슈탈트 집단상담자들이 주로 사용하는 기본

기법인 언어표현 바꾸기, 신체활동을 통한 자각확장, 책임지기, 대화하기, 환상기법, 역전기법, 꿈 작업 기법에 대해 살펴보고자 한다.

1) 언어표현 바꾸기

게슈탈트 집단상담자는 집단구성원으로 하여금 모호하고 간접적인 단어를 사용하는 것 대신 자신과 자신의 성장에 책임감을 주는 단어를 사용하게 한다. 우리가 말하는 유형은 종종 우리의 감정, 사고, 태도를 표현하기 때문에 이러한 말하는 습관에 주의함으로써 자각을 높일 수 있다.

(1) '그것'과 '당신' 대신 '나'로 바꾸기: 3인칭이나 2인칭으로 시작하는 '그것'과 '당신' 같은 대명사를 1인칭인 '나'로 바꾸는 것은 개인에게 상황에 대한 책임감을 부여한다.

(2) '내가 ~할 수 없다.' 대신 '나는 ~하지 않겠다.'로 바꾸기: 집단구성원이 자신은 실제로는 '나는 ~하지 않겠다.'라는 의미를 나타내고자 할 때 '내가 ~할 수 없다.'라고 말한다. 만일 집단상담자가 일관성 있고 온화하게 '내가 ~할 수 없다.' 대신 '나는 ~하지 않겠다.'로 대체하도록 권유하면 집단구성원은 자신의 결정에 책임을 지고 자신의 힘을 수용하게 된다.

(3) '내가 ~해야 한다.' 대신 '나는 ~하기를 선택한다.'로 바꾸기: 집단구성원이 '내가 ~해야 한다.'를 언급하는 빈도와 그것들의 사용은 긴급함, 요구, 불안을 함축하지만 '나는 ~하기를 선택한다.'는 그렇지 않다. '나는 ~하기를 선택한다.'는 표현은 집단구성원에게 선택에 대한 책임감을 준다.

(4) '나는 ~가 필요하다.' 대신 '나는 ~을 바란다.'로 바꾸기: 원하는 것의 목록은 보통 필요의 목록보다 더 길다. 예를 들면 집단상담자는 집단구성원이 '나는 유명해질 필요가 있다.'라고 말하는 것보다 '나는 유명해지기를 바란다.'로 표현하도록 한다. '나는 ~을 바란다.'는 표현이 '나는 ~가 필요하다.'는 표현보다 더 정확하고, 덜 긴급하고, 불안을 덜 야기한다.

2) 신체활동을 통한 자각확장

신체행동에 주목하는 것은 게슈탈트치료 집단상담자에게 특히 도움이 된다. 집단상담자가 신체행동에 주목해야 하는 네 가지 이유는 다음과 같다(Passons, 1975).

첫째, 신체행동은 주어진 순간에서 개인의 표현이다. 둘째, 일반적으로 사람들은 그들의 몸짓을 주시하기보다는 그들이 말하는 것을 듣는 것에 보다 관심을 갖는 경향이 있다. 셋째, 신체행동은 보통은 자발적인 반면 언어적 행동은 사전에 생각되는 것이다. 넷째, 통합된 방식으로 기능하는 개인은 신체행동과 언어적 표현이 잘 조화된다.

효과적인 집단상담자는 의사소통에 있어 언어적인 수준 뿐만 아니라 말의 배후에 있는 목소리의 크기, 고저, 강약, 전달속도와 같은 의미까지도 예리하게 들을 때 그러한 불일치를 지적하여 그의 자각을 확장시킨다.

게슈탈트 집단상담자들은 집단구성원의 자각확장을 위해 많은 신체활동을 하게 한다. 집단상담자는 집단구성원이 말한 것과 일치하는 신체행동을 적극적으로 표현하게 함으로써 그를 조력한다.

(1) 과장하기

이 기법은 우리가 신체언어로 보내는 미묘한 신호와 단서에 대해 보다 잘 지각하게 된다. 움직임, 자세, 제스처는 과장됨으로써 의사소통을 보다 명확하게 한다. 움직임이나 제스처를 반복적으로 과장함으로써 그 개인은 행동과 관련한 감정을 보다 강렬하게 경험하고 그것의 내적 의미를 보다 잘 자각한다. 이 기법에서는 양극성을 다루고자 하는 집단구성원에게 시연이나 빈 의자기법을 관련지어 사용한다. 가끔 우리가 피하고 싶은 부분에 머물러 있기를 스스로에게 허락함으로써 자신의 보다 많은 부분을 발견할 수 있다.

(2) 순회하기

이것은 한 사람이 집단구성원 각각에게 돌아가면서 그들이 보통 때는 언어적으로 표현하지 않았던 것을 말하는 것이다. 회피나 두려움이 느껴질 때 이 기법을 제안하는 경우가 있다. 집단구성원이 자신의 두려움을 다루기 위해 이 기법을 사용할 것인가 물어보고 만일 그들이 '예'라고 대답하면 순회한다. 그러면 그들은 자신의 두려움에 직면할 수 있고 낙담하고 있는 그들의 자리에서 빠져나올 수 있는 다른 행동을 시도한다.

(3) 시연

펄스에 의하면 사고의 많은 부분이 시연 중이라고 한다. 우리는 극에서 기대된 것이라고 생각하는 역할을 시연하고, 우리가 말한 것이 옳지 않았거나 적절치 못하였으면 어쩌나 하고 걱정한다.

내적인 시연은 많은 에너지를 소모하고 자발성을 억제한다. 시연기법은 집단구성원이 고요히 생각하고 있는 것을 큰 소리로 말하도록 초대한다. 또한 집단구성원이 행동하는 데 있어서 많은 제약과 검열을 할 때, 그들이 어떤 효과를 위해 조심스럽게 타진하고 있는 것처럼 보일 때 가치가 있다. 집단구성원이 미래에 직면하고자 할 때도 시연은 유익하다.

게슈탈트치료에 근거한 집단상담에서 집단구성원은 그들이 사회적 역할을 수용하는 데 있어 보다 많은 자각을 위해 시연을 집단에서 공유한다. 그렇게 함으로써 집단구성원은 어떻게 하면 타인을 즐겁게 하고 인정받고 수용받기 위해서는 어느 정도이어야 하며 타인과 소외되지 않기 위해서는 얼마나 노력해야 하는지 알게 된다. 그리고 그들은 이런 역할연기가 효과가 있는지 결정할 수 있게 된다.

3) 책임지기

게슈탈트치료 집단상담자는 집단구성원이 스스로 자신이 한 일에 책임질 것을 강조한다. 즉, 우리의 사고, 감정, 행동을 지각하고 우리가 경험한 것을 타인에게 책임지우는 일이 없도록 해야 할 것이다. 책임지는 것은 우리의 투사를 알아차리고 그것을 재정체화하고 우리가 투사한 것이 되는 것을 의미한다.

집단구성원은 종종 타인에게 비난을 떠맡김으로써 자신의 감정에 대한 책임을 교묘히 벗어 버린다. 게슈탈트치료에서 강조하는 책임지기 기법은 타인에게 투사하는 대신 '나는 ~에 대하여 책임을 진다.'는 태도로 자신의 감정을 소유하고 알아차리도록 돕기 위해 고안한 것이다.

게슈탈트치료 집단상담의 목표 중의 하나는 집단구성원들이 스스로 책임을 지도록 하는 것이다. 집단상담자의 목표는 그들의 책임회피를 계속적으로 직면시켜 타인에게 그들의 감정을 투사하는 대신 자신의 감정을 수용하고 인식할 수 있도록 하는 데 있다.

4) 대화하기

게슈탈트치료 집단상담의 목적은 인정하지 않았던 자신의 성격 측면을 수용하고 기능을 통합하는데 있으므로 집단상담자는 세밀한 주의를 기울여야 한다.

독특한 게슈탈트치료 상담기법인 환상대화법은 내적 분열과 궁극적인 성격을 통합하는 자각을 증진하기 위한 것이다. 예를 들면 부드러운/거친, 남성다운/여성다운, 사랑스러운/증오스러운, 능동적인/수동적인 것과 같이 양극성 사이에서 대화하거나 부모나 다른 의미 있는 사람, 상상화한 다른 사람, 무생물과 대화하는 유형이 있다.

내적 갈등과 연관된 양극성을 어떻게 이해할 것인가 하는 것은 게슈탈트치료에서 중요하다. 대화를 쓰는 실험은 집단구성원의 내부에 있는 이분법적인 요소를 자각하게 하고 서로 대립되는 것처럼 보이는 그들의 성격 차원을 받아들이도록 한다.

진커(Zinker, 1977)는 자기수용을 향한 움직임을 자기개념의 연장으로 보았다. 만일 우리가 우리의 일부인 불친절을 허락하지 않는다면 우리는 진정으로 친절해질 수도 없고 우리의 일부인 불친절과 만날 수 없다면, 진정으로 친절한 자기확장 경계가 풍부하게 드러나지 않을 것이다. 즉, 양극성의 한 면이 연장될 때 거의 자동적으로 다른 면 또한 연장한다.

대화는 전형적으로 내사와 투사의 자각을 높이는 데 사용한다. 내사는 타인(혹은 부모)의 측면을 무비판적으로 받아들이고 그것을 자신의 성숙과 조화시키지 못하는 것을 말한다. 타인의 가치를 무비판적으로 통째로 받아들이는 것은 성격 통합을 방해할 수 있다. 게슈탈트치료 집단상담자는 집단구성원으로 하여금 이런 투사를 개방적으로 말하게 하여 그가 씹지 않고 전체를 꿀꺽 삼켜 버렸던 그것을 좋은 형태로 받아들일 수 있게 한다.

(1) 빈 의자기법

대화는 빈 의자나 두 개의 의자를 이용하여 이행된다. 목적은 서로 다른 면을 제거하는 것에 있는 것이 아니라 양극성을 통합하는 데 있다. 만일 집단구성원이 이 목표에 도달하면 그는 심각한 면과 밝은 면 둘 다 지각할 수 있게 되고 현재의 그는 자각을 통해 이런 사건을 만들 수 있게 된다.

펄스는 양극성에서 비롯된 갈등을 해결하기 위해서 '빈 의자기법'을 개발하였다. 이 기법은 집단구성원이 가진 내적 갈등과 대인관계 갈등을 해결하는 데 유용하다. 당신이 열등감과 관련해서 고통을 받고 있다면 다른 한쪽인 우월감을 빈 의자에 놓고 번갈아 가며 열등한 나와 우월한 나가 대화하도록 한다. 당신이 엄격한 아버지와의 관계에서 갈등을 겪고 있다면 당신의 아버지를 빈 의자에 앉혀 그와 대화를 나누도록 한다. 대화는 자신의 다른 면과 상대방을 이해하는 데 필수적이다.

훌륭한 대화자는 경청을 잘하는 사람이다. 빈 의자기법을 통해 양극성을 이루는 양쪽이 계속해서 대화하도록 하는 것이다. 대화를 통해 상대방을 경청하는 것은 자기고문이나 대인관계의 갈등을 극복하게 하며, 경청은 상대방을 이해하기 때문에 싸움을 중단시킨다.

우리는 경청(listening) 대 싸움(fighting)이라는 특이한 양극성을 가지고 있으며, 경청하는 사람은 싸우지 않고 싸우는 사람은 경청하지 않는다.

5) 환상기법

집단에서 다양한 환상상황을 실험하는 것은 의미 있는 성장으로 이끌며 환상은 개인적 자각으로 이끈다.

환상은 집단구성원이 지나치게 위축되어 있어 구체적인 용어로 문제를 다루어야 할 때 사용할 수 있다. 예를 들어 주장하는 것을 두려워하는 집단구성원은 자신이 지금 주장하는 상황에 있는 것처럼 상상할 수 있다. 그래서 그들이 수동적이었을 때의 느낌과 그들이 원하는 대로 요청할 수 있었을 때의 느낌을 비교한다.

환상은 종종 무력감을 야기하기도 하는 파국적인 기대를 다룰 때 유용하다. 누군가에게 자신의 생각과 느낌을 표현하는 것을 두려워하는 집단구성원은 그들이 말하고 싶어 하는 모든 것을 말할 수 있는 환상 상황이 제시되면 좋아하고 표현하는 데도 두려워하지 않는다. 집단구성원은 집단 앞에서 (마치 좋아하는 사람이 현재 있는 것처럼) 지금-여기에서 말한다. 그러나 한 개인이 실생활에서 이런 감정을 표현하는 것이 반드시 필수적인 것은 아니다. 사실상 그렇게 되는 것은 현명하지 않다.

환상은 부끄러움과 죄책감을 표현하고, 탐색하는 데 이용할 수 있다. 집단상담자는 집단구성원으로 하여금 '나는 비밀이 하나 있어요.'라고 속으로 생각하면서 잘 지켜진 비밀에 대해 상상해 보도록 한다. 그들은 집단에서 실제로 비밀을 폭로하는 것이 아니라 타인에게 그 비밀이 노출된 것을 스스로 상상하고 나서 그에 대한 느낌을 탐색한다.

환상은 집단에서 일어나는 집단구성원의 두려움을 탐색하는 안전하고 유용한 방법이다. 예를 들어 집단구성원은 집단에서 일어나는 가장 두려운 것을 상상한다. 그래서 집단구성원은 마치 그들이 상상했던 사람이 된 것처럼 집단에서 행동하도록 요청받을 수도 있다. 만일 실험이 성공적이라면, 집단구성원은 실생활에서 새로운 행동을 시도해 보려는 느낌을 갖는다.

6) 역전기법

어떤 증상과 행동은 잠재적인 충동의 역전으로 나타난다. 역전기법은 집단구성원에게 그들이 거의 표현하지 않았던 자신의 어떤 부분이 되는 것을 요청하는데, 그 이유는 집단구성원이 그것을 보고 수용하는 것을 원하지 않기 때문이다. 이런 기법 사용의 기초이론은 통합이다. 통합은 집단구성원이 불안을 일으키는 것들 속으로 자신을 밀어넣을 때, 침몰해 버리고 부정된 자신의 일부에 직면할 때 일어나게 된다.

집단은 역전기법을 사용할 적절한 기회를 제공한다. 빈 의자기법과 같은 것은 집단구성원에게 내부의 반대세력을 자신의 것으로 받아들이는 기회를 준다. 그래서 숨겨져 있는 차원을 표현하는 실험은 창조적인 양극성의 통합으로 이끌기도 한다.

7) 꿈 작업기법

게슈탈트 접근은 꿈을 해석하고 분석하지 않는다. 대신 일상 속으로 꿈을 가지고 와서 그것이 마치 지금 일어난 것처럼 재창조하고 재생시키는 데 목적이 있다. 집단구성원은 과거시제로 그들의 꿈을 보고하지 않고 현재 시제로 그것을 재생하고 행동화하며, 꿈의 주요 요소를 대화로 변화시키고 스스로 꿈의 일부분이 된다.

펄스는 꿈의 각 부분은 자신에 대한 투사이며 모든 상이한 부분은 자신과 정반대이거나 불일치한 면이라고 가정했다.

꿈은 실존적인 메시지를 내포하고 그것들은 우리의 갈등이나 희망, 생의 핵심적 주제를 나타낸다. 꿈의 모든 세부 사항(기억나는 사람이나 사건, 분위기)의 목록을 작성하여 가능한 한 전적으로 이런 부분이 되어 보고, 자신의 감정과 반대되는 면을 서서히 자각해 보는 것이다. 결과적으로 개인은 내적 불일치를 평가하고 수용하여 그러한 갈등보다 깊은 동화와 통합을 이끄는 꿈 작업의 조각을 통합한다.

꿈의 분석과 해석을 피하고 대신 그러한 모든 부분이 되어 보고 경험하는 것을 강조하는 것은 집단구성원이 꿈의 실존적 메시지에 보다 가까이 접근하게 도와준다. 프로이트가 "꿈은 무의식에 이르는 왕도"라고 했다면, 펄스는 "꿈은 통합에 이르는 왕도"라고 했다.

4. 게슈탈트의 상담과정

게슈탈트 상담의 목표는 내담자가 성숙하여 스스로 삶을 책임지고 접촉(환경과의 교류)을 통해 게슈탈트를 완성하도록 돕는 것이다. 내담자가 느끼는 불안을 삶의 한 부분으로 받아들이고 자연스럽게 처리할 수 있도록 도와준다.

상담자는 생명체가 자기 조절 기능을 할 수 있다고 믿으며, 다른 사람들과 관계를 맺으며 살아가고 계산적이거나 강박적이지 않고 자신을 있는 그대로 받아들이는 삶을 강조한다. 또한, 내담자가 상반된 힘의 충돌(예 업무 지향적인 삶을 살면 가족한테 소홀해지는 것)을 인정하고 받아들여 통합을 이루도록 한다. 내담자가 환경에 의지하지 않고 '자기 지지'에 의해 삶을 살 수 있도록 돕는다.

내담자가 하고자 하는 일을 성취할 수 있도록 돕고 내담자가 가진 여러 양극성을 알아챌 수 있도록 돕는다. 또한, 전체적인 조망을 통해 내담자의 변화에 필요한 여러 가지 사항을 고려해야 한다.

게슈탈트 상담은 현재 내담자에게 무엇이 어떻게 진행되는지 스스로 자리할 수 있도록 북돋워 주어 상담자와 내담자의 신뢰 관계를 형성한다. 그 다음으로 여러 가지 실험과 상담 기법을 통해서 내담자가 가진 심리적인 문제의 상황을 직접 경험하도록 함으로써 궁극적으로는 통합과 균형에 이르게 하는 과정이다.

1) Yontef(1995)의 집단상담 과정의 두 단계

(1) 집단상담자와 집단구성원이 진술한 접촉에 근거하여 관계를 형성하고 집단구성원으로 하여금 현재 무엇이 어떻게 진행되는가를 자각하도록 촉진

하는 단계이다.

(2) 집단구성원의 삶을 불편하게 하는 심리적 문제를 실험과 기법을 통해 경험하도록 함으로써 통합하여 균형을 이룰 수 있도록 한다.

2) 폴스터(Polster, 1987)의 집단상담 과정의 세 단계

(1) 발견단계: 문제 인식 단계로 집단구성원은 이전에 깨닫지 못했던 자신, 문제, 상황에 대한 새로운 관점을 발견한다.

(2) 조절단계: 집단구성원은 자신의 오래된 정체감을 바꿈으로써 자신이 새로운 선택을 하는 것이 가능하고 새로운 방식으로 시도할 수 있음을 인식하는 단계이다. 이때 상담자의 지지가 매우 중요한 작용을 한다.

(3) 동화단계: 집단구성원은 새로운 행동을 선택하고 시도하는 것에서 자신의 환경을 변화하는 방법을 학습하는 것으로 발전한다. 여기에서 내담자는 타인으로부터 원하는 것을 얻기 위해 적절한 자기표현을 하게 된다.

3) 게슈탈트 경험 순환

각각의 개인은 휴식, 욕구 출현, 자각, 선택, 접촉, 동화 혹은 거절, 만족, 철회의 게슈탈트 경험 순환 반복을 통해 욕구를 자각하고 접촉을 통해 욕구를 해소하는 과정을 반복하면서 성장한다.

배고픔을 게슈탈트 경험 순환을 통해 설명하면 다음과 같다.

(1) 휴식: 한 개인이 휴식 중인 상태로 배고픔은 아직 배경 상태에 있다.

(2) 욕구 출현: 무엇을 하고자 하는 욕구가 나타난다.(개인이 배고픔을 느끼기 시작한다.)

(3) 자격: 배고픔을 느껴 무언가 먹을 필요가 있음을 깨닫고 게슈탈트를 형성

하여 배고픔이라는 욕구를 배경 상태에서 전경으로 가져온다.

(4) 선택: 개인은 현재 상황에서 어떤 음식을 먹을지 선택한다. 또한, 배고픔이라는 욕구를 해소하기 위해 에너지를 사용한다.

(5) 접촉: 개인은 내적인 욕구를 충족하기 위해 음식에 접촉한다. 행동을 통해 음식을 먹는다.

(6) 동화 혹은 거절: 개인은 생명체로서 흡수한 음식을 동화시키거나 음식이 부적절한 경우에는 토해낸다.

(7) 만족: 개인은 동화 혹은 거절을 통해 만족을 느낀다. 만족은 욕구를 해소하는 것으로 배고픔이라는 욕구의 게슈탈트를 완성하는 것을 의미한다.

(8) 철회: 배고픔의 게슈탈트를 완성했으므로 새로운 게슈탈트 형성을 위해 철회의 상태에 있게 된다.

5. 게슈탈트의 평가

여기에서는 게슈탈트 집단상담의 장점과 한계점에 대해 살펴보고자 한다.

1) 장점

첫째, 과거를 현재의 관련된 측면에서 다루기 때문에 생동감이 있고 역동적인 치료법으로 치료 장면에서 진심 어린 관계 형성, 대화의 중요성을 부각시켜 주거나 이웃, 환경과 접촉하는 것의 중요성을 드러내 준다. 즉, 전체론적 관점으로 세상을 바라볼 수 있는 통찰력을 제시해 준다.

둘째, 개인 및 집단상담, 가족 상담, 참만남 운동에 크게 기여한 것으로 평가받고 있다. 그리고 전통적으로 감정을 억압하고 복잡한 생각이 많은 사람들, 의사결정을 미루고 우유부단한 사람들, 과도하게 사회화되었거나 긴장, 위축되어 있는 사람에게 특히 적절한 것으로 인정받고 있다.

셋째, 비교적 짧은 시간에 좋은 효과를 나타내기 때문에 많은 심리치료자들이 관심을 가지는 기법이며 현상학적인 배경을 갖고 있어 일반인들의 자기실현과 성장에도 매우 유용한 기법으로 상담기관, 공공복지시설, 종교단체, 학교장면에서 많이 활용될 수 있다.

넷째, 내담자로 경험됨을 배우게 하기 위해 사용할 수 있는 실험 기법들이 다양하고 즉흥적으로 창출 가능하여, 상담 이론과 상담에 관련된 실습 그리고 상담에 관련된 연구의 모든 분야를 통합시키는 중요한 치료법이다.

2) 한계점

첫째, 기법 남용의 잠재적 위험이 있다. 집단 참가자들이 경험하고 있는 것을 민감하게 접촉하려면 기법의 기계적인 적용보다 그 사람에게 초점을 두는 능력이 필요하다. 민감성, 적절함, 독창성, 공감, 내담자에 대한 존중과 같은 특성이 치료자에게 없다면 실패하기 쉽다.

둘째, 집단 참가자들은 자신의 실험을 스스로 제안하기보다 치료자가 제시하는 실험에 길들여 질 수 있다. 집단상담자가 자신의 개인적 반응을 감추고 나와 너의 관계를 잊어버리게 하기 쉽다.

셋째, 게슈탈트 집단상담의 치료자는 자신의 정직하고 즉각적인 반응으로 집단 참가자와 만나려는 의지와 집단 참가자를 거부하지 않으면서도 조직적 사용에 도전하도록 하는 능력이 중요하다. 충동적이거나 덜 조직화되어 있고 심각한 장애를 가지고 있는 사람이나 병리적인 사람들에게는 부적합하다.

넷째, 상담의 인지적 측면을 고려하지 않았다고 볼 수 있다. 게슈탈트 치료의 초기 단계에서는 인지적 관심에 중점을 두지 않았지만 현재는 인지적 요인에 조금 더 관심을 기울이고 감정적인 측면과 인지적 측면을 통합하려는 움직임이 일어나고 있다.

6장

교류분석 집단상담

1. 교류분석의 개념

교류분석(Transaction Analysis: TA) 집단상담 이론은 에릭 번(Eric Berne)에 의해 발전된 이론으로 정신분석의 이론을 기초로 하여 성격의 인지적, 합리적, 행동적 측면을 모두 강조하며 집단원이 갖는 자아 상태를 바탕으로 의사소통의 교류가 어떻게 이루어지는가를 탐색하고 조력하는 상담이론이다.

정신분석은 무의식에 초점을 두지만 교류분석 집단상담 이론은 관찰할 수 있는 의식적 행동에 초점을 둔다. 또한 교류분석 집단상담 이론은 인간 행동에 대한 이해로 고통을 경감하고 자기성장과 자각증진뿐만 아니라 대인관계를 어떻게 개선해야 할지에 대한 방법을 제시해 준다. 교류분석의 인간관은 정신분석적 접근을 기반으로 구축되었음에도 인간에 대해 낙관적인 입장을 취한 반결정론적(antideterministic) 철학을 토대로 인간을 조망한다.

인간은 과거 불행한 사건을 경험했다 하더라도 변화 가능한 긍정적인 존재로 이해되고 있다. 당신과 나 모두는 인간으로서 존재 가치가 있고 존엄성이 있으므로 삶과 환경에 대해 재결정할 수 있고 그에 따라 사고, 감정, 그리고 행동 방식을 재구조화할 수 있는 이론으로 집단상담 및 개인상담에서도 효과와 유용성을 인정받고 있다.

교류분석의 집단상담 이론의 주요 개념으로 자아 상태(ego-stage), 구조분석(structural analysis), 기능분석(functional analysis), 교류분석(transactional analysis), 스트로크(strokes), 라켓(rackets), 인생각본(life-script), 생활자세(life position), 게임(game), 디스카운트(discount), 자율성(autonomy)으로 설명할 수 있다.

1) 자아상태

자아상태(ego-stage)란 특정 순간에 우리 성격의 일부를 드러내는 방법과 관련된 행동, 사고, 감정을 말한다.

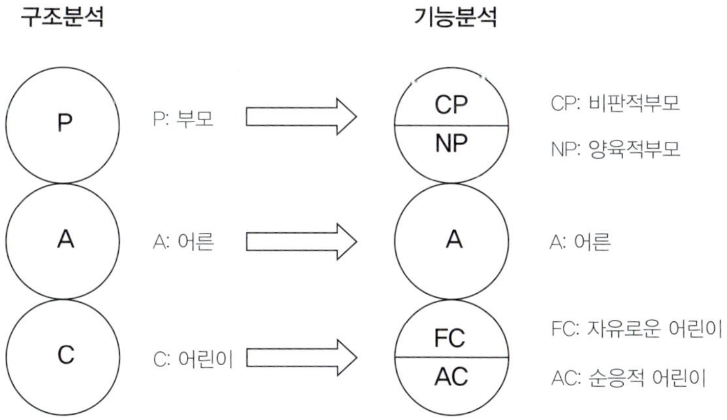

[그림 6-1] 구조분석과 기능분석

(1) 어버이 자아(P: parent ego state)

정신분석의 초자아(superego)처럼 가치체계, 도덕 및 신념을 표현하는 것으로 주로 부모나 형제 혹은 정서적으로 중요한 인물들의 행동이나 태도의 영향을 받아 형성된다. 비판적 어버이 자아(CP)는 양심과 관련되어 주로 생활에 관련된 규칙을 가르치는 동시에 비판적이며 지배적으로 질책하는 경향을 보인다.

양육적 어버이 자아(NP)는 북돋아 주고 격려하여 보살피는 양육적이고 보호적인 태도를 보이며 대체로 공감적이고 성장 촉진적이다.

(2) 어른 자아(A: adult ego stage)

객관적 사실에 의해 사물을 판단하고 감정에 지배되지 않으며, 이성과 관련되어 있어서 사고를 기반으로 조직적, 생산적, 적응적 기능을 하는 성격의 일부분으로 정신분석의 자아개념과 같이 설명될 수 있다.

어른 자아가 지나치면 정서가 결핍된 모습을 나타낼 수 있으며 답답하게 보일 수 있다.

(3) 어린이 자아(C: child ego stage)

정신분석의 원초아(id)의 기능처럼 내면에서 본능적으로 일어나는 모든 충동과 감정 및 5세 이전에 경험한 외적인 일들에 대한 감정적 반응체계를 말한다.

특히 부모와의 관계에서 경험한 감정과 그에 대한 반응양식이 내면화된 것으로 부모의 습관화된 영향을 받지 않는 자유로운 어린이(FC)와 감정이나 욕구를 억제하고 부모의 기대에 순응하는 어린이(AC)로 나뉜다.

2) 구조분석

구조분석(structural analysis)은 개인의 감정, 사고, 행동을 자아상태 모델의 관점에서 이해하고자 하는 방법으로 어버이, 어른, 어린이 자아상태가 어떻게 구성되어 있는지 분석하는 것을 의미한다.

- 세 가지 자아상태 중에서 어느 것이 주도권을 잡고 있는가?
- 생활 상황에 따라 자아상태의 주도성은 어떻게 바뀌는가?

- 세 가지 자아상태 중에서 어느 하나가 필요 이상으로 강하게 작용하지는 않는가?
- 자신이 진정으로 원하는 성격 유형은 어떤 것인가?

3) 기능분석

기능분석(functional analysis)은 개인이 각 자아상태를 어떻게 사용하고 있는가를 알기 위한 방법으로 구조분석을 기능적으로 세분화(비판·양육적 어버이 자아, 자유로운·순응하는 어린이 자아)하여 보여준다. 어른 자아는 분리하지 않는다. 교류분석이론에서 기능적인 인간이란 다섯 가지 자아상태의 에너지를 잘 선택하여 그 기능을 충분하게 활용하는 사람을 말한다.

혼합(contamination)은 각 자아경계가 지나치게 이완되거나 약화되어 특정 자아상태가 자아경계를 침범하는 경우다. 배타(exclusion)는 각 자아의 영역이 지나치게 경직되어 하나 또는 두 개의 자아상태가 독자적으로 사용되는 반면, 나머지 자아상태는 폐쇄되어 전체 기능에서 제외되는 상태이다.

〈표 6-1〉 사아상태에 따른 특징

자아상태	기능	언어적 표현
비판적 어버이 자아 (critical parent ego)	- 주장적, 처벌적, 권위적 - 다른 사람을 가르치고 통제하고 비판 - 지나치게 높을 경우: 지배적 태도, 명령적 말투, 칭찬보다 질책	- 비난: 그 정도밖에 못하니 - 처벌: 또 그러면 가만 두지 않겠어 - 편견: 당연하지 - 단정: 난 역시 안 돼
양육적 어버이 자아 (nurturing parent ego)	- 배려, 격려, 관용 - 도움, 긍정적인 인정자극 - 지나치게 높을 경우: 과보호의 경향	- 위안: 힘을 내라 - 배려: 내가 도와줄게 - 격려: 잘했어
어른 자아(adult ego)	- 합리적, 적응적 - 자아상태 간의 갈등 중재 - 지나치게 높을 경우: 무미건조함	- 합리적: 이렇게 하는 것이 적절하겠어

자아상태	기능	언어적 표현
자유로운 어린이 자아 (free child ego)	– 타인 배제, 자유로운 감정 표현 – 본능적, 자기중심적, 쾌락 추구 – 지나치게 높을 경우: 질서나 규범 무시	– 자기중심적: 난 이게 좋아 – 쾌락추구: 좋아
순응적 어린이 자아 (adapted child ego)	– 타인 수용, 순응적, 모범적 규범 준수 – 지나치게 높을 경우: 죄책감, 열등감	– 순응: 알겠어요 – 규범 준수: 그렇게 하는 것은 옳지 않아

4) 교류분석

교류분석(transactional analysis)이란 P, A, C의 이해를 바탕으로 대인관계에서 나타나는 상호작용을 관찰, 분석함으로써 개인의 행동을 이해하고 예견하는 방법이다. 구조분석이 개인의 내면에 초점을 둔다면, 교류분석은 개인과 개인 사이에 초점을 둔다. 교류란 의사교류를 말하는 것으로 자아상태 간에 발생하는 사회적 상호작용의 단위로, 2인 이상의 사람들이 각자의 자아상태에 따라 자극을 보내고 반응하는 것을 말한다.

두 사람이 교류할 때 P, A, C 중 한 기능을 선택하여 메시지를 주고받게 되는데, 이를 상보교류, 교차교류, 이면교류로 나눌 수 있다. 상보교류(complementary transaction)는 두 삶이 동일한 자아상태나 상호 보완적인 자아상태에서 자극과 반응을 주고받는 것이다. 교차교류(crossed transaction)는 상대방에게 기대한 반응과는 다른 자아 상태의 반응이 활성화되어 되돌아오는 경우로 인간관계에서 고통의 근원이다.

이면교류(ulterior transaction)는 두 가지 자아상태가 동시에 활성화되어 한 가지 메시지가 다른 메시지를 위장하는 복잡한 상호작용을 한다. 이면교류는 주된 요구나 의도가 이면에 숨겨져 있는 것이 특징이다.

5) 스트로크

스트로크(strokes)란 사회적 행동의 동기를 제공하는 요인으로서, 타인으로부터 얻어지는 인정자극을 의미한다. 긍정적 스트로크(positive strokes)는 포옹, 칭찬, 긍정적 평가 등과 같이 표면적인 것에서부터 친밀도가 깊은 성적 표현에 이르기까지의 행동이 포함된다.

부정적 스트로크(negative strokes)는 긍정적 스트로크를 충분히 받지 못해 상대방을 불쾌하게 만들거나 걱정을 시키는 등 곤란하게 하고 혹은 상처를 입히면서 애정을 표현하는 것이다. 인간은 누구나 타인과의 스트로크를 주고받으면서 자신이 어떤 사람인지 인식하고 원만한 대인관계를 갖고자 한다. 부정적 스트로크는 인간의 성장을 후퇴시키고 왜소하게 만들 수 있으므로 긍정적이고 무조건적인 스트로크를 사용하여 심리적 안정과 성장을 촉진하는 것이 좋다.

- 신체적 스트로크: 엄마가 젖먹이 애기를 안아 볼을 비비거나 안아주고 업어주는 스킨십(skin ship)을 접촉 신체적 인정자극이라고도 한다.
- 인어적 스트로크: 얼굴 표정, 자세, 사용하는 언어와 말투 등을 말한다.
- 긍정적 스트로크: 친근한 표현으로 사람을 기분 좋게 만들고 삶의 의미를 느끼게 하며, 건전한 정서와 지성을 갖추게 된다.
- 부정적 스트로크: 차가운 표현으로 인간의 부정성(not−OKness)을 유발시키는 자극으로 한 인간이 지니고 있는 중대한 문제를 대단치 않는 일로 묵살해 버리거나 문제의 의미를 일부러 왜곡하는 것으로, 관심의 결핍이나 잘못된 관심에서 유발된다.
- 조건적 스트로크: '만약 ~한다면 ~하겠어'와 같이 조건이 붙는 인정자극이다.
- 무조건적 스트로크: 상대의 존재나 행동에 관계없이 주는 인정자극이다.

6) 라켓

라켓(rackets)은 게임을 통해 경험하게 되는 불쾌한 감정으로 초기 결정의 강화를 목적으로 사용되고 인생각본의 구성요소가 된다.

7) 인생각본

인생각본(Life-script)는 어릴 때부터 형성하기 시작하는 무의식적인 인생 계획으로서 인간이 성장하면서 부모가 주는 메시지에 의해 강화되고 생활하면서 겪게 되는 경험들에 의해 정당화된다.

각본분석(script analysis)는 사람들이 각자 특정한 방법으로 행동하는 것을 설명해 준다. 각본분석이란 자신의 자아상태에 대하여 통찰함으로서 자기 각본을 이해하고 거기서 벗어나도록 하는 것을 말한다. 각본치료란 통찰과 어른 자아의 활성화를 촉진, 재결정(redecision)을 통해 근본적으로 어린이 자아상태를 변화시키는 것을 말한다.

8) 생활자세

생활자세(life position)은 어린 시절 부모나 중요한 타인들과의 스트로크를 토대로 조성되는 자기 또는 타인에 대한 기본 반응태도 및 이에 기인하는 자기상이나 타인상을 말하는 것으로, 각본을 구성하는 주요 요소가 된다.

(1) 자기긍정-타인긍정

자유롭고 신뢰, 수용, 솔직한 태도를 주고받는 것으로 자발성 및 건강한 사람으로 특징 지울 수 있다. 자신과 타인에 대한 개방적이고 수용적인 태도로 자신감을 보여 준다.

(2) 자기긍정-타인부정

심리기제는 보다 이기적이고 자유분방하다. 자기중심적이고 타인에 대한 부정적이고 비판적인 태도를 보인다. 결손가정 출신 자녀에게 많이 나타나는 경향을 보이고 부적응 행동과 관련이 있으며, 대인관계에서 가장 권위적인 자세를 보인다.

(3) 자기부정-타인긍정

자기 자신을 타인과 비교하여 무기력하고 억압이 심하여 낙심하고 생기가 없으며, 우울하기 쉬운 사람을 말한다. 자기를 과소평가하고 타인을 우월하게 평가하여 열등감을 가지며, 운명에 대한 자기 비하로 자신이 희생되고 있다고 생각하며 극단적인 경우 자살에 이를 수 있다.

(4) 자기부정-타인부정

인생이 허무하고 무가치한 것으로 여긴다. 자기에 대한 부정적인 태도뿐 아니라 타인에 대하여도 부정적이어서 모든 희망을 포기하고 사람에 대한 흥미를 잃어 인간을 가망성 없는 존재로 본다. 세상을 비판적으로 보고 부정적이고 반사회적인 태도를 갖는다.

패배적인 자세는 현실세계에 대처할 수 없는 사람들의 특성으로 극단적인 철회를 하고 유아적인 행동으로 돌아가거나 타인과 자신에게 죽음이나 상해를 입히는 결과를 초래할 수도 있는 난폭한 행동을 말한다. 이러한 행동은 타살이나 자살행동으로 나타날 수 있다.

9) 게임

게임(game)은 표면적으로는 합리적이고 친밀한 대화로서 동기화되고 상보적인 것으로 보이나 그 이면에는 정형화된 함정이나 속임수가 내포되어 있는 교류이다. 보통 불쾌한 감정(라켓)을 불러일으키는 역기능적 의사소통을 의미한다.

10) 디스카운트

디스카운트(discount)란 문제해결을 위해 자기도 모르게 무시하는 것으로 세상을 자기 각본에 맞추려고 지금–여기의 현실적 문제들을 왜곡하고 무시하거나 실제보다 평가 절하하는 것을 말한다. 현실의 특정 측면을 과장시키는 것으로 디스카운트를 통해 상황의 특정 측면을 무시한 혼자만의 생각이기에 관찰할 수 없다.

말이나 행동으로 보이지 않는 한 디스카운트하고 있다는 사실을 알 수 없고 모든 디스카운트에는 과장이 일어난다.

디스카운트는 문제해결적 차원에서는 변화할 가능성을 경시하는 것으로 표현할 수 있다. 디스카운트의 심각성이나 가치를 무시함으로 상대적인 이득을 얻는 경우, 문제를 과소평가함으로 해결 가능성과 자신감을 얻을 수 있다.

11) 자율성

자율성(autonomy) 획득이란 건강하게 성장한 사람으로서 모든 자원을 활용하여 문제를 해결하는 능력을 의미하기도 한다. 성인으로 성장한 사람은 어릴 때 결정했던 인생계획이 더 이상 성인이 된 시점에서 현실 세계에 적합하지 않음을 발견하게 되어 새로운 전략을 개발할 필요성을 가지게 된다.

교류분석에서는 이러한 과정을 각본에서 빠져나와 자율성을 획득한다고 말한다. TA의 궁극적인 목표는 인간의 자율성 회복에 있다.

2. 교류분석의 특성

교류분석 이론적 특성을 살펴보면, 교류분석은 상호작용과 의사소통을 통해 인간관계를 이해하고 설명하기 위해 상호작용과 의사소통의 역할을 중요하게 강조한다. 인간들이 상호작용하고 의사소통하는 방식을 연구하며 상호작용과 의사소통이 인간 행동과 사회적 구조에 어떤 영향을 미치는지 이해하고 상호작용 패턴을 분석하는데 중점을 둔다.

관계는 시간과 상황에 따라 변화하며, 상호작용의 흐름과 변화를 이해하고 이러한 관계의 동적성을 강조한다. 즉, 인간관계가 양방향적이며 상호의존적이라는 개념을 중요시하고 서로에게 영향을 주고받으며, 상호작용과 의사소통이 서로를 조절하고 변화시키는 과정임을 강조한다.

여기에서는 다른 상담이론들의 특성과 비교하여 교류분석의 특성을 살펴보고자 한다.

첫째, 교류분석 이론은 정신분석의 무의식 이론에 근거를 두지 않고, '지금-여기(Here & Now)'에서의 관찰 가능한 현상에 근거를 둔다. 자아 상태를 인지함으로써 개인의 과거사를 추정할 수 있으며 미래의 행동을 예측할 수 있다.

둘째, 교류분석 치료사는 로저스(Cart R. Rogers)의 인간중심 상담 방법에 동의한다. 그러나 상담과정에서 종종 내담자의 말을 멈추게 하고, 지면시키며, 모순을 지적하는 등 로저스 학파의 상담자보다 훨씬 더 적극적이라고 할 수 있다.

셋째, 아들러(Alfred Adler)의 개인심리학은 교류분석의 각본 이론과 일맥상통하는 면이 있다. 그러나 교류분석에서는 삶의 계획이 무의식적인 것이 아니며, 그러한 계획에 대한 책임이 결코 한 사람에게 있는 것이 아니라고 본다. 또한 목표 및 목표에 도달하는 방식이 아들러가 주장하는 것보다 훨씬 더 정확하게 예견될 수 있다.

넷째, 교류분석은 상담자보다 내담자가 주로 해석하고 설명할 책임이 있다는 점에서 엘리스(Albert Ellis)의 인지·정서·행동치료(REBT: Rational-Emotive Behavior Therapy)와 구별된다.

다섯째, 교류분석과 행동수정 요법은 동일하게 내담자의 행동에 대한 명백한 변화를 목표로 하고 있으나 교류분석은 재결단 과정에 초점을 맞추고 있다는 점이 행동수정 요법과 다르다. 스키너(Fredrick B. Skinner)의 행동수정 이론이 인간은 외적 자극에 반응하는 무리한 희생자로 보지만, 교류분석은 각 개인이 자신과 자신의 행동에 대해 새로운 결단을 내려서 자기 행동을 재구성하는 자율적이고 책임감 있는 존재로 본다.

여섯째, 많은 교류분석 치료자는 펄스(Fritz Perls)에 의해 실천되고 있는 게슈탈트 치료를 통합하고 있다. 그러나 교류분석은 펄스가 고려하지 않은 개인의 지적 인지를 강조하고 감정 표현도 지지한다.

일곱째, 글라써(William Glasser)가 개발한 현실치료와 마찬가지로 교류분석도 개인의 자기 행동에 대한 책임을 기본적 초점을 두고 있기는 하지만, 교류분석 치료자는 개인의 이력과 이전의 행동에 더 큰 비중을 둔다.

여덟째, 세상의 실제 삶과 관련된 교류분석은 정직, 성실, 자율, 진실 그리고 가장 중요한 사회적 친밀감 표시 등 개인적 자질을 강조한다는 측면에서 실존주의 치료와 일치하는 점이 많다. 그러나 교류분석은 성격 구조에 중요성을 두고 자신에 대한 문제 해결의 열쇠를 자아상태 구조 및 기능과 균형에 맞추고 있다.

3. 교류분석의 기본기법

교류분석 집단상담에서는 상담 기법을 효율적으로 활용하는 것을 상담자의 능력으로 본다. 여기에서는 먼저 교류분석 집단상담 이론의 기본 기법인 허용, 보호, 잠재력, 조작을 살펴보고자 한다.

1) 허용

대부분의 집단원은 부모의 금지령에 따라 행동하고 있다. 따라서 상담 장면에서 상담자는 집단원에게 부모의 금지령 '~하지 마라 (not to be)'고 한 것을 허용해 주는 것이다. 이를 통해 집단원은 허용을 받을수록 긍정적인 생활 자세와 생활 각본을 선택할 수 있다.

2) 보호

집단원이 상담자의 허용을 받아들이려면 어린이 자아 상태에 놓인 집단원이 부모 자아 상태의 상담자를 예전에 부정적 메시지를 준 부모로 여겨야 한다. 따라서 집단원은 상담자를 부모의 금지령을 따르지 않아 발생하는 두려운 결과로부터 보호(Protection)해 줄 수 있는 존재로 봐야 한다.

3) 잠재력

잠재력은 상담자가 상담 장면에서 집단원에게 적절한 시기에 적절한 기술을 사용할 수 있는 능력을 말한다. 상담자는 자아상태, 의사교류, 게임, 각본 등과 관련된 내용을 분석하고 이를 바람직하게 바꿀 수 있는 상담기술을 가지고 있어야 한다.

4) 조작

교류분석상담에 있어 에릭 번은 상담에 도움이 되는 전문적 기법으로 질문, 특별세부반응, 직면, 설명, 예시, 확정, 해석, 구체적 종결의 8개 목록을 강조하였다. 구체적인 상담자의 행동을 조작이라고 하며, 이것을 상담 기법이라고 할 수 있다.

(1) 질문(Interrogation)

많은 집단원은 그들의 성인 자아를 사용하는 데 어려움이 있다. 상담자는 집단원이 성인 자아로 반응할 때까지 질문을 한다.

(2) 특별세부반응(Specification)

집단원에 대한 어떤 정보를 특별한 분류로 넣으려 하는 기술이다. 예를 들어 여러 장면에서 집단원이 늘 격해 있다는 사실에 대해 상담자가 집단원의 의견에 일치를 보일 수 있다. 이때 상담자는 "그래서 당신은 늘 자신을 과격하다고 생각하고 있군요."라고 동의함으로써 집단원의 반응을 보다 분명하기 위해 사용하는 기법이다.

(3) 직면(Confrontation)

상담자가 집단원의 행동이나 진술에 대해 일관성이 없거나 모순을 발견하였을 때 집단원에게 상담자가 지적해 주는 기법이다.

(4) 설명(Explanation)

상담자의 측면에서 집단원에게 가르치는 행동이다. 집단원의 현재 행동에 대해 상담자와 어른 대 어른의 교류로 서로 이성적이고 합리적인 성인 자아로 소통하는 것이다.

(5) 예시(Illustration)

상담 장면에서 상담자가 집단원에게 긴장을 풀고 가르쳐 주는 방법이며 긍정적인 효과를 강화시킬 목적으로 사용하는 기법으로 미소, 비교, 일화 등을 통해 실제적인 사례를 제시하는 기술이다.

(6) 확정(Confirmation)

집단원의 행동이 상담을 통해 일시적으로 달라졌다가 곧 다시 원래대로 돌아가는 행동을 보이게 되는데 이를 막을 수 있도록 돕는 기술이다. 상담자는 집단원에게 과거 행동을 벗어나지 못했으니 더욱 열심히 노력하라고 지적해 준다.

(7) 해석(Intenbrelation)

상담자가 집단원의 행동 이면에 숨어 있는 원인을 알도록 돕는 기술로서 정신분석의 해석과정과 비슷하다.

(8) 구체적 종결 (Crystalization)

상담자가 집단원의 생활 자세를 성인 대 성인의 입장에서 설명해 주고 집단원이 인정자극을 받기 위해 더 이상 게임을 사용할 필요가 없으며 정상적으로 행동할 수 있음을 설명해 주는 것이다.

4. 교류분석의 상담과정

교류분석 집단상담의 목적은 오늘날 관계갈등으로 인한 부적응과 이기적인 태도가 가족, 동료, 이웃 간의 관계뿐만 아니라, 자신과의 심리적 교류가 어떻게 작용하는지에 대하여 인식하는 것이다. 그리고 자기이해, 타인이해, 더 나아가 가족, 조직과 사회의 이해로 건강한 심리적 강화와 함께 인간관계의 효율적인 의사소통 증진과 개인의 내적 및 외적 성장을 위한 집단 활동 등으로 인생태도를 재구성하여 변화시키는 것이다.

집단 활동의 구체적인 목표는 각 개인의 증상 완화와 자아상태의 효과적인 관리법 습득이 포함된다. 이는 개인으로 하여금 자신의 자아상태 구조를 검토하도록 돕는 구조분석, 개인들이 맺는 교류의 성질을 평가하는 교류분석, 숨겨져 있지만 잘 정의된 이득을 얻도록 계획된 이면적 교류의 연속인 게임의 분석, 그리고 개인의 생활이며 삶에 대한 기본적인 결정에 근거하고 있는 각본분석을 통해 각 분석의 정도와 예상되는 결과를 인식하고 현재 행동과 삶의 방향에 새로운 결단을 내리도록 하는데 있다.

1) 상담과정

여기에서는 먼저 교류분석 집단상담 이론의 상담과정에 대해 알아보기 위해 상담에서 집단원의 경험, 상담자와 집단원의 관계를 살펴보고자 한다.

교류분석에서 일반적인 상담과정은 다음과 같은 여섯 단계를 거치게 된다.

교류분석 집단상담 과정은 계약설정을 시작하여 구조분석, 교류분석, 게임분석, 각본분석, 재결단의 촉구의 순서로 진행된다(강진령, 2019).

(1) 계약 설정

계약을 통하여 집단상담자와 집단원은 성인 자아 상태 간의 교류를 기반으로 하기 때문에 집단원의 성인 자아 상태 수준을 평가할 수 있는 기회가 되도록 한다. 집단상담자와 집단원의 능력 및 행동 한계를 분명히 하며 계약은 적법하고 집단상담자는 상담 윤리에 위배되지 않아야 한다.

(2) 구조 분석

구조분석은 집단상담자가 세 가지 자아 상태에 대한 이해를 바탕으로 집단원이 사고, 감정, 행동에 미치는 영향을 이해하도록 조력하는 과정이다. 이고그램을 작성하여 이를 근거로 집단원의 자아 상태를 확인한다.

구조분석을 위한 구체적 절차는 다음과 같다.

- 1단계: 집단원에게 구조분석의 의미와 자아 상태의 기능을 이해시킨다.
- 2단계: 집단원의 행동특성을 P, A, C와 관련시켜 이야기하도록 한다.
- 3단계: 집단원이 자기 자신과 어떤 내부대화를 하고 있는지 알아본다.
- 4단계: 자아기능 그래프인 이고그램(egogram) 검사를 실시하여 이고그램을 완성하도록 한다.
- 5단계: 집단원의 행동특성, 내부대화, 이고그램 등을 근거로 자아 상태에 오염이나 배타가 있는지 확인한다.

(3) 교류 분석

교류분석은 집단상담자가 집단원들이 타인들과 실제로 맺고 있는 상호교류 작용 상태를 파악하도록 하는 것이다. 어떤 유형의 의사 교류를 하고 있는가를 이해하고 이러한 의사 교류가 의사소통이나 인간관계를 일으키고 있는 문제점이 무엇인가를 이해하도록 한다.

교류분석을 위한 구체적 절차는 다음과 같다(김종운, 2015).

- 1단계: 집단원에게 교류분석의 의미와 유형을 이해하도록 한다.
- 2단계: 집단원의 부모, 형제, 자매 등 중요한 타인과의 관계를 가진 사람과의 의사교류를 분석한다.
- 3단계: 중요한 사람과의 의사교류에서 어떠한 인정 자극을 받고 있는지를 이해한다.
- 4단계: 집단원의 문제행동과 관련된 의사교류 즉, 자신의 자아 구조 중 혼합과 배타에 의한 의사교류와 암시적 의사교류에 초점을 두어 분석한다.
- 5단계: 자신의 문제행동과 관련된 의사교류에서 성인 자아의 기능을 검토하여 자신의 혼합을 해결하도록 한다.
- 6단계: 자신의 세 가지 자아상태가 적절히 기능해야 할 장면을 선정하여 각 상황에서 자신이 최대한 기능하는 의사교류를 하도록 함으로써 배타를 해결하도록 한다.

(4) 게임 분석

대부분의 집단원은 자신이 하는 게임을 잘 인식하지 못한다. 집단상담자는 집단원이 하는 게임이 어떤 종류의 게임인지를 파악하려고 시도한다.

게임분석의 구체적 절차는 다음과 같다.

- 1단계: 숨겨진 동기를 가지고 이면적 교류를 하는 것으로, 서로에게 좋지 않은 결과를 초래하기 쉽다.
- 2단계: 게임을 할 때는 정작 자신이 게임을 하고 있다는 것을 의식하지 못하며, 게임에 관여한 집단원 중 모두 또는 최소한 한 사람은 불쾌감을 경험한다.
- 3단계: 카프만의 박해자(P)–피해자(V)–구원자(R)로 이루어지는 드라마 삼각형을 제시하고 무대에서 배우가 교체되듯이 게임에서도 연기자 간에 극

적 역할 교체가 일어나게 되는데 이러한 세 가지 역할 중 어떤 역할도 하지 않도록 한다.

– 4단계: 심리적 게임을 중단하고 직접적이며 진솔한 친밀감을 교류할 수 있도록 시간을 구조화하여 자기인정의 기회를 증가시키도록 한다.

(5) 각본분석

각본분석은 문제행동과 관련된 각본에 정확한 정보와 활력을 불어넣어 재 결단하도록 하여 자율적인 삶을 살아가도록 하는 것이다. 교류분석에서는 개인 인생의 기본 태도를 네 가지로 제시한다.

– 자기긍정·타인긍정(I'm OK, You're OK)
– 자기긍정·타인부정(I'm OK, You're Not–OK)
– 자기부정·타인긍정(I'm Not–OK, You're OK)
– 자기부정·타인부정(I'm Not–OK, You're Not–OK)

(6) 재결단의 촉구

교류분석 집단상담의 핵심목표는 초기 결단을 내린 어릴 때의 장면으로 되돌아가도록 하여 재결단을 할 수 있도록 조력하는 것이다. 재결단을 통해 각 자아상태가 혼합과 배타 없이 각자의 기능과 역할을 다하게 되고 정상적인 자아상태를 회복하여 꾸밈없는 교류를 하고 친밀한 인간관계를 맺을 수 있도록 돕는 과정으로 정서적 재경험을 시킨다.

5. 교류분석의 평가

여기에서는 교류분석 집단상담 이론의 장점과 한계점에 대해 살펴보고자 한다.

1) 장점

첫째, 교류분석 집단상담은 그 이론이나 기법이 간단하고 분명하여 손쉽게 학습할 수 있고 실제로 활용하기도 쉽다. 또한, 교류분석은 각각의 분석을 하나씩 배워가면서 곧바로 임상적으로 활용할 수 있다.

둘째, 이고그램과 오케이그램을 통해서 성격의 경향이나 대인관계 양식을 도식화 하여 한눈에 볼 수 있도록 해줌으로써 단순히 진단이나 평가에 머무르지 않는다. 그리고 구체적으로 자신의 어디를 어떻게 수정할 수 있는가에 대해서도 알려주기 때문에 실생활의 프로그램을 세우는데 유용하다.

셋째, 교류분석 집단상담은 인간은 자기 스스로 노력만 한다면 변화할 수 있다는 희망을 제시한 것이다. 즉, 인간을 무한한 성장이 가능한 존재로 보고 있다는 것이다.

2) 한계점

첫째, 교류분석 집단상담의 주요개념들은 주로 인지적이기 때문에 지적 능력이 낮은 사람들에게는 적용하기 어렵다는 것이다. 창의적이고 추상적인 부분 때문에 실제적인 적용이 어려울 때가 많고 수요개념에 대한 실증적인 연구가 있기는 하지만 아직 과학적으로 입증되었다고 보기에는 어려움이 많다.

둘째, 교류분석 집단상담의 주요개념이 다른 이론들의 개념과 유사한 점이 많다는 것이다. 핵심 개념이 기존 개념과 별다른 독특한 점이나 새로운 점이 부족하다는 비판을 받아 왔다.

셋째, 교류분석 집단상담자는 집단원들의 자유로운 상호작용의 독려보다는 개인적인 작업을 독려하는 경향이 있다. 집단원의 문제나 관심사를 인지지향적인 접근으로 이해한다는 비판을 받아 왔으나 행동지향적인 접근으로 함께 적용되지 않는다면 집단상담의 실효성은 제한적이라는 지적을 받아 왔다.

7장

행동주의 집단상담

1. 행동주의의 개념

행동주의 인간을 이해하기 위해서는 심리학을 토대로 하여 관찰이 가능한 가시적인 행동에 관점을 둔다. 즉 사람의 모든 행동은 주어진 환경에 의해 결정되는 후천적이며, 환경적 요소에 의한 지식의 확장으로 이루어진다고 할 수 있다. 따라서 행동치료 집단상담자는 집단원의 바람직한 학습의 행동뿐만 아니라 올바르지 못한 행동도 학습하게 되고, 변화되는 지식도 배우게 된다고 믿는다. 울프(Wope, 1958)는 행동치료를 조건화 치료로 보았는데, 그의 조건화 치료는 적응할 수 없는 행동과 습관은 스스로 몰락하거나 약해지며, 적응할 수 있는 행동과 습관은 사회적 기술과 신체적 성숙 등 구체적으로 수정되어 강화된다는 전통적 조건화에 기초한다고 주장하고 있다.

행동주의적 집단상담은 과학적 방법의 원리와 절차를 따르며, 관찰과 실험을 통해서 도출된 학습 원리로 예측된 결과를 도출하여 바람직한 결과가 나오도록 통제하여 사람들의 부적응 행동을 변화시키는데 적용한다.

행동수정의 독특한 특성은 행동을 평가하고, 치료 목표를 정확하게 기술하고, 문제에 적합한 구체적인 치료 절차를 공식화하고, 상담 절차를 객관적으로 평가하는 것이다.

1) 파블로프의 고전적 조건화

1879년 상트페테르부르크 국립대학교에서 화학 및 생리학을 전공하였으며 이후 의학 아카데미에 진학하여 의사면허를 취득하였다.

이반 파블로프(Ivan pavlov, 1849-1936)

본래는 평범한 중진 생리학자였으나 실험에 쓸 개에게 먹이를 주던 조교가 언제부턴가 개가 미리부터 침을 흘리고 있더라는 것을 발견하였다. 이 현상의 중요성을 단번에 알아보았던 파블로프(Ivan pavlov, 1849)는 심리학의 운명이 바뀌었다. 여기서부터 그는 "조건반사"라는 유명한 개념을 실험을 통해 입증하였다.

파블로프는 고전적 조건화 원리를 제시했다. 반응적 조건화라고도 부른다. 무조건 자극은 무조건적인 반응을 일으키는 자극이다. 침을 분비하게 만드는 음식을 의미한다. 무조건 반응은 유기체가 어떤 자극에 자동으로 반응하는 것을 말한다. 즉, 무조건 자극에 의해 무조건 반응이 나타나는 것이다. 조건 자극은 무조건 자극과 연결해 새로운 반응을 유발하는 자극이다.

개에게 종소리는 원래 중립 자극이었다. 하지만 개에게 음식을 줄 때마다 종소리를 울리는 행동을 반복할 때 그 개는 여러 번의 학습을 거친 다음 종소리만 듣고도 타액을 분비하게 된다. 이는 타액 분비를 유발하는 음식과 종소리가 결합하여 조건화가 되었음을 의미한다. 중립 자극이었던 종소리가 조건화를 통해 조건 자극이 된 것이다.

파블로프는 동물의 모든 신경 활동은 타고난 반사에 기초하고 있다고 여겼다.

개들은 파블로프가 음식을 가지고 다가올 때 내는 소리를 연관 지어 음식을 보기도 전에 침을 흘린 것입니다. 이것이 파블로프가 연관 학습이라고도 불리는 고전적 조건화를 발견한 방법이며, 이러한 반사들은 유기체에 작용하는 어떤 명확한 외적 자극과 그에 따른 유기체의 필연적인 반사 반응(reflexreaction) 간에 인위적으로 조절할 수 있다는 인과관계를 발견한다(Pavlov, 1927).

선천적인 반사만으로 유기체의 생존을 확실히 담보하기 불가능하므로 대뇌반구라는 매개체를 통해 더욱 전문화된 조건을 인위적으로 상호작용할 수 있도록 동물과 환경 사이에 일어날 수 있도록 제시하였다.

다음 〈표 7-1〉은 파블로프의 메트로놈 실험이며, 메트로놈 때리기에 대한 개의 침반응 조건화를 설명하고 있다. 여기서 '반사'는 '반응'으로 용어가 대체되었다.

〈표 7-1〉 메트로놈 때리기에 대한 개의 침 반응 조건화

1단계: 무조건 자극(UCS: 음식)	⇒	무조건 반응(UCR: 타액 분비)
2단계: 무조건 자극(UCS: 음식)에 의해 강화된 조건	⇒	무조건 반응(UCR: 타액 분비)
3단계: 조건 자극(CS: 메트로놈)	⇒	조건반응(CR: 타액 분비)
4단계: 메트로놈(CS)을 더 이상 음식에 강화하지 않음	⇒	무조건 반응 소멸(ECR:타액 분비가 줄거나 소멸)

〈표 7-1〉을 살펴보면, 입속의 음식물은 무조건 자극(UCS)으로 선천적인 무조건 반응(UCR)을 유도한다. 먹을 것을 주면서 반복적으로 메트로놈을 치는 강화를 통해 메트로놈은 조건 자극(CS)이 되며 결국, 음식에 대한 신호가 되어 타액을 분비시키는 조건반응(CR)을 유도하기에 이른다. 그러나 메트로놈을 먹이에 의해 더 이상 강화되지 않으면, 조건반응은 줄어들거나 심지어 사라진다는 것을 알 수 있다(ECR).

2) 왓슨의 조건화 행동주의

왓슨(James Watson, 1928~)

제임스 왓슨(James Watson)은 1928년 미국 시카고에서 태어난 생화학자로 그는 현재 뉴욕 대학교의 교수로 재직 중이며 유전학 분야에서의 기여 학자로 알려져 있다.

행동주의 이론의 창시자인 왓슨은 심리학을 배우면서 정말 중요하게 나타나는 학자이다. 왓슨은 자극과 반응의 관계를 밝혀내면서 그 원리를 밝히는데 주안점을 두고 행동주의 이론을 분석하였다.

행동주의에 따르면, 발달은 개체의 내적인 힘이 아닌 외적인 힘, 즉 다양한 환경에 의해 일어나므로 아동은 환경에 비해 상대적으로 수동적 위치를 차지한다.

인간이 살아가면서 아동 시기에 느껴지는 자극과 반응을 통해 어떠한 감정을 느끼게 되는지, 그로 인해 공포증이나 불안은 왜 생기는지를 알 수 있으며 이는 조건화(자극+반응) 또는 조건형성을 통해서 이루어지게 되는 것이다.

왓슨은 행동주의에서 인간의 성격을 결정하는 요인이 내적 요소가 아니라 이부의 환경 자극에 의해서라는 환경 결정론을 주장했다.

기존의 정신 분석과 다르게 말 그대로 인간의 행동을 통해서 정신을 분석하는 것입니다. 우리가 인지하기 어려운 정신 말고 눈으로 객관적으로 볼 수 있는 행동을 바탕으로 인간의 정신을 분석하여 연구하는 것으로 자극 → 반응이 나타나는 관계를 밝히는데 주안점을 두고 있다.

왓슨은 동물의 행동이 그 의식을 참고하지 않고도 탐구될 수 있는 것처럼, 인간의 행동 역시 탐구될 수 있다고 생각했다. 그러나 실제 인간의 행동과 동물의 행동은 동일한 면에서 고려되어야 한다. 이 동일한 면은 행동에 대한 일반적 이해에 동물과 인간의 의식을 동일시하기에는 애매모호하기 때문이다(Watson, 1913).

(1) 자극, 반응 조건화(S–R): 행동의 기본 구성이 자극–반응의 단위로 보았

고, 인간의 순응성을 믿으면서 결정적인 사건을 통제할 수 있게 되면 어떤 결과든 가능하다고 믿었다. 반응과 자극 간의 이러한 연계는 더욱 확대되어 복잡한 행동에 대한 기초를 제공한다.

자극은 태어날 때부터 뚜렷한 반응을 불러일으킨다는 점에서 무조건적일 것이다. 강한 빛이 눈에 직접 들어올 때, 고개를 돌리거나 눈을 감게 되는 것과 같다. 반면 인간이 반응하는 대부분의 자극은 조건화되거나 학습된 것으로서 인간이 반응하는 모든 인쇄 활자가 그 예이다. 이와 같은 반응들은 무조건적일 수 있지만, 개를 봤을 때 웃는 대신 비명을 지르는 것을 학습한 두 살짜리 아이의 사례처럼 조건적인 반응도 아주 많다.

정서적 습관으로 발달 습관 형성은 태아일 때부터 시작해 성장하면서 급속하게 형성되는 것으로 보인다. 이에 정서적 습관의 발달은 조건화 중요성을 보여주는 데 활용될 것이다.

(2) 정서 조건화: 왓슨에 의하면 자극에 대해 학습되지 않은 정서적 대응, 즉 타고난 정서 반응에는 공포, 분노, 사랑의 세 종류가 있다. 이 정서적 반응은 무조건 반사 혹은 반응으로 간주 될 수 있다. 큰 소리는 공포반응을 유도하는 하나의 근본적인 자극이다.

(3) 행동수정 기법: 왓슨의 이론은 체계적인 강화 또는 처벌을 통해 행동을 변화시키는 것을 목표로 하는 행동수정 기법의 개발을 마련하였다. 이에 부정적 사고를 바꿈으로써 부적응 행동을 수정하는 것과 인지 재구조화를 함으로써 행동을 변화시킬 수 있음을 강조한다.

다음 표는 왓슨의 실험에 대해 설명하고자 한다.

〈표 7-2〉 왓슨의 정서 반응 실험의 예

▶실험 1 흰 쥐에 대한 공포 조건화 정서 반응	11개월 된 남자아기 엘버트 에게 흰 쥐를 만질 때마다 막대기를 두드려 큰소리가 나게 하는 실험	엘버트는 흰 쥐만 봐도 울면서 주저앉아 멀리 기어가는 공포 반응을 보임

▶실험 2 모피동물이나 털코트, 울 소재 반응	토끼, 개, 털코트, 울소재의 사물을 제시한 실험	흰 쥐에 대한 조건화된 공포반응이 약했지만, 지속되고 있음을 보여줌
▶실험 3 집에서 키운 토끼, 흰 쥐 자극반응	세 살 소년 피터에게 크레커와 우유를 먹을 때, 단계적으로 토끼를 보여주면서 가까이에서 옮기는 실험	피터는 한 손으로는 점심을 먹고, 다른 한 손으로는 토끼와 노는 모습을 보여줌

실험 1, 2에서 왓슨과 레이너는 정신병리학상의 공포증 다수가 직접적이거나 전이된 유형의 조건화된 심리 반응이라고 결론을 내렸다 (Watson Raynor, 1920)

정서장애는 유아기나 아동기에 형성된 근본적인 인간의 세 가지 정서인 공포, 불안, 사랑에 대한 조건화 반응과 전이 반응으로 추측할 수 있다.

실험 3에서는 모피를 댄 다른 사물들에 대한 공포반응의 조건화에서 완전히 공포가 제거되지나 크게 향상되는 전이가 있었다(jones, 1924). 이에 왓슨은 인간의 정서적 삶은 환경의 힘에 의한 영향이라고 주장했다.

3) 스키너의 조작적 행동주의

스키너(F. Skinner , 1904~1985)

스키너(F. Skinner, 1904~1985)는 1904년 펜실베니아의 서스쾌안나에서 출생, 변호사인 아버지와 아들이 옳고 그름을 분별할 수 있도록 교육한 어머니 아래에서 행동에 따른 적절한 보상이 주어지는 환경 아래에서 성장하였다.

스키너의 행동주의 이론은 내적인 인간의 동기와 욕구 그리고 지각에 초점을 두지 않고 구체적으로 관찰할 수 있는 인간 행동에 관심을 기울이고 있다는 점이다. 특히 행동주의 이론은 인간 행동이 학습되어 나타난 행동 양상이기에 행동을 수정하도록 학습시키면 된다는 것이다. 또한 스키너는 행동의 후유증 혹은 결과의 중요성을 정교화한 것으로 심리학에 큰 영향을 끼쳤다.

집단상담에서 집단원의 행동이 일어나기 전의 선행사건과 행동 이후의 결과를 관찰하는 것과 외적인 행동에 관심을 보이는 것을 면밀하게 평가하는 것이 중요하다. 파블로프의 연구에서는 강화물은 자극과 짝을 이룬다면 스키너의 연구에서는 조작적 행동에서 강화물은 반응에 따른다는 점이 결정적인 차이점이다.

이렇듯 조작적 조건형성의 행동주의는 스키너 상자를 통해 실험되고 증명되었다. 스키너 상자는 빈 상자 안에 지렛대가 하나 들어 있으며, 이 지렛대는 먹이통과 연결되어 있어 지렛대를 누르면 먹이가 나오도록 되어 있다.

이 상자를 가지고 조작적 조건형성을 실험하였으며 그 과정은 다음과 같다.

- 배고픈 상태의 흰 쥐를 스키너 상자에 넣는다.
- 이렇게 배고픈 상태로 만드는 것을 박탈이라고 한다.
- 흰 쥐는 스키너 상자 안에서 돌아다니다가 우연히 지렛대를 누르게 된다.
- 지렛대를 누르자 먹이가 나온다.
- 지렛대와 먹이 간의 상관관계를 알지 못하는 쥐는 다시 상자 안을 돌아다닌다.
- 다시 우연히 지렛대를 누른 흰 쥐는 또 먹이가 나오는 것을 보고 지렛대를 누르는 행동을 자주 하게 된다.
- 이러한 과정이 반복되면서 흰 쥐는 지렛대를 누르면 먹이가 나온다는 사실을 학습하게 된다.

위의 실험에서 흰 쥐가 지렛대를 누르는 행동은 먹이에 의해 강화된 것이다. 만약 지렛대를 눌렀을 때 먹이가 나오지 않았다면 지렛대를 누르는 행동을 학습하지 못했을 것이다. 이렇게 어떤 행동을 한 뒤에 유기체가 원하는 것을 제공하는 것을 강화(Reinforcement)라고 한다. 고전적 조건화에서는 강화를 조건화의 과정에서 무조건자극(UnConditioned Stimulus)을 부여하는 것으로 명명했지만 조작적 조건화에서는 조건화의 과정에서 부여하는 보상을 의미하는 것으로 쓰는 것이다.

조작적 조건화가 이루어지기 위해서는 강화가 중요한 역할을 한다.

(1) 강화: 이 강화(reinforcement)는 스키너의 이론에서 발달 되었다. 행동주의에서 많이 사용하는 주요 개념으로 특정한 자극에 대하여 바람직한 반응을 했을 때, 어떤 보상을 줌으로써 자극과 반응 사이의 유대를 강하게 하여 그 반응을 더 자주 일으키도록 하는 것을 말한다. 이때 보상으로 사용되는 물질을 강화물(reinforcer)이라고 한다.

첫째: 정적 강화(positive reinforcement)는 바람직한 행동을 할 때마다 보상을 주어 그 행동을 강화시키는 방법이다. 강화물에는 음식, 수면 등 생리적인 욕구를 충족시켜 주는 것과 미소, 인정, 칭찬, 돈, 선물과 같은 사회적 욕구를 충족시켜 주는 것이 있다.

둘째: 부적 강화(negative reinforcement)는 어떤 상황에서 밝은 빛이나 전기 충격과 같은 것을 제거하는 것으로 이루어진다. 정적 강화와 부적 강화의 차이는 어떤 반응이 개연성을 증가시키는 특정한 강화물의 존재 여부에 달려 있다고 볼 수 있다.

(2) 변동비율 강화(강화 스케줄): 스키너는 변동비율 강화라는 것을 통해 쥐에게서 강박적인 행동을 이끌어 내었다.

(3) 소거: 스키너는 학습을 조작적 조건화와 동등한 것으로 생각하지 않는다. 학습은 행동의 습득을 강조하는 반면, 조작적 조건화는 행동의 습득과 유지 모두에 초점을 두고 있다. 따라서 행동은 계속해서 결과들을 나타냄으로써 결과나 강화가 나타나지 않을 때는 소거(extinction)가 발생 된다.

소거의 원리는 행동수정이 필요한 대상이 바람직하지 않은 행동을 보일 때 행동수정에 임하던 상담자나 교사, 부모가 그에게 관심을 보이지 않음으로써 그러한 행동이 점차로 사라지도록 하는 방법이다.

간헐적 강화에 의해 생긴 소거에 대한 저항은 지속적 강화에 의한 저항보다 훨씬 클 수 있다.

4) 알버트 반두라(Albert Bandura)의 사회인지 이론

반두라(Albert Bandura, 1925~2021)

반두라(1925~2021)는 캐나다에서 태어나, 1952년 아이오와 대학에서 박사학위를 받고, 스탠퍼드 대학 심리학과 교수로 재직 하였다. 반두라는 개인 중심적 성격 이론이 지배적이던 당시 연구환경에서 인간이 환경과의 접촉을 통해 행동유형을 어떻게 발달시켜 나가는지를 연구하였다.

인간의 행동은 자신의 발달단계나 고유한 특성보다는 자신이 처해 있는 상황과 그 상황에 대한 해석을 어떻게 하느냐에 따라 결정된다고 보았으며, 학습이론은 아동의 도덕성 발달이 보상과 처벌에 의해 이루어진다고 보았다. 따라서 보상은 행동의 반복 가능성을 증가시키는 반면, 처벌은 행동의 반복 가능성을 감소시킨다고 연구하였다.

아동은 타인의 행동을 관찰한 결과를 통해 도덕적 행동을 학습하며, 일반적으로는 부모들을 모델로 삼아 부모들의 행동을 내면화하였다.

반두라의 초기 저작과 이론화는 그 당시 지배적인 이론이었던 스키너와 헐의 행동주의에서 나왔다. 그는 사람들이 어떻게 서로 영향을 주는지 그리고 사회적 행동이 어떻게 모방을 통해 습득되는지를 살펴보았다.

그의 접근방법 또한 더욱 인지적 이었으며, 행동의 결과를 예상하는 인간 능력에 점차 중요한 역할을 부여하였다. 마침내, 이것은 Social Foundation of Thought and Action: A Social Cognitive Theory(1986)라는 제목의 저서로 요약되는 인간 행동의 대한 사회 인지 이론이다.

사람들이 다른 사람들을 관찰함으로써 무엇이 일어나는지에 연구자들은 관심을 가져왔었다. 반두라에 의해 개척된 이런 입장을 사회인지 이론이라 부른다. 사회인지 이론은 그 역사적 뿌리는 행동주의로 넘어간다.

(1) 관찰학습: 인간의 행동과 인지 능력은 대부분 관찰 모델로부터 배운다. 관

찰학습 이 수행 할 수 있는 기능에는 모델링과 반응 촉진 기능이 있다.

모델링은 관찰자에게 행동의 기술과 규칙을 가르칠 수 있고 사람들의 레퍼토리에 이미 저장되어 행동을 억제하고 탈 억제할 수 있다. 그리고 시작되지 않은 행동을 수행하도록 촉진하고, 모델을 관찰하여 사고 기술을 학습할 수 있다.

사고 기술을 학습하기 위한 접근은 모델들이 문제해결 행동을 할 때 어떤 식으로 사고하는지를 말로 표현하는 것이다.

비언어적 모델링과 언어적 모델링을 결합하면, 주의집중 능력이 향상되고 명시적 행동을 통해 인지과정에 부가적인 설명을 들을 수 있는 기회를 잡을 수 있다. 또한 관찰자의 인지 기술은 행동만 보여 주는 모델보다는 행동과 사고 과정을 모두 보여 주는 모델이 있을 때 향상될 가능성이 높다.

첫째: 주의집중 과정

모방할 행동에서 중요한 특징에 관심을 기울이고 정확하게 지각하기 위해 노력하는 단계 (아동이 사회적 모델로 선택하는 대상: 일반적으로 다정하게 보살펴 주는 사람 또는 유능하고 강력한 힘을 가진 사람)

둘째: 보존 과정(기억, 파지 과정)

모방한 행동을 상징적인 형태로 기억에 담는 과정

(지각을 심상으로 형성하는 과정-이를 언어적 표상 체계로 만드는 과정)

셋째: 운동 재생과정(행동재연 과정)

모델을 모방하기 위해 심상·언어로 기호화된 표상을 외형적 행동으로 전환하는 과정

넷째: 동기적 과정

행동을 학습한 후, 그 행동을 수행할 여부를 결정하는 과정

(실제 강화를 받았다고 해서 행동을 결정하는 것은 아니며, 강화를 예상하는 것만으로도 동기화될 수 있음)

(2) 자기효능감: 개인적 효능(personal efficacy)이라는 개념은 인간 동인의 기초이다. 숙련된 수행을 하기 위해 사람들은 필요한 기술뿐만 아니라 그 기술을 효과적으로 사용할 수 있다는 자기 신념을 지녀야 한다.

반두라(2004)는 자신의 행동으로 바라는 효과를 생산할 수 있다고 믿지 않는 한, 사람들은 행동하려는 어떤 유인의 어려움에 직면했을 때 인내하고자 하는 어떤 유인도 거의 갖지 못한다고 하였다. 그에 비해 높은 자기효능을 가진 사람은 노력을 통해 인내하고 자기관리 기술을 향상 시킴으로써 장애물을 극복할 수 있다는 가능성을 본다. 반면 낮은 자기효능을 가진 사람은 장애물에 직면했을 때 도전할 의욕이 쉽게 꺾인다. 이에 강한 자기효능감을 발달시키는 주요한 방법으로 네 가지가 있다(Bandura, 1977, 2004).

첫째: 숙달 경험(mastery experiences)은 개인적인 성공 경험으로 효능기대의 가장 근본적 원천이 된다.

둘째: 사회적 모델링(social modeling)은 타인을 관할 하고 그들 행동의 긍정적 혹은 부정적 결과에 주목하면 바뀔 수 있다.

셋째: 사회적 설득(social persuasion)은 제안이나 권고와 같은 언어적 설득에도 자기효능에 영향을 줄 수 있다.

넷째: 신체 및 정서 상태(physical and emotional statel는 사람들이 긴장하고 불안해 할 때 그들의 육체적·정서적 각성 수준은 효능기대의 부정적인 영향을 끼친다.

6) 인간관

상담에 있어서 행동주의적 접근을 시도하는 집단상담자들은 인간 행동이 유전과 환경의 상호작용소산물이라고 주장한다. 모든 인간의 행동이 복잡하고 다양하나, 예측이 가능하고 현재의 행동은 어떤 선행조건에 의하여 행동이 결정된다는 것이다. 또한 인간의 의식은 믿을 수 없는 것이기 때문에 과학적인 자료의 의미를 구하지 못한다고 전제하며, 관찰이 가능한 표출된 행동을 중요하게 여겨 그 것만이 과학적 자료가 될 수 있다는 것이다.

이 이론에 입각한 집단상담자들은 주로 관찰이 가능한 인간의 행동에 관심을 갖게 되고, 집단상담의 효과적인 면에서도 표출된 행동만이 평가의 기준을 만들어 내고 있는 것이다. 즉, 인간은 무의식이나 어떤 욕구에 의해서 존재한다는 것을 거부한다.

이러한 행동주의적 집단상담 이론은 다음과 같은 다섯 가지 명제에 기초하고 있다.

첫째: 특정한 환경의 변화는 개인의 행동을 적절하게 변화시키는 데 도움이 될 수 있다.

둘째: 대부분의 인간 행동은 학습된 것임으로 수정이 가능하다.

셋째: 집단상담의 결과는 내담자의 실제 생활에서 구체적 행동의 변화로 평가된다.

넷째: 강화와 모방 등과 같은 사회학습의 원리가 집단상담 방법으로 이용될 수 있다.

다섯째: 집단상담의 방법은 내담자의 문제를 해결하기 위하여 각기 다른 독특하게 고안이 될 수 있는 것이다.

7) 강화의 원리

행동주의적 집단상담에서 가장 광범위하게 사용되는 기본적인 방법으로 강화의 원리이다.

내담자의 조건을 바로 이해하고 적절한 강화를 해줌으로써 내담자의 행동 변화에 큰 영향을 줄 수 있다. 이러한 강화의 방법은 집단상담 과정 중 적절한 시점이나 기회에 사용될 때는 그 효과가 크게 작용한다. Michael과 Meyerson(1962)은 인간 행동을 형성하는 데 있어서 효과를 가져다주는 자극 조건들을 다음의 세 가지로 분류했다.

(1) 정적 강화: 정적 강화란 어떤 자극이나 결과를 제공함으로써 그 자극을 받으므로 행동의 빈도와 강도가 늘어나는 것을 말한다. 새롭게 행동을 형성하거나 다른 행동을 증가시키고자 할 때 정적 강화가 사용된다. 이러한 자극들은 보상이라고 하며, 칭찬이나 관심 혹은 좋은 평점 등으로 나타난다.

(2) 부적 강화: 부적 강화는 어떤 바람직한 행동을 할 때 그 사람이 싫어하는 대상물을 제거해 주는 방법을 의미한다. 즉, 수학 문제 숙제를 다 푼 학생에게 오늘의 벌칙을 면제해 주는 것이다. 이때 숙제는 '부적 강화'이며, 학생들이 열심히 산수 문제를 푸는 것은 '부적 강화의 작용'이라고 할 수 있다.

(3) 중립적 자극의 제공: 개인이 어떤 행동을 할 때, 중립적 자극만이 제공되거나 아무런 자극도 제공하지 않는 반응은 강화 자극을 못 받게 되어 소멸하게 된다는 것이다. 즉, 하나의 행동에 대하여 전부가 강화된다기보다는 일부가 강화된다는 것이다. 그러므로 행동주의적 집단상담에 있어서 어떤 자극이 어떤 기능을 하느냐 하는 것은 경험적으로 결정될 문제이다.

8) 행동주의 집단상담의 목표

행동주의 집단상담에 있어서 상담은 부적응 행동을 제거하고 바람직한 새로운 행동을 강화시켜 집단원이 계속 유지하도록 하는 것이다. 상담이란 학습 과정에서 조력하는 것이며, 집단상담자의 역할은 집단원인 내담자가 긍정적인 행동을 학습하여 내담자 자신이 스스로 문제를 해결할 수 있도록 한다. 집단원의 구체적 문제에 따라 달라질 수 있으나 행동주의 상담의 목표단계는 다음과 같다(Kuehnel & Liberman, 1986).

(1) 내담자의 강점과 장점을 찾아낸다.

(2) 부정적인 문제가 되는 행동을 찾아낸다
(3) 상담 동기와 행동 변화를 유지시켜 줄 사람, 활동, 환경을 알아내기 위하여 내담자의 잠재적인 강화의 요인을 조사한다.
(4) 문제행동이 일어나는 맥락에 대한 정보를 찾아낸다. 이는 문제행동의 선행상황과 문제행동의 결과를 구체적으로 찾아낸다.
(5) 상담 목표를 공식화한다. 집단원과 집단상담자는 문제를 해결할 수 있는 대안적 행동과 구체적인 기법을 함께 공동으로 찾는다.

이와 같은 집단상담 목표의 설정은 집단상담자와 집단원 간의 바람직한 관계(신뢰)가 성립되어야 하며, 상담의 목표를 구체화하고 그것을 달성하는 수단으로써 집단원 내담자와 집단상담자가 서로 협의하여 함께 수정되는 것이다.

2. 행동주의의 특성

모든 집단상담은 공통된 요소를 어느 정도 가지고 있으나, 행동주의적 접근에서는 다음의 특성을 강조하고 있다.

1) 집단원들은 집단과정에서 여러 가지 요구의 반응함에 따라 자기들의 행동 양식과 사회적 관점들을 검토하고, 긍정적인 행동을 학습하고 실행하게 된다.
2) 집단원들의 많은 문제는 사회적 상호작용에서 파생되는 것이므로 다른 집단원들의 존재를 존중하며, 집단원들과의 상호작용을 통해 생산적인 사회적 기술을 경험하게 되며 실전 연습을 할 수 있는 기회를 제공한다.
3) 집단의 상호작용에는 치료적 규범에서 벗어나거나 다른 집단원들에 대한 부적절한 행동은 통제가 가능하다.
   – 통제는 집단의 풍토(규범), 혹은 집단상담자의 지시 등에 의해서 이루어짐
   – 치료적 규범에서 벗어나는 행동으로 잦은 결석, 임무의 불이행, 상담자에

대한 일방적인 비판 등

- 집단상담자는 집단규범 또는 집단원들의 행동 기준을 설정하고 따르도록 집단원들을 적극적으로 교육하기도 함

4) 집단원들에게 동료들의 언행을 강화할 수 있는 기회를 제공해 준다.

- 집단상담자는 집단 장면에서 각 집단원들 간의 상호교류적 강화와 보상적 행동이 최대로 나타나도록 적극적으로 이끌어감
- 집단속에서 각 개인은 배우자, 가족, 친구, 직장동료 등 다양한 사회적 관계에서 필요한 강화 및 보상적 행동 능력을 학습하고 증진 시키는 훈련과 기회가 됨

5) 집단상담자 개인의 가치관이 집단원에게 직접 전달되는 것을 통제한다.

- 행동주의 집단에서는 상담자는 집단원의 가치와 목표에 부합되는 특성들이 구체적으로 학습되고 그 과정을 교육적으로 습득하도록 지도하는 것이 강조됨

6) 집단상담자는 생산적이고 적극적인 문제 해결적인 행동을 학습하기 위해서 여러 유형의 모델, 또는 역할연습을 유용하게 활용하고, 또한 집단은 여러 가지 치료적 자원을 제공하고(자극, 정보원) 동시에 집단의 많은 사람들에게 문제해결의 학습효과를 제공하여 줄 수 있으므로 인력과 비용면에서 경제적임

7) 무엇보다 정확한 평가를 강조한다.

- 집단상담에서 평가와 집단원들의 토의를 통해서 집단원 개인은 더 쉽게 자기 문제를 파악하여 수용할 수 있는 능력을 제공하도록 함

3. 행동주의의 기본기법

행동주의에 이론을 두고 있는 다양한 행동치료 기법을 살펴보고자 한다. 집단상담에서 사용되는 행동치료 기법은 다음과 같은 내용을 함축하고 있다.

첫째: 집단원의 적응 행동은 강화를 사용하고 부적응 행동에는 혐오 조건형성

을 사용한다.

둘째: 집단원의 현재 행동을 변화시키는 데 초점을 둔다.

셋째: 집단원의 역기능적 행동은 변화시키고, 기능적인 행동 변화를 위해 적극적이고 직접적으로 연습시킨다.

넷째: 집단원이 부적절한 행동을 할 때 자극 통제를 사용하는 방법을 학습하게 한다.

다섯째: 집단원의 불안과 공포를 제거하는데 상상적 혹은 체계적 둔감화를 사용한다.

여섯째: 집단원에게 기술훈련을 수행하게 한다.

일곱째: 집단원에게 이완 기법을 가르친다.

집단상담은 내담자의 긍정적인 행동은 촉진하고 강화하는 방법과 부정적인 행동을 약화시키거나 부정적인 행동의 빈도를 줄이는 방법이 적용된다.

1) 행동을 강화하는 방법

행동을 강화하는 방법은 기대하는 긍정적인 행동에 가까운 바람직한 행동을 하게 하는 기법이다.

(1) 행동 계약

계약 설정 시에는 집단원 자신이 자기 문제를 이해하고 있을 뿐만 아니라 집단원이 바라는 해결의 방향이 무엇인가를 분명히 알고 있을 때, 그러한 방향으로 행동하도록 직접적으로 수정할 수 있도록 지도해 주는 것이다.

또한 특정한 방식으로 행동하려고 두 사람 혹은 그 이상의 집단원 간에 정해진 기간 내에 각자가 해야 할 행동을 분명하게 정해 놓은 후 서로가 지키기로 합의하는 방법이다. 즉, 집단원 간에 특정한 행동을 했을 때 정적인 강화의 교환을 하기로 계획하는 기법이다.

따라서 계약의 내용은 누가 누구를 위하여, 어떤 조건하에서 그리고 무엇을 한다는 것에 관해서 명백하고 구체적인 용어로 이루어져야 하는 것이다. 계약은 현실에서 성취가 가능한 것이어야 하며, 적극적이고 이해가 가능한 용어로 진술되어야 하고 적절한 규준을 포함하고 있어야 한다.

(2) 자기주장 훈련

주장 훈련은 불안을 역 제지하는 방법으로 사용된다. 특히 인간관계에 있어서 부적응적 불안반응이 습관화되어 자기 주장적 감정과 행동을 억제하고 있는 집단원들에게 자기를 주장하는 행동과 반응을 할 수 있도록 도움을 준다. 이러한 주장 훈련은 자신의 불편을 표현할 수 없는 사람들, 너무 공손하고 타인이 자신을 악용하는 것을 허용하는 사람들, 애정과 다른 적극적인 반응을 표현하는 데 어려움을 가지고 있는 사람들, 자신의 감정이나 생각을 가질 권리가 없다고 느끼는 사람들에게 특별히 도움이 될 수 있다.

따라서 집단원들은 상대방의 감정을 상하게 하거나 지배함이 없이 자기 자신을 긍정적인 생각과 주장하는 행동을 학습할 수 있도록 훈련하는 것이다.

(3) 모델링 기법

모델링은 집단상담자들이 사용할 수 있는 가장 강력한 교수법이다. 이는 개인상담에 비해 집단상담이 지니고 있는 장점으로 집단구성원들에게 모방이 가능한 다양한 사회적 모델과 역할 모델을 제공해 주는 것이기 때문이다.

집단상담자나 다른 집단원이 바람직한 반응을 하는 모델로서 시범을 보일 때, 집단원들은 그 바람직한 행동을 모방함으로 집단원은 학습하게 된다. 실제의 모델에 의해서도 시범을 보일 수 있으나, 때로는 녹음테이프나 녹화를 통한 모델에 의해서도 보여 질 수 있다는 것이다. 모델링은 관찰학습, 모방, 사회학습, 대리학습 등과 같은 기법들과 함께 사용될 수 있다.

집단상담자나 그 외 집단원들이 주는 긍정적인 강화와 행동, 즉 피드백은 모델링을 통해 학습된 행동과 반응은 빠른 변화와 습득 가능성의 속도를 높일 수 있다.

(4) 인지적 재구조화

집단상담자가 적극적으로 관여하는 정도와 내담자의 스트레스 상황에 적절한 자기 진보적 행동의 모델이 되는 정도에 따라 교훈적이면서도 지시적인 것이 될 수 있다. 이러한 지시적 방법은 집단참가자들의 스트레스 문제 및 부족한 기술과 그에 따른 자기 패배적 사고와 비합리적인 독백이 어떠한 것인가에 의해서만 결정될 수 있다.

인지적 재구조화는 집단원들의 인지를 확인하고 평가하는 과정이며, 어떤 사고에 의해 일어난 행동의 부정적 영향을 이해하는 과정으로 이러한 인지를 좀 더 현실적이고 긍정적인 적절한 사고로 대치하는 것을 학습하는 과정이다. 즉 집단원의 부정적이고 자기 패배적인 사고 대신에 긍정적인 자기 진보적인 긍정적이고 올바른 사고를 갖도록 인지적으로 이해할 수 있도록 가르치며 수정하는 체계적인 기법이다.

이 기법으로 집단상담자는 집단원에게 자기 자신의 계획을 강요해서는 안 된다는 점을 이해하는 것이 먼저 인지하고 있어야 한다.

이는 인지적 시연에 있어 집단참가자들은 모델을 모방하며 집단의 다른 참가자들로부터 피드백을 받기 때문이다. 집단 속에서 몇 차례 훈련과 긍정적인 인지로 시도를 한 다음, 실제 생활에서도 새로운 스타일과 방법을 인지하여 시도해 보기 전에 먼저 집에서 일련의 새로운 표현 방법들을 훈련하여 실습해 보는 과제로 집단참가자에게 경험의 기회를 실습하게 한다.

또한 자기패배적 사고는 정서적 고통을 유발시킬 수 있으며 수행을 방해할 수 있으며, 건설적 자기표현은 수행을 개선하게 된다. 인지적 재구성의 마지막 단계에서 각 회기의 끝에 과제가 주어지고, 다음 회기의 시작 단계에서 검사한다. 참가자들이 나아지면 더 어려운 과제를 준다.

2) 행동을 약화시키는 방법

행동을 약화시키는 방법은 바람직하지 못한 행동의 빈도를 줄여서 바람직한 행동이 수정되어 변화되게 하는 방법이다.

(1) 체계적 둔감화법

체계적 둔감법은 이완을 불안 상태의 역 조건화에 이용하는 방법이다.

집단원으로 하여 깊은 이완 상태에 놓이게 한 후 불안의 상황을 상상하게 한 다음 그 불안을 둔감하게 되어 불안을 느끼지 않게 된다는 이론을 토대로 한 것이다. 즉, 불안할 때의 신경이나 근육의 상태와 이완 시의 신경이나 근육 상태가 상호 간에 용납될 수 없으므로 양자가 동시에 일어날 수 없다는 것이다. 그래서 깊은 이완 상태에서는 불안을 느낄 수 없든지 혹은 불안 상태에서 이완을 경험할 수 없게 되는 양자택일의 길밖에 없다는 것이다. 이러한 체계적 둔감법은 불안을 일으키는 자극을 가장 약한 정도에서 출발하여 가장 강한 자극으로 옮겨가면서 점차 자극력을 감소해 나가는 방법이다.

체계적 둔감법은 세 가지 단계로 되어 있다

1단계: 근육의 긴장 이완 훈련을 한다.

2단계: 내담자에게 불안을 일으키는 자극 상황을 모두 열거하도록 한 후, 불안을 가장 많이 일으키는 것부터 가장 적게 일으키는 것까지 나열한다. 어떤 사람이 비행기를 타는 것에 대한 심각한 공포를 가지고 있다면 불안 위계는 다음과 같을 것이다.

- 비행기를 타는 것
- 시동이 걸린, 지상에 있는 비행기에 앉아 있는 것
- 시동이 걸리지 않은, 지상에 있는 비행기에 앉아 있는 것
- 비행기에 가까이 가는 것
- 비행기에서 떨어져 비행기를 바라보는 것
- 공항에 있는 것
- 비행기의 엔진소리를 듣는 것
- 비행기를 타는 것과 관련된 이야기를 하는 것
- 비행기 탑승이 포함되지 않은 여행 계획을 세우는 것
- 비행기 탑승이 포함되지 않은 여행 계획을 세우는 다른 사람의 이야기를 듣

는 것

3단계: 근육긴장을 이완하도록 한 후, 가장 약한 불안을 야기하는 순서의 자극 상황부터 차례로 상상하도록 하여 불안 유발하는 자극을 제시한 다음, 근육 이완에 의해서 불안 자극을 제거하는 것이다.

(2) 소거 전략

바람직하지 못한 행동에 강화를 주지 않으므로 그 출현 빈도를 줄이는 과정이다. 예를 들면, 관심을 표명해 주는 것이 특정 행동을 강화하는 결과를 가져왔다면, 이제부터는 그 특정 행동이 출현하였을 때 그 행동에 대하여 무관심하거나 무시해 버리는 방법이다.

집단 프로그램의 초기에는 흔히 소거시키고자 하는 부정적인 그 행동이 거꾸로 증가되는 경향을 띠는 경우가 많다. 그 이유는 집단원이 자기 행동에 집단원들의 관심과 주의를 받기 위한 노력을 하기 때문이다. 그러므로 이 방법이 성공하기 위해서는 상당 기간 일관성 있는 무관심으로 강화하지 말아야 한다. 그러나 이 방법을 너무 자주 하거나 오래 사용하는 것은 그리 바람직하지 않다.

(3) 강화

양립될 수 없는 두 개의 행동 중 그 하나를 강화해 줌으로써 다른 하나를 약화시키는 방법이다. 즉, 적극적인 행동을 하도록 강화해 주면 그것과 양립될 수 없는 부정적인 이상행동이 소거될 수 있다. 예를 들어, 만약 집단원으로 하여금 자기 자신에 관한 이야기에는 강화를 해주고, 다른 사람의 경우에는 중요하지 않다는 태도로 무시하는 행동을 취하므로 제삼자에 관한 이야기를 줄일 수 있다. 이 방법을 사용하려면 먼저 제거하고자 하는 행동과 양립될 수 없는 바람직한 행동에 대한 강화로 인하여 자연스럽게 제거하고자 하는 그 행동은 소거된다.

(4) 혐오치료

혐오치료는 원하지 않는 부정적인 행동을 제거하기 위해 전기충격, 구토제, 자극 초과, 불쾌한 정신적·시각적 심상 또는 불쾌한 소리 및 언어적 표현과 같은 혐오적인 절차와 방법들을 사용한다.

특수한 행동에 대한 불안을 제거하는 데 널리 사용되어 온 혐오치료는 바람직하지 않은 행동 방식이 제거될 때까지 증상적인 행동과 고통스러운 자극을 연관시키는 것을 말한다. 그러나 혐오치료를 도움받기를 원하고 있지만 집단원은 자신의 부적응인 행동을 다른 방법으로는 치료가 어렵거나 불가능한 내담자를 돕기 위함으로 고도로 숙련된 전문적인 상담자가 사용하는 기법이다.

이 기법에서는 강화를 집단원에게 포화 상태에 이르기까지 계속하여 주게 되면, 그 강화의 가치가 상실되고 오히려 그 반대의 효과를 나타내게 하는 것이다. 예를 들어, 담배를 피우고 싶어 하는 청소년에게 담배를 많이 주고 계속적으로 담배를 피우게 하므로 진저리가 나서 담배에 대한 맛과 기분을 경감시키는 방법이다. 이러한 혐오치료는 매우 유능한 전문 상담자들이 약물 및 알코올중독, 혹은 비만증, 강박관념, 협박, 도박벽, 동성연애, 소아 애욕증 등과 같은 다소 어려운 문제들을 다를 때 다른 행동주의 기법들과 함께 사용한다.

3) 자기표현 훈련 방법

타인에게 불안보다는 다른 감정을 적절하게 표현하도록 하는 훈련으로, 자신이 원하는 것을 표현하지 못했을 때 느끼는 우울이나 절망감을 피하고 대인관계보다 평등한 관계가 되도록 해주는 것이다.

4) 타임 아웃(time-out) 방법

(1) 집단구성원이 긍정적 강화를 받을 기회를 박탈시키는 것으로서 세심한 모니터링이 요구되는 약한 혐오기법이다. 시간은 대개 10분 이내와 같이 짧

은 기간을 설정하여 이용할 때 가장 효과적이다.

(2) 특정한 행동 뒤에 강화가 많은 상황에서 적은 상황으로 이동시키는 것이다.

4. 행동주의의 상담과정

집단상담을 진행하는 과정에서 집단상담자는 집단원에 대한 이해와 수용을 통해 그들과 라포형성이 이루어짐으로써 문제행동의 수정과 긍정적인 행동 방식을 위한 작업을 시작할 수 있다.

행동치료 집단상담자는 집단원의 행동을 분석하여 문제를 정의하고 구체적 목표를 설정하여 변화를 달성하도록 조력하는 것이다.

이에 초기부터 시작해서 지속적으로 집단상담자는 기능분석으로 알려져 있는 행동 사정(behavior assessment)을 변함없이 꾸준히 수행하여 집단원의 문제 영역을 밝히고 이해하려 한다(Cormier, Nurius, & Osborn, 2013; Wolpe, 1990). 즉, 선행사건과 치료하고자 하는 반응 결과를 식별하며 행동의 수정과 변화가 될 수 있도록 방향을 이끌어 준다. 반면에 부적절한 행동 사정은 잘못된 방법이 잘못된 문제행동에 적용되는 우려가 있음을 볼 수 있다.

행동주의의 집단상담에서 행동수정의 이론과 기법을 응용할 때는 다음과 같은 절차를 거친다

1) 목표설정이다.

행동치료의 주요 특징은 변화시킬 구체적 목표에 대하여 강조한다. 집단원이 수정하고자 하는 부적응 행동이 무엇인가를 집단상담자는 분명히 밝혀주어야 한다. 즉, 집단상담자는 수정하고자 하는 행동을 철저한 평가에 의해 선택된 목표 행동을 변화시키는 데 목표와 초점을 두어야 한다.

2) 표적 행동의 설정이다.

집단원이 수립한 목표를 달성하기 위하여 습득해야 할 구체적인 행동이나 제거해야 할 행동을 선택하여 객관적 용어로 정의하는 행동의 설정이 먼저 선행되어야 한다.

3) 행동의 기초선 측정이다.

다음 행동수정이 들어가기 직전까지의 표적 행동이 얼마나 빈번하게 또는 오랫동안 일어나고 있었는가를 관찰하여, 즉 평소 행동의 양을 측정한다.

4) 적응 행동의 증강과 부적응 행동의 약화이다.

기초선을 측정한 이후에는 상담과정에서 정적 강화, 부적 강화, 벌 또는 소거 등의 기법을 적용해서 바람직하고 긍정적인 행동은 증강하고, 부적응적인 행동은 약화 시키거나 제거할 수 있도록 한다.

5) 체계적 관찰이다.

행동주의적 접근에서는 행동과 상황 조건에 대한 체계적 관찰 결과를 중요시 한다.

어떤 집단원이 주간 동안 가진 사회적 환경의 접촉에 대해 시간 단위별로 보고할 수 있도록 하게 한다. 또 다른 집단원이 불안 감소를 위한 대처를 하루에 얼마나 몇 번 취했는가를 보고하도록 한다. 이와 같이 해당 문제에 관한 집단원의 자료 수집과 결과에 관련된 문제행동의 보고와 검토가 집단상담 전반에 걸쳐서 수행된다.

6) 행동수정 효과의 일반화이다.

(1) 집단상담을 통하여 이루어진 행동 변화가 외부 환경에까지 전이될 수 있도록 도움을 주기 위하여 집단상담자의 운영 방법도 중요하게 작용한다.

(2) 상담을 통한 바람직한 행동의 결과를 거둔 다음, 집단원의 생활환경과 태도에 그 행동이 확대되어 유지하도록 지지하고 격려한다.

(3) 집단상담자는 집단원이 현실 장면과 유사한 행동을 할 수 있도록 훈련을 통한 연습을 먼저 하도록 한다.

(4) 훈련된 행동을 집단원의 환경과 현실 장면에서 실행할 수 있도록 과제를 내주고, 그 결과를 다시 집단모임에서 검토하여 보완하게 도와준다.

(5) 행동훈련과 연습의 성취와 효과를 높이기 위해 해당 집단원들의 소그룹 모임이나, 2인 1조를 통해 지역사회(직장, 학교 등)로 나가서 역할 훈련 연습을 지원받게 한다.

(6) 집단 토의, 역할 놀이, 역할연습, 심리극 및 시범 보이기 등의 기술을 활용하며, 집단원 스스로 선택한 목표를 향해 나아가도록 지지로 격려하며, 효과와 진보가 나타날 때는 즉시 강화물을 보상한다.

(7) 집단상담자는 집단의 참여자인 동시에 관찰자로서 문제행동의 전제, 그 행동의 특성, 강화요인 등에 대해 직접적인 질문을 통하여 집단원들의 상태를 파악하기도 한다. 또한 집단원들의 문제행동에 대한 원인을 파악하고, 그 행동의 변화에 대한 방향으로 훈련된 연습으로 변화시키기 위한 활동 과정을 직접적으로 설명할 수 있다.

7) 행동 시연하기

(1) 참가자들이 집단 밖에서 바람직한 행동을 수행할 수 있도록 준비시키는 것이다.

(2) 집단상담을 하는 동안 부정적 결과로부터 보호를 받을 뿐 아니라, 일상생

활 속에서 새로운 행동을 하려는 의지를 높여 줄 긍정적 강화를 받음

(3) 바람직한 행동을 실제로 연습하는 것은 내담자의 환경 속에서 일어나는 상황과 가능한 한 유사한 조건에서 이루어져야 함
(4) 말할 내용뿐 아니라 행동적 요소도 알아야 함(말의 속도, 몸짓, 자세, 눈맞춤, 등)
(5) 피드백은 행동 시연 동안의 변화를 위해 중요하다.
(6) 실제 생활에 적용하는 것도 중요하다.

8) 집단상담자의 역할과 기능

집단상담자는 집단원들이 집단과정에 몰입하는 것을 중요하게 여기도록 최선의 노력으로 다음의 역할과 기능을 강조한다.

(1) 예비평가의 오리엔테이션을 하는 과정에서 예비 참가자들과 초기면접을 한다.
(2) 구성원들에게 집단과정에 참가하는 것과 집단에서 많이 얻을 수 있는 방법을 가르쳐 준다.
(3) 구성원들의 문제에 대해 지속적인 평가를 한다.
(4) 구성원들이 정한 목표를 성취할 수 있도록 다양한 기법을 사용한다.
(5) 각 구성원들에 대한 치료의 유용성을 판단하기 위한 자료를 모은다.
(6) 적절한 행동과 가치관을 가진 하나의 본보기가 된다.
(7) 구성원들에게 상담 시간이나 일상생활에서 주도적으로 열심히 노력하는 것을 가르친다.
(8) 구성원들이 집단의 종결 시점에 앞서 종결을 잘 준비하도록 돕는다.
(9) 구성원들에게 작은 성취라도 의미가 있다는 것을 확인시켜 주어서 새로운 행동과 기술을 개발하도록 강화를 준다.

5. 행동주의의 평가

1) 집단상담 진행자는 집단의 역동을 평가한다.

(1) 각 회기마다 다음 항목에 대하여 집단에서 일어났던 역동을 중심으로 평가한다.
(2) 동료 진행자 및 보조 진행자가 있다면 평가 내용을 논의한다.
(3) 가능한 한 다른 전문가에게 집단의 역동에 대하여 논의하고 도움을 받는다.
(4) 논의된 내용은 집단상담에 반영한다.

2) 집단상담 진행자는 익명으로 집단원의 만족도 평가를 실시한다.

(1) 집단상담의 내용과 진행의 좋았던 점과 문제점에 대한 집단원들의 평가를 수집하기 위해 집단상담 각 활동에 대한 만족도 평가 설문지를 제작한다.
(2) 만족도 평가는 익명으로 진행됨을 알린 후, 집단의 과정 전체를 간략히 설명하여 지나간 시간을 회상하도록 한 후에 집단상담의 개선과 상담자의 발전을 위하여 설문지에 진솔하게 답변해 줄 것을 부탁한다.
(3) 설문을 실시하고 평가를 분석한다.
(4) 만족도 결과를 집단원들에게 피드백한다.

3) 강점

(1) 집단 진행에 대한 목표와 절차를 정확하게 구체화 시킬 수 있다는 것이다. 문제해결의 방법을 선택하고 결정하는 과정에 대한 것을 학습하게 하며, 나아가서 문제의 발생을 예방할 수 있는 능력을 습득하도록 하는 것이다. 상담의 목표는 내담자로 하여금 구체적인 적응의 문제를 해결하기 위해 구체적 행동의 변화를 가져올 수 있게 한다.

(2) 행동주의적 집단상담은 기법의 효과, 효율성, 적용 범위의 다양성, 종합성을 밝힐 수 있다는 점이다(Spiegler & Guevremont, 1993). 상담자는 집단원에게 지도력을 발휘하게 함으로써 점차적으로 독립할 수 있도록 집단원을 돕는다. 집단에서 사용된 절차를 체계적으로 평가해야 한다는 것은 하나의 공약이다.

효과가 없는 중재는 상담에서 배제되어야 하고 기법은 지속적으로 개선되어야 한다. 따라서 행동수정은 이질적 집단, 동질적 집단, 구체적 목적을 가진 다양한 집단에서 효과적으로 진행될 수 있다. 또한 행동주의적 집단에서는 참가자들이 목표나 치료방법을 선택해야 한다. 이에 행동주의적 집단의 참가자들은 전형적으로 과제 부과나 일상생활에서 학습을 실행함으로써 집단과는 독립적으로 치료를 수행한다.

(3) 행동주의적 집단상담에서는 개입 방법의 발전이 가능하다. 집단상담자가 어떤 모델을 채택하든 신념이나 직관에 의존하지 않고, 설명할 수 있는 상담을 할 수 있도록 한다. 또한 연구를 중요시하므로 기법들은 다양하고 구체적 문제를 가진 구체적 내담자에게 사용하기 비교적 잘 만들어져 있다.

4) 한계점

(1) 집단이 지나치게 구조화되면 행동주의 집단에서는 내담자의 요구가 외면될 수도 있다. 또한 집단의 역동 분위기나 공격성은 개인 상담 보다 집단상담에서 더 많은 문제를 야기 시킬 수 있다. 상담자가 많은 시간 동안 훈련하고 지도 감독을 받아 광범위한 기법을 발달시켜야 최소한의 효과라도 생길 수 있다.

(2) 현재의 행동에 대한 역사적 원인을 무시하거나 상담과정에서 과거를 다루지 않는다고 주장한다. 행동 변화가 일어나기 위해서는 새로운 반응을 학습시키고 환경조건을 변화시켜야 한다는 것에 초점을 두고 있다. 상담자들은 과거의 사건들이 현재의 문제들을 지속시키지 않으며 새로운 학습경

험을 내담자에게 제공해야 한다고 주장한다.

(3) 행동주의적 집단상담의 주된 단점은 참가자의 구체적 문제들에 대한 세부적 목록과 기법에만 초점을 맞추기 때문에 집단구성원들을 상담자의 시야에서 놓쳐 버릴 수 있다는 것이다. 대부분의 행동주의 상담자들은 현재의 상황과 반응에 주의를 기울이지만 집단원의 문제의 맥락에서 감정적 요인까지 탐색하는 데 관심을 기울여야 한다.

8장

인지주의 집단상담

1. 인지주의의 개념

1) 인지주의의 정의

인지란 개체가 환경과 상호 작용하며 정보를 인식하고 처리하는 뇌의 기능을 의미한다. 이것은 학습, 추론, 언어 등 여러 인식 기능을 포함하며, 주변 세계를 이해하고 대응하는 정신적 활동을 의미한다. 그래서인지 심리학은 때로는 '인지(知)'와 동의어로 사용되기도 하며, 심리학의 한 가지 접근법을 의미하는 것으로 쓰이기도 한다.

인지주의 접근법은 20세기 중반 심리학과 상담학의 중요한 변화의 한 축을 이루며 등장했다. 이 접근법은 인간의 사고 과정이 개인의 감정과 행동에 영향을 미친다는 가정에서 출발한다. 이러한 관점은 당시 주류였던 행동주의와 정신분석학의 관점과는 크게 달랐다. 인지주의의 탄생은 주로 심리학자들이 인간의 인식, 생각, 기억, 문제 해결 능력에 주목하면서 시작되었다. 이들은 내적인 사고 과정이 개인의 감정 상태와 행동에 어떻게 영향을 미치는지에 초점을 맞췄고, 이는 심리치료의 새로운 방향을 제시했다.

인지치료는 일대일 상담 또는 그룹 치료 형식으로 진행될 수 있으며, 상담자는 개인이 자신의 사고 패턴을 인식하고 변화시키는데 필요한 기술을 제공한다. 이 치료법은 우울증, 불안 장애, 스트레스 관련 문제 등 다양한 심리적 문제의 치료에 적용된다. 과학적 연구를 통해 그 효과가 입증된 인지치료는 개인 스스로가 생각, 감정, 행동 사이의 복잡한 상호작용을 이해하고, 더 건강하고 효과적인 방식으로 삶을 경험하도록 도와준다.

2) 벡(Back)의 생애와 인지치료

(1) 벡의 생애

벡(Aaron T. Beck, 1921~)

벡(Aaron T. Beck, 1921~)은 1921년 7월 18일 로드아일랜드 주의 프로비던스(Providence)에서 출생하였다. 러시아계 유대인 미국 이민사의 막내아들로 태어났다. 벡의 어머니는 5남매 중 두 명의 자녀 사망으로 우울증을 앓게 되었다. 막내아들로 아론 벡이 태어나면서 호전이 되었다. 벡은 아동기에 여러 가지 어려움을 겪으면서 성장했다. 3세 때에는 천식과 백일해를 앓았으며, 7세 때 벡은 팔이 부러져서 패혈증으로 발전하여 완치되지 않아 평생을 고생했다. 또한 같은 학년을 두 번 다닌 경험을 통해 자신이 무능하고 바보 같다고 생각하였다. 벡은 자신의 이러한 어려움을 인지적으로 해결했다. 후에 벡의 이론과 치료기법은 자신이 경험한 부정적 사고를 하는 사람들을 도와주는 데 이용되었다. 벡은 1943년에 브라운 대학을 우등으로 졸업했다.

1946년에 예일대 의과대학에서 의학박사 학위를 수여받았다. 1954년에 펜실베이니아 대학의 정신과 교수가 되었고, 필라델피아 정신분석학회로부터 정신분석

훈련받았다. 벡은 대부분의 여생을 펜실베이니아 대학에서 보냈으며, 대학 내에 벡 인지치료 연구소를 설립하였다. 이 연구소에서 온 우울, 자살, 불안 그리고 공황장애, 물질 남용, 결혼 문제, 성격장애 등에 관하여 연구하였다. 이러한 우울, 불안, 자살 행동에 관한 광범위한 연구로 인해 벡은 수많은 공로상을 수여받았다. 벡은 은 375편 이상의 논문과 14권의 책을 집필하였으며, 수많은 평가도구를 개발하였다(Beck & Weishar, 2005, p. 239).

(2) 벡의 인지치료

벡은 인간이 스스로 나무숲을 헤치며 새로운 길을 만드는 모험가라고 여겼다. 개인의 성격은 학습해서 형성한 가치와 지식에 의해 형성되었다. 개인의 인지를 포함하고 도식으로 조직화 되어 있는 가치와 지각은 자신, 타인, 세계에 대한 견해를 구성한다. 이러한 가치와 지각은 개인이 갖는 심리적 장애에 대한 유전적 취약성에 의해 영향을 받기도 한다. 잘못된 가정에 기초한 인지는 역기능적 도식 발달을 초래한다. 만약 개인이 자신과 미래에 대한 부정적 견해를 갖는 도식이 있으며 그에게 진행되는 경험에 대한 지각은 부정적이다(Okun, 1990, pp. 136–137).

벡의 인지치료의 세 가지 주요 요인은 현상학적 접근, 구조 이론과 심층심리학, 인지심리학이다. 첫 번째 현상학적 접근은 개인이 가지고 있는 내면의 세계에 대한 견해가 행동의 핵심이다. 두 번째 요인은 지식의 획득이 안목과 순수 이성의 상호작용이 이루어 지며, 범용적 개념이 경험적 자료에서 나오는 칸트의 구조 이론과 무의식의 영향을 중시하며, 욕망과 정신 구조, 특히 에고, 슈퍼에고, 이드에 초점을 두어 인간 행동과 정신적 현상을 이해하려는 프로이트의 심층심리학이이다. 특히 프로이트의 일차적 및 이차적 과정에 관련한 인지의 위계 구조 개념에서 비롯되었다. 세 번째 인지심리학은 벡의 이론 형성에 많은 영향을 끼쳤다. 인지치료의 선구자로 여겨지는 켈리의 '개인 구성개념'과 행동 변화에 있어 신념의 역할을 강조한 점은 벡에게 많은 영향을 주었다. 벡은 이러한 영향을 바탕으로 인간의 인지적 입장을 강조하였다(Gerald Corey, 2017, pp. 327–329).

벡은 우울증 환자들을 치료하는 과정에서 인지치료를 개발하였으며, 이는 개인의 경험이 매우 압축된 표상으로 보고 이러한 압축된 복잡한 생각들이 순간적으로 일어난다고 보았다. 엘리스(Ellis, 1962)는 이러한 사고를 자기 진술이나 내재화된 언어화라고 하였으며 "환자가 자신에게 얘기하는 것"으로 설명하였다. 벡은 이런 인지 형태를 "자동적 사고"라고 이름 붙였다(Beck, 1967, P. 321).

벡은 이러한 자동적 사고가 불쾌한 정서나 우울의 많은 다른 현상이라고 보았다. 이러한 자동적 사고는 행동과 정서의 변화가 함께 일어나면 신념의 변화도 일어난다. 벡의 인지치료법은 왜곡된 신념과 부적절한 사고를 변화시키는 것을 목표로 한다. 이 과정에서 상담자는 내담자의 부적절한 행동에 영향을 미치는 비합리적 신념 체계를 찾아 변화시키는 데 중점을 둔다.

3) 인지주의의 기본원리와 핵심 개념

인지주의는 인간의 사고 과정이 그들의 감정과 행동에 미치는 영향을 이해하는 데 중요한 틀을 제공한다. 이 이론은 심리학, 상담학, 교육학 등 다양한 분야에서 적용되며, 인간의 인식과 행동을 개선하기 위한 다양한 기법과 전략의 기초가 되었다. 인지주의의 깊은 이해는 개인의 심리적 문제를 해결하고, 긍정적인 변화를 촉진하는 데 중요한 역할을 한다.

(1) 기본원리

인지과정의 중요성: 인지주의는 인간의 인지과정, 즉 생각, 믿음, 태도가 감정과 행동을 형성하는 데 핵심적인 역할을 한다고 주장한다. 이는 감정이나 행동을 단순히 외부 자극에 대한 반응으로 보는 것이 아니라, 개인의 내적 해석과 그에 따른 반응으로 보는 것이다.

자동적 사고: 인지주의는 '자동적 사고'라는 개념을 중시한다. 이는 의식적인 판단 없이 자동으로 발생하는 생각으로, 종종 부정적이거나 비합리적일 수 있다. 이러한 사고는 개인의 감정 상태와 행동에 큰 영향을 미칠 수 있다.

인지적 왜곡: 인지주의는 인간이 특정한 인지적 왜곡을 경험할 수 있다. 이는

현실을 잘못 해석하거나 왜곡된 방식으로 생각하는 것을 말하며, 이는 부적절한 감정 반응이나 비효율적인 행동을 유발할 수 있다.

(2) 핵심 개념

인지 재구조화: 인지주의의 주요 개념 중 하나는 인지 재구조화다. 이는 부정적이거나 비합리적인 생각을 식별하고, 이를 더 현실적이고 합리적인 생각으로 변화시키는 과정이다.

인지적 행동치료(CBT): 인지주의는 인지적 행동치료의 기초를 마련했다. CBT는 인지적 왜곡을 식별하고, 비합리적인 생각과 신념을 변화시키며, 이를 통해 감정과 행동을 개선하는 심리치료 방법이다.

인지적 스키마: 인지주의는 인간이 정보를 처리하고 해석하는 데 사용하는 내적 구조인 '인지적 스키마'의 개념을 도입했다. 이 스키마는 개인의 경험과 학습을 통해 형성되며, 새로운 정보를 해석하고 반응에 영향을 미친다.

4) 인지주의의 발전과 현대적 적용

1960년대와 1970년대를 거치며 인지주의는 다양한 심리적 문제와 장애의 치료에 폭넓게 적용되기 시작했다. 인지치료는 우울증, 불안 장애, 스트레스 관리, 심지어 중독 문제까지 다양한 영역에서 효과가 입증되었다. 인지주의는 집단상담의 맥락에서도 중요한 역할을 한다. 집단상담에서, 이 접근법은 구성원들이 자신 생각과 믿음을 공유하고, 서로의 인식을 넓히며 새로운 관점을 얻도록 한다. 이러한 과정은 개인의 성장과 변화를 촉진하고, 집단 내에서의 상호작용을 강화한다.

2. 인지주의의 특성

인지주의(Cognitive Therapy)는 정신 건강 분야에서 중요한 상담 및 치료 방법의 하나로, 개인의 사고와 인식에 초점을 맞추어 정신 질환을 이해하고 개선하는 데 사용되는 접근법이다. 이 접근법은 부정적인 사고 패턴을 수정하고 긍정적인 변화를 이루어내는 데 도움을 준다. 인지주의는 아론 벡과 앨버트 엘리스를 중심으로 발전해 왔으며, 감정, 생각, 행동 사이의 상호 작용을 강조한다.

1) 인지주의의 주요 특징

인지주의의 주요 특징들은 심리학과 상담학에 광범위하게 적용되며, 심리적 문제의 이해와 치료에 중요한 통찰을 제공한다.

인지심리 기반 집단상담 인지주의는 정신 건강 분야에서 효과적으로 활용되는 상담 및 치료방법 중 하나로, 부정적인 사고 패턴을 수정하고 긍정적인 변화를 유도하기 위해 개인의 사고와 인식을 중점적으로 다루는 이론과 접근방법이다.

이를 통해 우울증, 불안 장애, 자기 존중감 문제 등 다양한 정신 질환과 문제를 다루며, 현대 심리치료에서 중요한 위치를 차지하고 있다. 인지주의는 개인의 자동 사고와 신념 시스템을 이해하고 개선함으로써 긍정적인 변화를 이루어내는 데 기여하고 있다. 인지치료는 현재를 강조하고 시간이 제한적이다. 따라서 삭 집단 회기에서 현재의 문제에 초점을 두는 인지치료는 단기적이고 과제 중심적인 경향이 있다. 인지주의의 몇 가지 주요 특징은 다음과 같다.

(1) 내적 사고 과정

인지주의는 개인의 내적 사고 과정, 즉 인식, 생각, 판단, 기억이 감정과 행동에 미치는 영향을 중시한다. 이는 집단상담에서 각 참여자의 개별적인 사고 과정 인지심리기반 집단상담을 이해하고 대응하는 데 중요한 역할을 한다. 집단상담에서 참여자들은 자신의 사고 과정을 공유하고 탐구함으로써 문제 해결과 변화를 이룰 수 있다. 인지주의는 개인의 내적 사고 과정, 즉 인식, 생각, 판단, 기억이 감정과 행동을 형성하는 핵심 요소로 본다는 점에서 행동주의와 구별된다. 이 이론은 외부 자극과 행동 사이의 인지과정에 주목하며, 이를 통해 심리적 문제의 근원 파악이 가능하다.

(2) 자동적 사고(automatic thoughts)

자동적 사고는 특정 상황에 있을 때 마음속에 자동으로 떠오르는 사고나 이미지를 의미한다. 자동적 사고는 상황과 정서를 중재하며, 우리의 마음속에 계속 진행되는 인지의 흐름이다. 자동적 사고는 주변 상황이나 환경적 사건으로 인해 자신의 사고를 스쳐 지나가는 어떤 단어나 이미지, 영상이며, 자신의 의지로 조절하거나 제어할 수 있는 것이 아니어서 특정한 감정이나 행동 반응도 자동으로 발생한다. 심리적 장애가 있는 사람의 자동적 사고는 부정확하게 왜곡되어 있다.

자동적 사고의 주요한 특징(McKay, Davis, & Fanning, 1981, pp. 12-13)은 ① 구체적이며 분리된 메시지이다. ② 축약된 이미지와 언어로 나타난다. ③ 아무리 비합리적이라도 믿어진다. ④ 자발적인 경험을 한다. ⑤ 당위성을 가진 말로 표현된다. ⑥ 일을 극단적으로 보는 경향성이 있다. ⑦ 개인에 따라 독특하게 나타난다. ⑧ 중단하기가 어렵다. ⑨ 학습한다.

(3) 중간 신념(intermediate beliefs)

중간 신념은 자동적 사고와 핵심 신념을 매개하는 것으로서, 핵심 신념에 의해 영향을 받는다. 삶에 대한 태도, 규칙, 가정으로 구성되어 있고, 잘 인식되지 못한다. 자동적 사고가 상황 특정적인 데 반해, 중간 신념은 다양한 상황에 적용하는 삶의 규칙이다. '만일 ~하면, ~할 것이다'의 형태로 되어 있는 것이 많다. 사람들은 그 기준이 너무 높아 기준을 충족하지 못할 경우 정서적 혼란을 겪을 수 있다.

(4) 핵심 신념(core beliefs)

개인의 인지에 바탕이 되는 중심적 생각을 핵심 신념이라고 한다. 보편적이며 절대적인 것으로 기술될 수 있다. 핵심 신념은 자신, 타인, 세계에 자신의 견해를 반영한다.

핵심 신념은 근원적이며 깊은 수준의 믿음으로써, 기질이나 어린 시절 중요한 인물과의 상호작용을 통해 형성되며, 자신과 타인, 세상에 대해 가지고 있는 전반적인 신념을 말한다. 주위에서 일어나는 여러 일 중에서 특정 사건에 각별한 주의를 기울여 그 의미를 해석하고 기억하게 만든다. 핵심 신념에 맞지 않는 사건은 무시하거나 그 의미를 축소할 가능성이 크며, 평생 지속된다.

(5) 인지적 왜곡

인지적 왜곡이란 잘못된 개념화로 그릇된 가정을 이끄는 생각 때문에 일어나는 구조적 오류이다. 있는 그대로의 객관적인 정보를 파악하지 못하는 과정에서 어떤 사실이나 상황을 파악하여 그 의미를 왜곡하여 받아들인다. 비현실적인 세계관을 나타내거나 비논리적인 추론과 관련된다. 인지적 오류는 현실을 실제보다 부정적인 방향으로 왜곡하거나 과장하게 만든다.

대표적인 인지적 왜곡의 종류를 살펴보면 〈표 8-1〉과 같다(Becket al, 1979).

〈표 8-1〉 인지적 오류의 종류

흑백논리	실패 아니면 대단한 성공과 같이 극단적으로 흑과 백으로 구분하려는 오류
과일반화	한 가지 일에서 나타난 현상을 다른 모든 일에까지 적용하는 오류
자의적 추론 (독심술)	다른 사람이 어떤 행동을 했을 때 그렇게 한 이유를 자기 마음대로 추측하고 믿는 오류
감정적 추론	감정에 근거해서 어떤 일을 판단하고 그것이 사실이라고 믿는 오류
당위적 사고	기준을 지나치게 높게 잡고, 이 기준에 따라 사람이나 사물을 판단하는 오류
재앙적 사고 (파국화)	어떤 일의 결과나 미래를 재앙적으로 예측하는 오류
선택적 추상	한 가지 일로 전체에 대한 결론을 내리는 오류
낙인찍기	자신이나 다른 사람에게 나쁜 이름 혹은 이름표를 붙여놓고, 어떤 행동이든지 이 이름에 맞추어 해석하는 오류

(6) 감정과 행동에 대한 인지적 해석

인지주의는 감정과 행동을 단순히 외부 자극에 대한 반응으로 보는 것이 아니라, 개인의 내적 해석과 그에 따른 반응이다. 이는 감정과 행동이 개인의 사고방식에 의해 크게 영향을 받는다는 것을 의미한다.

(7) 인지 재구조화

인지 재구조화는 인지치료의 핵심 기법 중 하나로, 부정적이고 해로운 사고 패턴을 수정하고 긍정적인 사고로 변화시키는 프로세스를 나타낸다. 주로 우울증, 불안장애, 스트레스와 같은 정신건강 문제에 적용된다. 이 기법의 단계는 ① 부정적인 사고나 자동 사고를 감지하는 인식 ② 부정적인 사고를 기록하고 문서화하는 기록 ③ 부정적인 사고의 기저에 있는 신념이나 가정을 나타내는 도출 ④ 부정적인 사고를 긍정적이고 현실적인 사고로 바꾸기 위해 노력하는 재평가 및 재구조화 ⑤ 새로운 사고 패턴을 일상적인 상황에서 활용하는 실천 단계이다.

인지 재구조화는 내담자가 부정적 사고를 인식하고 변화하는 데 도움을 주는 필요한 도구의 하나이다.

(8) 스키마

인지주의는 개인이 정보를 처리하고 해석하는 데 사용하는 내적 구조인 '인지적 스키마'의 개념을 강조한다. 이러한 스키마는 경험과 학습을 통해 형성되며, 인지심리기반 집단상담의 새로운 정보를 해석하고 반응에 영향을 미친다.

(9) 심리적 문제에 대한 인지적 접근

인지주의는 우울증, 불안 장애, 스트레스 등 다양한 심리적 문제에 대한 이해와 치료에 인지적 접근을 제공한다. 이는 개인이 생각과 신념을 인식하고, 비합리적인 사고를 합리적인 사고로 대체하도록 돕는 방식으로 진행된다.

(10) 인지적 행동 치료(CBT)와의 연결

인지주의는 인지적 행동 치료의 기초를 제공한다. CBT는 인지적 왜곡을 식별하고, 비합리적인 생각과 신념을 변화시키며, 이를 통해 감정과 행동을 개선하는 심리치료 방법이다.

(11) 개인적 사고의 공유와 상호지원

집단상담은 참여자들 간의 경험 공유와 상호지원이 중요하다. 인지주의는 각 개인의 개인적 사고 과정을 이해하고 다른 참여자들과 공유함으로써 상호지원을 강화한다. 참여자들은 서로의 사고방식을 이해하고 문제 해결을 돕는 과정에서 인지적으로 발전할 수 있다. 인지주의는 그룹 내의 상호작용을 강조하며, 참여자들 간의 상호작용을 개선하는 데 도움을 된다. 인지주의 기법은 그룹의 협력과 효율성을 촉진하며, 갈등을 해소하고 목표 달성에 도움을 준다.

2) 인지행동 집단상담이론

인지주의는 집단상담에 적합한 이론적 접근법이다. 이 이론은 개인의 내적 사고 과정을 중시하며, 인지적 왜곡의 해소와 그룹 내 상호작용 개선을 통해 집단상담에서 긍정적인 변화를 촉진한다. 따라서, 인지주의는 집단상담에서 효과적인 접근법으로 활용될 수 있으며, 참여자들의 개인적 성장과 문제 해결을 지원하는 데 도움이 된다.

인지행동 집단상담에는 다른 집단 접근법들과 구별되는 몇 가지 특징들이 있는데, 과학적 방법의 원리와 절차를 이용하며 부적응 행동을 변화시키기 위해 학습 원리를 체계적으로 적용하는 것이다. 인지행동 치료자에게 나타나는 특징은 구체성과 측정치를 체계적으로 이용한다는 점이다. 개념과 절차를 명확히 진술하고 경험적으로 검증, 지속으로 수정하며, 평가와 치료는 동시에 일어난다. 또한 효과적 치료를 개발하기 위해서는 반드시 연구가 이루어져야 한다.

행동주의 집단상담의 특징을 통해 주요 개념을 살펴보면 다음과 같다.

(1) 행동 평가

행동 평가는 내담자에게 맞춤형 치료 계획을 수립하고 치료의 효과를 측정하여 필요한 정보를 수집하는 일련의 절차를 의미한다. 이 평가의 주된 목적은 내담자의 생각과 정서, 행동, 상황과의 관계를 이해하기 위해 구체적이고 상세한 정보를 얻는 것이다. 행동 평가는 내담자의 현재 기능과 생활환경에 중점을 두며, 다양한 상황에서 내담자가 어떻게 행동하는지 관찰하여 기록한다. 이는 내담자의 전반적인 성격을 다루기보다는 특정 문제 영역에 초점을 맞추며, 치료 과정에 통합되어 내담자의 행동 변화를 추적하는 데 중요한 역할을 한다(Spiegler & Guevermont, 2010). 이러한 접근 방식은 치료자가 내담자의 행동과 상호작용을 더 잘 이해하고, 효과적인 개입 전략을 개발하는 데 도움을 준다.

(2) 구체적 치료 목표

인지행동 집단상담의 가장 독특한 측면은 변화시킬 구체적인 목표를 정하는 것이다. 대부분 집단의 초기 단계에서 구성원들이 성취하고자 하는 개인적 목표를 구체적으로 세우도록 한다. 이때 집단구성원들은 바꾸고 싶은 문제행동과 학습하고자 하는 새로운 기술들을 구체적으로 정리한다.

여기서 집단상담자의 과제는 구성원들이 광범위하고 보편적인 목표를 구체적이고 명확하고 측정이 가능한 목표로 세분화하여 추진해 나갈 수 있게 돕는다. 예를 들면, 한 집단구성원이 사회적 상황에서 행동과 감정을 적절하게 느끼고 싶다고 한다면, 상담자는 "부적절하다는 것은 무엇을 의미합니까? 부적절하다는 감정 때문에 당신은 무엇을 하고, 무엇을 하지 않습니까? 당신이 부적절하다고 느끼는 상황은 어떤 상황입니까? 당신은 어떤 방식으로 행동을 변화시키고 싶습니까?"라고 질문한다. 집단을 통해 구성원들은 이러한 어려운 질문에 대해 생각할 기회를 얻음으로써 적절하게 답변할 수 있게 되며, 각 회기에서 새로운 행동을 연습하고 다른 구성원들로부터 피드백을 얻을 수 있다.

(3) 치료 계획

구성원들이 자신의 목표를 구체화 시키고 나면, 목표를 달성하기 위해 치료계획을 세운다. 인지행동치료 기법은 행동 지향적이다. 구성원들은 자신의 문제에 대해 수동적으로 반응하거나 단순히 말로만 하지 말고 적극적인 역할을 해야 한다. 가장 많이 사용되는 기법은 모델링, 행동 시연, 피드백, 인지 재구조화, 문제해결, 명상, 이완훈련, 스트레스 관리가 있다.

3) 인지치료의 변화 과정

인지(認知)에 대한 초기의 이해는 발전 과정을 거치면서 적지 않게 수정되거나 변화된다. 몇 가지의 변화와 이에 따른 특징은 다음과 같다. 현대 인지심리학에서는, 인지를 의식적인 지식, 즉 의식적인 사고 과정에만 배타적으로 제한하지 않으며, 오히려 표상과 과정이 인간사고와 행위의 전체 범위에 적합토록 발전시키려 노력한다. 다시 말하면, 표상은 물론 지식의 표상이지만 이러한 지식의 표상이 바로 인지란 초기의 시각에서 벗어나 표상을 보다 넓은 의미로 사용된다.

그는 수동적이고 아무런 준비도 없는 공허한 유기체가 아니라 이전의 경험에서 발달한 스키마(schema)를 가지고 있다. 그래서 의지(意志)나 인내하는 기질이 중요하며, 그리고 차가움 못지않게 뜨거움도 중요한 것이다. 따라서 관심은 의지나 감정을 포함하는 것으로 확대되고 있으며 또한 개인은 고립적일 수 있을 뿐만 아니라 남들과 같이 더불어 행위하고 사고하는 것이 일반적이라는 생각에 이르고 있다. 인간은 지식과 사고에 대한 이해는 지적 차원과 상호작용 그리고 개인-환경의 상호작용 속에서 더 잘 이루어질 수 있음을 주목한다. 컴퓨터 유추에 의한 정보처리모형은 복잡한 인간의 사고와 행동을 설명하는데 제한적인 측면이 있다. 고차적인 수준의 사고와 문제해결과 같은 인지 활동 정보처리모형은 그것을 설명하기 어려움이 있다. 그리하여 인지심리학자들은 정보처리 접근법이라는 공통적인 문제해결 방법이 있으면서도, 이질적인 여러 접근법을 이용하게 되었다.

(1) 모듈(module)의 특징

인지 체계는 위계적이기보다는 모듈적이고 전체적이고 분산적인지도 모른다. 말리 매들린(Matlin, 1989)의 인식체계는 다음과 같이 특징이 있다.

- 인간의 인지과정은 수동적이 아니라 능동적이다.
- 인지과정은 엄청나게 정확하고 효과적이다.
- 인지과정은 부적인 것(negative)보다 정적인(positive) 정보를 더 잘 다룬다.
- 인지과정은 일반적으로 직접 관찰하는 것이 불가능하다.
- 인지과정들은 고립하여 조작되는 것이 아니라 서로 관련되어 있다.

따라서 우리는 인지 체제라는 말을 쓴다. 실험법과 경험적 증거를 중요시하는 정통은 여전히 강조되고 있다. 특히 행동주의자들이 영향을 받아, 실험설계법과 통계적 분석은 크게 세련되었다. 인지심리학자들은 이론에 바탕을 둔 정교한 설계를 단일 및 소규모 피험자에게 적용하는 연구 활동을 많이 하고 있다.

인지 행동적 상담이론은 인간이 실수할 수 있다는 것을 인정하고 평화롭게 사는 것을 배우는 창조적인 존재라고 말했다(천성문 외, 2009). 인지행동 집단상담은 다른 어떤 접근보다도 변화시킬 구체적인 목표에 초점을 두며, 이 목표는 치료 방향을 결정해 준다. 구성원들은 변화시키고자 하는 구체적인 문제행동과 배우고 싶은 새로운 기술을 이야기하여 스스로 자신의 목표를 선택한다. 목표는 개인적인 목표 중 하나인 시험 상황에서의 불안을 감소시키기, 효과적인 기능을 방해하는 두려움 제거하기, 우울감에 대처하기, 의사소통 방법 배우기, 중독(흡연, 술 등) 제거하기이다.

4) 집단지도자의 역할

인지행동 집단상담자는 교사의 역할을 한다. 이들은 집단에서 적극적이고 직접적으로 가르치고 문제를 해결하기 위해 의사소통 방해 요인을 극복하고 행동

원리에 대한 지식과 기술을 적용한다. 또한 지도자는 기술을 가르칠 때는 집단 내에서 자신 행동을 통해 구성원들에게 적극적인 참여와 협력모델을 보여 준다. 구성원들의 특정 문제와 관련 있는 상황이나 변화를 일으킬 수 있는 상황을 파악하기 위해 행동을 주의 깊게 관찰하고 평가해야 한다.

앨버트 반두라(Albert Bandura, 1986)의 의사소통 방해 요인을 극복하고 상담자가 제공하는 모방이나 사회적 본보기는 집단 구성원이 새로운 행동을 학습하는 기본 과정 중의 하나로 작용한다. 집단상담자는 자신의 가치관, 태도, 행동이 구성원들에게 미치는 영향에 대해 항상 염두에 두어야 한다. 이러한 역할과 더불어 집단상담자는 다양한 기능과 과제를 수행해야 한다. 특히, 구성원들의 특정 문제와 관련 있는 상황이나 변화를 일으킬 수 있는 상황을 파악하기 위해 행동을 주의 깊게 관찰하고 평가한다.

먼저, 집단의 예비평가와 오리엔테이션 과정에서 초기 면접을 통해 구성원들에게 집단과정에 참여하는 방법과 집단에서 얻을 수 있는 유익한 정보들을 가르쳐 준다. 또한 구성원들의 문제에 대해 지속적인 평가를 한다. 초기 면접, 검사와 기록, 집단 결정과 같은 절차를 통해 구성원의 특성, 장점, 흥미, 성공 등의 유용한 정보를 파악하며, 구성원들이 목표 행동을 구체화하도록 돕는다. 그리고 그들이 정한 목표를 성취할 수 있도록 다양한 기법을 활용한다.

상담자의 주요 기능 중 하나는 적절한 행동과 가치관을 가진 하나의 본보기가 되는 것이다. 이는 개인이 특정 상황에서 어떻게 반응하는지, 서로 역할 놀이를 해 봄으로써 모델이 되어 집단 내에서 실험해 보는 경험을 제공한다. 또한 집단 내에서 성공적인 경험을 통해 일상생활에서 실천해 보고 노력을 독려함으로써 적응 행동을 넓히도록 돕는다. 이때 상담자는 구성원들이 새로운 행동과 기술에 대한 개발을 강화할 수 있도록 함으로써 작은 성취라도 의미가 있다는 것을 확인시켜 준다. 구성원들이 자신의 반응을 논의하고, 학습한 것을 견고히 하며, 가정이나 직장에 적용할 새로운 기술을 실습할 충분한 시간을 가지도록 한다. 실현할 수 있는 목표가 실현되지 않았을 때는 다른 지도자를 추천하기도 하며, 필요에 따라 집단에서 배운 것을 일반화시키는 데 도움이 되는 사회적 활동을 위해 조언한다.

인지행동 집단상담에서는 상담자와 구성원 사이의 협력적인 관계를 강조한다. 라자루스(Lazarus, 2008)는 상담자의 융통성 있는 관계 방식과 함께 적용되는 여러 기법은 상담 결과가 향상된다고 주장한다. 그는 관계 문제가 상담과정을 방해할 때 내담자와 상담자의 관계를 논의하는 것이 필요하다고 하였다.

다양한 인지적·정서적·행동적 기법을 사용하는 것 이상으로 상담자는 구성원들의 다양한 방식을 고려하여 기법을 선택하고 개입 방법을 수정해야 한다.

이상을 종합해 보면, 인지행동 집단상담은 상담자는 상담기법을 효율적으로 사용할 수 있는 숙련된 전문가이면서, 동시에 편안한 분위기를 이끌 수 있는 인간적 자질도 있어야 한다.

3. 인지주의의 기본기법

1) 집단상담의 기법

어떤 기법을 사용할 것인지는 각 기법의 객관적 효과에 근거해서 결정한다. 기법들의 종류는 매우 다양하다. 인지행동 집단상담자들은 구성원의 사고, 감정, 행동 패턴의 변화에 도움이 될 수 있다면 다양한 기법들을 알맞게 조절하여 선택하는 경우가 많다.

인지·정서·행동치료의 핵심은 비합리적 신념을 합리적 신념으로 바꾸는 것이다. 인지기법이란 내담자의 생각 중 비합리적인 생각과 그에 근거한 내담자의 언어를 찾아서 이를 합리적 생각과 언어로 바꾸는 것이다. 이를 위해 인지주의의 심리학적 입장에서 인지·감정·행동의 상호 관계에 초점을 두는 REBT(합리정서행동치료)에서는 논박을 많이 사용한다. 논박은 상담과정 중 비합리적인 생각과 언어를 확인한 후 이를 합리적인 생각과 언어로 재구성하기 위해 사용되는 기술이다.

논박의 첫 단계는 확인된 비합리적 생각과 그에 근거한 자기 언어를 명확히 규정하여 다시 표현하는 것이다. 둘째 단계는 규정하여 재구성한 생각이나 언어가 합리적인가를 묻고 답하는 것이다. 이것은 그러한 생각이니 언어가 타당한 근거를 가지지 못함을 밝히는 데 목적이 있다. 셋째 단계는 비합리적 생각이나 그 생각에 근거한 언어를 내담자가 하고자 하는 일에 도움이 되는 합리적인 생각으로 바꾸는 것이다.

이와 같은 논박을 보다 효과적으로 하기 위해서 과제나 독서법을 사용하기도 한다(Gerald Corey, 2015, pp. 484–487).

(1) 모델링

모델링은 집단상담자나 다른 구성원들의 바람직한 반응을 관찰하여 학습한 것을 수행하는 것이다. 모델링은 상담자와 참여자 모두가 하는 것으로, 집단상담의 장점이 구성원들에게 다양한 사회적 모델과 역할모델을 제공한다는 데 있다. 모델은 관찰자가 있는 장면에서 가능한 많은 피드백를 받아야 한다. ① 새로운 반응이나 기술의 획득과 수행, ② 공포 반응의 제거, ③ 반응의 촉진이다. 모델링은 특히 자기표현 훈련집단에서 유용한 방법이며, 자기표현을 좀 더 올바른 방향으로 인지적 구조를 변화시키는 방법을 잠가자에게 가르지는 데 효과적이다.

모델링의 효과는 행동 시연, 지도, 집단 피드백 등에 의하여 향상할 수 있다. 모델링에서 상담자의 역할은 내담자에게 요구되는 반응을 정의하고 분석하도록 돕는다. 모델링 경험과 연습 기회를 제공하고 또 내담자가 만족할 수 있는 수준에서 적절한 반응 목록을 발달시킬 수 있을 때까지 추수 지도를 제공해 주는 일이다.

(2) 행동 시연

행동 시연의 목적은 대인관계에 어려움이 있을 때, 구성원들이 집단 밖에서 자신의 생각과 감정을 여러 장면에서 표현할 수 있도록 도와준다. 실제 상황과 비슷한 안전한 환경에서 새로운 행동을 실제 행동처럼 연습한다.

행동 시연은 점진적 행동 조성 과정의 일종으로 사회적 기술을 가르치는 상담 기법이다. 효과적인 사회적 상호작용을 위해서는 특정한 사회적 상황 속에서 말할 내용도 알아야 하지만 행동적 특성도 알아야 한다. 말의 속도, 몸짓, 자세, 눈맞춤 및 기타의 행동 등이 중요한데, 앞에 나와서 할 때는 이 구체적 행동 중에서 몇 개만 선택하는 것이 좋다.

(3) 과제

과제는 절대적 신념을 찾아 문제 목록을 만들고 구성원이 집단에서 중요한 문제라고 탐색한 행동을 하도록 하는 데 목적이 있다. 또한 과제는 구성원이 실생활에서 새로운 기술을 연습할 수 있는 기회를 준다. 좋은 과제는 집단과 일상생활에서 할 수 있는 것을 통합한 것이다. 인지행동 집단에서 과제는 집단과정에서 필수적인 부분이다. 효과적인 개입 방법으로 과제 부여를 활용하기 위해서는 구성원들이 자신에게 적합한 과제를 찾도록 상담자가 정확하게 안내하고 합리적인 근거를 제공하며 협력적인 관계를 통해 내담자를 참여시키는 것이 과제의 효과성을 결정한다. 구성원이 과제 수행을 강요받는다고 느끼면 과제 수행에 대한 저항을 불러일으키며 실패할 확률 높다. 상담자는 저항을 적절히 다루어 과제 수행에 장애가 되는 것이 무엇인지를 파악한다.

(4) 피드백

구성원이 집단 내에서 새로운 행동을 연습하고 나면 다른 참가자들은 이에 대해 언어적 반응을 해 준다. 이것은 다른 참가자나 집단상담자들도 해 줄 수 있다. 피드백에는 일반적으로, ① 합리적 행동에 대한 칭찬과 격려, ② 실수를 수정해 주는 구체적 제안 등과 같은 두 가지 경우가 있다. 특히, 피드백은 새로운 행동을 학습하는 데 유용하며 건설적이고 구체적이며 긍정적인 피드백 경우에 도움이 많이 된다.

(5) 인지 재구조화

인지 재구조화는 자신의 인지를 확인·평가하고, 사고가 행동에 미치는 부정적인 영향을 이해하며, 이러한 인지를 좀 더 현실적이고 적절한 사고로 바꾸는 학습 과정이다.

로즈(1998)는 인지적 재구성을 집단상담에 적용하는 것에 관해, 처음에 구성원들은 집단에서의 연습을 통해 자기 패배적 표현과 자기 향상적 표현을 구분할 수 있게 된다고 하였다.

일반적으로 이들은 서로에게 피드백과 여러 가지 인지 분석 모델들을 제공한다. 다음 단계에서는 구성원들을 고양시켜 문제 해결이나 효과적인 행동을 증진하는 자기 향상적 표현을 고안하도록 한다. 구성원이 실현할 수 있는 인지적 표현을 결정한 다음, 인지 모델링을 사용하는데 여기서 참가자들은 자기 자신이 스트레스 상황에 있다고 가정하고 자기 패배적 표현을 자기 향상적 표현으로 대치시킨다. 자기 패배적 사고는 정서적 고통을 유발할 수 있으며 수행을 방해하지만 자기 향상 자기표현은 수행을 개선한다.

인지적 시인에 있어 구성원들은 모델을 모방하며 집단의 다른 구성원들로부터 피드백을 받는다. 집단속에서 몇 차례 시도한 다음, 실생활에서 새로운 스타일을 시도해 보기 전에 집에서 일련의 새로운 표현을 실습해 보는 과제를 참가자에게 준다. 인지적 재구성의 마지막 단계에서 각 회기의 끝에 과제를 주고, 다음 회기의 시작 단계에서 검사한다. 구성원들이 나아지면 더 어려운 과제를 준다.

(6) 강화

강화란 특정한 자극에 대하여 바람직한 반응을 했을 때 보상을 줌으로써 자극과 반응 사이의 유대를 강하게 하여 그 반응을 더 자주 일어나게 한다. 이때 보상으로 사용하는 것을 강화물 또는 강화 요인이라 부른다.

강화는 집단상담자뿐만 아니라 구성원들도 칭찬, 승인, 지지, 주의 등으로 행동을 강화한다. 강화는 구성원들에게 실패 경험보다는 성공 경험으로 각 회기를 시작하는 것이 좋다. 이는 집단상담에서 적극적인 분위기를 조성하고, 일상생활에서 잘한 일에 강화를 주며, 구성원에게 변화가 가능하다는 것을 상기시켜 준다. 사회적 강화와 마찬가지로 자기 강화도 바람직한 행동의 형성에 강력한 방법이 된다. 자기 통제를 더 많이 하고 남에게 덜 의존하기 위해서 자신의 발전에 대해 스스로 강화하는 방법을 참가자는 배운다.

(7) 단짝(동료)체계

단짝체계는 구성원들 간의 치료 동맹의 한 형태이다. 구성원 중에서 다른 내담자 한 사람을 집단치료 과정 전반의 모니터나 조언자로 선택한다. 단짝은 집단 속에서의 행동을 서로 관찰하며, 주어진 활동에 전념한다. 이 과제들을 실습하도록 도와주고 집단속에서나 집단 밖에서 서로 지지하도록 한다. 치료의 가장 중요한 부분은 집단 밖에서 일어나는데, 이는 구성원들이 주어진 관계를 실습하는 것이다. 이러한 활동을 통해 참가자들은 타인에게 도움을 주고 새롭게 학습한 지도력 기술을 실습해 볼 기회가 생긴다. 단짝체계는 집단상담이 끝난 다음에도 계속적으로 작용하는 자조적 연결망이 된다.

2) 인지주의 집단상담 상담기법

다양한 인지치료 기법은 상담의 목표 달성을 돕기 위해 사용한다. 어떤 기법은 자동적 사고를 끌어내고 도전하는 데 사용한다. 다른 기법들은 부적응적 가정이나비 효과적 인지 도식을 발견하여 변화시키는 데 사용된다. 인지치료의 일반적 접근은 자동적 사고나 비합리적 신념을 해석하는 것이 아니라 실험이나 논리적 분석을 통해 그러한 것을 조사한다. 인지 치료자는 또한 내담자의 감정과 행동을 돕는 기법도 사용한다(Sharf, 2004, pp. 373-376).

(1) 특별한 의미 이해하기

일상적으로 사용하는 단어들은 자동적 사고와 인지 도식에 의존해서 개인에게 다른 의미가 있다. 상담자는 내담자가 사용하는 어떤 단어가 의미하는 바를 안다고 가정하는데, 그것으로는 충분하지 않다. '패배자', '우울한', '죽고 싶은' 등과 같은 애매한 단어들을 사용하면 단어의 의미가 무엇을 의미하는지 내담자에게 질문하는 것은 상담자가 내담자의 사고 과정을 이해하는 데 도움이 된다.

(2) 재귀인하기

자동적 사고와 가정을 검증하기 위해 대안적 원인을 찾는 것이 재귀인하기이다. 내담자는 자신의 상황이나 사건에 거의 책임이 없는데도 불구하고 그러한 상황에서 사건을 자신의 책임이라고 생각한다. 자신을 비난함으로써 내담자는 죄의식을 느끼거나 심한 우울감을 느낄 수 있다. 상담자는 이 기법을 이용하여 내담자가 부적절한 귀인에서 벗어날 수 있도록 어떤 사건의 정확한 인과관계를 조사하여 사건을 개인적인 것으로 받아들이거나 부정적으로 받아들이지 않도록 자신의 책임 여부를 객관적으로 알 수 있도록 도와준다.

(3) 인지 왜곡 명명하기

상담자가 인지 왜곡 전체 목록을 보여 주고 내담자가 사고에서 자수 일어나는 인지 왜곡이 무엇인지 명명하게 한다. 내담자가 사용하는 인지 왜곡이 흑백논리, 일반화, 선택적 추상 등과 같은 인지 왜곡 중 어떤 것인지 찾아 명명하도록 한다. 자신의 추론을 방해하는 자동적 사고를 범주화하는데 인지 왜곡 명명하기는 도움이 된다. 만약에 아버지가 항상 자기를 비판한다고 믿고 있다면 이 상황은 어떤 인지 왜곡인지 내담자가 명명하도록 상담자가 도와준다.

(4) 인지 예행연습

인지예행연습은 개인이 어떠한 상황에서 어떤 인식을 형성할 것인지에 대한 예행연습으로, 특정 상황에 대한 긍정적이고 건강한 합리적 사고 방식을 구축하는 훈련이다. 그러나 사람들은 긍정적인 상상보다는 파국적인 상상을 많이 한다. 이러한 파국적 상상은 인지적 예행연습을 통해 바람직한 방향으로 대체될 수 있다. 상담자는 내담자가 예행연습을 통해 발생할 가능한 일들에 적절한 방식으로 대처할 수 있도록 도움을 준다(Gerald Corey, 2017, pp. 480–482).

4. 인지주의의 상담과정

상담자는 먼저 내담자와 친밀한 상담 관계를 형성한다. 내담자들은 흔히 자신이 겪었던 사건으로 인해 정서적으로 고통을 받고 있다고 생각하는 경향이 있다. 상담자는 활성화된 사건(A)이 정서적 및 행동적 결과(C)를 가져온다고 믿는 내담자에게 그가 갖는 신념(B)이 개입한다는 것을 가르친다.

우리는 들어오는 많은 정보를 바탕으로 자기 대화와 자기평가를 통해 일어난 사건을 합리적 신념 혹은 비합리적 신념으로 처리한다. 어느 것을 선택하는가는 나에게 달렸다. 그리고 내가 선택한 신념에 따라 내가 느끼고 행동하게 된다.

1) 집단상담의 단계

인지행동 집단은 다양한 문제를 다루기 위해 주요한 관심은 참가자들의 행동을 분석해서 문제를 정의하고 구체적 목표를 설정하여 달성하도록 조력하는 데 있다. 이를 위해 집단과정에서 상담자는 집단을 구성하고 집단원들에게 방향을 안내하며 집단의 응집력을 조성한다. 그리고 문제행동을 탐색하며 행동 변화를 위한 기법을 사용하고, 그 과정을 평가해 가며 구체적인 변화 절차를 계획하고 실행에 옮긴다. 이러한 과정은 훨씬 더 구체적인 활동들로 구성되어 있다. 여기서는 집단상담의 과정을 크게 집단 초기 단계, 작업 단계 그리고 종결 단계로 나누어 살펴보고자 한다.

(1) 초기 단계

집단상담의 초기 단계에서 상담자는 집단을 구성하고, 집단원들에게 방향을 안내하며, 응집력을 형성하고 확립해 나간다. 대부분 구성원은 인지행동 집단상담에 대해 잘 모르고 있는 경우가 많아 참여하기 이전에 이들에게 집단과정에 관련된 정보를 주는 것이 필요하다. 사전 개별 면담과 첫 번째 집단 회기에서는 예비 참가자들의 기대를 탐색하고 집단에 참가 여부를 결정하도록 돕는다. 집단에 참여하기로 결정을 내린 사람들은 치료계약을 체결하고 집단상담자가 집단의 전 과정에 걸쳐 상담자가 구성원들에게 무엇을 기대하는지 또 구성원이 상담자에게 무엇을 기대하는지를 파악한다.

또한 구성원들에게 집단의 방향과 목적 및 내용, 책임 등에 대한 오리엔테이션을 실시한다. 오리엔테이션 과정에서 상담자는 주도적 역할을 하는데, 집단상담과 관련하여 구성원에게 협력의 중요성을 알리고, 집단상담과 관련된 정보나 사례연구의 경험 등을 그들에게 제공하기도 한다.

로즈(Rose, 1998)에 의하면, 상담자는 처음에 집단구성원들이 집단에 흥미를 갖도록 노력하고, 구성원들의 사회적 기능을 향상할 수 있는 집단 상황을 선정해야 한다. 그리고 점진적이고 적절한 방법으로 집단구성원들에게 집단을 이끌어 가도록 책임을 부여하고, 구성원들이 서로에 대한 치료적 동반자가 될 수 있는 환경을 조성해야 한다. 또한 집단 내의 지나친 집단 갈등을 통제하고, 집단 상호작용에 모든 구성원이 참여하는 방법을 찾아야 한다. 이 과정에서 상담자가 직접 구성원에게 방법을 제시하기보다는 구성원 스스로가 집단에 기능하도록 훈련한다. 체계적으로 구조화된 방식의 훈련을 통해 내담자가 현재 겪고 있는 문제의 해결을 촉진하는 데 도움을 준다.

(2) 작업 단계

작업 단계에서 치료 계획은 행동을 변화시키는 데 있어 효과적이라고 증명된 구체적 방법들 가운데 가장 적절한 일련의 절차를 선택하는 것이다. 치료 계획은 집단원 각자들을 위한 개별계획과 집단과정의 주요 방향에 관한 집단계획이 있다. 집단계획을 세우기 위해서는 먼저 구성원들 공통의 문제점을 평가할 수 있도록 개인과 집단에 관한 전반적인 자료들을 분석한다. 이러한 분석 결과를 근거로 하여 적절한 훈련 프로그램이 선택된다. 개별계획은 필요성에 따라 상담자와 구성원들이 의논하여 세우고 해당 장면에서 실행하게 된다.

집단 절차는 집단의 과정을 수정하는 상호작용적 활동이나 협동적인 활동을 말한다. 모델링, 행동 시연 강화, 피드백, 인지 재구성, 문제 해결 과정 검토 및 관련 정보의 수집 등이 집단 절차로 활용된다. 이러한 집단의 절차 및 과정이 진행되면서 집단응집력의 수준, 집단 참여도의 분포, 집단 내에서의 심리적 위계 또는 일부 집단 규범의 비중 등이 수정되거나 변화된다. 작업 단계에서는 상담 상황에서 생긴 변화를 일상생활 장면까지 유지 확대한다. 이를 위해 일상생활 장면과 유사한 행동 연습을 집단 장면에서 실시하고 이렇게 연습한 내용을 일상생활 장면에서 실행해 보도록 숙제를 주고 그 결과를 다음 모임에서 검토·보완하도록 하는 것이다.

이상의 전 작업 단계에 걸쳐 평가과정은 꾸준하게 이루어진다. 집단상담자는 회기의 효율성이 어느 정도이며, 상담목표가 얼마나 잘 이루어지고 있는지를 계속해서 평가해야 한다. 작업 단계에서 이러한 평가를 위해 상담자는 참여 정도, 구성원 만족도, 출석률, 회기와 회기 사이에 합의된 과제에 대한 완성도 등 자료들을 계속해서 수집해야 한다. 이 평가에는 집단 내에 문제가 있는지 또 목표가 어느 정도 달성되고 있는지 판단할 수 있는 자료도 수집한다. 집단 전 과정을 통해 개개인은 각자의 행동 및 그 행동이 일어나는 상황 등을 점검한다. 이러한 방법으로 상담자는 치료전략에 대한 효과를 신속하게 판단할 수 있다. 지속적인 평가과정을 통해 구성원과 상담자 모두가 효율적인 기법을 찾을 수 있게 된다.

(3) 종결 단계

집단상담의 종결 단계에서 상담자는 구성원들이 집단에서의 변화를 일상생활에 전이시키는데 일차적 관심을 둔다. 실생활에서의 훈련을 포함하는 실습 회기는 이러한 전이를 촉진한다. 구성원들은 일상생활에서 중요한 타인들에게 하고 싶은 이야기를 연습하며, 대안적 행동을 실습한다. 상담자와 더불어 강단에서 타인들로부터 받는 피드백은 이 단계에서 가장 유용하다. 각 회기는 새로운 행동을 일상생활에서도 점진적으로 수행할 수 있도록 체계적으로 계획되어 있다. 종결 단계에서 일반화에 대한 준비와 변화 유지에 더 관심을 두지만, 이는 집단의 모든 단계에서 보여지는 특징이다.

특히, 자기 책임감은 집단의 전 과정에서 강조되지만, 종결을 계획할 때 특히 중요하다. 종결 단계에서 상담자는 직접적인 치료자에서 조언자로 바뀐다. 구성원들이 새롭게 배운 기술들을 집단 밖의 새로운 상황에 적용해 보고 발전시켜 나갈 수 있도록 격려한다. 더 나아가, 이들은 집단 상황에서 직면하지 못했던 상황을 준비하는 방법으로서 자기 강화나 문제 해결과 같은 자조적 기술을 배운다. 내담자가 새로운 문제를 효과적으로 처리할 수 있는 자신 능력을 신뢰하게 되면, 이들은 집단으로부터 독립하게 된다. 종결할 때가 되면 집단 프로그램의 효율성을 평가하는 방안으로서 처음의 여러 가지 평가도구를 다시 사용한다.

종결 회기 이후에 추후 회기를 계획하는 것은 집단의 구성원이 직면할 수 있는 방해물을 예상하고, 계획을 세울 방법을 제시할 수 있기 때문에 매우 중요하다. 추후 면담은 구성원들이 변화 행동을 유지하고, 능동적인 변화가 일어나기 위해 보조 회기를 마련한다. 구성원들에게 배운 것을 살펴보고, 사용하고 있는 새로운 방법에 대한 정보를 얻고, 변화 여부에 대해 책임을 지도록 인식시킨다.

5. 인지주의의 평가

1) 평가 목표

인지치료의 기본적 목표는 내담자가 효과적으로 기능하도록 사고의 편견이나 인지 왜곡을 제거하는 것이다. 상담자의 관심은 부적응 행동이나 감정을 유지하는 내담자의 정보처리 방식이다. 인지치료 상담자는 내담자가 자신의 정보처리 오류를 확인하여 수정하도록 돕는다. 상담자는 내담자의 인지 왜곡을 도전하고, 검증하고, 논의해서 보다 긍정적인 감정, 행동, 사고를 갖도록 한다. 상담자는 구체적이고 우선적인 목표에 초점을 두며 집단원과 협동하여 상담 목표를 설정한다. 목표가 명료하고 구체적일수록 상담자의 도움으로 내담자의 신념 체계를 변화시키는 데 사용하는 방법을 선택하기가 용이하다. 상담 목표를 달성하기 위해 상담자는 구성원의 자동적 사고 및 핵심 신념과 그것과 관련된 정서와 행동을 확인하고, 이러한 사고의 타당성을 평가하고, 필요에 따라 부적절한 사고를 수정하도록 조력한다(Sharf, 2001, p. 306; Seligman, 2001, pp. 335-336).

인지 치료의 평가는 인지의 변화가 느려 치료 중에 평가하기가 힘들 수도 있다. 행동치료에 따르는 행동의 변화는 치료 후 비교적 즉각적으로 구체적으로 나타난다. 그러나 인지 변화는 적어도 수주 이상 걸리고 몇 개월 지나서 나타나기도 한다. 임상 연구에 의하면 인지 변화하는 데 시간이 오래 걸리지만 변화가 시작되면 장기적으로 지속하는 경향이 있다. 이런 경향성은 치료 효과 연구에서 과외 변인 통제의 문제가 생기게 되고, 순수한 치료 기제를 밝히는 데 어려움이 되기도 한다(Rachman, 1977).

2) 객관적 평가

인지행동 집단상담에서는 행동 변화 확인이 중요하다. 따라서 목표 행동이 결정되고 치료 목표를 구체화하고 치료 절차가 상세히 기술되면 치료 결과를 객관적으로 평가할 수 있게 된다. 인지행동 집단에서는 기법의 효과에 대한 평가가 중요하기 때문에 구성원이 목표를 달성하는 정도를 계속해서 평가한다. 첫 회기에서 치료기법이 적용되기 이전의 기저선을 파악한 후, 이후의 회기에서 계속 평가하여 참가자들이 목표를 어느 정도 달성하고 있는지를 알 수 있게 한다. 그 결과를 참가자들에게 피드백을 주는 것은 인지행동 집단상담의 중요한 부분이다.

그리고 어떤 기법을 사용할 것인지는 각 기법의 객관적 효과에 근거해서 결정한다. 기법들의 종류는 매우 다양하며, 인지행동 집단상담자들은 구성원의 사고, 감정, 행동 패턴의 변화에 도움이 될 수 있다면 다양한 기법들을 대상자에게 맞추어 선택하는 경우가 많다.

벡과 에머리(Beck & Emery, 1985)는 인지의 타당성을 평가하는 'A-FROG' 5단계 과정을 제안했다. 이는 개인의 사고가 합리적인지를 평가하는 기준으로, 다음과 같은 질문을 포함한다.

A: Alive – 나의 사고는 나를 생기 있게 하는가?
F: Feel – 이러한 사고의 결과로 기분이 더 나아졌는가?
R: Reality – 나의 사고는 현실적인가?
O: Others – 나의 사고는 다른 사람과의 관계에 도움이 되는가?
G: Goals – 나의 사고는 나의 목표를 성취하는 데 도움이 되는가?

이러한 질문에 대한 답이 모두 '예'가 아니라면, 그 사고는 역기능적이거나 왜곡된 것일 수 있다. 이러한 방법은 내담자가 자신의 사고 패턴을 평가하고 필요한 경우 조정하는 데 도움을 준다.

3) 행동 평가

행동 평가는 각 내담자의 특징에 맞는 구체적인 치료 계획을 세우고, 치료의 효과를 평가하는 데 필요한 정보를 얻기 위한 일련의 절차를 말한다. 행동 평가는 내담자의 문제에 대해 독특하고 상세한 정보를 얻는 것이 목적이다. 또한 내담자의 현재 기능과 생활환경에 초점을 두고, 다양한 상황에서 내담자가 일반적으로 어떻게 가능한지 알기 위해 내담자의 행동 관찰 자료를 모으는 것에 관심을 둔다. 그리고 내담자의 전체 성격을 다루기보다 좁은 범위에 초점을 두고, 치료와 통합되는 특성을 가진다(Spiegler & Guevermont, 2010).

PART

III

집단상담의 실제

9장

아동 집단상담

1. 아동 집단상담에 대한 이해

아동의 건강한 발달과 일상생활에 적응할 수 있도록 돕는 예방과 발달 관련 문제에 초점을 맞춰 운영하여야 하며, 아동 집단상담은 구조화된 프로그램의 형태로 운영하는 것이 효과적이다. 그리고 아동 집단상담은 새로운 기술을 습득하도록 돕는 데 있어 개인 상담보다 효과적이며 아동이 새로운 행동을 실험해 볼 수 있는 장을 제공하며 실험을 통해 습득한 행동을 실생활에 해 볼 수 있는 안전한 장을 제공할 수 있다. 그래서 아동에게 집단을 통해 얻을 수 있는 것과 한계에 대해 사전에 알려주면서 집단상담자가 정한 기준에 수동적으로 따라서 순응하기보다는 아동 자신에게 맞는 행동을 실험해 보고 피드백을 받을 수 있는 기회를 제공해야 한다.

아동 상담의 특성으로는 아동의 발달 과정 중이며, 가소성이 크고, 학령기이며, 성인에 비해 언어적 능력이 제한적이고, 자신의 문제를 다루려는 동기는 부족하다. 또한 행동 문제는 또래와의 상호작용과 밀접한 관련이 있고 부모의 보호와 양육에 의해 성장한다.

2. 아동 집단상담의 필요성

아동 집단상담은 아동기에 발생하는 문제를 조기에 적절한 상담을 통해 치료하고자 하는 필요성이 강해졌다. 아동기는 발달이 빠른 속도로 진행되기 때문에 한 시기나 단계에서 문제가 생겼을 때 신속하고 적절하게 개입하는 것이 중요하다. 그뿐만 아니라 아동은 신체적, 정신적, 사회적으로 미숙하기 때문에 주변에 성인의 도움을 필요로 함으로써 아동 집단상담은 지원 환경으로써 중요한 역할을 한다. 그래서 아동기의 건강한 발달은 청소년기와 성인기의 사회적 적응이나 성격 발달에 중요한 지표로 작용하기 때문에 도움이 필요한 아동의 경우 아동 상담과 같은 전문적인 도움이 절실하게 필요하다.

현대사회는 아동의 건강한 발달에 결정적인 영향을 미치는 다양한 요인들이 존재하고 아동기 문제의 심각성을 커지고 있기 때문에 아동 집단상담의 영역이 더욱 확대되어 가고 있다.

1) 가족구조의 변화에 따른 아동문제의 다양화

현대 가족의 다양한 문제점들이 아동문제를 야기하는 중요한 요인으로 작용한다. 가족구조의 불안정은 잦은 지리적 이동, 부모의 이혼으로 인한 가정파괴, 아동학대와 방임, 실직과 같은 예측 불허한 경제위기도 아동문제를 야기한다. 그리고 핵가족화로 자녀 양육을 제대로 전승받지 못해 지혜롭고 실질적인 양육 미숙으로 아동의 발달에 부정적인 영향으로도 작용한다.

결혼생활의 가치관 변화로 인하여 개인의 삶과 질이 중요하게 여겨지면서 상대 배우자에게 자녀 양육의 책임을 전가, 방치, 학대로 이어지는 경우도 많고, 부모 역할에 대한 무책임과 불감증이 아동문제를 초래하게 된다. 또한 저출산 문제는 부모의 과잉보호 문제를 발생시켜 아동의 자율성을 저해할 뿐 아니라 자기중심적, 타인에 대한 배려 부족 등 성격특성을 초래하고, 사회성 발달에 부정적인 영향을 미친다.

여성의 사회 지출, 취업모의 증가로 자녀 양육이 보육 및 교육기관에 의존하게 되며, 장시간 기관에서의 생활로 인한 영·유아 스트레스의 가중과 영·유아에 형성되어야 할 애착 문제가 발생하며 정서적 안정을 비롯한 기본적인 욕구 충족 등이 잘 이루어지지 못한다.

2) 또래 괴롭힘과 폭력 등 학교 환경의 문제

초등학생이 학교라는 사회에 적응하기 위해서는 학교 교육의 틀 안에서 기본적으로 요구되는 학교 규칙과 학습활동뿐 아니라 바람직한 생활 태도와 학교 및 교사, 학생들 사이의 원만한 사회화를 필요로 한다. 학교생활을 통해 많은 사회적 관계를 형성하게 된다.

또래 관계의 중요성이 점차 커지면 큰 영향을 미치며, 또래관계 문제에서 겉으로 드러나는 괴롭힘은 명백한 공격성과 더 밀접하게 관계가 있다. 특히 남자 아동에게서 더 많이 나타나고, 내재화 문제는 아동기에 시작되어 청소년기를 거쳐 증가하여 성인기까지 지속하는 양상을 보이기 때문에 예방과 치료적 개입이 절실한 문제로 드러나고 있다.

또한 또래 괴롭힘 및 왕따 문화는 아동의 문제를 매우 심각하게 만드는 중요한 사회환경으로 작용한다. 이러한 현상은 아동의 문제가 단순히 발달상의 문제가 아닌 심각한 수준임을 반영하는 실례로 작용하고 아동기 문제가 그 심각성이 깊어지고 문제의 위험성이 더 깊어진다는 것을 반영한다고 할 수 있다.

3) 놀이문화의 변화

아동은 놀이를 통해 자신의 영혼에 있는 무언가를 자유롭게 표현할 수 있기 때문에 인간의 가장 순수하고 가장 정신적인 활동이다. Freud(1961)는 아동들이 실제 생활에서 큰 인상을 받게 되면, 놀이 속에서 반복하고, 반복을 통해 받은 인상의 강도를 재 산출해냄으로써 "아동 스스로 그 상황의 지배자가 되도록 한다"고 주장한다.

놀이는 일반적으로 재미있으며, 실외에서 행해지는 활동이며, 친구들과 함께하고, 자유롭게 선택할 수 있고, 일이 아닌 것을 의미한다.

그러나 인터넷 문화의 영향은 아동에게 현실 세계에서의 접촉과 상호작용의 경험 양을 줄어들게 만들고 가상현실 속에서 비현실적 방식으로 문제를 해결하려는 심리적 문제를 야기하는 요인으로 작용하게 된다. 그래서 아동은 현실과 비현실의 구별이 모호하고 사람과 상호작용하는 방법을 알지 못하고 건강한 성인의 문화를 접는 기회를 잃어버리게 되고, 폭력적이고 자극적인 화면에 노출되면서 더욱 폭력적인 성향이 늘어가게 된다. 더군다나 이런 문화는 아동의 심리 세계를 어지럽게 만들고 실질적으로 필요한 분별력과 인내력으로 자기 통제 능력을 상실하게 만드는 부정적인 요인으로 작용하게 된다.

4) 사교육 열풍

사교육은 공교육과 대비되는 교육으로 학교 밖에서 행해지는 모든 교육활동을 의미하며, 학교 교육 이외에 받는 모든 교습행위, 학원 수강은 물론 학교에서의 보충수업, 자율학습 그리고 TV 가정학습까지 포함하는 일체의 과외 교육이라고 본다. 더욱 심화된 경쟁사회에 따른 아동들의 사교육 증가는 아동의 스트레스를 가중시키는 중요 요인으로 작용한다.

사회가 복잡해지고 성공지상주의가 팽배해지면서 아동들에게 학업 우수와 성공에 대한 스트레스가 가해지고 있다. 성인처럼 아동도 심각한 스트레스 상황에 노출됨에 따라서 아동들에게도 상담이 절실하게 필요한 사회가 되어가고 있다. 경쟁적이고 성공에 대한 목표를 강조하는 사회 분위기와 양육은 아동에게 감당하기 어려운 수준의 긴장과 불안 그리고 무기력감을 유발하여 아동에게 우울과 같은 만성적인 질환을 유발하는 요인으로 작용하게 된다.

3. 아동상담의 유형

아동의 욕구에 따라 상담 관계 유형을 구분하고 그에 따른 적절한 치료계획과 치료적 접근법을 활용한다. 즉 아동의 욕구에 따라 문제 예방 상담, 발달과 성장 상담 그리고 문제해결 상담 등 그 유형을 결정해야 한다.

1) 아동의 문제 내용에 따른 아동 상담 유형

(1) 정신건강 상담

아동의 스트레스 인지율 우울과 불안 및 공격성, 자살 생각, 문제적 게임 이용율은 성별, 연령 별로 차이가 있지만 아동이 속한 가구와 가족의 구성원, 소득수준에 따라 차이가 있다. 아동 집단상담으로 다양한 정신적 문제, 심리적 문제, 사회적응 문제, 정서적 문제 등이 있다.

(2) 진로 상담

아동이 자기 자신에 대한 올바른 이해가 필요하다. 올바른 이해란 보다 정확한 이해, 객관적인 이해를 말하며, 자기에게 맞는 일과 직업을 선택하기 위해서는 무엇보다도 자기의 가치관, 능력, 성격, 적성, 흥미, 신체 등에 대하여 올바르게 이해하는 것이 필수이다.

(3) 성 상담

아동의 성 문제의 원인에 따라 상담 접근 방식도 달라진다. 상담자가 상담과정에서 고려해야 할 사항이나 활용해야 할 상담 전략이나 기법은 아동이 호소하는 문제와 원인에 따라 다양할 필요가 있다. 성 상담은 자위행위, 성 욕구, 이성 관계, 성희롱, 성폭력 등이 있다.

(4) 성장 상담

효과적인 인간관계 기술의 향상으로써 올바른 자기 이해, 자기결정 그리고 자기 지도의 능력을 함양시키는 것이다. 보다 나은 삶을 위한 자기 이해 및 성장을 위한 상담이다.

(5) 비행 상담

아동은 자기에 대한 만족 및 수용 정도가 낮아 자신이 못나고 열등하며, 쓸모없고 사랑받을 만한 존재가 아니라고 느끼며, 자신의 감정이나 욕구를 무시하거나 때로는 감정이나 욕구를 조절하지 못하고 상황을 고려하지 못한 채 행동으로 옮긴다. 애착 욕구, 공격성, 분노 폭발, 소속감, 소외감, 질투 및 시기심, 학업 문제 등이 있다.

(6) 학습 상담

학습장애 아동이 학교생활에서 경험하는 학습 관련 문제는 심각한 학습 결손으로 기본적 학습기능의 결손아동을 말한다. 학습 습관, 학습 방법, 학습 기술 부족, 학업성취 문제 등이 있다.

(7) 물질 남용과 중독 상담

알코올, 니코틴, 약물, 게임 중독 등 자기 통제력의 상실과 자기 파괴 습관, 자기 세계에 몰두하는 행동, 비현실적 사고 및 현실 부적응 문제 등이다. 물질 사용의 일부 행동 징후는 괴상한 행동, 우울증 또는 기분 변화, 태도 변화, 불안한 행동, 거짓말, 비밀스러움, 방문 잠그기, 친구 관계 변화, 학교 성적 저하, 취미에 관심 저하, 공격적이거나 분노를 폭발하며 무책임한 행동 등이다.

(8) 가족 문제 상담

가족의 호소를 들으면서 가족과 함께 문제를 탐색해 나간다. 필요할 때는 그 자리에서 치료적 대화가 이루어지거나 부모 교육과 코칭을 하며, 개입 단계에서는 게임, 인형 치료 등을 통해 문제를 보다 명확히 하면서, 구체적인 치료적 교육과 코칭을 한다. 부모-자녀관계, 부부관계, 고부갈등, 가족폭력, 아동학대 등이다.

2) 상담에 참여하는 구성 인원수에 따른 아동 상담 유형

(1) 개인 상담

아동의 변화를 목적으로 상담사와 아동 간의 대면으로 볼 수 있으며, 아동이 가지고 있는 문제를 해결하고, 주요 증상을 완화하기 위해 여러 이론적 기법과 가정을 토대로 이루어진다. 상담자와 아동이 일대일로 상담을 하는 유형이며, 상담자와 아동 간의 라포 형성이 용이하며 대부분의 아동 상담은 개인 상담 형태로 이루어진다. 아동의 요구나 문제에 초점을 맞춰 상담 가능하며 부모가 아동에게 영향을 미치는 주요 환경요인으로써 아동 상담의 효과를 좌우하기 때문에 부모 상담을 병행해야 한다. 학습 문제나 행동 문제와 같이 집중적 상담을 요하는 문제는 개인 상담이 더 적합하다.

(2) 집단상담

집단의 역동성에 따른 치료적 힘이 정서적 유대감과 소속감을 경험할 수 있으며, 구성원 간의 상호작용 과정과 집단역동을 중시하고, 다른 아동들과의 상호작용을 통해 자신의 행동을 비교하고 사회적 기술 등을 배운다.

집단 구성 시 아동의 수는 성숙도, 주의집중, 시간에 따라 다르며 집단원의 성별 구성은 학령기 이전 아동들은 혼성집단으로 초등학교 고학년의 아동은 동성 집단으로 하는 것이 적절하다. 아동들의 병리적인 문제보다는 주로 발달의 문제를 다루거나 생활 과정의 문제를 다루며, 대인관계에서의 태도, 정서, 의사결정과 가치문제 등을 다룬다.

집단상담의 장점은 효율성, 공통적 경험, 다양한 자원과 관점, 소속감, 기술 연습, 피드백, 다양한 학습, 실생활 접근 등이다.

(3) 부모 상담

아동 상담의 효과를 높이기 위해서는 상담자와 부모와의 협력이 중요하며, 아동의 심리, 정서 및 행동적인 문제를 개선하기 위해서는 부모 상담이 필수적이다.

부모 상담의 목적은 치료관계의 유지, 정보수집, 정보제공, 부모 자신에 대한 심리치료이다.

(4) 가족 상담

가족 상담에 의뢰된 아동의 문제는 가족의 역기능이 원인일 수 있고, 아동의 문제가 가족 전체의 문제일 경우에는 가족 전체를 상담에 포함시켜야 아동에게 제대로 된 도움을 줄 수 있다.

가족 상담 종류는 다세대 가족 상담, 구조적 가족 상담, 의사소통 가족 상담 등이다.

(5) 교사 상담

아동의 제2 부모인 교사는 교육자로서 아동을 올바르게 지도뿐만 아니라 상담자로서 아동의 건강한 정서발달을 위해 노력해야 한다.

교사들은 아동들을 부모 다음으로 많은 시간 동안 지켜보기 때문에, 아동의 문제행동이나 부적응 행동을 조기에 발견하여 문제가 더 심각해지기 전에 적절한 개입을 함으로써 아동의 건강한 발달을 도모할 수 있다.

3) 상담 기간에 따른 분류

상담 기간을 정할 때는 아동문제의 형성 배경이나 빈도, 강도 등과 상담 진행과정에 영향을 미치는 외적 요인(가정의 경제 상황, 부모의 참여 정도, 가정환경 등)과 아동의 내적 요인(문제의 정도, 성격, 기질, 연령 등)을 평가하여 유형 결정한다.

(1) 단기 상담

보통 일주일에 1회(2~3회 실시하는 경우도 있음), 15회기 이내, 4개월 미만인 경우이다. 아동의 약점보다는 강점을 중심으로 해결 중심을 강조하여, 행동 변화가 나타나거나 목표에 도달하면 상담 종결한다.

(2) 장기 상담

상담의 회기가 15회기 이상이고, 비용이나 상담 기간이 내담자에게 큰 부담이 될 수 있다.

4. 아동 집단상담의 기법

집단의 형태 및 이론적 지향에 따라 다양한 상담자의 기술들이 논의될 수 있으나 여기서는 대부분의 집단상담에 공통적으로 적용되는 기본적인 기술들을 제시하고자 한다.

1) 분위기 조성

분위기 조성은 아동 집단원들이 집단상담에 집중할 수 있도록 집단의 분위기를 형성하는 것으로 일반적으로 집단상담이 시작될 때 상담자의 말이나 행동을 통해 이루어진다. 그래서 집단상담에 방해가 되는 요소를 제거하고 아동 집단원들 간의 지지적인 분위기를 조성할 수 있다.

2) 지지와 격려

지지와 격려는 아동 집단원이 하기 힘든 이야기를 하거나 감정적으로 어려움을 겪고 있을 때 집단구성원들의 어려움을 이해하고 응원하는 기법이다. 그래서 집단상담에 대한 신뢰감을 형성할 수 있고, 아동 집단원이 자신에 대해 탐색도 할 수 있다.

3) 초점 맞추기

초점 맞추기는 아동 집단원이 집중하고 있는 활동, 집단상담의 주제, 아동 집단원의 이야기와 감정 등에 집중해서 이야기할 수 있도록 돕는 활동이다. 그래서 집단상담에 관심이나 주의집중을 할 수 있을 뿐 아니라 회기별 목표 달성이나 집단상담의 분위기 형성 및 유지를 하고, 아동 집단원의 내면 탐색도 할 수 있다.

4) 경청과 공감

경청은 관심을 기울여서 아동 집단원의 의사소통을 잘 듣는 것인데 단순히 말의 내용을 파악하는 데 그치는 것이 아니라 몸짓, 표정, 음성에서 섬세한 변화를 알아차리며 저변에 있는 메시지와 감정도 감지하여 이해하는 것이다. 이때 바른 이해를 위해 상담자의 선입견·고정관념이 개입된 주관적 이해가 아닌 가능한 한 객관적 이해가 되게 하며 이를 위해 상담자는 자신의 감정 및 집단의 흐름과 상황에 깨어 있어야 한다.

공감은 아동 집단원의 주관적 세계를 감지하는 기술이다. 아동 집단원을 아끼고 존경하며, 아동의 말을 적극적으로 경청하여 상대방 입장에서 느끼고 생각해야 한다. 그래서 아동 집단원이 경험한 정서를 같이 경험하는 것을 의미하며, 아동의 감정을 상대 입장에서 이해하고 느낄 뿐만 아니라, 이해하고 느낀 감정을 상담자의 말로 아동에게 표현해서 전달하는 것이다.

아동 집단원의 비언어적 표현까지도 공감할 수 있어야 하며, 공감받는 경험을 통해 자신이 상담자에게 이해받고 있다고 느끼고, 상담자와 보다 신뢰관계를 형성해서 자신을 더 깊이 드러내게 된다.

상담 초기 신뢰 관계 형성에 중요한 역할을 하며 상담자의 발달 수준에 맞추어서 놀이, 미술, 음악, 책 등을 활용하면 도움이 된다.

5) 반영하기

반영하기는 아동 집단원이 말한 내용 자체보다는 그 내용 뒤에 숨어 있는 감정을 파악하고 그것을 다시 아동 집단원에게 전달하는 것이다. 아동 집단원의 진술에서 어떤 사건, 상황, 대상, 생각 때문에 생긴 감정을 상담자의 말로 되돌려 주는 것이며, 상담의 초기나 중기에 사용하는 기법이다. 반영의 기술을 통하여 말 뒤에 숨어있는 느낌을 볼 수 있도록 도전해야 하면, 그렇게 하는 과정에서 의미 있는 의사소통의 기회를 만들 수 있다.

정확한 반영은 아동들에게 자신이 이해받고 있다는 느낌이 들게 하고, 자신의 감정에 솔직해질 수 있게 하며, 반영의 형식은 "~~(사건, 상황, 사람, 생각) 때문에 ~~한 느낌(감정, 정서, 기분)이 드는구나"이다.

6) 명료화

명료화는 아동 집단원이 분명하게 말하지 않는 부분에 대한 구체적이고 명료하게 표현하도록 돕는 기법이다. 그래서 아동 집단원의 표현을 정확하게 이해하고 있는지 확인 할 수 있다. 다시 말해 아동 집단원 간의 의사소통을 촉진 시킨다. 명료화 이전에 충분한 공감이 선행되어야 하며 "~~라는 것은 ~~라는 뜻이니"라고 질문을 한다.

7) 직면

직면은 아동 집단원이 인식하지 못하고 있거나 인정하기를 거부하는 생각과 느낌에 대하여 상담자가 솔직하게 지적해 주는 것이다. 이때 상담자는 아동 집단원의 언급된 말과 행동 간, 표현된 행동과 행동 간, 현실적 자아와 이상적 자아 간, 언어적 행동과 비언어적 행동 간, 환상과 현실 간, 상담자의 지각과 아동 집단원의 지각 간의 불일치를 지적하여 직면시키게 된다. 이렇게 함으로써 아동 집단원들이 다루고 싶어 하지 않거나 스스로 인식하지 못했던 자신의 모순점을 깨닫게 한다. 그러나 직면을 부적절하게 사용했을 때는 집단원들의 공격이나 위협으로 받아들이게 된다. 직면할 때는 수용적이고 이해하는 태도로 해야 한다.

8) 해석

아동 집단원이 표현했던 말 속에서 그의 감정과 사건, 행동들의 관계 및 의미를 명확하게 의식하지 못할 때 상담자가 이에 대한 가설을 추측으로 해석하여 제시하거나 설명해 주는 것이다. 방어, 감정, 저항, 전이를 해석하는 것일 수도 있고 아동 집단원의 행동과 감정 간, 감정과 사고방식 간, 행동과 사고방식 간의 인과관계를 설명하는 것일 수도 있다. 그러나 아동 집단원들이 상담자의 해석을 받아들이지 못한다면 상담자의 해석은 가치가 전혀 없게 된다.

또한 적절한 해석 방법이란, 해당 아동 집단원들이 수용할 수 있는 시점에서 아동 집단원이 소화할 수 있는 수준, 분량, 내용 등을 생각하여 논평이나 해석이 전달되는 것을 말한다. 따라서 그 표현 양식, 전달 시기 등이 언급되는 내용이 중요하다.

9) '지금-여기' 알아차리기

집단상담 장면에서 발생하는 사건이나 감정은 과거와 관련된 생각과 감정을 좀 더 생생하게 알아차리고, 자신의 문제를 탐색할 수 있는 유용한 기회가 될 수 있다. 그래서 과거와 현재의 경험을 연결하여 탐색할 수 있고 또한 자신의 감정을 이해하며, 자신의 문제를 탐색할 수 있다.

10) 노출하기

상담자는 자기 노출을 통하여 아동 집단원에게 유사성과 친근감을 전달할 수 있고, 또 상담자와 아동 집단원 간의 보다 깊은 이해를 발달시킬 수 있다. 스스로 자기 노출을 통하여 자신의 사적인 생각, 태도, 현재의 느낌, 행동을 솔직하게 보여주고 집단원들이 이를 자유로이 다룰 수 있도록 함으로써 아동 집단원에게 모범이 되는 것이다.

11) 격려와 지지

격려와 지지는 치료적일 수도 있고 비생산적이 될 수 있다. 보편적인 잘못은 아동 집단원이 갈등이나 어떤 고통스러운 느낌을 충분히 경험하기 전에 심적인 지지를 해주는 것이다. 그런 경우 비록 좋은 의도에서 했더라도 그 아동 집단원이 경험해야 할 필요가 있는 느낌을 충분히 경험하지 못한 채 중도에 그치고 만다. 꼭 지지가 필요한 경우는 아동 집단원이 위기에 직면했을 때, 불안하여 표현을 못하거나 두려워할 때, 미지의 행동을 모험적으로 감행하려고 할 때, 바람직하지 못한 행동을 제거해 보려고 노력할 때 등등이다. 그러나 격려나 지지가 단순한 동정이나 감정의 이해, 위로로 그치기보다 그의 행위가 내포하고 있는 잠재력, 가능성 등을 보게 해주어야 할 것이다.

12) 상호작용의 변화

상담자는 아동 집단원의 역기능적 행동을 비롯하여, 집단 외부의 사람·사건에 관해서만 이야기를 주고받거나, '난 항상 그래 왔어', '시간이 흐르면 고쳐지겠지' 같은 피상적인 화제가 지속되거나, 자기 고백을 강요하거나, 한 사람이 다른 사람의 대변인 역할을 계속하거나, 아동 집단원들이 편을 갈라 서로 적대적 상호작용으로 치닫고 있을 경우 등 아동 집단원의 바람직하지 못한 행동을 제한하여야 한다. 이때 아동 집단원의 인간 자체를 비난하거나 공격함이 없어 비생산적인 행동을 제한하며 이를 통해 집단과정을 촉진시키는 것이다.

13) 집단과정의 촉진

상담자는 아동 집단원들이 그들의 느낌을 솔직하게 표현하도록 돕고, 안전하고, 수용적이고 편안한 분위기를 조성하는 데 힘쓰고, 한 아동의 관심사나 문제에 관해 아동 집단원들이 같이 생각하도록 초점을 맞추고, 유도 혹은 도전을 통하여 가능한 한 많은 아동 집단원을 참여시키며, 상담자에게 의존하는 경향을 줄이고, 아동 집단원의 자기 탐색과 이해를 돕고 명료화를 위한 적절한 질문을 하며, 한 아동 집단원의 말과 행동을 다른 아동 집단원의 관심에다 연결 시키며, 갈등이나 의견의 불일치를 공공연히 표현하도록 장려하고 침묵을 활용하며, 분명하고 간결한 의사소통의 시범을 통하여 의사소통의 장애물을 극복하도록 도움으로써 집단과정을 촉진 시킬 수 있다.

14) 침묵

상담자의 침묵은 아동이 말하는 것을 수용하여 이야기를 듣고 있거나 더 이야기하게 하고 싶은때 사용하며, 아동 집단원의 침묵은 말할 것이 없거나 상담자에 의해 위협받았을 때, 말할 것이 불확실할 때, 처벌받고 비난받는 것을 두려워할 때, 말하는 것이 거부될 것을 두려워할 때, 상황을 회피할 때 사용한다.

침묵은 생산적일 수 있고, 아동 집단원의 침묵하는 것을 허용할 필요가 있다.

5. 아동 집단상담의 실제

본 프로그램에서는 학생들이 자기를 이해하고 자기 자신을 있는 그대로 받아들이고 인정할 수 있는 자기수용 그리고 대인관계를 적절하게 맺는 데 중요한 자기 개방과 자신의 대인관계 유형에 대해 살펴봄으로써 보다 효과적으로 대인관계를 향상시켜 원만한 학교생활을 할 수 있도록 돕기 위한 것이다.

1) 1회기-나를 소개합니다

참여인원	8~12명	운영방법	모둠을 나누어서 프로그램을 운영한다
활동목표	• 집단상담 프로그램의 목표와 방법에 대해 이해한다 • 자신에 대해 표현하고 소개하는 과정을 통하여 집단원 간의 친숙한 분위기를 조성한다.		

과 정	활 동 내 용	시간(분)	자료 및 준비물
도 입	• 상담 진행 과정을 설명한다. • 참여 방법 및 주의 사항을 안내한다. • 오늘 활동할 내용을 안내한다.	10	오리엔테이션 안내지
전 개	• 자기 이름에 얽힌 사연 소개하기 – 이름에 얽힌 에피소드를 발표한다. – 이름 때문에 도움을 받았던 경험을 말한다. – 이름 때문에 불이익을 받은 경험을 말한다. • 중요한 타인이 되어 자기 소개하기 – 진행 방법 이해하기 – 자신에게 중요한 사람이 되어 자기 자신을 소개하도록 한다. – 소개가 끝나면 집단원 간에 자연스럽게 질문할수 있도록 한다. • 별칭 짓고 별칭에 얽힌 사연 말하기 – 각자 생각나는 별칭을 짓게 한다. – 별칭에 얽힌 사연을 듣고 대화한다.	45	모둠별 1개 사인펜 A4용지
정 리	• 지금까지의 활동에 대한 생각과 느낌을 발표하고 정리한다.	5	
차시예고	• (2)회기: 나는 누구인가?		
유의점	• 상담사는 학생들이 자기를 소개할 때 항상 긍정적인 반응(웃는 표정, 끄덕임)을 보여준다. • 아동집단원들이 친구들의 의견을 존중하도록 지도한다. • 친구들에게 드러내기 어려운 것은 드러내지 않아도 되며, 사적인 비밀은 지켜 주도록 당부한다.		

(1) 도입-진행방법 및 활동 안내하기

자신의 성장과 타인에 대한 이해를 목적으로 매주 정해진 요일에 정해진 시간, 정해진 장소에서 실시하고 불가피한 사정으로 참석하지 못할 때에는 교사에게 미리 연락을 한다(연락망).

① '지금-여기'에 관심을 집중한다.
② 최대한 정직하고 솔직하게 이야기하고, 상대방의 욕구에 대해 관심을 기울인다.
③ 그들의 감정은 있는 그대로 수용한다.
④ 자신에 관한 이야기를 한다.
⑤ 자신의 '느낌'에 집중하고 생각을 너무 많이 하지 않는다.
⑥ 다른 사람을 판단, 평가하거나 조언하지 않는다.
⑦ 누군가와 이야기를 하고 싶으면 상대방의 눈을 바라보면서 이야기한다.
⑧ 집단에서 이루어진 어떤 것이라도 집단 밖에서 화제로 삼지 않는다.
⑨ 자발적, 적극적으로 참여한다.
⑩ 나의 성장을 위해 참여한 자신에게 안아준다.

(2) 전개

자기 이름에 얽힌 사연을 이야기 나누기

① **목적 및 기대효과**

- 그 사람의 가족 배경, 가족이 그 사람에게 가지고 있는 기대 등을 알 수 있다.
- 자신의 이름에 대한 만족/불만족을 통해 자존감의 정도를 추측해 볼 수 있다.
- 이름에 얽힌 에피소드나 이름으로 인해 붙여진 별명으로, 그것에 대한 느낌, 대처방식 등을 통해 그 사람에 대한 친구들의 생각 등 이야기를 나눈다.

*** 촉진적인 질문의 예**

이름을 지어준 사람은 누구인가? 이름의 뜻 혹은 유래가 있는가? 이름에 대한 느낌(만족도)이 어떤가? 이름에 얽힌 에피소드가 있는가? 이름으로 인해 손해

보거나 덕을 본 일은 있는가? 같은 이름을 가진 사람을 만난 일은 있는가? 이름으로 인한 별명이 있었는가? 등등

② 중요한 타인이 되어 자기소개하기

본 프로그램은 집단의 첫 1~2회기에 실시하는 자기소개 프로그램으로써 자신을 잘 알거나 혹은 자신이 좋아하는 등 자신에게 중요한 타인이 되어서 자신을 소개하도록 진행된다. 자신에게 중요한 사람이 되어서 스스로 소개해 봄으로 자신에 대한 정보를 제공하고, 중요한 타인이 누구이며, 그 사람에게 자신이 어떤식으로 비치고 있는지에 대한 스스로 조망도 함께 볼 수 있는 장점을 가지고 있는 활동이다.

- 본 프로그램에 대해 소개를 한다. 즉, 자신이 직접 소개를 하는 것이 아니라 중요한 타인이 되어서 소개를 하는 것이라고 일러 준다.
- 중요한 타인이 되어 자신을 소개할 때 자세는 마음대로 할 수 있다.
  소개할 때는 가급적 그 사람과 억양이나 목소리, 제스처도 비슷하게 소개하도록 한다.
- 소개가 끝나면 아동 집단원들은 방금 소개받은 아동 집단원에 대한 질문을 할 수 있다. 3~4개 정도의 질문이 적당하다.
- 질문이 끝나면 소개를 위해 나와 주신 분께 답례의 박수를 보낸다.
- 자연스럽게 다른 아동 집단원으로 순서가 돌아간다.

③ 부수효과

- 아동 집단원에게 중요한 타인이 누구인지 그리고 그 사람과의 관계가 어떤지에 대한 정보를 함께 얻을 수 있다.
- 같은 시간에 많은 정보가 집약되어 나타날 수 있으므로 집단의 응집력에 도움이 된다.
- 활동 자체가 움직여서 일정한 자세를 만들고, 주요한 타인이 되는 역할놀이의 성격을 지니므로 긴장을 풀면서 재미있는 활동이 될 수 있다.

④ **유의 사항**

- 활동 전에 워밍업(warming-up) 활동을 하여 긴장을 풀고 본 프로그램에 몰입할 수 있도록 준비한다.
- 자신을 정말 잘 아는 사람만이 할 수 있는 깊이 있는 소개를 하도록 요청한다. “나를 잘 아는 사람이 없다.”고 할 경우에는 중요한 정보로 캐치해 두고 대안으로 “나를 좋아하는 사람”이 되어 소개하도록 한다.
- 정말로 자신을 잘 알 만한 사람을 선택하도록 한다. 이때 나를 잘 아는 사람과 친한 사람과는 다르므로 잘 아는 사람을 선택하도록 한다.
- 아동 집단원에 대한 질문을 할 때는 너무 무거운 것이나 너무 피상적인 것은 피하도록 한다.

＊ **촉진적인 질문의 예**

저 사람의 어떤 점이 좋은가? 정말 이해가 안 되는 점은? 저 사람이 여기서 바라는 것이 무엇인가? 어떨 때 제일 행복해하는가? 지금 저 친구의 심정이 어떨 것 같은가? 저 사람이 자신을 소개할 사람으로 왜 당신을 선택한 것 같은가? 저 사람은 잘 깨닫지 못하지만 당신에게는 보이는 저 사람의 모습이 있는가?

⑤ **별칭 짓고 별칭에 얽힌 사연 말하기**

- 개관

  이 활동은 집단상담이 시작하기 전에 자신의 별칭을 한 가지씩 새로 짓거나 이전의 별칭을 소개함으로써 자신을 다른 사람에게 알리는 활동이다. 집단에서는 이름보다는 별칭을 사용하는 경우가 많은데, 그것은 아동 집단원 안에서는 동등한 인격으로 대하자는 의도가 내포되어 있다. 따라서 집단이 시작되기 전에 집단 밖에서의 상하관계를 벗어나게 하고, 한결 평등한 관계로 상호작용하게 할 수 있다.
- 별칭을 사용할 때는, 아동 집단원에 대한 가족, 친구 등의 기대 혹은 그의 사회적인 모습이 반영되어 있는 경우가 많으므로 개개인에 대해 더 잘 이해할 수 있다.

- 원하는 별칭을 지어 사용할 경우, 그의 욕구와 바람, 지향, 자기상은 물론 현재의 고민거리나 과제 등을 반영하는 경우가 많아 서로에 대한 이해가 심화되는 것은 물론 집단활동을 통해 그를 도울 수 있는 점도 짐작해 볼 수 있다.
- 별칭을 불리면서 한 집단에 속했다는 소속감과 함께 집단 내 친밀감과 응집력을 촉진시킬 수 있다.
- 별칭 짓기는 '자기소개' 뒤에 실시하면 그 사람에 대한 대략적인 이미지와 정보를 알고 있기 때문에 긴 설명 없이도 별칭과 그 선택 이유를 수긍하기 쉽다.

*** 촉진적인 질문의 예**

별칭을 '지은 이유'에 대해 반드시 설명하도록 한다. 왜냐하면 그 별칭에 부여된 의미와 기대를 스스로 탐색하고 나누는 것이 중요하기 때문이다. 단 길게 늘어지지 않도록 간략하게 설명할 것을 강조한다. 단순히 자신의 별칭 중 하나를 택했다고 할 때에는, 그 별칭을 택한 이유를 묻는다.

(3) 정리

① 아동 집단원 모두에 대한 소개가 끝나면 상담자는 이 프로그램을 하고 난 후의 느낌에 대해 이야기를 나눈 후, 느낀 것, 지금의 마음 등 대해 이야기를 나눈다.

② 기타 주의 사항

- 핸드폰, 음식, 화장실 가기 등으로 집단 진행에 방해가 되지 않도록 한다.
- 집단 시작 시간을 엄수해 주시고, 특별한 사정으로 참석하지 못할 경우에는 사전에 상담사나 교사에게 꼭 연락한다.
- 한 사람의 결석이나 도중하차가 집단 전체에 지대한 영향을 미치는 만큼 가능한 한 결석 없이 끝까지 참석한다.

2) 2회기-나는 누구인가?

참여인원	8~12명	운영방법	모둠을 나누어서 프로그램을 운영한다
활동목표	• 집단원 간에 신뢰감과 친밀감을 증진시킨다. • 자신의 일생을 돌아보면서 자신을 탐색하고 이해한다.		

과 정	활 동 내 용	시간 (분)	자료 및 준비물
도 입	• 이 회기의 목적과 진행될 내용에 대하여 설명한다. • 눈을 감은 채 자신의 주변 사람들의 모습을 떠 올리고 그들과의 관계를 생각하게 한다. • 오늘 활동할 내용을 안내한다	10	
전 개	• 나 뭐 달라진 것 없어요? – 두 사람씩 짝을 이룬다. – 한 사람이 2분 동안 눈을 감고 있는 동안 나머지 사람이 뒤를 돌아 자신의 모습에 3가지 이상 변화를 준다. – 눈을 감은 사람은 눈을 뜬 후 상대방의 변화된 모습을 찾는다 • 나는 누구인가?(문장 완성하기) – '나는 어떤 사람인가?' 유인물을 1장씩 나누어준다. – 작성방법 유의 사항에 대하여 설명한다. – 문항에 응답한 뒤 차례대로 발표하게 한다. – 작성하지 못한 항목이 무엇인지, 쓰기 쉬웠던 항목이 무엇이며 그 이유가 무엇인지에 대하여도 이야기하게 한다. – 자신에 대해 새롭게 깨달은 점, 작성하고 발표할 때의 느낌을 질문하고 발표한다.	40	모둠별 1개 사인펜 A4용지
정 리	• 활동의 느낌을 발표하게 한다. • 이 회기의 목적과 필요성을 정리한다.	10	
차시예고	• (3)회기: 가족이라는 울타리		
유의점	• 질문에 깊이 생각하지 말고 생각나는 대로 빨리 작성하도록 한다. • '지금- 여기'의 생각과 느낌을 솔직하게 표현하도록 한다. • 최대한 자신의 모습을 있는 그대로 솔직하게 드러내도록 권유하고, 알게 된 개인적인 비밀은 반드시 지키도록 한다.		

(1) 도입-진행방법 및 활동 안내하기

① 아동 집단원 간에 신뢰감과 친밀감을 증진시킨다.

② 자신의 일생을 돌아보면서 자신을 탐색하고 이해하다.

③ 이 방법은 집단에서 처음 만났을 때 할 수 있는 프로그램으로서 미완성의 문장을 완성시키는 활동이다. 상담자가 먼저 예를 들어주면 이해가 빨라지므로 도움이 된다. 이때 암시적이 되지 않도록 주립적인 예를 드는 것이 좋다. 아래에 제시된 문항들의 경우, 대상이 집단 밖에 있는 사람이 아니라 집단구성원들이기 때문에 하기 어려운 직면이 될 수도 있다. 그러나 이 단계를 잘 넘기면 훨씬 가깝고 신뢰로운 관계로 발전할 수 있다.

(2) 전개

① 나 뭐 달라진 것 없어요?

- 두 사람씩 짝을 이룬다.
- 한 사람이 2분 동안 눈을 감고 있는 동안 나머지 사람이 뒤를 돌아 자신의 모습에 3가지 이상 변화를 준다.
- 눈을 감은 사람은 눈을 뜬 후 상대방의 변화된 모습을 찾는다.
- 변화된 모습을 맞춘 후 역할을 바꾸어 다시 해 본다.

② 나는 누구인가(문장 완성하기)

- '나는 어떤 사람인가?' 유인물을 1장씩 나누어준다.
- 작성방법 유의 사항에 대하여 설명한다.
- 문항에 응답한 뒤 차례대로 발표하게 한다.
- 작성하지 못한 항목이 무엇인지, 쓰기 쉬웠던 항목이 무엇이며 그 이유가 무엇인지에 대하여도 이야기하게 한다.
- 자신에 대해 새롭게 깨달은 점, 작성하고 발표할 때의 느낌을 질문하고 발표한다.

(3) 정리

활동의 느낌을 이야기를 나누며, 이 회기의 목적과 필요성을 다시 한번 정리한다.

〈활동자료〉

나는 어떤 사람인가?

이름(별칭) :

깊이 생각하지 말고 생각나는 대로 빨리 작성하십시오

내가 가장 잘하는 것은
나의 보물은
내가 가장 이쁜 부분은
나를 가장 기분 나쁘게 하는 것은
내가 가장 행복할 때는
내가 제일 두려워하는 것은
내가 좋아하는 사람은
내가 싫어하는 사람은
나를 가장 괴롭히는 것은
내가 가장 무서워 하는 것은
내가 가장 슬플 때는
나의 좋은 점은
나의 성격은
우리 가정은
나의 어머니는 나를
나의 아버지는 나를
나의 친구는 나를
나에게 기적은

3) 3회기-가족이라는 울타리

참여인원	8~12명	운영방법	모둠을 나누어서 프로그램을 운영한다
활동목표	• 가족관계를 이해함으로써 심화된 자기 이해 및 통찰을 경험한다. • 식구들을 있는 그대로 수용하며, 다른 집단원들에 대해서도 더 깊이 이해하는 기회를 갖는다.		
과 정	**활 동 내 용**	**시간(분)**	**자료 및 준비물**
도 입	• 이 회기의 목적과 진행될 내용에 대하여 설명한다. • 오늘 활동할 내용을 안내한다.	5	
전 개	• 인간사슬 해체하기 – 두 집단으로 나눈다. – 한 집단은 인간사슬을 만든다. – 다른 집단은 집단이 완전히 분해될 때까지 해체시킨다. – 시간을 측정하여 빨리 해체한 팀이 승리하며, 진 팀에게는 적절한 벌칙을 준다. • 가족화 그리기 – 잠시 눈을 감고 가족 한 사람 한 사람이 나와 어떤 관계로 느끼는지 명상한다. – 약 5분 동안 명상을 하고 백지에 자신을 중심으로 가족 구성원에 대한 느낌을 크기, 모양, 색, 거리 등을 그려지는 대로 그린다. – 자신의 그림을 붙이고 싶은 벽면에 자유롭게 붙이도록 한다. – 전체 앞에서 한 사람씩 자기 그림을 보여주고 설명한다. – 각자 그림들을 보면서, 이야기를 들으며 느낀 점, 궁금한 점, 공감되는 점을 이야기한다. – 그림으로 표현하는 과정에서 느끼고 깨달은 점에 대하여 토의한다.	50	명찰 사인펜 크레파스 도화지 파스텔 등
정 리	• 가족화를 그린 활동을 통해 새롭게 배운 점, 느낀 점, 가족들에 대한 마음을 발표하게 한다. • 자신의 대인관계에 대해 이해하게 된 점을 나누고 집단원들에게 하고 싶은 이야기가 있다면 서로 나누고 마무리한다.	5	
차시예고	• (　　)회기:		

유의점	• 자신의 가족관계나 가족상황에 대하여 노출하고 싶어 하지 않거나 노출에 한계를 두려는 집단원이 있을 경우 압력을 가하지 않고 마음을 존중해준다. • 가족의 현재 모습뿐 아니라 '오늘날의 나를 있게 한' 가족 요소를 생각해 보도록 질문하고 촉진한다.		

(1) 도입-진행방법 및 활동 안내하기

① 가족관계를 이해함으로써 심화된 자기이해 및 통찰을 경험한다.

② 식구들을 있는 그대로 수용하며, 다른 아동 집단원들에 대해서도 더 깊이 이해하는 기회를 갖는다.

③ 가족 간의 심리적 거리를 확인해 봄으로써 자신의 가족관계를 점검해 보고 자신의 식구들을 있는 그대로 수용하며 다른 아동 집단원들에 대해서도 더 깊이 이해 할 수 있는 기회를 갖는다.

(2) 전개

가정에서 자신은 어떤 위치에 있는가? 가족구성원 한 사람 한 사람에 대한 느낌은 어떤가? 우리는 대인관계 속에서 서로에 대해 느껴지는 바가 각자 다르다. 나에게 큰 영향을 주지만 편하게 느껴지지 않는 사람도 있고, 나에게 별 영향을 주지 못하지만 편하고 가깝게 느껴지는 사람들이 있다. 가족구성원 중에서도 어떤 사람은 자신과 더 가깝게 또 어떤 사람은 자신과 상대적으로 더 멀게 느껴진다. 평소 생활 속에서도 이런 심리적 거리를 느끼고 살고 있지만 거의 점검해 보지 않고 살아간다. 식구 중 누구와는 어떤 점에서 그렇게도 멀리 느껴지는가? 이런 상황을 제공했던 원인은 어디에 있는지? 가족 중 누가 외롭고 힘들게 살고 있는지 등 우리의 가족구성원 하나하나를 점검해 보며 살필 때 나를 더 잘 이해할 수 있고, 다른 집단구성원에 대해서도 더 깊이 이해할 수 있는 기회를 얻을 수 있다.

① 잠시 눈을 감고 명상한다. 우리들의 부모, 형제, 자매, 한 사람 한 사람이 나와 어떤 관계로 느껴지는지 명상한다

② 약 5분 정도 명상을 하고 백지에 크레파스로 자신을 중심으로 가족구성원 각각

의 인물들에 대한 느낌을 모양, 크기, 색깔, 거리 등을 그려지는 대로 그린다.

③ 다 그린 다음 전체 앞에서 한 사람씩 자기 그림을 보여주면서 설명한다. 한 사람씩 발표가 끝나던 집단구성원들은 각자가 이야기를 들으면서 그리고 그림을 보면서 궁금한 점, 느낀 점, 공감되었던 점들을 이야기한다.

④ 가족들을 한 사람씩 명상하고 그림으로 표현하는 과정에서 느끼고 깨닫게 된 점들을 토의한다.

⑤ 오늘 활동을 통해서 새롭게 배운 점과 결심한 바를 나누고 상담자가 요약, 정리하고 마친다.

(3) 정리

① 가족화를 통해 배운점, 느낀점 등을 마음을 발표한다.

② 자기 노출로 서로를 이해하고 공감하는 장으로 이야기 나눈다.

③ 집단원들에게 하고 싶은 이야기가 있다면 서로 나누고 마무리한다.

* **부수효과** *

- 가족관계 및 이에 대한 감정의 유사성과 차이점 등으로 인해 집단의 역동성과 보편성이 형성될 수 있다.
- 자신의 현재 대인관계 패턴이나 어려움의 형성 과정이나 원인에 대한 통찰을 제공해주는 기회가 될 수 있다.

* **주의사항** *

- 상담자는 아동 집단원 모두가 발표할 수 있도록 시간을 잘 분배하고 조절할 필요가 있다.
- 자신의 가족관계나 가족사항에 대해 노출하고 싶어 하지 않거나 한계를 두려는 아동 집단원이 있을 경우, 더 이야기 하도록 압력을 가하지 않고, 그 마음을 존중하도록 지침을 주고 실제 상황에서도 그러한 자세를 취한다.
- 그림을 잘 못 그리는 것에 대해 부담을 느끼는 집단원이 있을 수 있다. 따라서 그림을 얼마나 잘 그렸는지를 보려는 것이 아니라 그림으로 표현된 것이 무엇인지에 초점을 두는 것임을 덧붙여 설명할 수도 있다.

10장

청소년 집단상담

1. 청소년 집단상담에 대한 이해

아동과 성인 사이의 과도기를 경험하면서 신체적·인지적·정서적·사회적 발달이 활발하게 이루어지는 시기이며, 감수성이 예민하고, 주변 환경의 영향을 많이 받는 시기이다. 자기 정체성에 대하여 혼란을 느끼는 경우가 많고 정신적으로 불안정하며 갈등과 불안이 많다.

청소년 집단상담은 개인적인 관심, 생각, 느낌을 공유할 때, 그들은 집단의 다른 사람들도 비슷한 관심, 생각, 느낌을 가지고 있다는 사실을 알 수 있다. 그래서 다양한 정보 공유, 문제 해결, 개인적 가치의 경험, 그들이 가진 공통적인 감정의 발견으로, 청소년 집단 참가자들은 더 많은 관점과 자원을 제공받을 수 있다. 따라서 청소년 집단 참가자들은 다양한 견해와 아이디어를 가지고 흥미롭고 가치로운 경험을 만들 수 있으며, 집단에 수용되는 경험이 소속감을 갖게 할 수도 있다. 청소년 집단상담은 그들의 비슷한 고민과 근심을 청취 할 기회를 가지게 되는데, 그들이 어떻게 자신들의 고민을 해결하는가를 관찰함으로써 많은 것을 공유하게 된다. 또한 비교적 안전한 환경의 집단에서 엄격함, 분노, 화, 의심, 질투 등과 같은 감정을 직면하고 행동들을 명확하게 논의할 수 있다.

1) 청소년 용어

청년(靑年)과 소년(少年)을 지칭하는 말로 'adolescence'로 '성장한다', '성숙을 향해가다'라는 라틴어 'adolesere'에 유래하였다.

2) 청소년 시기

① 심리학적 관점으로 12세나 13세부터 23세나 24세로 정하고, 경우에 따라 30세까지 연장한다.

② 학력에 따른 구분으로는 초등학교 3~4학년부터 중학교까지(청소년 초기), 고등학교 재학 기간(청소년 중기), 대학교 재학 기간(청소년 후기)으로 구분한다.

③ 유엔의 국제협약 등 관련 사업에 따른 구분에서는 청소년 연령을 15~24세로 규정한다.

④ 청소년들의 생물학적 변화가 사회적, 감정적, 지적성장과 동시에 성숙되지 않는다. → 청소년들은 불안해하거나 당황스러워함, 심리, 사회적 발달에 어려움을 경험한다.

3) 나라별 청소년 규정

(1) 미국

① 「연방 청소년정책 조정에 관한 법률 2008」은 24세 이하

② 「가출청소년법」은 21세 이하

③ 「인력투자법」은 14세 이상 21세 이하

(2) 영국

① 「아동 및 청소년법」은 18세 미만

② 「성범죄법」은 아동은 13세 미만, 청소년은 18세 미만

(3) 독일

「청소년보호법」은 14세 이상 18세 미만인 자

(4) 일본

① 「소년법」, 「민법」은 20세 미만

② 「아동·청년 육성지원추진법」은 30세 미만

(5) 한국

① 「청소년기본법」 제3조에 9세 이상 24세 이하

② 「청소년보호법」 제2조, 「소년법」, 「담배사업법」, 「사행행위 등 규제 및 처벌 특례법」, 「식품위생법」에 19세 미만

③ 「영화 및 비디오물의 진흥에 관한 법률」에 18세 미만의 자(초·중등교육법 제2조의 규정에 따른 고등학교에 재학 중인 학생을 포함)

④ 「민법」 제4조에서 19세로 성년이라고 규정

2. 청소년 집단상담의 필요성

요즘 청소년들의 성적 문제, 교우관계, 부모와의 관계 등의 갈등과 문제로 인해 스트레스와 우울을 앓고 있는 청소년들이 늘어나고 있다. 이는 청소년 집단상담을 통해서 스스로 문제를 해결하고 자신감을 습득하여 독립적인 인간관계를 형성해 나가는 방법을 배울 수가 있다.

청소년 시기는 신체적 성장과 함께 정서적, 인지적으로 급격한 변화를 겪는 청소년이 유연하게 사회에 잘 적응하고 자신이 가진 가능성을 최대한 실현할 수 있도록 조력하기 위한 전문적 활동이다. 청소년들이 원하는 것을 알맞은 방법으로 제공하여 청소년들이 행복하게 만족스러운 삶을 살아가도록 도울 수 있는 활동이 청소년 집단상담이다. 다시 말해 청소년들이 발달과정 속에서 겪는 다양한 문제를 해결하도록 구체적으로 돕고 긍정적 자아를 성장시켜 건강한 사회구성원으로서의 행복한 삶을 살도록 조력하는 과정이며, 교육적, 문제 해결 치료적, 예방·발달적 측면을 모두 포괄하고 있다.

그뿐만 아니라 자신의 진로에 대한 확신이 없고 방향 설정에 갈피를 못 잡는 학생들에게 진로에 관한 집단상담이 꼭 필요하며, 스스로 미래에 대해 고민하고 이에 대비하는 태도와 습관을 갖도록 청소년들을 도와 줄 수 있다.

청소년 집단상담의 필요 영역은 청소년 이해 활동, 문제 해결과 예방을 돕는 전문적인 상담 활동, 자신을 둘러싸고 있는 다양한 환경을 이해할 수 있는 정보제공, 청소년 자신의 미래를 위한 올바른 선택을 할 수 있도록 도와주는 진로활동 그리고 청소년의 지속적인 성장과 발달을 돕는 추수 지도 활동 등이 있다. 청소년들은 대부분 이러한 상담을 받기를 회피하고 거부적인 모습을 보이는데, 이에 청소년 집단상담은 청소년의 기대를 정확하게 파악하고 효과적으로 대처해야 한다.

다시 말해 청소년기에 경험하는 어려움은 ① 입시 위주의 학교 교육과 부모의 지나친 교육열이고 ② 급격한 신체 변화와 성적 욕구의 팽창이며 ③ 외로움과 고립감을 경험하며 ④ 기존의 가치에 대한 의문 제기하며 ⑤ 진로 결정 ⑥ 자아 정체감 발달 과업 등이다.

3. 청소년 상담의 유형

청소년 상담의 유형은 목적과 목표, 참가자들의 관심사, 집단 주제 등에 따라 다양하게 구분된다.

1) 상담방식에 따른 분류

(1) 대면 상담

상담자와 청소년 내담자가 직접 만나서 얼굴을 마주 보며 대화로써 청소년 내담자의 성장과 발달을 도와주는 과정을 말한다.

상담 유형의 분류 중 가장 일반적이고 전통적이며. 이 방법은 상담자가 청소년 내담자를 직접 만나서 대화로 청소년 내담자의 성장과 회복을 위한 문제 해결 시에 가장 강력한 핵심 수단이다. 청소년 내담자를 관찰할 수 있기 때문에 스스로 보고하는 내용 이외에도 여러 가지 중요한 정보들을 상담에 활용할 수 있다는 이점이 있다(언어적 정보와 비언어적 정보 간의 불일치를 대면으로 확인 가능).

① 개인 상담

상담자는 청소년 내담자의 언어뿐만 아니라 비언어적 메시지와 그 밖의 상황에 대한 관찰이 가능하기 때문에 효율적이고 합리적으로 자기 자신과 환경에 대한 이해를 증진시키고, 합리적 의사결정을 내리거나 행동양식을 증진시킬 수 있도록 도와줄 수 있다.

청소년 내담자가 직접 자신의 문제를 상담자 앞에서 노출해야 하는 부담이 있고, 상담자 또한 청소년 내담자의 기대에 만족할 만한 상담을 해야 한다는 부담이 따르기도 한다.

개인 상담의 특징으로는 첫째, 개인 상담은 비밀이 보장되고 인간적인 접촉과 심층적인 이해가 이루어지는 상황에서, 청소년 내담자에게 무엇이 잘못되었다고 말해 주기보다는 청소년 내담자 스스로 문제를 깨닫고 결정은 청소년 내담자가 할 수 있도록 도와주는 역할을 한다. 둘째, 개인 상담은 언어적인 표현을 중심으로 이루어지며 비언어적인 감정, 태도, 사고 등의 내용이 언어화될 수 있도록 하며, 단순한 정보제공이나 사교적 대화, 충고, 훈화 등과는 달리 장기간에 걸쳐 상담목표가 이루어질 때까지 계속된다. 셋째, 개인 상담의 목표는 청소년 내담자의 성장과 발달을 돕고 새로운 학습이 이루어질 수 있도록 하는 것이며, 인간에 대한 이해와 사랑으로 상담자는 성숙한 태도와 내면세계에 대해 민감하게 이해할 수 있어야 한다.

② 집단상담

집단의 응집력과 치료적 분위기를 통해 상호 이해를 촉진함으로써 긍정적 변화를 모색하는 목적을 가진 집단활동이며, 개인 상담과는 달리 집단원들 간의 역동적인 상호작용을 치료적으로 활용할 수 있다. 그래서 청소년 내담자가 다른 참여자들로부터 도움을 받을 뿐만 아니라 도움을 제공하는 경험도 체험할 수 있다. 집단상담의 특징으로는 첫째, 집단상담의 한 형태로서 청소년 내담자들이 한 가족으로 구성되어 개개인의 내면세계를 이해하기 위한 가족 상담도 있다. 또한 서로에게 주는 위로와 격려는 상담사들이 주는 것과는 또 다른 것으로 상호 입장을 존중하고 공감하며 지지하는 데 기대 이상의 효과를 발휘하게 된다. 둘째, 청소년 내담자가 타인에 대한 이해 능력이 부족하고 타인의 시선에 민감한 반응을 보일 경우에 개인 상담보다 집단상담이 유용하며 또한 자신감 부족, 자기 개방, 타인에 대한 배려, 사회적 기술 등에 취약한 청소년 내담자에게 사용할 수 있다. 셋째, 청소년 내담자들은 집단 내에서 타인을 대하는 바람직한 태도나 행동 반응을 시도하고 그 결과를 확인해 볼 수 있다.

그뿐만 아니라 청소년들이 집단 프로그램에 참여하는 것은 그 자체만으로도 타인들과 조화롭게 어울리고 흥미와 활력을 얻을 수 있다. 또한 청소년 내담자들은 비슷한 시기에 비슷한 어려움을 겪으며, 상호 간의 대화 속에서 자기 혼자만 문제가 아니라는 것을 인식하고, 서로 위로와 격려 속에서 경험적인 조언과 지지를 얻을 수 이다.

(2) 전화 상담

① 상담자와 청소년 내담자가 전화로 상담을 진행하는 것으로 한국의 많은 상담 기관에서 활용하고 있으며, 특히 한국청소년상담원을 비롯하여 전국 시·도, 시·군·구에 있는 청소년상담지원센터에서 청소년 관련 문제를 전화로 상담하는 '헬프 콜! 청소년전화 1388'을 운영하고 있다.

② 2022년 청소년전화 1388 상담은 493,393건이며, 1388 전화 외에도 청소년이 친숙한 매체인 문자(1388), 카카오톡·페이스북(청소년상담 1388) 주된 상담 주제는 정보제공, 대인관계, 정신건강, 학업, 진로 순이다.

③ 청소년 내담자가 도움이 필요한 경우 언제든지 상담이 가능하기 때문에 접근성이 높다는 장점이 있을 뿐만 아니라 필요할 때 직접 찾아가지 않아도 상담이 가능하기 때문이다. 특히 위기 상황의 청소년 내담자들에게 도움을 줄 수 있고, 익명성으로 물론 대면 상담에서도 청소년 내담자의 개인 신상에 대한 정보는 철저하게 비밀보장이 되지만 신분이 노출되지 않으면서도 도움을 받고자 할 경우에는 전화 상담이 적절하다고 할 수 있다.

전화 상담의 한계점으로는 첫째, 청소년 내담자가 자발적으로 전화를 걸어야만 상담이 시작되기 때문에 여기에는 청소년 내담자의 적극성과 동기가 요구된다. 둘째, 전화 상담은 청소년 내담자가 다시 전화를 걸지 않는 한 상담이 지속되기 어려워 일회성으로 끝나기 쉽다. 따라서 전화 상담은 자살, 가출, 폭력 등의 위기 개입, 진로, 성, 학업 등에 대한 각종 정보제공이나 특정 요구와 문제, 면접 상담의 보조 기능을 한다.

(3) 사이버 상담

사이버 상담은 컴퓨터 통신이 단순한 정보교환이나 의사소통의 수준을 넘어서서 인간의 내면세계까지 다루게 된 결과 내담자의 문제를 해결하고 성장 촉진을 돕는 과정까지 담당하게 된 결과로 가능해졌다.

또한 사이버 상담은 다른 상담에 비해 접근성과 청소년 내담자의 자발적 참여와 객관화, 익명성, 과정의 용이함 등 여러 가지 특징을 가지고 있지만, 사이버 상담은 면접 상담과 달리 문자도 의사소통이 가능해 청소년 내담자의 특징적인 비언어적 단서(표정, 눈빛, 목소리, 행동, 몸짓, 자세 등)를 상담에서 중요한 정보를 얻을 수 없는 한계로 상담 진행 과정 중 활용 가능한 단서들이 제한적인 단점이 있다. 사이버 상담의 효과는 신속한 상담 관계를 형성하고, 감정을 정화하여, 자기와 타인 이해를 할 수 있고, 다양한 상담 유형이 가능하다. 특히 사이버 공간에서 상담이 이루어지기 때문에 지리적 제한 없이 도서나 벽지에 있는 사람들도 원한다면 상담을 받을 수 있다. 한계점을 극복하기 위한 노력으로 사이버 상담 기법과 기술을 개발해야 하고 사이버 청소년 내담자의 특성을 이해하며 탈억제성 방지 규정을 마련해야 하는 문제를 통한 의사소통의 한계를 극복해야 한다.

2) 구조화 집단과 비구조화 집단

(1) 구조화 집단

① '내용중심' 집단

② 집단의 목표, 과정, 절차 등을 체계적으로 구성

③ 특정 주제와 목표를 달성하기 위하여 일련의 구체적 활동으로 구성

④ 집단 리더가 정해진 계획과 절차에 따라 진행하는 집단의 형태

(2) 비구조화 집단

① '과정중심' 집단

② 구성원 개개인의 경험과 관심을 토대로 상호작용함으로써 집단의 치료적 효과를 얻는 집단

③ 구조화 집단보다 폭넓은 자기 탐색

4. 청소년 집단상담의 기법

1) 관계 중심 기법

(1) 주의 기울이기 = 주의집중

주의 기울이기 또는 주의집중은 상담자가 청소년 내담자에 대한 내·외적인 태도를 포함하며, 상담자와 청소년 내담자의 원만한 관계 형성에 도움을 준다. 그래서 상담 초기 단계부터 주의 기울이기는 청소년 내담자와 긍정적인 관계를 형성하도록 하게 하며, 상담자를 신뢰하게 하여, 마음을 개방하게 하고 문제 탐색을 촉진 시켜, 주의 기울이기의 방법으로 각각의 상황에 맞게 효율적으로 적용하여 사용해야 한다.

주의 기울이기의 구체적인 방법으로는 첫째, 청소년 내담자를 바로 바라보면서 상담자가 말할 때 시선과 고개를 청소년 내담자에게 향하는 것은 청소년 내담자에게 관심이 있다는 사실을 전달해 주는 것이다. 둘째, 개방적인 자세는 상담자기 청소년 내담자의 이야기에 마음을 열고 있는 것을 의미하며 만약 상담자가 팔짱을 끼거나 다리를 꼬고 앉은 경우, 청소년 내담자에게 관심이 별로 없거나 그다지 도울 준비가 되지 않았다는 인상을 줄 수 있기에 주의해야 한다. 셋째, 청소년 내담자를 향해 몸을 약간 기울이는 것은 청소년 내담자의 이야기에 관심을 표현하는 태도로 대화를 촉진 시킬 수 있다. 넷째, 편안하고 자연스러운 자세를 유지함으로 조바심을 내거나 주의를 산만하게 하는 표정을 짓지 않도록 하며 필요한 접촉과 표현 및 행동을 편안하고 자연스럽게 한다는 두 가지 의미가 있다. 다섯째, 청소년 내담자와 좋은 시선의 접촉, 유지 또는 따뜻한 눈길을 주는 것은 청소년 내담자에게 관심의 표현이자 청소년 내담자가 하는 이야기를 듣고 있다는 의미이다.

(2) 경청

칼 로저스(Carl Rogers)의 적극적 경청법은 상대가 무엇을 느끼고 있는가를 상대의 입장에서 받아들이는 공감적 이해가 중요하고, 자신이 갖고 있는 고정관념을 버리고 상대의 태도를 받아들이는 수용의 정신, 자신의 감정을 솔직하게 전하고 상대를 속이지 않는 성실한 태도가 필수적이다.

또한 상담에서의 경청은 말하는 이의 심층적 심리 상태와 진솔한 감정을 찾아 해석해 내는 과정이며, 상담자가 언어 및 비언어적 경청을 통해서 파악하고 알게 되는 것을 네 가지로 나타낸다.

첫째, 상담자는 청소년 내담자가 하는 이야기에서 그의 행동이나 정서를 세심하게 살펴야 하고 그것을 통해 미해결된 문제를 발견할 수 있어야 한다. 그래서 의도적으로 누락시키거나 왜곡한 이야기가 있는지 분별해야 한다. 둘째, 청소년 내담자의 비언어적 메시지는 언어적 메시지를 반복적으로 이야기하고 강조하거나 반대로 부정하거나 통제하는 역할을 한다. 그리하여 언어적 메시지가 사실에 근거한 것인지 진실성을 알 수 있다. 셋째 적극적 경청을 통해서 상담자는 청소년 내담자의 환경적 상황을 이해할 수 있다. 넷째 청소년 내담자가 경험해 온 환경을 살펴보는 것은 청소년 내담자의 가치관과 경험 및 정서적 특성 등을 이해하기 위해서 필요하다.

(3) 공감

청소년 상담에는 다양한 기법이 있지만 그 가운데 가장 기본적이고 공통적으로 중요시하는 것은 '내담자와 함께 느끼는' 공감이다.

공감은 청소년 내담자가 가진 정서와 사고에 대한 상담자의 심도 있는 이해와 이러한 사실을 청소년 내담자가 알 수 있도록 하는 과정으로 청소년 내담자의 마음을 여는 열쇠이며, 상담자의 공감 반응은 상담이 진행되면서 점점 더 확장해 간다. 초기 단계에서는 청소년 내담자의 경험과 감정을 이해하는 것을 표현하는 수준이지만 중기로 갈수록 청소년 내담자 스스로 자신을 탐색하고 통찰을 가져오기 위해 보다 깊은 수준으로 드러낸다. 그래서 상담자는 힘들어하는 청소년 내담자의 마음을 공감해 주는 것은 청소년 내담자에게는 커다란 위안이 되고 감동이 된다. 그러므로 상담자의 공감 반응은 청소년 내담자로 하여금 자신이 이해받고 수용 받고 있다는 느낌을 가질 수 있게 한다.

(4) 격려

격려는 상담의 전 과정을 통해 활용되는 기본적 기법 중 하나로 청소년 내담자에게 기대감을 줄 수 있는 중요한 기법이다. 격려는 '용기를 세우기'라는 뜻으로 용기를 촉진시키는 과정을 의미하며, 이를 심리학적 입장에서 보면 '심리적 근육'을 강하게 만들 수 있도록 용기를 주는 과정을 말한다. 그래서 격려는 개인의 자기 존중, 자기 확신 그리고 가치감 형성을 돕기 위해 청소년 내담자가 가진 자원을 탐색하는 과정을 포함하며 청소년 내담자가 가진 긍정적 자원을 발견하고 활용할 수 있도록 돕고 자신의 불완전함을 수용할 수 있도록 조력하는 과정을 의미한다.

격려는 여러 문제로 낙담에 처한 청소년 자신의 장애물을 제거하고, 자신을 신뢰할 수 있는 원동력을 제공하는 조력 과정이라고 할 수 있다. 그래서 청소년 상담 현장에서 청소년 내담자가 겪는 많은 문제 가운데 단순히 격려만 받아도 해결되는 경우가 많다. 아들러의 개인심리학 치료 단계에서 핵심 기법으로 사용되고 있는 격려는 문제 해결에 동기화를 부여하고 개인이 추구하는 목적에 도달하게 하는 과정으로서 '심리적 치료 약'이 될 수 있다고 하였다.

2) 정보 중심 기법

(1) 자기 개방

자기 개방의 목적은 상담자 스스로가 통찰했던 경험을 나눔으로써 청소년 내담자가 새로운 관점의 생각을 가지고 기존의 관념을 바꿀 수 있도록 돕는 것이다. 상담자가 청소년 내담자와 유사한 경험을 했고 비슷한 느낌을 이해한다는 것을 알려 주기 위한 방법으로 청소년 내담자는 상담자의 자기 개방을 통해서 편안한 마음으로 자신의 생각과 감정을 자각하여 새로운 통찰을 얻을 수 있게 되며, 상담자가 자신을 이해하고 있는 것으로 받아들이면서 스스로 더 개방할 수 있고 이와 함께 상담자에 대한 신뢰가 향상될 수 있다.

자기 개방을 유용하게 할 세 가지 원칙은 첫째, 자기 개방 반응의 내용에는 초점이 있어야 하며 상담자의 경험 중 청소년 내담자 자신의 문제에 대한 이해를 돕기 위한 것을 선별하여 공유하는 것이 바람직하고, 둘째, 청소년 내담자에게 부담이 되지 않는 범위에서 이루어져야 하며, 셋째, 지나치게 빈번하게 사용하지 않아야 하며, 불필요한 자기 개방은 청소년 내담자 자신이 스스로 통찰하는 데 방해가 되며 상담자에게 초점이 변동될 수 있다.

(2) 정보제공

정보제공은 내담자의 문제 해결, 의사결정에 필요한 사실적인 정보를 제공하는 것으로 상담자가 청소년 내담자에게 사실이나 자료, 의견, 자원의 형태로 정보를 제공하는 것이다. 초기에 청소년 내담자를 상담과정에 준비할 수 있도록 하는 데 도움을 주며 정보제공을 통해서 청소년 내담자는 자신의 역할과 상담에 대한 기대 및 상담을 통한 대가와 이익에 대해 이해할 수 있다.

정보제공의 유형으로는 첫째, 상담 절차, 기법 등의 의도와 목표설정이고 둘째, 행동의 다양한 종류에 대해 청소년 내담자 교육하기이며 셋째, 심리검사에 대한 정보제공을 위해서 넷째, 내담자에게 세상과 심리적 원리에 대해 교육하기 위해서이다. 그러나 정보제공은 청소년 내담자의 행동 변화를 촉진 시킬 수 있는 효과적인 기법이긴 하나 신중하게 사용해야 하며 정보가 오히려 내담자에게 혼란을 줄 수도 있기 때문이다. 정보가 틀리거나 청소년 내담자에게 그대로 전달되지 못할 수도 있으므로 상담자는 정확한 정보를 제공하여야 한다.

3) 탐색 중심 기법

(1) 질문

청소년 내담자를 탐색, 분석, 이해, 진단하는 데 있어서 중요한 상담기법의 하나이며, 상담자는 질문을 통해 청소년 내담자의 상태와 문제의식 그리고 어떤 생각과 자세를 가지고 살아가는지 등을 분석하여야 한다.

그리고 상담에서 질문의 기능은 청소년 내담자를 충분히 알기 위한 탐색적이고 진단적인 질문이라고 할 수 있으며, 질문 유형은 첫째, 개방형 질문인데 청소년 내담자의 생각이나 느낌을 명확히 하거나 탐색할 것을 요구할 때 사용하는 방법이다. 둘째, 관계성 질문으로 사람이 자신의 희망, 힘, 한계, 가능성 등을 지각하는 방식으로 중요한 타인이 '자신을 어떻게 보고 있을까'라는 생각과 밀접한 관계가 있다. 셋째, 대처 질문으로 낙담에 빠진 청소년 내담자에게 사용된다. 자신이 스스로 과거에 역경을 이겨낸 경험에 주목하여 그때는 어떻게 이겨냈는지 질문한다. 이를 통해서 스스로 자신감과 용기를 얻게 한다. 넷째, 내면적 질문인데 청소년 내담자의 표면적 행동 이면에 가지고 있는 청소년 내담자의 인지적 구조, 생각, 느낌, 감정, 태도 등을 드러내도록 하는 질문이다. 다섯째, 기적 질문인데 청소년 내담자가 자신의 미래에 대해 매우 부정적이거나 절망적으로 인식한 상태에서 적용할 수 있다. 여섯째, 예외 질문으로 청소년 내담자가 지니고 있는 문제 상황과 반대 상황에 주의를 환기시키는 질문이다. 마지막으로 척도질문인데 문제 해결에 대한 태도를 수치화하여서 정확히 파악해 낼 때 사용된다.

질문 시 고려해야 할 사항으로는 지나치게 많이 하지 말아야 하며, 청소년 내담자의 대답을 주의 깊게 경청해야 하고 구체적인 질문을 하여야 가능하다.

(2) 저항 다루기

청소년 내담자가 의식적으로 스스로 문제를 해결하기를 원하지만 상담과정에서 발생하는 부담감으로 상담 진행과 문제 해결을 위한 노력을 무의식적으로 피하려는 행동이다. 청소년 내담자의 저항은 상담 초기부터 종결 단계까지 가리지 않고 발생할 수 있고 상담자는 이러한 저항을 인식하고 청소년 내담자가 그것을 잘 극복하면서 상담이 진행될 수 있도록 각별한 관심을 가져야 한다.

청소년 상담에서 주로 나타나는 저항은 첫째, 억압 저항으로 자신의 내면에 있는 갈등이나 좌절감이 인식되면 고통스럽기 때문에 무의식적으로 억압하여 잊으려고 한다. 둘째, 전이 저항은 청소년 내담자가 자신의 내면을 돌이켜 보며 문제를 해결하려 하지 않고 미성숙한 욕구 충족을 무조건 상담자로부터 받으려고 하는 것을 의미한다.

(3) 전이 다루기

청소년 내담자가 자신과 정서적으로 중요했던 사람과의 관계에서 가졌던 감정을 상담자에게 투사시켜 표현하는 것이다. 상담자를 애정을 주는 사람, 강력한 권위자, 이상적인 전능자, 경쟁자 등으로 왜곡되게 느끼고 반응하도록 한다.

청소년 상담에서 전이를 다루는 방법은 첫째, 전이의 적절한 정도 그 이상의 증폭을 조장하지 않아야 하며, 여기서 '적절한 정도'란 전이 반응을 하면서 동시에 청소년 내담자가 자기감정의 왜곡을 충분히 경험하고 통찰할 수 있는 정도를 말한다. 둘째, 전이를 잘 다루기 위해서는 오히려 전이가 오염되지 않도록 철저히 주의해야 하며, 전이의 오염이란 청소년 내담자가 느끼는 상담자에 대한 전이가 청소년 내담자만의 왜곡된 심리적·내적 갈등의 전치가 아니라, 현실적인 상담자의 행동으로부터 영향을 받게 되는 경우를 뜻한다.

4) 통찰 중심 기법

(1) 반영

청소년 내담자가 전달하고자 하는 의사의 본질을 스스로 볼 수 있도록, 청소년 내담자의 말과 행동에서 표현되는 감정, 생각, 태도를 상담자가 다른 말로 부연하는 기술을 말한다. 상담자는 반영을 통해 청소년 내담자의 태도를 거울에 비추어 보듯이 보여줌으로써, 청소년 내담자의 자기 이해를 도와줄 뿐만 아니라, 청소년 내담자로 하여금 자기가 이해받고 있다는 인식을 주게 된다. 반영할 때는 말로 표현된 내용 자체보다는 그것의 밑바탕에 깔려 있는 감정을 그대로 되돌려 주기 위해 노력하여야 한다. 상담자는 청소년 내담자의 행동을 관찰하여 말로써 표현한 것뿐만 아니라 자세, 몸짓, 목소리, 눈빛 등 비언어적 행동에서 나타나는 감정까지 반영해 주어야 한다.

(2) 명료화

청소년 내담자의 말 중에서 모호한 점이나 모순된 점을 명확히 하여 청소년 내담자 자신의 생각이나 감정을 분명하게 표현할 수 있도록 도와주는 것이며, 명료화는 청소년 내담자의 이야기에 대하여 상담자가 이해하기 어려울 경우에는 청소년 내담자에게 다시 생각해 보고 구체적인 예를 들어 확실히 설명할 것을 요청하는 것이다.

그뿐만 아니라 청소년 내담자의 이야기에 대한 상담자의 반응을 통하여 청소년 내담자의 진술 내용을 명확하게 할 수 있고, 이때 상담자의 반응은 개인적 반응이며 지나치게 직접적인 직면보다는 자연스럽게 해야 한다.

(3) 직면

청소년 내담자가 삶에서 의미 있는 영향력을 행사하고 있지만 청소년 내담자가 의식적, 무의식적으로 피하고 있는 사실에 대해 일치하지 않는 언행을 의도적으로 지적함으로써 알게 하는 것이다. 상담자가 청소년 내담자의 불일치한 말과 행동을 확인시키는 일이나 직면 시에 청소년 내담자의 반응을 해석하는 일은 청소년 내담자 자신의 통찰을 통하여 긍정적 변화를 유도하는 방법으로만 사용해야 하며, 상담자의 분노를 나타내거나 명확한 이유 없이 직면 기법을 사용하는 것은 금해야 한다.

첫째, 청소년 내담자의 강점은 지속적 계발을 위해서 긍정적 측면의 직면을 시도 할 필요가 있고, 둘째, 비효율적인 행동을 수정하기 위하여 부정적 측면의 직면이 필요하다. 효과적인 직면을 위해서는 먼저 상담자와 청소년 내담자 간의 충분한 신뢰 관계를 통하여 청소년 내담자 자신이 해당 내용을 받아들일 수 있어야 한다. 또한 상담자가 청소년 내담자의 행동에 대한 실제적 느낌을 직접 알려 준다면 청소년 내담자는 자신의 행동 결과를 파악할 수 있게 되고 특정 행동을 개선할 수 있는 기회가 될 수 있다.

(4) 통찰

청소년 내담자 자신의 무의식적 영역에 대한 의식화를 통해 인식의 폭을 넓히는 것을 말하며, 지적 통찰, 정서적 통찰이 있으며, 통찰이 없이는 진정한 치유가 일어나지 않는다. 자신의 문제에 대해 한 번 깨닫는 것만으로 문제가 모두 치유되었다고 할 수 없고, 이후에 다시 반복되어도 동일한 문제에 맞닥뜨릴 수 있어야 하며 그 문제에 얽힌 자신의 감정을 깊이 느끼게 되면서 그동안 알고 있던 사실에 대한 정서적인 이해가 체험될 때 비로소 치료는 이루어진다.

상담자가 통찰을 잘하기 위해서는 감정을 드러내는 작업으로는 ① 환기는 삶에서 생겨나는 여러 가지 갈등이나 불안 등의 힘든 감정을 상담자 앞에서 토로하여 불만을 해소시키거나 긴장이 풀리도록 하는 것이며, ② 제반응은 무의식 속에 억압되어 힘들었던 감정이 상담과정을 통해서 드러나고 표현됨으로써 그동안의 스트레스나 긴장을 제거할 수 있다.

(5) 해석

해석은 청소년 내담자가 새로운 시선으로 자신의 처지와 문제를 살펴볼 수 있도록 청소년 내담자의 생각과 행동, 감정 등의 의미를 설명해 주는 상담자의 능동적 활동을 말하며 통찰을 촉진 시켜 주기도 한다. 그보다는 청소년 내담자가 앞으로 자신 삶 속에서 마주칠 문제들을 스스로 해석할 수 있는 힘을 길러주는데 목적이 있다.

해석은 상담자에게 상당한 분석적 전문성을 요구하며, 직면이 문제 원인에 대한 인식과 자각이라면, 해석은 원인과 문제가 어떻게 관계되어 있는지 그리고 그 결과와 의미가 무엇인지까지를 의식화시키는 것이며, 또한 해석은 다양한 형태로 이루어질 수 있지만 메시지는 정해진 순차대로 전달하는 것이 바람직하다.

또한 해석이 필요한 경우, 우선 해석해야 할 청소년 내담자의 메시지를 선택해야 하며 그 내용이나 감정을 반영하여 재진술이나 요약하고, 그다음 여기에 대한 상담자의 해석을 부연해야 청소년 내담자가 이해하기 수월하며 이러한 해석을 하는 목적은 상담자의 생각을 내담자에게 수동적으로 이해시키는 것이 아니라, 청소년 내담자가 능동적으로 자신의 문제를 해석할 수 있도록 돕기 위한 것이다. 그래서 해석 이후 상담자는 청소년 내담자가 이것을 수용하기까지 어느 정도의 시간을 두는 것이 좋고, 해석할 때 청소년 내담자가 이해할 수 있는 수준에서 해석의 문장을 만드는 것이 중요하며, 상담자 개인의 가치관과 편견이 들어가지 않도록 주의해야 한다.

(6) 훈습

청소년 내담자가 반복해서 말하는 주요 문제를 상담자가 다시 해석하는 과정이며 갈등의 본질에 대한 한두 번의 통찰 경험만으로는 변화가 이루어지지 않으며, 전이의 분석은 여러 번에 걸쳐서 여러 가지 방식으로 지속되어야 하는데 이러한 통찰이 계속 반복되고, 정교화되고, 확대되는 과정이 바로 훈습이다. 청소년 내담자가 주된 저항이나 방어는 한 번의 해석이나 한 번의 면접으로 해결되지 않으며 역동적 변화는 여러 주, 여러 달의 훈습과정을 거쳐 나타날 수 있으며 상담자는 청소년 내담자의 삶이 변화되도록 지속적인 도움을 줄 수 있어야 한다.

(7) 제안

상담자는 청소년 내담자에게 필요 사항을 직접 제시, 제안 혹은 안내하거나 지시 및 충고를 하는 것을 말하며, 청소년 내담자가 변화에 대한 행동으로 옮아가게 만드는 자극이 될 수 있다.

청소년 내담자의 변화를 위한 제안이나 직접 안내할 수 있는 세 가지의 유형으로, 첫째는 과정 숙고(process advisement)이다. 상담과정 중에 청소년 내담자에게 필요한 내용을 잘 살펴서 표현할 수 있도록 시연이나 빈 의자 기법 등을 통하여 제공하는 것으로 편안하고, 지지하는 상담환경에서 역할연기를 통한 새로운 행동의 시도는 일상에서 실제로 적용하는 데 도움을 제공할 수 있다. 둘째는 지시이다. 지시는 상담자가 청소년 내담자에게 일상생활에서 무엇을 해야 하는지 알려 주는 방법으로 청소년 내담자가 자신의 책임을 회피하거나 마땅히 할 일을 하지 않을 경우 이 방법을 사용하는 것이 효과적이다. 셋째는 상담자를 모델링(modeling)하는 것이다. 이 방법은 상담자 자신이 체험한 효과적인 방법 또는 관련된 생각을 공유하는 것을 포함한다. 이를 전략 개방이라고 명하기도 하는데, 이러한 방법은 직접적 지시보다는 간접적이고 대안을 제시하는 방법이므로 청소년 내담자에게 덜 위협적으로 다가갈 수 있다는 장점이 있다.

하지만 제안과 직접 안내는 신중하게 적용되어야 하며 과도한 제안과 직접 안내는 청소년 내담자를 수동적으로 만들 위험이 있다. 또한 제안과 직접 안내 기법을 상당한 경험과 지혜를 토대로 한 분별력을 바탕으로 신중하게 절제하며 사용해야 한다.

5. 청소년 집단상담의 실제

본 프로그램에서는 청소년들이 자기를 이해하고 자기 자신을 있는 그대로 받아들이고 인정할 수 있는 자기수용 그리고 대인관계를 적절하게 맺는 데 중요한 자기 개방과 자신의 대인관계 유형에 대해 살펴봄으로써 보다 효과적으로 대인관계를 향상시켜 원만한 학교생활을 할 수 있도록 돕기 위한 것이다.

1) 1회기-나를 소개합니다

참여인원	8~12명	운영방법	모둠을 나누어서 프로그램을 운영한다
활동목표	• 본인이 잘하는 것을 서로 이야기 나눌 수 있다. • 자신의 능력에 관해서 자신감을 가질 수 있도록 도와준다. • 청소년들의 각자의 재능을 알아보고 서로의 장점이나 긍정적인 면을 칭찬한다.		

과 정	활 동 내 용	시간(분)	자료 및 준비물
도 입	• 집단에 참가한 청소년들을 환영한다. • 프로그램의 취지, 목표 및 진행 내용을 설명한다. • 간단히 기본 규칙들을 정한 후 바꾸고 싶거나 거기에 더하고 싶은 항목이 있는지를 물어본다.	10	
전 개	• 본인이 잘하는 것을 서로 이야기를 나눈다. • 상징에 대해 설명하고 자신의 상징을 그리도록 한다. • 상징으로 자신을 소개한다. • 자신의 능력에 관해서 자신감을 가질 수 있도록 도와준다. • 청소년들의 각자의 재능을 알아보고 서로의 장점이나 긍정적인 면을 칭찬한다.	40	
정 리	• 오늘의 활동에서 느낀 점은? • 자신의 재능을 나타내는 그림을 다른 친구들에게 보여준 기분이 어땠는가? • 친구들이 자신의 재능에 대해서 말했을 때, 기분이 어땠는가? • 자신이 더 잘하고 싶은 것에는 어떤 것이 있는가?	10	
차시예고	• (2)회기: tele		
유의점	• 집단원에서 본인이 하고 싶은 활동을 하도록 격려한다. • 방어적이거나 수동적인 청소년이 없는지 관찰하고 본인이 할 수 있는 것을 하도록 격려한다.		

(1) 도입-진행방법 및 활동 안내하기

① 집단에 참가한 청소년들을 환영한다.

② 간단히 기본 규칙들을 상기시키고 난 후 바꾸고 싶거나 거기에 더하고 싶은 항목이 있는지를 물어본다.

③ 지금 여기의 느낌 그리고 자신들이 변화시키고 싶은 것에 대해서 청소년들과 이야기를 나눈다.

(2) 전개

자기 자신이 누구인가, 즉 자기가 무엇을 할 수 있는가와 무엇을 하고 싶은가에 대해서 생각하며, 자신을 상징하는 상징물(표식이나 글, 모양 등)에 대해 생각해 보고 그림으로 표현하도록 한다.

① 도화지와 크레파스를 나누어 주고 청소년들이 그들의 재능이나 소질을 상징물(표식이나 글, 모양 등)로 그려보도록 한다.

② 청소년들 사이로 돌아다니면서 칭찬과 격려를 해 준다. 청소년들이 상담자가 청소년들의 그림에 대해서 칭찬을 해 주고 있다는 것을 느끼게끔 한다.

③ 청소년들을 원형으로 앉게 한 후 상담사자 먼저 자신을 상징하는 상징물로 소개한다. 그런 후 다음 사람을 지목한다. 누구에게 맨 먼저 보여주고 싶은지 물어본다. 그리고 그림을 설명하도록 한다. 청소년들이 결과적으로 그린 그림보다는 재능이나 소질에 대한 칭찬을 한다.

④ 본인이 잘하는 것을 서로 이야기 나눌 수 있다.

⑤ 청소년들이 삶에서 경험했던 재능과 소질에 대해서 이야기 나눈다.

⑥ 모든 사람은 각자 자신을 위해 혹은 다른 사람을 위해 할 수 있는 재능과 소질을 가지고 있음을 안다.

⑦ 자신의 능력에 관해서 자신감을 가질 수 있도록 도와준다.

⑧ 청소년들의 각자의 재능을 알아보고 서로의 장점이나 긍정적인 면을 칭찬한다.

⑨ 청소년들의 서로 다른 장점과 단점을 이해한다.

(3) 정리

① 오늘의 활동에서 느낀 점은?

② 자신의 재능을 나타내는 그림을 다른 친구들에게 보여준 기분이 어떤가?

③ 친구들이 자신의 재능에 대해서 말했을 때 어떤 느낌이 들었는가?

④ 친구들에게 자신의 재능에 대해서 말했을 때 기분이 어땠는가?

⑤ 자신이 더 잘하고 싶은 것에는 어떤 것이 있는가?

⑥ 자신이 그런 그림들을 기꺼이 보여주고 싶고, 자신의 재능에 관한 기분 좋은 감정을 같이 나누고 싶은 사람은 누구인가?

2) 2회기-tele

<table>
<tr><th>참여인원</th><td>8~12명</td><th>운영방법</th><td colspan="2">모둠을 나누어서 프로그램을 운영한다</td></tr>
<tr><th>활동목표</th><td colspan="5">• 주어지는 주제와 상황을 통해 집단원끼리 서로서로에게 피드백을 제공하는 동시에 집단 내에서 개인 간에 존재하는 역동과 에너지를 느낄 수 있다.</td></tr>
<tr><th>과 정</th><th colspan="2">활 동 내 용</th><th>시간 (분)</th><th>자료 및 준비물</th></tr>
<tr><td>도 입</td><td colspan="2">• 활동 목표를 제시한다.
• 집단원 모두에게 Tele에 대해 설명한다.
(왠지 저 사람 옆에 가고 싶거나 말해보고 싶은 사람)
(Tele: 원거리, 전파)
• 오늘 활동할 내용을 안내한다.</td><td>10</td><td></td></tr>
<tr><td>전 개</td><td colspan="2">• 집단에 참가한 청소년들을 환영한다.
• 우선 눈을 감고 여기가 아주 촉감이 좋은 잔디밭 위라고 생각을 한 뒤 이리저리 다녀 보도록 한다. 한 사람도 제자리에 서 있는 사람 없이 이동한 뒤 멈추어 서서 눈을 뜨게 한다.
• 집단상담사가 먼저 어떤 주제를 제시하고 청소년들은 그 대상을 찾아 어깨에 손을 얹게 한다.
• 청소년이 모두 손을 얹으면 전체를 한 번 돌아본 후에 왜 그 청소년의 어깨에 손을 얹었는지를 설명하게 한다.</td><td>40</td><td></td></tr>
</table>

전 개	• 전체가 다 이유를 말하고 난 뒤에 손을 내리고 다시 주제를 정하여 이를 반복한다. 한두 번 집단 리더가 주제를 선정한 후 청소년들이 자발적으로 주제를 선정할 수 있도록 격려한다. "우리 이번에는 어떤 상황이나 주제로 해볼까요?"	40	
정 리	• 집단 개개인에 대한 인상이나 느낌, 역할 등에 대해 게임 형식으로 피드백을 제공함으로써 흥미를 불러일으키며 몰입하게 한다.	10	
차시예고	• (3)회기: 부정이와 긍정이		
유의점	• 자유롭게 돌아다니고 움직일 수 있도록 마음을 활성화 시키기 위해서 "움직임"이 강조되는 워밍업 (warming- up) 활동이 반드시 필요하다.		

(1) 도입-진행방법 및 활동 안내하기

① 활동 목표를 제시한다.

② 집단원 모두에게 tele에 대해 설명한다.

(왠지 저 사람 옆에 가고 싶거나 말해 보고 싶은 사람)

③오늘 활동할 내용을 안내한다.

(2) 전개

① 청소년 모두에게 자리에서 일어서라고 한 뒤 tele에 대해 설명한다.

"tele는 사람이나 사물에게 작용하는 당기거나 밀쳐내는 힘을 의미합니다. 우리 가운데도 잘 알지 못하지만 왠지 저 사람 옆에 가고 싶거나 말해보고 싶은 사람이 있습니다. 지금 우리는 우리들 가운데 작용하는 tele를 느껴볼 것입니다"

② 우선 눈을 감고 여기가 아주 촉감이 좋은 잔디밭 위라고 생각을 한 뒤 이리저리 다녀보도록 한다. 한 사람도 제자리에 서 있는 사람 없이 이동한 뒤 멈추어 서서 눈을 뜨게 한다.

③ 집단상담사가 먼저 어떤 주제(예 내가 여행 갈 때 같이 가고 싶은 사람)를

제시하고 청소년들은 그 대상을 찾아 어깨에 손을 얹게 한다.

④ 청소년 모두 손을 얹으면 전체를 한 번 돌아본 후에 왜 그 청소년에게 손을 얹었는지를 설명하게 한다.

⑤ 전체가 다 이유를 말하고 난 뒤에 손을 내리고 다시 주제를 정하여 이를 반복한다. 한두 번 집단상담사가 주제를 선정한 후 청소년들이 자발적으로 주제를 선정할 수 있도록 격려한다. "우리 이번에는 어떤 상황이나 주제로 해볼까요?"

(3) 정리

① 집단 응집력 형성이나 긍정적인 감정 형성에 도움이 된다. 특히 집단과정의 초기에서 실시하면 그 효과가 더 커질 수 있다.

② 청소년 개개인에 대한 인상이나 느낌, 역할 등에 대해 게임 형식으로 피드백을 제공함으로써 흥미를 불러일으키며 몰입할 수 있다.

③ 상황과 주제를 통해 피드백이 이루어지므로 일상의 대인관계 상황에서 자기 모습이 어떻게 비추어지는지를 '구체적으로' 체감할 수 있다.

* **부수효과** *

하위집단의 모습이 나타날 수도 있다.

구체적인 상황과 주제 속에서의 개개인에 대한 인상과 'tele'를 즉각적으로 표현해야 하므로 자신의 느낌에 집중하고 자발성을 발휘해야 하는 장이 된다.

(4) 유의 사항

① 자유롭게 돌아다니고, 움직일 수 있도록 마음을 활성화시키기 위해서 움직임이 강조되는 워밍업(warming-up) 활동이 반드시 필요하다.

② 상담사나 상담보조원은 청소년들을 살펴서 소외되고 있는 청소년에게 다가가도록 신경을 쓸 필요가 있다. 단, 집단 분위기가 자발적으로 활발할 때에는 집단의 흐름에 맡기며 자신의 느낌에 따르는 것이 좋다.

3) 3회기-부정이와 긍정이

참여인원	8~12명	운영방법	모둠을 나누어서 프로그램을 운영한다.
활동목표	• 부정적인 생각이 자신의 정서와 행동에 어떤 영향을 미치는가를 이해한다. • 자기가 가지고 있는 부정적인 생각을 긍정적인 생각으로 바꾼다. • 명상을 통하여 자기의 긍정적인 면을 찾아본다.		

과정	활 동 내 용	시간 (분)	자료 및 준비물
도 입	• 집단에 참가한 청소년들을 환영한다. • 이 회기의 목적과 목표를 제시한다. • 오늘 활동할 내용을 안내한다.	10	
전 개	• 내가 가지고 있는 부정적인 생각은? – 내가 가지고 있는 부정적인 생각을 각 모둠별로 발표하게 한다. – 부정적인 생각을 긍정적인 생각으로 바꾸어 보게 한 후 나누어 본다. • 명상 – 집단원들을 눈을 감게 하고 명상음악을 틀어 준다. – '명상멘트'를 읽어 준다. – 명상 후 1분간 침묵의 시간을 갖도록 한다.	40	
정 리	• 이번 시간을 통하여 느낀 점을 발표시킨다. • 일상생활 속에서 느끼는 부정적인 생각들을 찾아보게 한다. • 자기가 귀중한 존재임을 느끼게 한다.	10	
차시예고	• ( )회기:		
유의점	• 학교나 집, 친구 간에 느끼는 부정적인 느낌을 솔직하게 표현하도록 한다. • 부정적인 느낌을 표현하기 어려워하는 집단원들에게는 할 수 있는 만큼만 하도록 격려한다. • 친구들에게 공개하기 힘든 것은 공개할 필요 없으며, 공개된 사적인 비밀은 지켜 주도록 당부한다.		

(1) 도입-진행방법 및 활동 안내하기

① 집단에 참가한 청소년들을 환영한다.

② 이 회기의 목적에 대해 이야기 나눈다.

③ 오늘 활동할 내용을 안내한다.

(2) 전개

① 내가 가지고 있는 부정적인 생각을 집단원들에게 작성하게 한다.

② 집단원들이 생활하면서 가지게 되는 부정적인 생각들을 찾아보게 한다.

③ 내가 가지고 있는 부정적인 생각을 각 모둠별로 발표하게 한다.

④ 부정적인 생각을 긍정적인 생각으로 바꾸어 이야기를 나누어 본다.

우리는 생활하면서 '내가 가지고 있는 부정적인 생각은?'에 있는 것처럼 많은 부정적인 생각들을 하게 됩니다. 이런 부정적인 생각들을 함으로써 게임을 계속하게 되고 점점 자신도 주체할 수가 없을 지경에 이르는 사람도 있습니다. 우리들이 생활하면서 자신에게 정말로 필요한 것은 자신의 선택을 지지하고 격려할 수 있는 마음가짐일 것입니다. 이번 시간에는 여러분들이 생활하면서 떠오르는 많은 부정적이고 잘못된 생각들을 찾아보고 이런 부정적인 생각을 긍정적이고 올바른 생각으로 바꾸어 여러분의 의지대로 살아갈 수 있도록 해 봅시다.

⑤ 작성한 내용을 가지고 각 모둠별로 나누어 본다.

예를 들면 "게임을 하지 않으면 견딜 수가 없어" → "지금 내가 게임을 하고 싶긴 하지만 참을 수 있어." , "학교는 지긋지긋한 지옥이야. 빨리 게임하러 게임방에나 가고 싶다." → "학교 오는 게 지겨운 일이긴 하지만 견뎌낼 수 있어. 게임방은 학교 끝나고도 갈 수 있으니까."로 바꿀 수 있다.

그럼 지금부터 부정적인 생각을 긍정적인 생각으로 바꾸어 보자.

(3) 정리

① 자기가 귀중한 존재임을 느끼게 한다.

② 일상생활 속에서 느끼는 부정적인 생각들을 찾아보게 한다.

〈활동자료〉

내가 가지고 있는 부정적인 생각은?

여러분들이 생활하면서 자기 스스로에게 이야기하고 있는 불쾌하고 부정적인 자기 안의 대화를 적어 봅시다. 잘 떠오르지 않을 때는 보기를 참고로 하여 구체적으로 써 봅시다

* 촉진적인 개입 보기

  진짜 이 과목은 재미없어. 선생님들은 나만 미워해.

  학교는 지긋지긋한 지옥이야. 빨리 게임 하러 게임방에나 가고 싶다.

  우리 수학 선생님이 너무 싫어서 수학 수업 있는 날은 학교에 가기 싫어.

  학교에 와도 하나도 배우는 게 없어서 학교 오기 싫어.

* 내가 가진 부정적인 생각은?

* 긍정적인 생각으로 바꾸면?

* 촉진적인 개입 보기

  우리 부모님은 내가 공부를 못해서 싫어하실 거야.

  우리 부모님은 나에게 더 이상 기대 안 해.

  우리 부모님은 나를 진정으로 사랑하지 않는 게 틀림없어.

  공부는 안 하고 개입만 한다고 부모님이 나를 미워하실 거야.

* 내가 가진 부정적인 생각은?

* 긍정적인 생각으로 바꾸면?

* 촉진적인 개입 보기

나는 너무(뚱뚱해, 말랐어, 키가 작아, 평범하게 생겼어)

난 눈이 왜 이렇게 못생겼을까! 난 왜 이렇게 싸움을 못 하고 약할까?

* 내가 가진 부정적인 생각은?

* 긍정적인 생각으로 바꾸면?

11장

대학생 집단상담

1. 대학생 집단상담에 대한 이해

1) 대학생의 이해

(1) 성장기 발달 단계

일반적으로 대학생은 고등교육기관에 재학 중인 학생을 말하고 약 20세 이상에서 27세 정도의 시기로 Erikson(1963)은 이 시기를 성인 초기로 보았다. 또한 청소년기에서 성인기로 넘어가는 과도기적 시기이며, 청소년과 성인의 특성을 동시에 지니는 시기이다. 대학생 시기는 청소년기를 벗어나 사회인으로 나아가 성공적인 전환을 위해 생애 직업을 결정하는 시기이며 신체적, 정서적, 사회적으로 다양한 경험으로 인한 불안정한 스트레스에 놓이는 상태가 되는 시기이다. 발달단계에서 후기 청소년기에 해당하며 발달 과업으로 신체 및 성적 성숙, 독립성, 진로발달, 사회적 관계, 가치관 형성의 발달과업을 달성해야 하는 시기라고 볼 수 있다. 이 시기의 개인은 자신의 내적 세계와 외적환경을 탐색하고 이후 일생에 영향을 줄 수 있는 정체감 형성과 직업선택이라는 측면의 중요한 과업을 수행하게 된다.

대학생의 진로발달 단계는 전(前)직업기로, 청소년기에서 성인기로 넘어가는 과도기적인 위치에 있다. 이 시기에는 자아개념의 확립과 진로탐색을 통해 구체적인 진로를 선택하고, 특정 진로분야에 적합한 교육과 훈련과정을 경험하여 현실적인 준비를 해 나가게 된다.

(2) 진로발달 단계 대학생

슈퍼(Super, 1963)의 진로발달에 따르면, 대학생 시기는 탐색기 후반(15~24세)과 확립기 초반(25~44세)에 속한다고 한다. 이는 구체화 단계와 전문화 단계에 해당된다. 구체화 단계는 탐색 단계를 거치며 획득한 2~3개의 대안 중 특정한 진로분야를 선택하는 단계이다. 다시 말하면 탐색기는 학교생활, 여가생활, 시간제 일을 통해 자아를 검증하고 역할을 수행하며 직업적 탐색을 시도하는 시기이다. 이후 전문화 단계에서 특정한 진로를 위한 전문적인 훈련을 선택하게 된다. 즉, 확립기에는 자신에게 맞는 직업을 선택하고 직업선택에 대한 확신을 갖고자 하는 시기이다. 또한 Erikson에 의하면 대학생의 진로발달은 심리사회적 발달과 맞물린다고 한다. 슈퍼의 진로발달 단계에서 탐색기(15~24세)는 Erikson의 '정체감 대 역할혼란'(12~18세)과 '친밀감 대 고립감'(19~24세)에 해당되는 시기라고 볼 수 있다. 이 시기는 진로 및 직업 선택의 과업에 대한 명료화, 구체화를 이루어 내고 다양한 차원의 자아정체감을 탐색하고 안정감과 내적 일치감에 대한 완성도를 추구함을 강조하게 되는 시기이다. 또한 슈퍼의 탐색기 단계의 진로발달과 Erikson의 '정체감 대 역할혼란'단계의 정체감 형성 과정을 아우르는 개념이 진로정체감이라 일컫는다.

(3) 대학생의 진로과업과 현실

청소년기의 자아 정체감의 형성을 거쳐 대학생 시기에 발달과업 수행능력을 발전과 향상으로 진로선택의 폭을 좁혀가게 된다. 이렇듯 대학생은 심리적, 사회적, 경제적 독립을 준비하는 과정에서 다양한 스트레스를 경험하게 된다. 이는 사회진출을 앞둔 대학생 시기에 진로선택과 자기 정체감을 확립해야 하는 중요한 시기임에도 불구하고 우리나라는 대학입시라는 특수한 상황으로 인해, 진로정체감의 확립이 대학 입학 이후로 유보되고 있다. 입시 위주의 교육과 주입식 교육으로 개인의 개성과 창의성이 무시된 중, 고등학교 교육을 받고 성장하였고, 체계적인 진로지도의 부재로 진로과업을 효과적으로 해결하지 못하고 대학에 진학하게 된 점이 현재 대학생의 대학생활 부적응 현상으로 나타난다. 청소년기에 체계적인 사고를 발전시켜 개인의 특성에 맞는 진로탐색이나 설계를 통해 전공을 결정하기보다 비합리적인 신념으로 학업 능력에 맞는 전공을 결정하게 된다. 이 같은 경우 진로정체감의 발달이 미흡할 가능성이 높고 대학생활이 부적응으로 이어진다. 실제로 '희망직업과 전공'을 조사한 결과, 전체 39.1%가 희망직업과 전공이 불일치한 것으로 조사되었다. 대학생들에게 현재의 전공을 왜 선택했는지 이유를 물어보는 질문에서 '성적에 맞춰 선택'이라는 응답이 20.5%, '취업이 잘될 것 같아서'가 12.3%로 아직까지 많은 학생들이 대학선택에 있어서 적성을 고려해 선택하기보다는 성적 등 다른 요인이 상당수 작용한 것으로 나타났다. 성적만을 고려하여 대학과 전공을 선택할 경우, 대학생활 과정에서 불만족의 정도가 커지게 되며, 이로 학교 전체적인 만족도가 낮아 학교에서의 사회적 고립으로 인한 소외감 유발과 같은 결과가 초래된다. 이러한 문제점을 해결하고자 체계적인 진로지도를 위한 다양한 정책이 보급되고 있으나 효과를 미치지 못하는 실정이다.

(4) 대학생의 대학생활 적응과 부적응

실제 청소년기의 자기 이해부족과 전공에 대한 정보부족으로 입학하는 대학생은 대학 생활 부적응을 경험하게 된다. 대학생활의 부적응은 전공에 대한 흥미

부족과 취업 및 진로선택의 어려움을 겪게 되며 대학 졸업 후, 일자리와 기술의 불일치로 심각한 취업난을 겪거나 전공과 무관한 직업을 갖거나 업무 적응의 어려움으로 잦은 이직을 하는 현상이 생기게 된다. 대학에서의 전공 선택은 대학을 결정하는 것 못지않게 중요하고 어려운 일이다.

전공 선택은 진로목표, 자기이해, 환경, 직업 세계에 대한 이해, 대학전공에 대한 정보를 종합적으로 고려한 의사결정과정을 통한 행위에서부터 시작된다. 전공 선택 동기는 전공을 고르는 행위 원인이 흥미와 적성, 전공을 통한 자기개발 가능성 등 내재적 요인에 의한 결정이었는지 혹은 전공의 인기나 취업전망 등의 외재적 요인에 의한 결정이었는지를 의미한다.

2012년 우리나라 고등학교 졸업생의 71.3%가 대학(전문대학 포함)에 진학하고 있고 다수의 학생들이 전공에 대한 미흡한 정보로 지원하고 자신의 적성이나 흥미 등을 고려하기 보다는 수능점수에 따라 전공학과(부)를 선택하는 경향성이 높아 이런 경우 대학생활의 불만족도가 커져 사회적 고립을 초래하게 된다. 학습에 대한 흥미상실, 성적저하, 학교에서의 사회적 고립을 겪게 된다.

다양한 자기 탐색으로 대학전공을 선택한 자와 성적위주로 대학전공을 선택한 자의 대학입학 후 학습동기와 진로성숙도의 차이는 임연히 크세 나타나며 실제로 대학생들은 교과내용에 대해 본질적인 흥미를 가지고 전공을 선택한 경우와 그렇지 않은 경우에 자신의 전공을 지속적으로 공부하고자 하는 노력에서 큰 차이를 보인다고 하였다. 이는 개인의 흥미나 적성, 욕구와 같은 내재적 동기보다 단순히 성적만을 고려한 전공 선택 과정으로 향후 대학에서의 적응에도 영향을 줄 수 있다. 전공 선택 과정은 학생들이 다양한 학문분야에 접할 수 있는 기회를 충분히 갖고 자신의 적성이나 흥미, 능력에 부합되는 전공을 자율적으로 선택하는 방법이 이상적이다. 그렇지 않고 수능성적 위주로 전공을 선택한 학생들은 전공에 대해 만족하지 못하며 능동적이고 자율적인 대학생활에의 적응문제에 봉착하게 된다.

대학생활의 부적응은 대학생활에서 성취해야 할 여러 과업들을 제대로 달성하지 못하게 될 때 시작되며 대학생활에서 불안, 우울, 후회, 불만족과 같은 부정적인 사고를 갖고 휴학이나 자퇴를 고려하는 경우가 발생하게 된다. 대학생의 부적응은 학생 개인적 문제뿐만 아니라 대학 경쟁력 저하 및 교육의 감소로 인해 대학의 문제로 이어지며 이는 가족, 사회, 국가의 비생산적인 결과를 초래하게 된다. 실제 대학생활의 부적응은 동기나 선후배 간의 유대관계, 교수에 대한 낮은 인식도, 전공에 대한 불만족도, 진로미결정 소극적인 직업 준비 등 진로발달 및 선택에 있어 손실을 가져오게 된다.

대학은 지식을 습득하고 학생의 적성과 잠재능력을 개발하여 사회가 필요로 하는 인재로 전문화된 지식을 배우는 고등교육 기관이다. 올바른 전공 선택은 먼저 자기 자신에 대한 이해와 밀접한 관계가 있다. 자신의 소질이나 적성을 고려하기보다 현실적인 문제를 고려하여 진학을 결정함으로써 많은 학생이 전공과의 불일치로 대학생활 적응에 문제를 보이게 된다. 원했던 대학과 전공을 선택한 대학생은 해당 전공에 관심이 높아 결과적으로 휴학이나 전과, 전학의 가능성이 낮다. 또한 교수와의 상호작용으로 개인의 대인관계와 흥미가 전공과 일치하게 되며 수업참여도가 높다. 능동적인 학교생활로 인해 자신의 적성과 잠재력을 개발하는 성공적인 대학생활을 예측할 수 있다.

대학생활의 긍정적 적응은 자신의 욕구를 충족시키며 원만한 인간관계를 맺을 수 있다. 대학이라는 환경에서 지적 욕구 충족과 학문적, 사회적, 심리적 요구를 수용하고 긍정적인 자아상 확립에 도움을 주어 대학생활을 즐겁고 행복하게 한다. 청소년에서 성인으로 넘어가는 준비단계로서 이는 청소년기 생활양식에서 탈피하고 성인기의 생활양식과 유사한 점에서 대학생활의 적응은 성인기의 성공적인 적응과 기능에 영향을 미치게 된다. 또한 대학생활의 적응은 학업, 정서적 측면, 대인관계 등의 측면에서 요구되는 대처에 적절히 반응하고 이차원적인 현상과 상황에서 적절한 대처를 할 수 있는 능력을 향상하게 된다. 인간관계에 있어 다양한 관계 맺음을 형성하며 자기관리 기술 및 가치관의 확고함, 자율적인 의사결정, 다양한 행동양식의 적응과 습득을 할 수 있는 여러 방면의 개인적인 문제들을 능동적으로 대처할 수 있는 습득력이 확립될 수 있다. 따라서, 대학생의 대학생활 적응은 일생 동안 큰 변화 과정을 경험할 수 있는 중요한 시기이다.

2) 대학생 집단상담의 이해

(1) 대학생 집단상담에서 다루는 일반적인 주제

대학상담센터에서 가장 자주 제공되는 구조화된 화제나 주제를 가진 시간제한 집단(time-limited group)으로서 상담자들이 개방적인 과정지향집단(open-ended process group)을 이끄는 데 어려움이 있다. 대부분의 주제는 구체적인 문제를 해결하기를 원하는 학생들에 의해 구성되며 이는 요구조사를 거치기도 한다. 대학생 집단의 효과적인 주제를 다루기 위해서는 집단원들이 배우는 과정을 통해 특별한 변화를 이끌어내는 전략이 필요하며 이를 위해서는 ① 집단구성원들 중 일부가 변화를 위해 준비가 되어 있는 단계를 다루어야 한다. ② 집단 주제의 해결에 적절한 치료적 환경을 만들어야 한다. ③ 집단의 단계 이동이 용이해야 하며 ④ 교육적인 구성요소를 다루어야 한다. ⑤ 원하는 변화의 중요한 치료적 요소들을 활용할 수 있는 방법을 선택할 수 있어야 한다.

(2) 대학생 집단상담에서 다루는 일반적인 구성

집단은 일반적으로 4주 혹은 한 학기 정도의 짧은 회기로 진행되는 형태이며, 심리교육적 집단과 상담집단을 가장 흔히 제공되는 방법이며 구성요소의 치료에 초점을 맞추어 다양한 욕구를 충족시키는데 목적이 있다. 구조화된 집단의 주제 범위는 참여자의 요구, 상담자의 창의성, 집단을 촉진시키기 위한 노력에 의해 결정된다. 진로 발달 집단, 진로 계획 집단, 걱정 해결 집단, 스트레스 관리 집단, 슬픔에 관한 집단, 문화적 동질적 집단, 자부심과 관련된 집단, 개인정체감 추구 집단, 개인적인 동질 집단, 동성애지지집단 등이 있다.

(3) 대학생 집단상담에서 집단원의 요구분석

집단원들의 요구분석이 정확해야하며 학문적, 개인적, 사회적 관심사를 모두 다루어져야 한다. 다양한 대학생활의 부적응 문제를 해결하기 위한 진로·직업

선택에 대한 고민을 수렴하여 이에 요구조건을 체계적으로 파악하고 이를 충족시키기 위한 구체적인 방안을 마련하는 것이 집단상담의 개발의 중요한 과정이다.

(4) 대학생 집단상담에서 이론

Ginzberg(1951)와 Super(1957)의 진로발달이론을 중심으로 살펴보면 긴즈버그의 진로발달이론은 긴즈버그, Herma(1951)는 일반적으로 발달견지에서 직업선택의 이론을 접근한 최초의 이론가들이며 직업 세계를 보다 종합적으로 접근하였다. 발달과정은 환상기(유년기~11세 이전), 잠정기(11세~17세), 현실기(17세~성인초기)로 구분하며 직업선택을 6년에서 10년에 걸친 발달적인 과정으로 본다. 슈퍼(1957)의 진로발달이론은 자아개념이론에 중요성을 강조하고 이는 개인의 속성과 직업에서 요구되는 속성을 고려하여 연결하는 이론이라 제안하였다. 성장기(출생~11세), 탐색기(15세~25세), 확립기(25세~44세), 유지기(45세~66세), 쇠퇴기(65세 이후)로 생애 단계를 거치며 구성되어 있다.

3) 대학생의 집단상담에서 일반적인 기법

(1) 적극적 경청: 집단원의 언어적, 비언어적 표현에 온전히 주의를 기울여 자신의 말과 행동으로 돌려주는 것. 일대 다수이기 때문에 주변 집단원의 반응 등을 놓치기 쉽다.
(2) 모델링: 집단상담자가 집단원이 집단에서 보여야 하는 모습의 모델 역할을 담당하는 것이다.
(3) 연결짓기: 집단원 간의 공통된 부분을 연결시키는 것이다.
(4) 초점 맞추기: 집단에서 논의되고 있는 주제의 초점을 맞추는 것이다.

2. 대학생 집단상담의 필요성

1) 대학생의 진로와 직업선택

대학생의 대학생활을 어떻게 보내느냐에 따라 직업 선택과 미래 삶의 안정성이 좌우하게 되는 중요한 시기이다. 즉 대학 생활에서 다양한 문제를 적절히 대처하고 해결해 나가는 과정에 있으며 대학생활적응은 대학생활에서 경험하는 학업, 대인관계, 정서적 측면의 다양한 요구와 문제들을 적절하게 대처해 나가는 심리내적 상호작용 과정이다. 즉, 대학 생활을 통하여 자기능력개발과 관리 기술, 가치관의 적립, 자율적인 의사결정의 전반적인 행동양식을 습득하고 능동적인 대학생활의 적응을 할 수 있다.

오늘날 대학생들의 최대 고민은 졸업 후의 진로 및 직업의 선택이다. 이에 대부분의 진로 및 직업선택을 목표로 전문적 지식과 스펙 등을 쌓기 위해 노력하여 사회로 생애 직업을 결정하는 것이다. 이렇듯 취업과 직결되는 진로문제는 대학생의 당면과제이자 고민과 스트레스로 작용한다. 진로문제의 해결은 개인의 당면문제의 해결과 동시에 삶의 적응을 넘어 자기 성장을 촉진하다. 졸업 후 취업은 생존뿐만 아니라 자아실현과 직결되는 문제이므로 대학생활의 적응은 매우 중요한 시기라 할 수 있다.

2) 진로 성숙도

대학생의 진로 준비에 대한 성숙도는 한 개인의 삶을 위해 필수적으로 확립해야하며 성인기 경력개발의 핵심인 직업 선택의 구체화와 진로 설정의 기초를 마련한다. 진로성숙도는 진로 결정 후 자신의 직업세계 이해를 위한 정보수집 활동, 진로 목표 달성에 필요한 전반적인 준비를 뜻하며 이는 일관되고 확실하며 현실적인 진로 선택을 할 수 있는 능력을 뜻하며 자신에게 적합한 진로 탐색을 통해 합리적인 진로 결정을 이루도록 진로성숙 정도가 인식되어야 한다. 이렇듯 진로 성숙도는 진로문제와 해결되는 행동의 기대치가 일치하거나 높을수록 진로 성숙도가 높다(Super, 1953).

진로 성숙도가 높으면 자신의 이해와 정보를 수집, 의사결정에 관련 능력이 있으며 자신의 일과 일에 대한 지식의 통합 능력으로 진로계획을 합리적으로 세우고 실행할 수 있어 삶의 만족도가 높다. 진로 성숙도가 낮은 개인은 대학 생활 중에 진로선택과 취업 문제로 혼란을 경험하고 이로 불안과 취업 스트레스를 받게 된다. 또한 진로성숙도가 적절히 성숙되지 않은 상태에서 사회에 진출하게 되면 사회 적응의 어려움과 시행착오를 겪을 우려가 높아질 가능성이 있는 점에서도 대학생활에서의 진로성숙도의 향상은 자신의 진로결정에 중요한 역할을 한다고 말할 수 있다.

3) 대학생활과 진로

대학생활적응은 대학의 환경에서 여러 가지 당면하는 문제와 해결을 적절한 도전과 대처로 반응한다. 이는 환경과 개인의 심리내적 상호작용 과정이며 성공적인 대학생활 적응을 위해서는 환경뿐만 아니라 개인의 내적 변인도 함께 고려함이 필요하다.

대학생은 발달과업 성취, 사회적 생활환경의 변화에 대한 적응, 진로선택, 장래에 대한 불안 등의 심리적 부담으로 스트레스를 겪는다. 이로 인한 심리적 영향은 대학생들의 삶의 질에서 낮은 행복감, 삶의 만족도의 저하가 야기된다. 실제 진로상담을 받은 대학생들은 상담초기에 불안, 우울, 사회적 민감성 등에 높은 수준의 심리적 문제를 가지고 있는 경우가 많다. 대학생활의 부적응에 관한 심리 치유적 접근은 진로 스트레스의 부정적인 영향을 줄이고 소멸시키는 심리적 안녕감을 높이는 도움을 줄 수 있다. 환경적으로 의미 있는 타인의 격려와 지지를 통해 진로결정에 있어 신뢰감과 자신감 등을 향상시킨다. 정서적 지지나 치유를 통해 심리적 안정을 유지함으로써 환경적 과제를 수용하고 해결하는데 도움을 얻을 수 있다.

대학생활 적응에 영향을 미치는 변인으로는 스트레스 대처 방식, 가족응집력, 대인관계, 자아개념, 부모와의 애착, 자아탄력성, 자기분화, 취업스트레스, 진로선택 유형, 진로미결정, 전공만족도, 교수신뢰, 정서조절 양식, 학습동기, 사회적 지지, 성패귀인, 자기효능감, 내적동기 등이 연구되어 왔으며 일반적으로 대학생의 대학생활 적응에 관련된 연구들은 공통적응으로 학업적 적응, 개인-심리적 적응, 대학애착의 측면으로 분류하고 있다. 개인-심리적 적응의 관련 변인으로 내외통제 성향 의사결정 역량, 인터넷 중독, 자아탄력성등과 자아정체감, 스트레스와 같은 부정적 요인이 있다. 학업적 적응의 관련 변인은 자기효능감, 학업성취도, 교수-학생 상호작용, 전공수업 몰입 등과 대학애착과 관련한 변인으로 대학생활만족, 학과 및 학교 만족 등이 있다.

개인의 기질적인 특성으로 성격유형, 유머감각, 유머스타일, 남녀 성에 따른 차이가 있으며 사회적 요인으로 사회적 지지 및 대인관계, 부모의 양육태도, 부모와의 관계나 애착에 관한 연구도 활발히 이루어지고 있다.

대학생활의 적응은 이렇듯 여러 변인으로 인해 영향을 받고 이는 성인기의 적응 정도와 삶을 결정하는 환경을 만든다고 볼 수 있다. 이런 측면에서 대학생활의 건강한 적응은 대학생활의 위기아 갈등을 극복히고 능동직, 독립적인 생활방식의 전환을 위해 무엇보다 중요하다. 따라서 대인관계, 학업성취 등에서 적절히 적응한다면 성공적인 성인기를 예측할 수 있기 때문에 대학생활부적응에 대한 관심과 개입이 필요하다.

3. 대학생 상담의 유형

1) 집단의 구분기준과 집단유형

집단상담과 집단지도의 개념적 차이를 보면 집단상담은 7~8명 내외의 소집단을 대상으로 심리적 갈등문제 등을 집단원 중심으로 접근하는 것이라면, 집단지도는 20여 명 내외의 중집단을 대상으로 주로 지도자에 의한 훈련을 통해 인간관계 및 능력개발 등의 목표를 달성하는 접근이라고 규정할 수 있다.

2) 집단 목표에 따른 집단 유형

(1) 상담집단: 개인적, 교육적, 사회적, 직업적 문제에 초점을 맞추고 치료적인 목표 외에도 예방과 교육적인 목표를 설정하여 집단상담을 실천하는 형태. 의식 수준의 단기문제 해결, 강점과 잠재력 발견, 성장 저해요소 제거 또는 감소, 의사결정 능력증진, 대인관계기술 향상 등에 초점을 둠.

(2) 교육집단: 치료적 측면보다는 인지적 및 정의적 측면의 정신건강 교육의 기회와 이와 관련된 다양한 주제에 대한 정보를 제공하기 위해 구성되는 형태. 강의나 발표형식으로 집단원에게 필요한 정보를 제공함.

(3) 성장집단: 집단경험을 원하거나 자신에 대해 좀 더 알기를 원하는 집단원들로 구성되는 집단형태. 생활방식의 변화, 자신과 타인의 감정인식, 대인간 의사소통 증진, 가치관 명료화, 생산적인 태도 형성, 대인관계 형성 및 유지능력 향상 등의 내용을 목표로 하는 경우가 많음. 훈련집단, 참만남집단, 마라톤집단으로 나눔.

(4) 훈련집단: T그룹이라고 하며, 집단원들의 인간관계에서 감수성을 높이고 인간관계 기술을 신장시키기 위해 고안된 집단. 체험과정을 통해 대인관계에서 감수성이나 민감성을 높이는 효과적인 의사소통, 대인관계 증진과 능력개발, 인간적 성장에 초점을 둠.

(5) 참만남 집단: 1960년대 초 칼 로저스를 중심으로 T집단리더들이 창안한 것으로 모든 장면에서 성장기회를 제공하기 위한 훈련형태에서 발전된

집단. 사회적 기술보다 주로 인간관계에 있어 진실성이나 일치성 등을 신장시켜 인간적 성장과 자기실현을 이루는 것에 초점을 둠.

(6) 마라톤 집단: 몇일 동안 연이어 회기를 가짐으로 집단원들의 방어를 감소시키는 반면, 친밀감을 창출함으로써 더 집중적이고 심화된 상호작용을 가능하게 하여 인간적 성장을 도모하기 위한 집단.

(7) 자조 집단: 정신건강 전문가의 도움을 필요로 하지 않거나 전문가들이 돕기에 한계가 있는 문제를 지닌 사람들이 스스로를 돕는 집단. 공통의 문제를 서로 나누고, 상호 노력을 통해 공통의 불편함이나 삶을 파괴하는 문제들을 해결하여 자신의 삶을 효과적으로 조절하기 위해 모인 자발적인 연합체

(8) 지지집단: 지지와 격려가 필요한 공통 관심사가 있는 집단원. 자신들의 경험에 대한 생각과 감정을 나누며 특정문제와 관심사에 대해 지지와 격려를 주고받음. 신체장애를 입게 된 집단원, 에이즈 감염자, 인재 및 자연재해 희생자 등

3) 정형화된 프로그램 사용 여부에 따른 집단 유형

(1) 구조화 집단: 사전에 설정된 특정 주제와 목표를 달성하기 위해 일련의 구체적인 활동으로 구성되고 집단상담자가 정해진 계획과 절차에 따라 진행하는 집단의 형태. 진행이 효율적이고 계획된 목표 달성에 용의함.

(2) 비구조화 집단: 사전에 정해진 활동이 없고 집단원 개개인의 경험과 관심을 토대로 상호작용함으로써 집단치료 효과를 얻는 집단형태. 구조화 집단에 비해 깊은 자기 탐색이 이루어질 수 있다는 장점에 비해 집단원 개개

인의 상호작용과 자기 탐색을 원활하게 촉진시킬 수 있는 능력과 임상경험을 겸비한 집단상담자가 요구됨.

(3) 반구조화 집단: 비구조화 집단의 형태를 토대로 운영하되 필요할 때마다 구조화 집단에서 활용되는 활동을 이용하는 식으로 구조화 집단과 비구조화 집단을 혼합한 형태임.

4) 집단 구성의 보수성에 따른 집단 유형

(1) 개방집단: 집단 회기가 진행되는 동안 기존의 집단을 종결하면서 새로운 집단원이 들어올 수 있도록 개방된 집단의 형태.

(2) 폐쇄집단: 특정한 집단원 수로 집단이 구성되어 일단 집단이 시작되면 결원이 생기더라도 새로운 집단원이 참여할 수 없는 집단의 형태. 구체적인 목표가 설정된 학교에서 운영되는 집단상담에 적합.

5) 집단원의 인구통계학적 배경에 따른 집단유형

(1) 동질집단: 특정한 목적 또는 변화를 가지고 있는 집단원. 우울, PTSD를 경험하는 집단원. 집단응집력이 조기에 높음. 참석률이 높음. 집단의 깊이가 다소 피상적이고 표면적인 수준에 머무르는 경향이 있음.

(2) 이질집단: 집단원들의 인구통계학적 배경과 특성이 서로 다른 사람들로 구성된 집단. 갈등유발 가능성이 있고 촉진 작업이 어려울 수도 있음. 집단원들 간의 갈등을 강하게 불러일으켜서 역동적 상호작용을 촉진하는 효과가 있음.

일반적으로 대학상담센터에서 집단상담자는 내담자의 요구를 탐색하여 집단의 목적을 명확히 설정하는 것에 따라 3대 유형으로 나누어진다. 치료적, 지원적, 교육적 측면으로 구분 될 수 있다. 지원적 집단상담은 연구소 또는 상담실 내담자가 아닌 학생 및 학생지도 관계 교직원을 대상으로 하는 집단방법이며 치료적·교육적 집단상담은 주로 학생생활연구소 또는 상담실에서 학생을 대상으로 하는 접근이라 하겠다.

(3) 치료적 측면: 정서·인지·행동적 상태를 긍정적으로 변화, 성장, 부적응 문제 해결, 상담해 봤던 학생들로 구성함. 연구소나 상담실을 찾는 학생의 심리적 갈등과 정서적 문제를 다룸.

(4) 지원적 측면: 대학 내 인적자원훈련, 회의실에서 비정기적 진행(학생회, 조교, 기숙생, 기숙사 사감, 교직원 등)

(5) 교육적 측면: 행동을 바람직한 방향으로 변화(심리, 진로, 학습), 합의적 의사결정, 치료와 지원의 중간 형태. 개인문제보다 공통관심사 중심의 집단적 심리상담. 구조적 프로그램이 없이 집단적 지도라는 점에서 교육적 집단상담으로 봄.

7) 대학교 부적응에 대한 집단상담 유형

대학생의 대학생활 부적응의 원인을 주입식 교육으로 인한 사회적 적응력의 결여 및 적성과 무관한 학과에 입학함으로써 부적응과 괴리, 대학생활에서의 사회 참여적 운동에 대한 자조적 방관과 혼란 속에서 갈등을 겪고 있다고 볼 수 있다. 이에 대학에서의 집단상담은 다음과 같은 유형으로 접근할 수 있다.

(1) 중등학교에서 해결, 통합되지 못한 채 대학에 입학한 학생들의 심리적, 사회적 적응문제를 해소시키거나 감소시키기 위한 심리 치료적 집단.

(2) 대학에서의 학습과제의 성취도를 향상시키기 위한 '학습향상 집단지도'

(3) 대인관계 사회적 정체감 및 가치관 형성을 위한 '인간관계 훈련집단' 및 '가치관 형성지도집단'

(4) 졸업 후의 진로계획 준비를 위한 '집단지도'

4. 대학생 집단상담의 기법

집단상담자는 집단에서의 행동지침에 대한 기초 개념을 파악하고 있어야 하며, 언제라도 집단상담의 기법들을 행동에 옮길 수 있다. 집단상담자는 집단원들에게서 알아차리지 못했거나 다루어지지 않는 정서적·인지적·행동적 자료들을 확인하여 명료화하고 반영함으로써 상담의 목표를 달성하는 데 기여하게 된다. 즉, 집단상담자의 이론적 근거와 훈련배경에 따라 집단 내에서 실시하는 모든 행위를 포착할 수 있다. 또한 집단원 내면을 탐색하고 집단원 간의 소통을 원활하게 하여 집단원의 변화와 집단상담의 목표를 달성하는 것에 도움을 주는 역할을 한다.

집단상담의 기법은 진행단계에 따라 분류할 수 있다. 집단상담의 시작을 돕는 초기 단계에서는 구조화, 참여촉진을 위한 집단상담 기법과 분위기를 조성하는 과도기 단계에서는 분위기 조성. 지지와 격려. 초점 맞추기. 지금-여기 알아차리기. 피드백. 중지와 연결 등의 기법이 있다. 의사소통과 상호작용을 촉진하는 작업 단계에서는 관심기울이기. 경청. 공감적 반응. 명료화. 지문. 요약. 재진술. 즉시성 등의 집단상담 기법과 집단상담의 마무리를 돕는 종결단계에서는 분리감정. 미해결 문제. 집단 경험 돌아보기. 집단평가 등의 집단상담 기법이 있다.

1) 감정의 확인, 명료화 및 반영

감정은 사고에 대한 반응으로 신체 내에서 체험된다. 몸의 자세와 움직임. 말의 억양과 어조. 얼굴표정. 시선의 움직임 등 모두가 사고과정에 수반되는 감정

상태의 변화와 밀접히 관련되어 있다. 집단상담자는 집단상담의 과정에서 이러한 감정 상태를 확인하고 그것에 초점을 둔 발언을 해야 한다. 상담자의 개입은 집단상담 전체에서 나타나고 있는 감정적 흐름을 명료화하고 반영하는 동시에 내담자의 생각 및 상급자에 대한 행동방식의 개선 노력을 자극하여야 한다.

2) 행동의 확인, 명료화 및 반영

사람들은 어떤 형태로든 계속 움직이고 있다. 상담집단의 집단원들도 어떤 순간이고 소극적이든 적극적이든 어떤 행동을 하고 있을 것이다. 집단상담자는 이 사실을 민감히 관찰하여야 하며 한 개인이 어느 순간에 보인 특정 행동의 의미를 탐색하여 이를 반응해야 한다. 집단원들의 모든 행위와 반응에 원인과 의미가 있다면 그 원인과 의미를 이해하고 그에 적절한 반응을 하는 것이 바로 집단상담자의 역할일 것이다. 집단원들의 행동반응을 적절하게 확인하고 명료화하고 반영하는 것은 상담의 과정, 집단원들 간의 상호작용 또는 집단원들의 행동목표에 관한 개입이라고 볼 수 있다.

3) 인지적 자료의 확인, 명료화 및 반영

인지적 자료란 논리적이고 분석적인 언급과 동기·의미·이해·의견 등에 관한 설명들이다. 이런 언급과 설명에 대한 상담자의 반응은 생산적인 사고방식이나 의사소통과 밀접한 관련이 있다고 할 수 있다. 생각과 언어소통을 분명히 그리고 합리적으로 하도록 격려하고 시범을 보이는 것이 집단상담자의 중요한 책임이자 역할이다. 집단상담의 초기 단계에서는 집단원들이 주로 구체적인 사실에 대해 직면하고 해결하기 보다는 그저 설명을 하거나 분류하는 식의 발언으로만 넘어가고 마는 경향이 흔히 있다. 상담자는 이러한 인지적 경향을 명료화하고 초점을 맞춰줌으로써 집단상담의 본래의 과제로 이끌어가도록 할 수 있다.

4) 적절한 상담자로써 초점에 대한 질문과 한계

집단원들의 행동자료에서 적절한 상담자료 초점을 찾아내는 것은 집단상담자의 중요한 기술이다. 여기서 말하는 적절한 상담자료 및 초점자료에는 집단원들의 현실적 생활과제에 대한 개인적 생각과 구체적인 행동양식들이 포함된다. 초점 자료를 추출해내고 구체화를 위해서는 상담자가 찾아내고자 하는 자료에 대한 논리적 목적의식을 가지고 있어야 한다. 또한 추출된 자료에 대한 후속처리에 있어서도 올바른 판단을 구사해야 한다.

5) 직면시키기

사고·감정·행동양식의 모순 및 원인에 대한 지적을 일컫는다. 직면 또는 지적은 그 지적을 받은 사람의 개인적 성장을 위한 것이고, 개인적 성장의 노력은 상담의 기본 동기라는 전제를 바탕으로 한다. 집단원 효과적인 개인의 변화를 돕기 위해서는 집단상담자가 집단원의 관심사에 대한 사고·감정·행동반응의 모순 및 비일관성 등을 확인하여 지적해 주어야 한다. 여기에서 중요한 것은 상담자가 '수용적으로' 직면시킬 때에는 말의 내용뿐만 아니라 그의 안면표정, 자세 등에서도 수용적인 태도가 전달되어야 한다는 것이다.

6) 중요한 자료의 개관 및 요약

개관과 요약은 상담의 기본 자료를 분명하게 방향을 잡으며 초점을 맞추도록 하는 데 도움을 준다. 적절한 개관과 요약은 중요한 내용을 추려내고 상담목적에 의미있게 부합되는 자료를 집약함으로써 상담과정 방향을 바로잡는 것이라고 말할 수 있다.

7) 집단원의 발언 및 경험의 의미에 대한 해석

집단원들의 발언내용과 경험한 것들이 어떤 의미가 있는지를 설명해 줌으로써 보다 분명한 자기이해와 현실적인 세계관을 갖도록 기여할 수 있다.

8) 초점내용의 반복적 표현

집단원들의 발언내용 중에서 애매한 부분을 걷어내고 요점이 되는 부분을 다른 말로 되풀이하여 표현해 주는 것은 상담의 생산적 흐름에 많은 도움이 된다.

9) 문제관련 자료의 연결

집단원들이 서로 연결되는지 모르거나 잘못 연결시킨 문제에 관련된 자료를 집단상담자가 적절히 연결해 주어야 한다. 즉, 연결발언을 제대로 하려면 집단상담자가 집단원들의 단편적 표현에 있어 상호관련성이 있는 자료를 묶어 이를 연결한다. 그리고 의미상의 관련성을 찾아내면 내담자들이 미처 알아차리지 못한 생활 단면이나 경험의 전체적 의미를 깨닫게 된다. 이는 나아가 현재보다 발전된 형태의 행동양식을 모색하도록 촉진하는데 기여한다고 할 수 있다.

10) 내담자에게 필요한 정보의 제공

집단상담의 절차에 관련된 사항, 내담자로서의 유의 사항, 집단상담의 결과로써 얻어지는 소득 등 여러 가지 정보를 집단상담원에게 전달되었는지를 확인하여야 한다. 또한 객관적으로 관찰된 집단원들의 행동특성 및 변화가 무엇인지에 대해서도 정보를 제공해 주어야 한다.

11) 참여적 행동의 주도

상담자가 모델화되어 집단과정의 어느 순간에 집단원들의 참여적 행동을 유도하고 집단에 초점자료를 새로 도입할 수 있어야 한다.

12) 집단원들에 대한 격려와 지지

집단원들이 불안으로 표현을 억제하거나 두려워할 때 그리고 자신의 바람직한 생각과 행동에 소극적이거나 자신감을 느끼지 못할 때 상담자는 격려와 지지로써 내담자의 발전적 노력을 북돋아 주고 응원해야 한다.

13) 비생산적인 집단분위기에 대한 조정과 개입

비생산적으로 진행되는 집단구성원들의 행동과정은 상담자가 중단시켜 생산적으로 진행되도록 해 주어야 한다. 개인의 호기심 충족을 위한 질문이나 심문 등은 집단상담 전체 분위기를 방어적으로 만들 수 있으므로 질문 전 마음속 생각을 항시 탐색하도록 개입한다. 적대적 행동은 두려움의 다른 표현이라 할 수 있으며 집단상담에 방해가 된다. 이를 표면화시켜 다루어 줌으로써 적대적 감정을 갖지 않도록 한다.

14) 침묵에 대한 처리

집단상담자가 침묵을 처리하는 요령은 첫째, 침묵에 대해 압박감을 느끼지 않도록 한다. 둘째, 집단원들 쪽에서 침묵을 깨고 발언하도록 한다. 셋째, 침묵이 진행되는 동안을 집단원들에 대한 자료수집의 시간으로 활용하도록 한다. 따라서 침묵의 의미를 탐색하고 한 회기에 이야기를 여러 번 나누거나 소집단을 형성하여 이야기 할 수 있는 기회를 제공한다.

15) 비언어적 행동에 대한 인식과 설명

집단상담자는 집단원들의 자세·얼굴표정·몸짓 등 말 이외의 행동들이 상담과정에서 극히 중요한 자료임을 알고 예민하게 관찰을 할 수 있어야 한다.

16) 분명하고 간결한 의사소통의 시범

집단상담자의 말은 집단원들이 정확히 이해하고 정확히 반응할 수 있게끔 표현되어야 한다. 불필요한 표현들이 반복되지 않도록 노력해야 한다.

17) 상담의 초점 맞추기

집단상담의 과정에서 어느 한 내담자의 관심사에 관해 모든 집단원들이 같이 생각하도록 하며 주제에 관련된 자료를 중심으로 이야기하도록 해야 한다.

18) 비생산적인 행동 및 태도의 억제

집단상담자는 집단상담 시 야기되는 혼란과 분쟁 등에 개입하여 분위기를 진정시키거나 이야기의 초점을 조정해야 한다.

19) 행동목표의 설정 도와주기

집단상담에서 집단원들이 생산적인 행동목표를 세우기 위해 집단상담에 대한 목표의식을 갖고 참여하도록 별도의 노력을 기울여야 한다.

5. 대학생 집단상담의 실제

집단상담은 집단원을 중심으로 심리적 갈등문제를 다룬다면 집단지도는 지도자에 의한 훈련을 통해 인간관계 및 능력개발 등의 목표를 달성하는 접근이라 볼 수 있다. 이 장에서는 대학생의 진로 탐색 집단상담 프로그램의 실제를 다루기로 한다.

1) 1회기-출발! 꿈을 향해서

<table>
<tr><td>참여인원</td><td>6~7명</td><td>운영방법</td><td colspan="2">모둠을 나누어서 프로그램을 운영한다.</td></tr>
<tr><td>활동목표</td><td colspan="4">• 집단상담 프로그램의 목표와 방법에 대해 이해한다.
• 자기소개를 통해 신뢰감 형성 및 앞으로 진행되어지는 집단프로그램의 적극적인 참여 의지를 다진다.</td></tr>
<tr><td>과 정</td><td colspan="2">활 동 내 용</td><td>시간 (분)</td><td>자료 및 준비물</td></tr>
<tr><td>도 입</td><td colspan="2">• 집단상담 프로그램 진행과정 및 주제에 대한 이해, 주의사항을 안내한다.
• 약속정하기 (이완활동)
집단 참여 자세와 집단원에 대한 예의 및 유의 사항을 함께 정하여 활동에 대한 기대와 소속감을 높인다. 각자 생각한 규칙을 종이에 적는다.
• 서약서 작성하기
– 함께 지킬 약속을 통해 집단상담 프로그램 진행의 질서 유지하기를 선언한다.
• 사전 척도 검사 전 오리엔테이션을 하고 검사한다.</td><td>20</td><td>프로그램 안내지</td></tr>
</table>

전 개	• 자기 별칭을 짓고 그 이유를 소개한다. – 원으로 둘러 앉아 집단원에게 이 집단 활동에서 듣고 싶은 별칭을 사용할 수 있음을 말하고 각자 정하도록 한다.(예 동물, 만화주인공 이름 등) – 명찰과 속지를 나누어 주고 별칭을 적어 다른 집단원이 잘 볼 수 있도록 착용하게 한다. – 집단원들은 돌아가면서 자신을 별칭을 말하고 정한 이유를 설명한다.	30	명찰 사인펜 A4용지
정 리	• 지금까지의 활동에 대한 생각과 느낌, 불편했던 것들을 자유롭게 나눠본다.	5분	
차시예고	– 다음 회기 프로그램을 안내한다. • (2)회기: 나는 누구인가?		
유의점	• 집단상담사는 학생들이 자기를 소개할 때 항상 긍정적 반응(웃는 표정, 끄덕임)을 보여준다. • 한 집단원이 발표할 때는 그 외 집단원들은 의견을 존중하고 수용하는 자세는 갖도록 지도한다. • 집단원이 자기 개방에서 드러내기 어려운 것은 드러내지 않아도 되며 드러난 사적인 비밀은 지키도록 지도한다.	5분	

(1) 도입-진행방법 및 활동 안내하기

집단원과 친밀감을 형성하고 진로탐색프로그램에 대한 이해를 갖게 하는 것이 주된 목표이다. 집단프로그램에 참여할 때 지켜야 할 약속과 자기소개를 통해 집단 프로그램의 주제를 자연스럽게 이해할 수 있다.

① **집단상담 프로그램 진행과정 및 주제에 대한 이해와 주의사항 안내한다.**

– 10회 진행·주 1회·60분 진행·서약서·동의서·별칭으로 친구소개, 간식시간, 집중 안 할 때 예스박수 등을 안내한다.

– 서약서와 동의서에 관한 설명을 하며 집단프로그램 중 집단원의 이야기나 집단상담 프로그램 진행 중 일어난 모든 것에 비밀보장을 언급하고 집단 내 규칙을 논의한다.

② **약속 정하기**

집단 참여 자세와 집단원에 대한 에티켓 및 유의 사항을 함께 정함으로써 활동에 대한 기대감과 소속감을 높인다. 각자 생각한 규칙을 종이에 적는다. 이 활동은 첫 시작회기의 긴장된 분위기를 완화하는 데 도움이 된다.

③ 사전 척도검사에 대한 목적과 필요성을 설명하고 검사 시 질문지를 꼼꼼히 읽고 솔직한 답을 하도록 안내한다.

(2) 전개

각자 별칭을 정하고 소개한다.

① 별칭을 짓게 된 이유를 소개하는 시간은 자신을 상대방과 나누는 경험을 하고 이를 통해 자기 자신을 다시 생각해 볼 수 있다. 또한 집단원을 좀 더 이해하고 좋은 관계로 발전할 수 있는 기회가 될 수 있다.

② 이름이 아닌 별칭을 짓고 집단원들에게 불리고 불러주는 것은 새로운 만남의 의미라고 생각하면 좋을 것이다.

③ 원으로 둘러앉아 자신을 소개할 순서를 정하고 첫 번째 집단원이 자기의 취미나 장기·성격 등을 이름 앞에 붙여 자신을 소개한다.

(3) 정리

오늘 프로그램의 목적과 내용을 알아보고 각자 집단원의 소개를 통해 서로 이해하는 시간을 가지게 되었고 또한 각 집단원이 원하는 목표를 달성하도록 적극적인 참여를 권유할 수 있다. 다음 차시에 대한 프로그램에 대해 예고한다.

2) 2회기-인생은 진로다!

참여인원	6~7명	운영방법	모둠을 나누어서 프로그램을 운영한다
활동목표	• 일의 의미와 중요성을 이해한다 • 사람마다 직업이 달라질 수 있음을 이해한다.		

과 정	활 동 내 용	시간 (분)	자료 및 준비물
도 입	• 지난 회기 내용을 기억하여 내용을 정리하고 이번 회기를 설명한다. • 일이란 우리에게 어떤 의미일까를 생각해 보는 시간을 갖도록 안내한다.	5	
전 개	• 직업의 의미와 필요성에 대해 이해한다. • "인생 시간표"작성하기 – 졸업 후 10년이 지난 어느 날 자신을 떠올리고 10년의 시간을 24시간으로 압축하고 시간표를 작성한다. – 여가시간 · 필수생활시간 · 개인시간 · 노동시간의 4영역으로 작성 후 발표한다. – 통계청 자료를 통해 성인으로써의 4영역의 시간분포를 획인 후 일하는 시간이 많은 이유에 대해 알아보고 적성에 맞는 직업을 선택하는 것과 삶의 행복과 어떤 연관성이 있을지를 생각해본다. • 개미와 베짱이 이야기를 기억하면서 생각하는 시간을 갖는다. – 노동하는 개미와 노래하는 베짱이의 직업에 대한 장점을 생각하고 발표한다. – 노동하는 개미와 노래하는 베짱이의 직업을 서로 바꾸었다면 어떻게 될까를 생각하고 발표한다.	45	모둠별 1개 사인펜 A4용지
정 리	• 지금까지의 활동에 대한 생각과 느낌, 불편했던 점등을 자유롭게 나눠본다.	5분	
차시예고	– 다음 회기 프로그램을 안내한다. • (3)회기: "나를 이해한다"		

유의점	• 집단상담사는 학생들이 자기를 소개할 때 항상 긍정적 반응(웃는 표정, 끄덕임)을 보여준다. • 집단원들이 발표할 때는 각자 집단원들의 의견을 존중하도록 지도한다. • 집단원이 드러내기 어려운 것은 드러내지 않아도 되며, 이야기된 사적인 비밀은 지켜 주도록 당부한다.	5분	

(1) 도입-진행방법 및 활동 안내하기

일의 의미와 중요성을 생각해 보는 시간을 갖는다. 인생의 많은 시간 동안 일을 하면서 보내게 되고 이때 직업이 생계를 유지하는 기능뿐만 아니라 자아실현이나 공헌 등 진정한 삶의 보람을 느낄 수 있는 통로임을 이해한다. 또한 사람마다 잘하는 일이 각각 다름을 생각하게 되고 이를 알 수 있다.

① 일주일간 잘 지냈는지 안부를 묻는다.

② 지난 회기 활동에 대해 기억을 떠올릴 수 있도록 되짚는 시간을 갖는다.

집단상담 프로그램에 전체적인 구조화와 약속 지키기·별칭정하기·자기소개 등 활동을 통해 첫 만남의 긴장감을 해소하는 시간을 갖게 되었음을 안내한다.

③ 이번 회기 활동에 대한 설명을 한다.

이번 회기는 우리가 왜 진로에 대해 미리 생각하고 준비해야 되는지 또 일이 우리에게 어떤 의미가 있는지를 탐색해 보는 시간을 가짐을 안내한다.

(2) 전개

① 직업의 의미와 필요성에 대한 설명을 한다.

직업을 갖는 이유·직업이 과연 있어야 할까? 왜 사람들은 자신에게 맞는 직업을 갖기 위해 노력을 할까? 등의 질문을 통해 집단원 각자 생각해 보고 이를 발표하는 시간을 갖도록 안내한다.

② **"인생시간표"를 작성하는 시간을 갖는다.**

10년 중에 얼마나 일하고 얼마나 자고 얼마나 여가시간을 보내는지를 방학 계획표 짜듯이 작성한다.

- 4영역으로 나눌 수 있다
  - 여가시간: 미디어 이용·취미 활동 등
  - 필수생활시간: 식사시간·씻는 시간·자는 시간 등
  - 개인시간: 외모·위생·건강관리 시간 등
  - 노동시간: 밖에서 일하는 시간·전업주부라면 집에서 일하는 시간 등
- 작성을 한 후 집단원이 돌아가면서 모두 발표를 한다.
- 통계청 자료에 따른 자료를 보여준다.

  통계청 자료(2010)에 의하면 성인은 일·가사에 7시간 56분, 이중 일에 6시간, 수면과 식사에 10시간, 여가시간 5시간으로 나온다. 생활필수시간 이외 인생에 제일 많은 시간을 일을 하면서 보내는 이유를 생각해 본다.
- 정리하기

  일은 단순 의식주를 해결하기 위한 수단이기보다 사회구성원으로서 보람과 성취, 타인과의 교류의 수단이다. 일은 개인적·사회적·경제적인 충족을 시키고 삶의 만족도를 얻을 수 있다. 그래서 행복한 삶을 위해 여러분 자신이 원하는 직업을 선택하여 살아가는 것이 중요함을 안내한다. 만약, 싫어하고 적성에 맞지 않는 일을 한다면 어떤 일이 생길지도 생각해 본다. 따라서 직업을 선택하는 것은 자신의 삶의 행복을 위해 중요한 일이란 것을 알 수 있음을 안내한다.

③ **개미와 베짱이 직업**

- 성실 근면한 개미의 직업과 노래와 악기를 잘 다루는 베짱이 직업에 대한 장점을 생각하고 발표하도록 한다.
- 성실 근면한 개미의 직업과 노래와 악기를 잘 다루는 베짱이 직업을 서로 바꾼다면 어떤 일이 벌어질까를 생각하고 발표하도록 한다.

– 정리하기

성실하고 꾸준히 일하여 미래를 대비하는 개미의 직업, 노래를 잘하고 풍류를 즐기며 남을 즐겁게 해주는 베짱이의 직업은 각각 장점이 있다. 하지만 개미에게 노래를 하도록 하고 베짱이에게 노동을 해라고 한다면 이런 많은 장점들이 생길 수 없다. 이와 같이 사람도 자신이 좋아하는 일과 즐거워하는 일을 통해 성취감과 보람과 행복을 느끼며 지속적으로 직업을 유지하여 갈 수 있다는 것을 이해한다.

(3) 정리

이번 집단상담 활동을 통해 느낀 점이나 깨닫게 된 점을 생각해 보고 발표하도록 한다.

집단상담에서는 일의 의미와 중요성을 이해하고 사람마다 직업의 다양성을 인정하며 적성에 맞고 좋아하는 직업의 선택이 행복한 삶과 연결되어 진다는 것을 알 수 있다. 다음 회기에 대해 간략히 안내한다.

12장

노인 집단상담

1. 노인 집단상담에 대한 이해

1) 노인 집단상담의 의미

노인 상담이란 노인들이 직면한 문제를 이해하고 정서적 지지를 제공하고 문제해결을 위한 적절한 도움을 제공하고 향후 발생할 가능성이 있는 문제를 예방할 수 있고 인생 발달단계에서 경험하고 있는 변화와 적응에 적절하게 대처하도록 돕는 과정이다. 즉 사회적 약자인 노인들이 겪고 있는 심리적, 육체적, 정신적, 경제적, 사회적 어려움에 관하여, 다양한 상담을 통해 훈련된 상담자와 감정적, 내용적, 이해적 상호작용을 거쳐, 심리적인 안정감과 사회에 적응할 수 있도록 하고 기대했던 관심사에 대한 바람직한 결과를 얻는 모든 과정을 말한다.

노인 집단상담은 노인들이 직면한 문제를 해결하기 위하여 목표를 설정하고 목표 달성을 위한 전문적 실천 과정이라고 할 수 있다. 노인 집단상담을 통해 노인들은 자신과 비슷한 문제를 경험하고 있으며, 자신의 부족함이나 결함을 지적하거나 평가하지 않고 있는 그대로 수용해 준다는 느낌을 받게 된다. 자신 또한 다른 구성원들을 이해하고 수용하면서 자신의 문제와 타인의 문제에 대해 솔직하게 나누고 들으면서 궁극적으로 문제가 해결되는 경험을 하게 된다. 이는 발달 시기상 살아온 인생 과정에서 겪었던 시대적 상황과 현재 가지고 있는 비슷한 측면의 문제들을 서로 공감할 수 있고 격려와 지지 속에 강한 응집력을 형성할 수 있다.

노인 집단상담은 동년배 동질집단으로 운영하는 것이 긍정적인 상담의 효과를 가져올 수 있고 주로 호소하는 문제가 대인관계인데, 동년배들과 현실적이고 실제적인 의견을 주고받을 수 있다는 점에서 대인관계 기술을 향상시킬 수 있다. 집단상담에 참여한 구성원들은 상호작용을 통해 구성원 개개인의 자각과 통찰을 촉진하고 노인의 숨은 욕구와 현실적인 욕구를 해결할 방안을 모색하기도 한다. 더불어 노인을 부양하고 있는 가족원들에 대한 지원과 지지를 제공하기도 한다.

2) 노인 집단상담자의 역할과 한계

(1) 역할

노인 집단상담에서 상담자와 집단원, 집단원들 간의 상호작용으로 이루어지기 때문에 집단상담자는 효과적인 집단교류가 잘 이루어지도록 분위기를 조정하는 것이 중요하다. 또한 상담자는 소극적이고 부정적인 집단원이 적극적으로 참여하도록 촉진자 역할을 한다. 상담자의 구체적인 역할에는 경청을 통해 집단원들의 개방을 촉진시켜서 대처 능력을 길러주고 공정성을 유지하여 지지와 격려 속에서 자율적인 참여를 유도한다. 그래서 혼자가 아님을 알게 하고, 참여자의 잠재력을 실현하도록 도움을 준다.

(2) 한계

자기 개방과 표현에 미숙하고, 익숙한 삶의 패턴을 선호하여 변화를 두려워하는 노인의 특성이 노인 집단상담의 장애 요소가 되는 것도 사실이다. 집단원의 나이가 연장자일 경우 역동과 저항이 일어날 수 있고 나이 차이는 상담자에게 부담으로 작용할 수 있어 내담자와의 라포를 형성하기에 어려울 수 있다. 상담자는 내담자가 자신을 압도하거나 자신을 가르쳐 들지 모른다는 생각을 갖게 되고 내담자에 대해 개방적인 자세를 보이기 어렵게 된다.

집단원의 넓은 경험의 폭, 집단원의 사회적 지위 등으로 위축감을 느끼게 되는 경우, 상담자는 집단원이 과거에 누렸던 영화가 어떠하든 현재는 '문제에 빠진 집단원, 도움이 필요한 사람'으로 기억해야 한다.

상담자는 목표 달성을 위해 최선을 다하는 것이 맞지만, 집단의 한계를 명확히 인식하여야 한다. 집단원과 집단에 대한 신뢰감 형성과 개별화의 원칙을 준수하며 집단의 기강을 유지하고 참여자들의 보호 및 독려하며 공동으로 설정한 목표를 향해 나가야 한다.

3) 노인 집단원의 특성

노인 집단원의 특성에는 다음과 같다.

첫째, 집단원의 저항이 강하다. 노인 집단원은 인생에서의 경험을 근거로 상담 의도에 강한 저항을 보일 수 있고 삶의 변수를 통제하고 조절하는 방법에 대한 개인적인 신념이 강한 편이다. 이에 집단원은 상담자를 통제하거나 저항할 가능성이 클 수 있다.

둘째, 집단원은 경험의 폭이 넓다. 삶의 변화에 대한 관점과 결과에 대한 경험들이 집단원이 상담에 임하는 자세와 상담과정에 중대한 영향에 미칠 수 있다. 집단원이 상담자를 불신하여 상담적 개입이 필요한 시기임에도 상담을 중시 안하게 될 수도 있다. 이러한 경우는 상담자가 심리적으로 위축될 수 있다.

셋째, 새로운 삶에 대한 의지와 변화 욕구가 다른 발달단계에는 있는 성인들에 비해 약하다. 익숙한 것을 반복하는 노인 집단원이 학습된 무기력한 상태가 아닌지 재확인 및 점검해야 할 필요성이 있다.

넷째, 남은 삶에 의미를 부여하지 않으려 하며, 여생을 죽음과 연결하는 경향이 강하다. 죽음에 대한 각기 다른 태도와 평가를 보여주는 것을 통해 상담자는 상담 중인 노인 집단원의 특성을 잘 파악하게 되는 기회를 얻기도 한다.

다섯째 가족이나 보호자의 지지가 약하다. 다른 가족 구성원들이 노인 집단원에게 진정한 관심을 두지 않는다. 관심이 있어도 가족적인 차원에서 노인이 문제를 풀려고 하지 않는다. 노인의 소외 정도는 가족의 지지와 반비례한다.

2. 노인 집단상담의 필요성

현대의 인구학적 변화와 사회적 변화는 다양한 차원에서 노인상담을 필요로 한다. 오늘날 노인들은 가족의 구조적 변화와 개인주의적 가치관의 확대, 세대간의 차이 심화, 노인이 느끼는 상대적 박탈감의 문제, 노인이 겪는 경제적 빈곤 등으로 다양한 차원의 문제를 겪고 있다.

현대 가족은 핵가족화와 더불어 노부모의 가정 내의 중심 역할이 약화되거나 상실됨으로 가정과 사회에서 고립되고 있다. 이러한 변화 속에서 도시화에 따른 지리적 이동 역시 노인들의 관계망을 축소시키고 물리적, 정서적 유대감이 악화되어 고독과 소외를 경험할 가능성이 높아 사회적으로 고립되게 하는 요인이 되고 있다.

최근 코로나19로 인한 복지관, 노인대학, 경로당의 폐쇄로 인해 기존에 노인들의 사회적 관계의 장(場)들마저 사라지게 되면서 노인들의 정서적, 사회적 고립감은 위험한 수위에 놓이게 되었다. 노인 상담의 필요성이 나날이 높아져 가는 상황에 있으나 여전히 노인 상담은 복지의 한 영역으로 머물러 있는 것이 현실이다. 이는 노인들에게 실생활에서 필요한 경제적 법률적 도움을 제공할 수는 있으나 정서적인 지지와 심리적인 어려움을 해결하기엔 역부족이라 할 수 있다.

노인들은 집단상담을 통해 비슷한 처지에 있는 동료들과의 새로운 관계를 형성하고 현재 자신의 문제가 자신만의 문제가 아니며, 자신도 다른 사람에게 도움이 될 수 있는 존재라는 인식을 갖게 될 가능성이 높아 노인들에게는 집단상담이 유용하다. 이에 집단개입에서는 문제의 예방적 역할이 강조됨으로써 노인을 대상으로 집단상담을 실시하는 것이 매우 효과적이다. 특히 지역사회와 노인 시설 등에서 집단상담을 주로 사용하며 노인들의 의존 욕구를 장점으로 이용한다. 여기에서 노인 대상 집단 개입의 목표는 감정의 바람직한 표현, 관심사에 대한 직면과 해결, 집단생활에서의 자기 표현력 향상, 대인관계 기술의 향상 등이 있다.

노인 집단상담의 목적은 내담자인 노인이 자신의 내·외 현실을 통찰하고 직면하는 과정을 거치며 사고의 전환을 이루게 함으로써 태도의 변화를 유도하여 자신의 내·외 현실을 수용하고 적응하도록 돕는 것이다. 그러기 위해서 노인 집단상담은 노인들에게 정서적 지지와 지원, 문제해결과 예방을 할 수 있도록 도와줌으로써 1차적 사회관계망의 역할을 수행하는 것이다.

다음과 같은 역할을 통하여 노인 상담의 필요성을 이해할 수 있다.

첫째, 상담을 통하여 표출되지 못한 욕구를 표현하게 하여 문제의 근원을 파악할 수 있고, 이러한 상담과정은 고립되고 소외된 노인들에게 제1차적 사회관계망 역할을 해 준다.

둘째, 노인의 욕구를 사실에 근거하여 정확하게 파악함으로써 노인을 이해할 수 있고, 노인 욕구 충족을 위한 가족적, 사회적 노력을 기울이게 되는데, 이는 상담과정을 통하여 실천될 수 있다.

셋째, 상담을 통하여 문화적 정체감을 느끼는 노인에게 변화하는 사회에 적극적으로 대처할 수 있도록 정보를 제공할 수 있다.

넷째, 문제를 가지고 있는 가족과 노인을 상담함으로써 욕구를 파악할 수 있고, 적절한 대처를 해줌으로써 정서적 지지를 해줄 수 있다.

3. 노인 집단상담의 유형

1) 현실지향 집단상담

현실지향집단(reality orientation group)은 자신이 놓여있는 환경에 대해 제대로 지각하지 못하는 노인집단원들이 대상이다. 외부의 자극에 적절하게 반응하게 하고, 정체성에 대한 책임을 요구하는 집단이며 상담자는 노인집단원 스스로가 자신이 누구인지, 어떤 기능과 역할을 해야 하는지를 자각하도록 돕는다. 현실지향집단에 참가하는 집단원들은 주로 시설이나 병원에서 생활하는 노인들인데, 그들이 지역사회로 다시 돌아갈 수 있도록 돕는 것이 목적이다. 집단의 크기가 작을수록 효과적인 집단상담이다.

2) 재동기화 집단상담

현재나 미래에 대해 더 이상 관심이 없는 노인들이 다시 일어설 수 있도록 독려하는 것이 목적이고 시설에 입소한 노인들과 지역사회에서 생활하고 있는 노인 모두에게 적용할 수 있고 다른 사람과 상호작용할 수 있는 능력을 향상할 수 있는 집단상담이다. 구성원은 15명까지 참여가 가능하고 재동기화 집단에서는 집단원들이 흥미와 반응을 보이게 하려고 오디오나 비디오 같은 감각적 도구를 사용한다.

3) 회상 집단상담

지난날을 돌이켜보며 긍정적인 기억과 경험을 바탕으로 밝은 미래를 조망하는데 목적이 있고 회상과정을 통해 사회화, 상호작용, 박탈감 억제, 기억 자극, 세대차 극복, 자신과 다른 사람의 삶에 대한 재검토 등을 통해 노인 스스로 자신의 삶을 회상하게 한다. 그 내용을 집단 내에서 꺼내놓고 공유하도록 하여 그 과정에서 절망감을 느끼던 노인들이 자신의 인생에서 긍정적인 부분을 발견하고 자아통합을 이루도록 돕는 집단상담이다.

4) 집단 심리치료

주로 우울하고, 현실에 적응하는데 어려움이 있는 노인을 대상으로 하고 규칙적으로 정해진 시간에 노인들이 자율적으로 참여한다. 집단원들이 보다 만족할 수 있도록 잘 훈련된 상담자는 표현하고, 이끌어 내고, 받아들이고, 일하도록 독려해야 한다. 집단심리치료의 치료적 요소는 이타주의, 집단응집성, 보편주의, 대인관계 향상, 지도성, 감정정화 등이 있다. '지금-여기(Here and Now)'를 강조하며 비구조화된 형태로 진행한다. 집단상담자의 기술과 인격 등이 매우 중요시되며 집단원은 6~12명이 적합한 집단상담이다.

5) 특정 성원집단상담, 특정 주제 집단상담

특징주제집단(topic specific group)은 독서치료, 성, 건강, 예술 등 특정한 주제를 가지고 모이는 집단이다. 목적은 노인들의 삶의 질을 높이는 것이고 노인들이 자신의 삶에서 의미를 발견하여 지지집단을 형성할 수 있도록 돕는다.

특정성원집단(member specific group)은 슬픔, 입원, 시설 생활 등 특정한 인생의 전환기에 초점이 맞춰져 있다. 노인이 생의 문제를 극복하고 적응할 수 있도록 돕고, 가족들도 상황에 적응할 수 있도록 도와주는 집단상담이다. 집단 전체보다는 개인에게 초점을 두는 기술을 필요로 한다.

6) 노인을 위한 성장집단상담

노인을 위한 성장집단(growth group for the elderly)은 노인들도 지속적·영적·정신적으로 성장한다는 것과 65세 이상 노인들이 노쇠했다기보다 또 다른 성장을 한다는 가정에서 실시하는 집단상담이다.

7) 사회, 레크리에이션, 교육집단상담

사회(social), 레크리에이션(recreation), 교육집단(educational group)은 노인집단원들이 적극적으로 활동에 참여하고, 즐거움을 느끼며, 학습을 자극하고, 건강을 증진시키는 목적으로 만들어진다. 사회성 향상, 여가 증진, 평생교육을 위한 장(場)으로 활용하는 집단상담이다.

8) 노인 가족을 위한 집단상담

노인 가족을 위한 집단상담(elder family group)은 노인집단원의 가족들이 위기상황을 겪고 있을 때 활용한다. 가족들과 상담자는 가족 내에서 가족규칙, 경계, IP(Identified Patient), 힘을 가진 사람이 누구인지를 고려해서 접근하여야 하고 시설에 거주하고 있는 노인집단원이 가족들과 함께 집단상담에 참여하는 경우도 있다. 그러므로 상담자는 가족들에게 정보를 제공하고, 상황에 대처하는 기술을 가르쳐줘야 한다. 부모를 시설에 보내는 것에 대한 불안과 죄책감을 경감시키는 데 주력하여야 하고 다른 가족들의 경험을 공유하고, 관련된 스트레스를 경감시키는 노력을 해야 한다.

4. 노인 집단상담의 기법

집단상담에서 기법은 상담자의 이론적 근거와 훈련 배경에 따라 집단 내에서 집단상담자가 실시하는 모든 행위라고 정의할 수 있다. 집단상담 과정 중에 드러나는 집단상담자의 모든 언어적·비언어적 메시지는 모두 의미를 지니기 때문에 이들 모두를 기법이라고 할 수 있다.

1) 노인 집단상담 단계 및 절차

(1) 노인 집단상담 기법 단계

① 초기 단계

집단상담의 시작을 돕는 기법으로 구조화와 참여 촉진이 있다. 집단상담의 시작에서 구조화란 효율적인 상담을 진행하기 위해서 집단상담의 기본적인 진행과정과 방법, 집단원으로서 지켜야 할 일 등을 집단원에게 안내하거나 설명하는 것이다.

참여 촉진이란 집단에 대한 두려움이 있거나 집단에 참여할 준비가 되지 않아 적극적으로 참여할 준비가 되어 있지 않은 집단원이 집단 장면 안으로 들어올 수 있도록 돕는 과정이다. 프로그램 전체를 미리 나누어 주어 집단원들이 다음 회기에 대해 긴장감, 불안감 없이 준비할 수 있도록 한다.

세심함은 노인들에게 집단에 대한 신뢰도를 높여서 더 활발히 집단활동에 참여할 수 있게 만들어 집단원 자신에 대한 탐색 및 자기 개방에 도움이 된다.

집단상담자는 시작 전 집단원들의 정보와 특성을 미리 파악해서 편안하게 친밀삼을 형성하도록 하는 데 주력해야 한다. 이 단계에서는 집단원끼리 짝을 지워주고 서로에 관한 이야기를 충분히 듣게 한 후 서로 소개하는 방법, 별칭을 짓게 하는 방법, 별칭 짓고 각자 별칭 지은 이유 이야기, 매회기 시작시 지난 회기 이후의 안부, 느낌을 이야기한다. 여기에 음악이나 신체 움직이는 활동, 단순한 게임을 활용한다.

② 변화와 촉진 단계

집단에 활발하게 참여하는 집단원과 고립되어 있는 집단원이 생긴다. 활발히 표현하는 경우 다른 집단원의 이야기도 들어야 될 것 같다는 이야기로 집단원 모두가 주체적으로 이끌어가는 것이라는 점과 집단원 개개인이 집단에 중요한 일원인 것을 상기시켜야 한다.

집단상담자는 집단에 참여하지 않는 이유를 저항이나 자신을 방어하기 위한 것이라고 판단해서는 안 된다. 감정을 억누르는 데 익숙해져 있어서 제 생각과 감정을 솔직하게 표현하는 것을 어색해할 수도 있고 원래 성격이 내성적이거나 나서는 것을 좋아하지 않을 수도 있다. 상담자는 있는 그대로 존중하고 수용하며 대응해야 한다. 더불어 말로 표현할 기회를 만들어 주는 것도 필요하다.

집단상담의 분위기를 조성하는 기법에는 분위기 조성, 지지와 격려, 초점 맞추기, '지금-여기' 알아차리기, 피드백, 중지와 연결이 있다.

첫째 분위기 조성은 집단원들이 집단상담에 집중할 수 있도록 집단의 분위기를 형성하는 것으로 일반적으로 집단상담이 시작될 때 상담자의 말이나 행동을 통해 이루어진다. 집단상담에 방해가 되는 요소 제거하고 집단원들 간의 지지적인 분위기 조성하는 효과가 있다.

둘째 지지와 격려는 집단원이 하기 힘든 이야기를 하거나 감정적으로 어려움을 겪고 있을 때 집단원의 어려움을 이해하고 응원하는 기법이다. 집단상담에 대한 신뢰감 형성하고 집단원 자신에 대한 탐색하는 효과가 있다.

셋째 초점 맞추기는 집단원이 집중하고 있는 활동, 집단상담의 주제, 집단원의 이야기와 감정 등에 집중해서 이야기할 수 있도록 돕는 활동이다. 집단상담에 대한 관심이나 주의 집중을 시키고 회기별 목표 달성하고 집단상담의 분위기 형성 및 유지하며 집단원의 내면 탐색하게 한다.

넷째 집단상담 장면에서 발생하는 사건이나 감정은 과거와 관련된 생각과 감정을 좀 더 생생하게 알아차리고, 자신의 문제를 탐색할 유용한 기회가 될 수 있다. 과거와 현재의 경험을 연결하여 탐색할 수 있음을 자신의 감정 이해하고 자신의 문제 탐색할 수 있다.

다섯째 피드백은 집단원의 감정이나 행동에 대한 언어적 반응을 의미한다. 상담자는 피드백을 줄 때 평가나 가치 판단적인 내용보다는 관찰할 수 있는 사실을 즉시 피드백하는 것이 좋다. 집단원의 변화에 대한 계기 제공하고 상담자와 집단원에 대한 신뢰감을 향상시키고 집단원에게 내면 탐색의 기회를 부여한다.

여섯째 중지는 집단과정에 부정적인 영향을 미치는 집단원의 말을 멈추게 하는 것이고, 연결은 집단원들 사이에 유사한 말이나 행동을 이어 주는 것이다.

연결은 좀 더 효율적인 의사소통이 이루어질 수 있도록 돕기도 한다. 집단원들의 상호작용과 응집력을 향상시키고 집단원들에게 보편화 경험의 기회를 제공하는 효과가 있다.

③ 작업 단계

작업 단계는 집단활동에 적극적으로 참여하게 되는 단계로써 집단을 신뢰하고 자신의 문제를 자유롭게 표현하여 서로 격려와 이해 공감을 해주는 관계로 발전하게 되며 집단 응집력이 생성되어 소속감이 형성되고 집단에서 안정감을 느끼기도 한다. 그리고 상담자는 집단원이 새로운 것을 배우고 실습하는 것에 익숙하지 않을 수 있음을 인식하고 개인차를 고려해서 대응하며 문제를 다루어 가는데 자신감을 얻도록 격려와 지지로 도와야 한다.

작업단계에서 의사소통과 상호작용을 촉진하는 기법에는 관심 기울이기, 경청, 공감적 반응, 명료화, 질문, 요약이 있다.

첫째, 관심 기울이기는 상담자가 자세, 시선, 표정 등을 통해 집단원에게 지속적인 관심을 나타내는 행위이다. 방어적인 행동 감소시키고 의사소통을 모델링하며 집단상담에 대한 신뢰감을 형성한다.

둘째, 경청은 집단원의 말을 귀담아 듣는 행위이다. 이는 타인에 대해 올바른 이해를 시키고 의사소통 촉진하며 신뢰 관계 형성한다.

셋째, 공감적 반응은 집단원이 경험한 주관적인 세계를 상담자가 인식하고 이해하는 것이다. 집단상담의 적극적인 참여와 자기 탐색과 자기 노출을 할 수 있는 용기가 부여되고 다른 집단원의 피드백 수용 및 문제해결을 위한 새로운 행동을 시도한다.

넷째, 명료화는 집단원이 분명하게 말하지 않은 부분에 대해 구체적이고 명료하게 표현하도록 돕는 기법이다. 집단원의 표현을 정확하게 이해하고 있는지 확인하고 집단원 간의 의사소통을 촉진 시킨다.

다섯째, 질문은 집단원으로부터 어떤 사실이나 상황에 대한 정보를 얻을 목적으로 사용한다. 집단원에 대한 정확한 이해(인지, 정서, 행동)와 사실적인 정보

탐색할 수 있다.

여섯째, 요약은 집단원이 말한 내용이 중요하거나, 길거나 복합적이어서 한 번에 이해하기 어렵거나, 이야기의 초점이 흔들린다고 생각될 때 사용하는 기법이다. 집단원이 이야기하고자 하는 주제를 드러내고 집단원 이야기의 내용을 정리·확인할 수 있다.

④ 종결 및 추수 단계

매회기 종결 시 상담자가 해당 회기의 목적과 활동 내용들에 대해 정리해 주고 회기에 대한 집단원들 각자의 느낌과 소감을 자유롭게 이야기 하도록한다. 집단 종결에 대해 집단원들의 느낌을 반드시 다루고 집단이 끝난 후 지속적으로 관계가 이루어질 수 있도록 격려한다.

집단상담의 종결을 돕는 기법에는 분리 감정 다루기, 미해결 문제 다루기, 집단 경험 돌아보기, 집단 평가가 있다.

첫째, 분리 감정 다루기는 집단상담 종결을 앞두고는 이별에 대한 아쉬움과 지지 없이 부딪히게 될 현실에 대한 두려움과 자신의 지지자들과 헤어져야 한다는 이별의 감정을 다루어야 한다. 분리에 대한 감정 처리 및 건강한 분리 연습을 하고 집단상담에 대한 성취감 형성하는 효과가 있다.

둘째, 미해결 문제 다루기는 많은 사람이 자신이 경험하고 있는 문제를 해결하거나 도움을 얻기 위해 집단상담에 참여하지만 모든 문제가 집단상담을 통해 해결될 수는 없다. 효과성은 집단상담의 성과 및 목표 달성을 파악할 수 있고 집단원의 문제해결을 위한 계기 마련할 수 있다.

셋째, 집단 경험 돌아보기는 집단상담을 통해 집단원이 느낀 것과 알게 된 것에 대해 돌아보게 하는 것이다. 집단상담 경험을 통합시키는 효과가 있다.

넷째, 집단 평가는 특정한 목적을 둔 활동이므로 집단상담이 종결될 때는 목적 달성 여부를 평가하는 것이 필요하다.

추수 상담단계는 집단이 끝난 후 짧게는 2개월 후 집단원들이 집단에서 배운 것을 일상생활에 잘 적용하고 있는지를 평가하는 과정이다. 마지막 회기 때 집단원들에게 추수 상담 날짜와 장소를 명확히 고지 참석할 수 있도록 독려한다.

(2) 노인 집단상담 구성

① 집단원의 구성

집단원이 잘 적응할 수 있는 내담자로 집단 구성하는 것이 효과적인 선발방법이 될 수 있다.

② 집단의 크기

집단원의 나이, 집단형태, 변화 의지가 있고, 집단 촉진자의 경험, 촉진자의 수 등에 따라 다르다. 6~8명 정도 적절하며 경우에 따라 글을 모르거나 신체활동, 인지기능 등의 이유로 보조 상담자가 필요하다.

③ 상담 시간 및 회수

1회에 50분~60분이고 너무 짧으면 목표 활동 완수에 어려움이 있고 길면 집중력 떨어진다. 주 1회, 6~9회기 정도 실시하도록 한다.

④ 개방집단과 폐쇄 집단

개방집단은 참여가 언제든지 가능하고 더 많은 집단원에게 서비스 제공이 가능하겠지만 집단 응집력 약하여 가능성 교육적 목표에 적합하다.

폐쇄 집단은 집단이 만들어지면 집단원의 수용이 불가하다. 이탈 시 집단의 동력을 잃을 가능성 있다. 하지만 깊이 있는 나눔이 가능하여 심층적인 상담에 적합하다.

5. 노인 집단상담의 실제

본 프로그램에서는 다양한 놀이매체를 이용하여 다른 사람들과 함께 어울리면서 크게 소리내어 노래하고 율동하며, 지난날을 회상하며 그림을 그리고, 다른 사람들과 함께 어울려 게임을 통해 노인의 신체적, 정신적, 감정적 면을 점검하여 긍정적이고 바람직한 삶으로 개선 시키도록 도와주기 위한 활동이다.

자신의 생활, 변화된 행동, 느낌을 간단하게 나누고 간략하게 프로그램의 내용 및 관련 집단활동을 소개하고 게임, 몸동작으로 시작하고 친밀감이 자연스럽게 형성되고 주어진 시간 안에 다양한 집단활동으로 이루어진다.

1) 1회기-알고 지내요!

활동목표	• 프로그램의 목적, 규칙 말하기, 유의 사항을 이해한다. • 별칭짓기를 통해 새로운 자기를 발견하고 상대방을 이해한다.		
과 정	활 동 내 용	시간 (분)	자료 및 준비물
도 입	• 상담 진행 과정을 설명한다. • 참여 방법 및 주의사항을 안내한다. • 오늘 활동할 내용을 안내한다	10	오리엔 테이션 안내지
전 개	• 별칭 정하기를 한다. – 각자 생각나는 별칭을 짓게 한다. – 별칭에 얽힌 사연을 듣고 대화한다. • 별칭을 소개하고 자기소개를 돌아가면서 발표한다. – 별칭 소개 도중에도 궁금한 점이나 묻고 싶은 점은 간략하게 묻는다. • 돌아가면서 느낀 점을 이야기 한다.	40	이름표, A4, 색연필, 사인펜, 파스텔
정 리	이번 회기 실시한 활동을 통하여 자신에 대하여 새롭게 깨닫게 된 점과 서로가 지지하고 피드백을 주고받을 수 있도록 격려한다	10	
차시예고	• (2)회기: 나의 희노애락		
유의점	• 자기를 소개할 때 항상 긍정적인 반응(웃는 표정, 끄덕임)을 보여준다. • 집단원들이 친구들의 의견을 존중하도록 지도한다.		

(1) 도입-진행방법 빛 활동 안내하기

① 프로그램의 목적, 진행방법 및 활동 안내하기, 규칙, 유의 사항을 이해한다.

② 별칭짓기를 통해 새로운 자기를 발견하고 상대방을 이해한다.

- 이렇게 안내해요
  - 자신의 성장과 타인에 대한 이해를 목적으로 한다.
  - 매주 정해진 요일에 정해진 시간, 정해진 장소에서 실시된다.
  - 불가피한 사정으로 참석하지 못할 때에는 상담자에게 미리 연락을 한다.

(2) 전개

이 활동은 집단상담이 시작하기 전에 자신의 별칭을 한 가지씩 새로 짓거나 이전의 별칭을 소개함으로써 자신을 다른 사람에게 알리는 활동이다. 집단에서는 이름보다는 별칭을 사용하는 경우가 많은데, 그것은 집단 내에서는 동등한 인격으로 상호작용하자는 의도가 내포되어 있다.

① 별칭 정하기를 한다.

- 각자 생각나는 별칭을 짓게 한다.
- 별칭에 얽힌 사연을 듣고 대화한다.

② 별칭을 소개하고 자기소개를 돌아가면서 발표한다.

③ 별칭 소개 도중에도 궁금한 점이나 묻고 싶은 점은 간략하게 묻는다.

질문 별칭을 그렇게 지은 동기나 사연이 있습니까?

질문 별칭을 짓는 동안 어떤 생각이 들었습니까?

④ 돌아가면서 느낀 점을 이야기한다.

(3) 정리

① 집단원 모두에 대한 소개가 끝나면 상담자는 각자 프로그램이 진행되면서 느낀 것, 지금의 마음 등에 대해 공유한다.

② 이번 활동이 마무리될 즈음이면 각자에 대해 키워드를 얻을 수도 있으므로 앞으로 진행될 활동을 염두에 두고 진행하면 구성원을 이해하는데 도움이 될 것이다.

2) 2회기-나의 희노애락(喜怒哀樂)

활동목표	• 생각과 감정을 알아차리며 행동변화를 추구한다. • 자신의 억압된 감정을 표출한다. • 각자가 가지고 있는 부정적 감정을 자유롭게 표출한다.		
과 정	활 동 내 용	시간(분)	자료 및 준비물
도 입	• 인사 나누기 • 가볍게 건강박수로 몸 풀기를 한다. • 활동방법을 설명한다.	10	
전 개	• 허풍떨기 – 허풍에 대한 이야기를 나눈다. – 돌아가면서 한 사람씩 허풍을 떤다. – 집단원들은 함께 긍정적인 호응을 해준다. • 감정표현하기 – 현재 또는 과거 마음속에 떠오르는 감정을 생각해 본다. – 평소에 느끼는 감정단어카드를 석 장 고르게 한다. – 세 장의 감정 중에서 나를 가장 힘들게 하거나 속상하고 화나게 했던 부정적인 단어를 고르게 한다. – 다음 돌아가면서 어떤 일로 힘들었는지 감정단어와 연결 지어 이야기를 나눈다. – 이야기를 나눈 다음에 그동안 억압되었던 부정적인 감정을 북을 치면서 또 한 번 큰 소리로 외쳐본다. – 스트레스 쌓였던 일이나 분노를 자유롭게 표출하도록 한다. • 돌아가면서 자신에게 변화가 있었는지 느낀 점을 이야기 나눈다.	40	감정단어 카드, 잔잔한 음악, 북
정 리	이번 회기 실시한 활동을 통하여 자신에 대하여 새롭게 깨닫게 된 점과 서로가 지지하고 피드백을 주고받을 수 있도록 격려한다.	10	
차시예고	• (3)회기: 나의 노노 인생진로		

(1) 도입-진행방법 및 활동 안내하기

① 생각과 감정을 알아차리며 행동변화를 추구한다.

② 감정을 인식하고 표현하기
③ 자신의 억압된 감정과 각자가 가지고 있는 부정적 감정을 자유롭게 표출한다.
④ 감정의 변화가 가능함을 인식하기
⑤ 가볍게 건강박수로 몸 풀기를 시작하여 이 회기 프로그램 활동방법을 설명한다.

(2) 전개

① 허풍떨기
- 허풍에 대한 이야기를 한다.(상담자가 예시를 들어준다.)
- 돌아가면서 한 사람씩 허풍을 떤다.
- 상대방의 허풍을 들으며 긍정적인 호응을 해준다.

② 감정표현하기
- 현재 또는 과거 마음속에 떠오르는 감정을 생각해 본다.
- 평소에 느끼는 감정을 감정카드 석 장 고르게 한다.
  예를 들어 흥분됨, 놀라움, 분노, 평화로움, 슬픔, 화남, 행복함, 난처, 외로움, 당황스러움 등

  질문 요즘에 반복되는 안 좋은 감정에 해당되는 단어는 무엇인가요? (내면에서 느끼는 감정들이 있어도 그 감정을 표현할 수 있는 적절한 단어를 모르거나 혹은 자신이 느끼는 감정이 무엇인지 모르기 때문에 억압하거나 외부와의 소통을 잘 하지 못하는 경우가 있으므로 그 부분을 탐색한다.)
- 석 장의 감정카드 중에서 나를 가장 힘들게 하거나 속상하고 화나게 했던 부정적인 단어를 고르게 한다.
- 다음 돌아가면서 어떤 일로 힘들었는지 감정 단어와 연결 지어 이야기를 나눈다.

질문 어떤 감정단어가 나를 가장 화나게 하고 스트레스를 받게 했으며 언제, 누구에게 어떤 일로 속상하셨나요?

- 이야기를 나눈 다음에 그동안 억압되었던 부정적인 감정을 북을 치면서 또 한 번 큰 소리로 외치며 스트레스 쌓였던 일이나 분노를 자유롭게 표출하도록 한다.

질문 그동안 나를 화나게 하고 스트레스 쌓였던 응어리진 부정적인 감정을 쏟아내고 북을 치고 나니 어떤 기분이 드셨나요?

- 돌아가면서 자신에게 변화가 있었는지 느낀 점을 이야기 나눈다.
  - 감정은 변화될 수 있음을 강조하기 위해 부정적인 정서의 원인인 부정적인 감정을 표출하고 긍정적인 감정으로 전환될 수 있도록 한다.
  - 부정적인 자기 자신에서 벗어나 스스로 강점을 발견하게 하고 새로운 가능성 알게 하고 자신감 있는 삶을 설계할 수 있도록 한다.

(3) 정리

① 활동을 통해서 새롭게 배운 점과 결심한 바를 나누고 지도자가 요약, 정리하고 마친다.

② 집단원들에게 자기를 노출하여 서로를 이해하고 공감하는 토대가 된다.

3) 3회기-나의 노노(老老) 인생진로

활동목표	• 구체적으로 실천할 수 있는 방법을 찾아본다. • 생각과 감정을 알아차리며 행동변화를 추구한다.		
과 정	**활 동 내 용**	**시간(분)**	**자료 및 준비물**
도 입	• 인사 나누기 • 가볍게 건강박수로 몸 풀기를 한다. • 활동방법을 설명한다.	10	

전 개	• 손 전기 통하기 – 짝을 지어 서로 손을 잡는다. – 손에 힘을 주어 전기가 통하도록 한다. • 인생진로 설계하기 – 지나온 나이는 어떻게 살아왔는지 돌아가면서 이야기를 한다. – A4용지 위에 자신의 20대부터 80대까지 표시하여 본다. – 앞으로 인생을 어떻게 살 것인지 구체적인 설계를 한다. – 구체적으로 앞으로 남은 인생은 어떻게 살 것인지 발표를 한다. • 돌아가면서 서로 피드백을 주고받으며 느낀 점을 이야기 나눈다.	40	색연필, 사인펜, 파스텔, A4용지
정 리	이번 회기 실시한 활동을 통하여 자신에 대하여 새롭게 깨닫게 된 점과 서로가 지지하고 피드백을 주고받을 수 있도록 격려한다	10	
차시예고	• (　)회기:		

(1) 도입-진행방법 및 활동 안내하기

① 앞으로 인생에 대해 구체적으로 실천할 수 있는 방법을 찾아본다.

② 자신의 생각과 감정을 알아차리며 행동변화를 추구한다.

③ 인사 나누기

④ 가볍게 건강박수로 몸 풀기를 한다.

⑤ 프로그램 활동방법을 설명한다.

(2) 전개

① 손 전기 통하기

– 짝을 지어 서로 손을 잡는다.

– 손에 힘을 주어 전기가 통하도록 한다.

– 집단원들의 접촉으로 친밀감을 형성할 수 있다.

② 인생진로 설계하기

- 지나온 나이는 어떻게 살아왔는지 돌아가면서 이야기를 한다.
- 앞으로 인생을 어떻게 살 것인지 구체적인 설계를 한다.
- A4용지 위에 자신의 20대부터 80대까지 표시하여 본다.
  (집단원들이 원하는 나이 표시하기)
- A4용지 위에 그래프로 자신의 연령대에 점수를 부여한다.
  (과거 현재 미래 포함한다.)

  질문 50대와 60대에는 무엇을 하고 사셨나요? 그때 가족을 위해 희생하고 살았던 자신의 삶에 대한 생각은 어떠신가요?

  질문 그때 그 시절에 대한 자신의 느낌을 말씀해 줄 수 있나요?

  질문 지금 기분은 어떠신가요?

  질문 앞으로 나를 위해서 무엇을 하면서 어떻게 살고 싶으신가요?

  질문 그 외에도 또 새롭게 하고 싶은 것은 무엇인가요?
- 구체적으로 앞으로 남은 인생은 어떻게 살 것인지 발표를 한다.
- 돌아가면서 서로 피드백을 주고받으며 느낀 점을 이야기 나눈다.

(4) 정리

① 이번 회기 실시한 활동을 통하여 자신에 대하여 새롭게 깨닫게 된 점과 서로가 지지하고 피드백을 주고 받을 수 있도록 격려한다.

② 집단원들에게 자기의 인생을 노출하여 서로를 이해하고 공감하는 토대가 된다.

13장
중독 집단상담

중독이란 심리적 혹은 신체적으로 습관을 형성시키는 물질에 의해 신체에 비정상적인 내성이 생겨 스스로 조절하시 못하고 의존하게 되는 것을 의미하며 욕구 발생 시 충동을 조절하지 못하고 계속적으로 행동을 반복해 습관화되는 것이다.

1. 인터넷(스마트폰) 중독

인터넷(스마트기기) 및 컴퓨터 사용에 스스로 통제가 불가능해지면서 가정, 학교 등 일상생활에서 현저한 문제를 초래하는 상태를 반복적으로 하고 싶은 욕구가 생기는 집착적 강박행동이다. 지나친 인터넷(스마트폰) 사용으로 의존성과 금단증상 등이 나타나 일상생활에 사회적, 정신적, 육체적 및 금전적 지장을 받고 있는 상태이다.

1) 인터넷 중독의 원인

(1) 환경적 요인

가정환경(가족관계, 부모의 양육 태도), 학교환경(사제, 교육 관계), 사회환경(대인관계, 사회적스트레스, 대안 놀이 문화부족, 건전한 정보문화 미형성), 심리적 요인(내면적 요인) 등이 우울 및 외로움, 충동성, 무력감, 자극 추구 성향 등이다.

(2) 개인적 요인

인구통계학적 요인(성별, 교육 수준, 직업 등), 중독에 취약한 유전적·기질적 요인, 개인의 인터넷 사용 특성(사용기간 및 사용시간) 등이다.

2) 인터넷(스마트폰) 중독의 증상

(1) 신체적인 영향

전자파 노출로 인한 뇌세포 손상과 손목터널증후군, 거북목증후군, 시력 저하, 뇌 발달 이상으로 인한 정신과적 어려움을 호소한다.

(2) 대인관계에서의 갈등

가족과의 갈등(게임 및 음악 다운로드, 유료 아이템 구입 등 요금으로 인한 경제적 문제 갈등), 사용 시간 및 방법에 대한 의견 차이와 갈등뿐만 아니라, 학교 교사 및 직장 상사와의 충돌, 친구 관계 등의 어려움이 있다.

(3) 정신 병리적 문제

금단현상과 강박증세, 충동 조절 능력 저하, 뇌 발달 이상으로 인한 우울증, ADHD, 수면장애, 불안 등의 문제가 있다.

(4) 일상생활에 문제

일상의 업무 및 학업에 집중할 수 없고, 학교에 가지 않는 등의 일탈행동을 하며, 온라인 대인관계에 집착, 현실감각 저하(가상현실과 혼동)를 가져온다.

3) 인터넷 중독의 종류

(1) 게임: 게임에 과도하게 몰입하여 일상생활 및 대인관계에 현저한 지장을 초래하는 경우이다.

(2) 스마트폰: 스마트폰의 지나친 사용으로 일상생활에 심각한 부적응을 초래하고, 스마트폰이 없으면 불안, 초조해지는 상태이다.

(3) 채팅(SNS): 타인과의 관계 형성을 위해 채팅, 메신저 사용에 과도하게 몰입하여 일상생활에 심각한 지장을 초래하는 경우이다.

(4) 포르노 중독: 음란물을 보거나 음란한 채팅 및 인터넷상 신체 노출 행위에 과도하게 몰두하여 성적인 욕구를 충족시키는 경우이다.

(5) 정보검색: 특별한 목적 없이 시간 통제가 안 될 정도로 과도하게 인터넷 검색에 몰두하는 상태이다.

4) 인터넷(스마트폰) 중독의 진행 단계

(1) 초기 단계(인터넷에 점점 몰입하기 시작)

근무(수업) 시간에 졸다가 꾸중을 듣거나 가끔 멍하니 앉아 있고, 아침에 일어나기 힘들어 지각하기도 한다.

(2) 중기 단계(서서히 일상생활 부적응 발생)

지각, 조퇴, 결석(결근)을 자주 하게 되며, 업무(학업) 능률이 저하되기 시작하고, 거짓말이나 주변 사람을 속이기 시작한다.

(3) 후기 단계(금단, 내성 및 일상생활 장애 등 증상 심각)

인터넷 사용 조절이 안되고, 충동적이며 행동 통제에 어려움을 느끼고, 가족이나 주변 사람들과 고립되어 있을 가능성이 크다.

5) 인터넷 중독의 치료 방법

인터넷 사용의 완전한 중단보다는 인터넷 사용에 대한 조절 능력을 키우는 것이 핵심!

(1) 약물치료

우울증, 충동조절장애, ADHD 등 공존 질환이 있는 경우, 인터넷 중독으로 인한 심각한 금단 및 신체 상태 악화 등으로 약물치료가 필요할 수도 있다. 인터넷 사용에 대한 조절 능력향상을 위해 단기 개입 및 행동 수정기법을 적용하고 있다.

(2) 인지행동치료

인터넷 중독 대상자들은 오랫동안 비적응적인 생활을 해왔기 때문에 현실 생활에 대한 두려움, 심리적 고통에 대한 상담이 필요하며, 인터넷 사용 패턴 분석 및 생활관리, 스트레스 관리, 의사소통 기술훈련, 가족 요법 등을 통해 변화 행동을 유지, 강화 시킬 수 있다.

(3) 행동수정

인터넷 사용에 대한 조절능력 향상을 위한 단기 개입 및 행동수정기법 적용할 수 있다.

(4) 상담 및 재활

인터넷 과다 사용 문제와 관련한 개인 상담 및 교육, 다양한 재활치료를 통해 문제행동을 지속시키는 왜곡된 생각과 행동을 변화하도록 돕는다. 재활치료는 일반적으로 집단상담치료, 정서지원 프로그램, 가족 교육 등으로 이루어져 있다.

6) 스마트폰 중독 예방지침

(1) 건전한 스마트폰 사용

① 스마트폰을 사용하기 전에 무엇을 하려 했는지 다시 한번 생각해 보고 사용한다.
② 정기적으로 스마트미디어 사용 습관을 점검한다.
③ 채팅이나 메시지에 바로 답장을 하지 않아도 된다.
④ 앱은 꼭 필요한 것만 다운로드한다.
⑤ 스마트폰 중독이 아닐까 의심되면 자가 테스트를 받는다.

(2) 부모의 대처 방법

① 스마트폰 사용을 자제해야 하는 시간과 장소를 정한다.
② 스마트폰을 끌 때에는 반드시 자녀 스스로 끌 수 있도록 유도한다.
③ 자녀와 스마트미디어 과다 사용의 유해성에 대해 의견을 나눈다.
④ 스마트폰을 건전하게 사용할 수 있도록 도와주는 앱을 설치한다.
※참고: 그린아이넷(www.greeninet.or.kr), 스마트보안관(www.스마트보안관.kr)
⑤ 자녀가 스마트폰으로 무엇을 하는지 관심을 갖는다.
⑥ 평소 자녀가 느끼고 있는 어려움이나 스트레스는 무엇인지 관심을 기울인다.

⑦ 스마트폰 사용 이외에 가족이 같이 할 수 있는 활동이나 취미를 즐긴다.
⑧ 부모도 스마트폰 사용 습관을 점검한다.

2. 약물 중독

약물 중독이란 의학적, 경제적, 법적으로 안 좋은 결과가 뒤따름에도 불구하고 현실의 고통을 피하기 위해 약물의 효능(흥분 도달)을 맛보기 위해 지속적으로 약물을 복용하고자 하는 강박적인 욕망을 말한다.

1) 약물 중독의 원인

중독의 핵심 요소는 부적응 결과를 초래하는 행동에 대한 자기 통제력의 상실이고, 중독 행동을 하는 이유는 아동기 때 주의력결핍장애, 품행장애를 보였거나 자존감이 낮거나 의존성이 강한 경우, 고통의 해방을 위해, 우울증, 열등감, 불안 등으로 긴장해소를 위해서 또는 불쾌한 사건이나 상황, 충족되지 않는 욕구에 처하기 위한 윤활유 역할로, 즉 행동 자체가 순간적으로 문제를 잊게 한다. 가족력이 없는 사람보다 가족력이 있는 사람이 의존할 확률이 더 높다.

2) 약물 중독의 증상

(1) 실험적 단계: 약물을 처음 접하고 배운다.
(2) 사회적 단계: 가끔 필요할 때 약물을 찾는다.
(3) 남용 단계: 자주는 아니지만 정기적으로 약물을 사용하게 된다.
(점차 조절 능력을 상실하고 행동이나 감정에도 변화가 나타나는 단계)
(4) 의존 단계: 한시라도 약물이 없으면 불안하다.
(금단 증상 등 좋지 않은 느낌이 오지 않도록 하기 위해서 약물을 사용하는

단계)

3) 마약(약물) 종류

(1) 마약류

① **마약, 향정신성의약품, 대마**

- 마약: 양귀비, 아편, 코카인
- 향정신정의약품
- 대마 : 대마초, 대마수지, 대마오일

〈표 13-1〉 주요 '향정신성의약품'의 특성

구 분	종 류	특 징	효 과
각성제	메스암페타민	국내에서 가장 많이 남용되는 마약류, 백색 또는 연회색 크리스탈 형태, 약간의 신맛, 물에 잘 녹음	강력한 중추신경계 흥분제, 황홀감, 피로해소, 환시
환각제	LSD	메스암페타민의 약 300배의 환각효과, 무색결정분말, 각설탕, 캡슐형태	가상 강력한 환긱제, 환각, 흥분, 발한
억제제	프로포폴	수술용 전신 마취제, 속칭 '우유주사'	수면마취, 불안감, 피로감 해소, 환각
신종 마약	MDMA (엑시터시)	검사로는 투약사실 확인 어려움, 백색분말, 알약, 캡슐 형태	필로폰의 3~4배 환각작용, 강한 신체접촉 욕구(포용마약)
	YABA	피로폰, 카페인, 코데인 혼합하여 제조, 값이 싸고 투약 간편(1알:0.2g)	1회 투약으로 3일간 비수면, 흥분, 환각, 공격성, 우울증
	GHB	무색, 무취, 음료에 타서 투약(물뽕), 성범죄용 도구로 사용	흥분작용, 환각

〈표 13-2〉 주요 대마의 특성

구분	종류	특징	효과
대마	대마초	대마잎의 상부 꽃대를 건조시켜 담배 형태로 제조, THC 성분 함유	약간의 환각작용, 도취감, 졸음
	대마수지 (해시시),	담배에 발라 흡연하거나, 꿀 또는 향료에 혼합해 음용, 2~10%의 THC 함유	
	대마오일 (해시시오일)	오일형태의 해시시, 10~30%의 THC 함유	

(2) 흡입제

본드, 부탄가스, 니스, 신나

(3) 기타

술, 담배, 커피

4) 약물 중독의 진행 단계

(1) 실험적 사용 단계

호기심 또는 모험심으로 약물을 단기간, 적은 양을 사용한다. 또래 집단에서 즐거움을 공유, 집단구성원이 되기 위한 동기의 약을 사용한다.

(2) 습관적 사용 단계

특정 상황에서 기분 전환(정서적, 정신적 자극)이 필요해서 사용한다.

(3) 심화적 사용 단계

일상적인 문제와 스트레스를 벗어나기 위해 약물을 주기적으로 남용한다.

(4) 강박적 사용 단계

약물의 효과를 유지하기 위해 다량의 약물을 자주, 장기간 사용하여 신체적, 심리적으로 약에 의존하게 된 상태이다.

5) 약물 중독의 폐해

(1) 대마 제제

고혈압, 천식, 기관지염, 심장질환, 암, 주의력 및 동기의 문제, 불안, 편집증, 공포증, 우울, 기억력과 문제해결 능력 저하, 정신질환 등이다.

(2) 코카인

불면, 빈맥, 두통, 체중감소, 가려움, 따끔거림, 심장질환으로 인한 급사, 비이성적 사고, 불안, 우울, 조증, 공격성과 편집증, 정신질환 등이다.

(3) 암페타민계

불면, 식욕저하, 체중감소, 탈수, 두통, 진전, 불규칙한 심박수, 숨 가쁨, 간 손상, 뇌출혈, 불안, 우울, 초조, 조증, 공포, 편집증, 공격적이고 난폭한 행동, 정신질환, 뇌세포의 영구 손상 등이다.

(4) 흡입제

어지러움과 환각, 졸음, 혼미, 흐릿한 시야, 위궤양, 저산소증, 섬망, 경련, 혼수, 심장, 폐 손상, 심부전으로 인한 사망, 기억력 감퇴, 혼동, 우울 공격성, 반응둔화 등이다.

(5) 진정수면제

졸음, 어지러움, 혼동, 집중력 및 기억력 저하, 오심, 두통, 수면장애, 불안, 우울, 심한 금단증상, 과잉투여와 타 약물과 함께 투여 시 사망 등이다.

(6) 환각제

환각, 불면, 오심, 구토, 빈맥, 고혈압, 기분 변화, 불안, 공포, 편집증, 정신질환의 위험성 증가 등이다.

(7) 아편제제

가려움, 오심, 구토, 변비, 성 기능 감퇴, 금단증상, 과잉투여와 호흡부전으로 인한 사망, 주의력과 기억력 감퇴 등이다.

* 경고: 특히 주사기를 이용한 약물 사용은 피부와 혈관을 손상 시킬 수 있으며 감염의 위험이 증가한다. 또한 흉터, 멍, 부종, 농양, 궤양을 일으킬 수 있으며, 목 혈관에 주입하는 경우 뇌경색을 일으킬 수 있다.

6) 약물 치료 방법

(1) 약물 해독 치료

중독된 약물을 제거하여, 약물복용 이전 상태로 되돌리기 위한 치료이며, 입원하여 약 5일~2주간 해독제 사용하고, 약물을 사용하지 않아도 안정상태를 유지할 수 있는 단약준비 단계이다.

(2) 행동치료

약물남용과 관련된 환자들의 태도와 행동의 수정, 건강한 삶의 기능을 증가시키며 약물치료의 효과를 향상시키고 치료가 오랫동안 유지되도록 도와준다.

(3) 성장단계

가정과 사회로의 복귀를 위한 준비 교육과 재발 방지 훈련 실시(재발 증후에 대한 대처법 습득) 한다.

(4) 상담 및 재활

개인상담 및 교육, 인지행동치료, 동기강화훈련, 집단치료, 가족치료 등을 통해 약물 사용을 중단하고자 하는 개인의 동기를 높이고 회복할 수 있도록 도와준다.

(5) 단약모임 N.A.

마약류 중독에서 회복하기 위한 자조모임이며, 12단계를 근거로 하여 단약을 유지하기 위한 목적으로 서로에게 도움을 주기 위해 정기적 모임을 운영하고 있다.

3. 알코올 중독

지속적이고 과도한 음주로 인한 뇌의 변화로 스스로 음주를 조절하지 못하게 되어 정신적, 신체적, 사회적 문제를 지속적으로 경험하고 있는 상태를 말한다. 알코올 중독은 뇌의 변화, 만성 뇌 질환을 유발하므로 반드시 치료와 회복이 필요하다.

1) 알코올 중독의 원인

(1) 유전적 요인

가족이나 친척 중에 알코올 중독 환자가 있을 경우, 가족력이 없는 사람보다 알코올에 의존할 확률이 더 높다.

(2) 신체적 요인

알코올이 대사 과정에서 만들어지는 뇌 속의 '보상회로'가 비정상적인 쾌락을 유발한다.

(3) 심리학적 요인

아동기 때 주의력결핍장애, 품행장애를 보였거나 자존감이 낮거나 의존성이 강한 경우, 고통의 해방을 위해 술에 의지하는 사람, 우울증, 열등감, 불안 등으로 긴장해소를 위해 술을 마시는 사람에게도 발생률이 더 높다.

(4) 사회문화적 요인

음주에 대해 관대한 문화, 술을 권하는 사회 분위기, 술을 구하기 쉬운 생활 여건 스트레스 등이 원인이 될 수 있다.

2) 알코올 중독의 증상

(1) 내성

같은 양을 섭취하여도 원하는 정도의 만족감을 얻지 못하거나 혹은 원하는 정보의 만족감을 얻기 위해서 음주량이 증가해야만 하는 상태이다.

(2) 금단

음주를 지속적으로 하다가 갑자기 중단하는 경우 나타나는 복잡하고 다양한 증상(식은땀, 손 떨림, 불면, 초조, 불안, 우울, 무력감, 오심, 구토, 일시적인 환각 등)이 있다.

(3) 강박적 사용

음주로 인하여 문제가 발생하고 후유증이 발생함에도 불구하고 지속적으로 물질을 사용한다.

(4) 갈망

술을 마시고 싶다는 주관적인 욕구, 정서적, 인지적, 행동적, 생리적 증상이다.

3) 알코올 중독의 진행 단계

(1) 중독과정

① 전구적 증상: 기분 전환형 음주, 상습적, 주기적으로 마신다.
② 진행성: 기억력이 쇠약해진다(기억상실), 술 마시고 싶은 강박적 충동, 문제해결능력이 상실이 있다.
③ 중대한 위기: 음주 조절 능력 상실, 술로 인한 질환(간장질환 등)이 발생하고 가족 및 대인관계가 약화된다.
④ 만성직: 매일 음주, 해상술, 막연한 공포, 두려움이 있다.
⑤ 정신적 불구자, 죽음: 완전한 패배를 인정, 악순환으로 강박적으로 마신다.

4) 알코올 인체에 미치는 영향

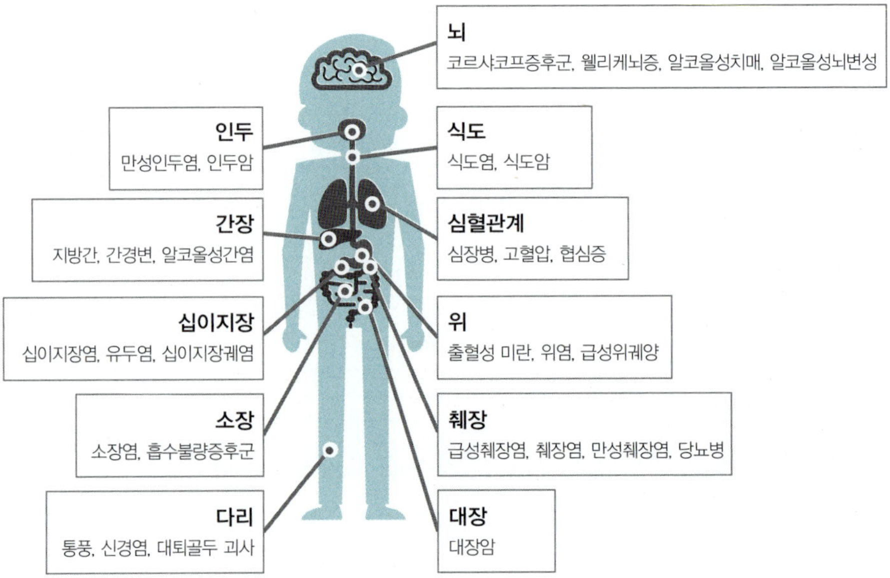

[그림 13-1] 알코올이 인체에 미치는 영향

5) 알코올 중독의 치료 방법

(1) 입원치료 (해독치료)

신체적, 정신적 증상 완화 및 의료적 처치를 한다. 술로 인한 영양의 불균형, 부족 상태의 회복을 돕는다. 알코올로부터 격리된 환경에서 자신 알코올 문제에 집중하도록 한다.

(2) 약물치료

금단증상 완화를 위한 약물치료이다. 단주 유지를 위한 약물복용을 한다.

(3) 재활치료

알코올 전문상담: 알코올 문제에 대해 전반적인 상담을 받는다. 알코올 교육은 알코올 관련 정보제공 및 교육을 받고, 회복 프로그램은 참여자 자신에 대한 이해 및 단주에 대한 동기 부여를 한다.

(4) 자조모임 (A.A., AL-Anon, Alateen)

단주자조모임(A.A.)은 익명의 알코올중독자 모임이고, 가족자조모임(Al-Anon)은 알코올중독자의 가족 모임이며, 자녀자조모임(Alateen)은 알코올중독자의 자녀 모임이다.

6) 알코올의 진실

Q 임신 중에도 술 몇 잔쯤은 문제없다?

A 아이를 가진 뒤에도 술을 마시는 여성이 의외로 많다. 몇 잔 정도로 뭐 큰 무리가 있겠느냐는 것인데 이는 위험한 생각이다. 임신 중에 술을 마시면 알코올 대사 과정에서 발생하는 아세트알데히드의 독성 때문에 유산 또는 조산을 초래할 가능성이 있다. 또 아이가 내어나더라도 선전적으로 지능이나 신체에 이상이 있는 '태아성 알코올 증후군'에 걸릴 위험성도 있으므로 임신 중에는 술을 절제하는 것이 바람직하다.

Q 술은 소화제다?

A 식사와 함께 반주를 즐기는 사람들이 흔히 펴는 논리는 '술은 소화제'라는 것이다. 그러나 술은 간에 독소를 남겨 소화 기능을 저해한다. 미량이라면 별 상관이 없겠지만 식사를 하면서 많은 술을 마시면 소화 불량을 일으키기 쉽다.

Q 맥주를 마시면 살이 찐다?

A 맥주에 흔히 곁들여지는 안주는 통닭·과자 같은 고칼로리 식품이다. 이 안주들이 비만을 부추길 수는 있다. 튀어나온 배를 가리켜 '맥주 배'라고 부르

는 것도 '안주 배'로 정정하는 것이 좋을 듯하다.

Q 술과 약을 함께 먹어도 상관없다?

A 술을 마시고도 약은 빠뜨릴 수 없다며 꼭 챙겨 먹는 사람들이 꽤 있다. 음주 전후에 약을 복용하면 간은 알코올과 약을 동시에 처리해야 하므로 이중 부담을 안게 된다. 약은 MEOS(미크로좀 에타놀산화계)가 작용하는 효과를 일으켜 두통이나 혈압 상승 등의 이상을 야기 할 수 있다.

Q 술로 술을 다스린다?

A 숙취를 술로 풀 수 있다고 그럴싸하게 포장해 나온 말이 '해장술'이다. 그러나 해장술은 뇌의 중추신경을 마비시켜 숙취의 고통을 잊게 해 줄지는 모르지만 어디까지나 일시적일 뿐 몸을 더 망치는 결과를 초래한다.

Q 홧김에 마신 술은 뒤끝이 좋지 않다?

A 스트레스 때문에 간장에서 알코올을 분해하는 속도가 늦어진다거나 술이 빨리 취하거나 뒤끝이 좋지 않은 것은 아니다. 하지만 속상한 기분에 많은 양을 마시거나 빨리 마시기 때문에 이런 말들이 나온다.

Q 술은 섞어 마시면 더 해롭다?

A 술을 섞어 마시는 경우 섞어 마신다는 것 자체보다 대부분 자신의 주량을 초과하여 많이 마시기 때문에 훨씬 빨리 취하고 숙취 현상이 심하게 일어날 수 있다.

Q 술 마시기에 적합한 안주는 따로 있다?

A 알코올은 물에도, 기름에도 녹는 성질을 갖고 있어 술 마시기 전에 지방뿐 아니라 단백질, 탄수화물을 고르게 섭취하는 것이 좋다. 대부분 어포종류나 포테이토칩 같은 마른안주를 먹지만 이것은 대부분 몸에 해롭고, 술과 함께 먹는 안주로는 신선한 과일이나 야채 종류가 좋다.

Q 일반적으로 남자가 여자보다 술이 세다?

A 여자는 남자에 비해 훨씬 쉽게 알코올 의존 상태에 빠질 수가 있어 짧은 기간과 적은 양에도 불구하고 남자들과 똑같은 과음에 의한 이상증세를 볼 수

있다.

Q 술을 빨리 깨려면 목욕이나 조깅을?

A 숙취 상태에서 기분 전환으로 목욕을 하는 것은 괜찮지만 술에 취해 있을 때 목욕탕, 사우나에 들어간다든지 조깅을 하는 것은 삼가해야 한다.

Q 술 마시면 금방 얼굴이 빨개지는 건 왜일까?

A 동양인에게는 선천적으로 아세트알데히드 분해효소가 적은 사람이 많다. 알코올이 체내에서 아세트알데히드로 분해된 뒤 아세테이트로 분해되지 못한 상태로 언제까지나 간장 속에 있어서 얼굴이 붉어지게 된다.

Q 마른 사람이 더 빨리 취한다?

A 간장에서 알코올을 분해하는 분해효소에는 개인차가 있고 체중에 따라 다르다. 위에서 흡수된 알코올은 온몸을 돌아 체내의 수분이 있는 곳에 고르게 침투하는데 몸집이 큰 사람은 그 농도가 묽어지게 된다.

Q 음주 중 위장약이나 음료를 소주 등에 타서 마시는 것은 술을 덜 취하게 한다?

A 무관하다. 오히려 위장약 종류는 위장 운동을 활발하게 해 위에서의 알코올 활동을 더욱 촉진 시킬 수도 있다.

Q 오이를 채 썰어 소주에 섞어 마시면 덜 취한다?

A 무관하다. 알코올의 독한 자극을 약화시키고 산뜻한 기분만을 느끼게 한다.

Q 냉수나 생수, 보리차, 콜라 등을 양주에 타서 마시는 것은?

A 술의 알코올 도수를 한 단계 낮출 뿐, 알코올 양의 작용을 둔화시키진 못한다. 처음에 독한 술(소주, 위스키)을 마신 뒤 약한 술(맥주)로 입가심을 하는 것은 매우 위험하다. 독한 술 때문에 위점막이 수축 작용을 제대로 못하므로 독 한 술의 원액이 간으로 흘러가는데, 거기에 약한 술을 마시면 술이 그대로 간으로 흘러 들어가 간의 알코올 해독 능력에 부담을 주기 때문이다.

4. 도박 중독

도박으로 인하여 본인, 가족 및 대인관계의 갈등과 재정적·사회적·법적 문제가 발생하고 있음에도 불구하고, 자신의 의지로 도박행위를 조절하지 못하고 지속적으로 도박을 하게 되는 것을 말한다.

1) 도박 중독의 증상

(1) 통제력 장애

자신이 선택한 도박행위를 자발적으로 통제할 수 있는 능력이 결여 또는 상실이 된다.

(2) 심리적 의존

삶의 중심이 도박이 되면서 도박보다 중요한 삶이 있음에도 불구하고 도박에 집착한다.

(3) 내성

각성이나 흥분 유발을 위하여 도박에서 배팅의 금액을 증가하는 것이다.

(4) 금단

도박을 하지 않으면 불안하거나 예민해지고 신경질적이게 되는 것이다.

2) 도박의 종류

(1) 놀이기구 사용

고스톱, 장기, 바둑, 마작, 주사위, 골패, 트럼프, 체스 등

(2) 기계 사용

카지노(슬롯머신, 비디오 게임 등), 경품 오락, 각종 전자오락(바다이야기, 스크린 경마, 파친고 등)

(3) 추첨 방식

복권, 로또 등

(4) 스포츠 경기

경마, 경륜, 경정, 체육진흥투표권(토토, 프로토) 등

(5) 동물 경기

소싸움, 투견, 투계 등

(6) 인터넷 사용

사행성 PC방, 인터넷 도박 등

3) 도박 중독의 진행

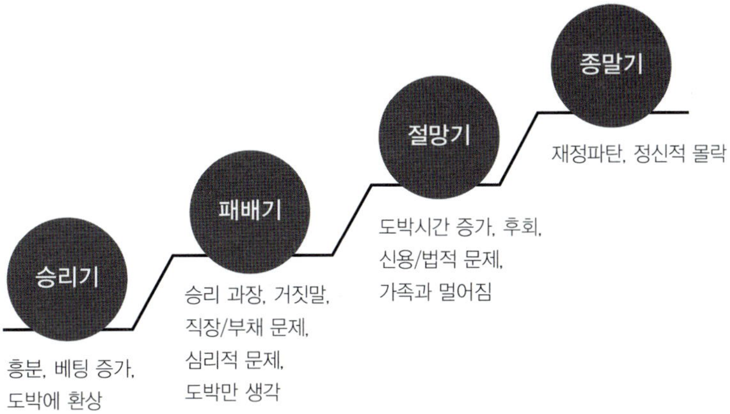

[그림 13-2] 도박 중독의 진행

(1) 승리단계

우연한 도박, 흥분, 대박 경험, 승리에 대한 환상, 배팅액의 증가

(2) 패배단계

도박에 집착, 빚이 늘어남, 도박사실 숨김, 거짓말, 대인관계문제 등

(3) 절망단계

빚을 갚아줄 것을 주변에 요청, 대인관계에서의 소외, 도박하는 시간 증가, 법적문제발생 등

(4) 종말단계

자살문제, 부부문제(이혼), 금단증상, 약물사용과 음주증가, 정서적 고통 등

4) 도박 중독의 치료 방법

(1) 해독치료

도박에 대한 충동이 강하거나 금단증상이 심할 경우 입원 또는 약물치료가 필요할 수 있다. 항우울제의 일종인 선택적 세로토닌 제제와 기분조절제 등이 사용되고 있다. 특히 도박으로 인해 이차적으로 정서적 문제가 동반된 경우는 일시적으로 약물치료를 하는 것이 도움이 된다.

(2) 인지행동치료

인지행동치료란 잘못된 생각을 바로 잡아주는 치료이다. 많은 도박 중독자들이 잘못된 생각(예를 들면 돈을 딸 수 있다 등)으로 인해 지속적으로 도박에 빠지는데 이런 생각을 치료를 통해 고치고 행동조절훈련 등을 함으로써 좋아질 수 있다. 현재 사용되고 있는 인지행동치료는 인지적 교정, 문제해결기술 훈련, 사

회기술 훈련, 재발 방지의 4단계로 구성되어 있다.

(3) 대안치료

도박을 대처할 수 있는 적합한 대안 활동을 탐색하여 건전한 정서 함양과 치유를 도모하고, 도박 문제 극복을 위한 바람직한 대처방식을 배우는 것이다.

(4) 단도박 자조모임(G.A)

익명의 도박 중독자들의 모임으로서 도박으로부터 생긴 문제를 극복하기 위해 서로의 문제를 해결하고 다른 도박 중독자들도 도와주는 자조 모임이다. 도박 중독에 빠졌던 사람들이 모여 서로의 경험과 지식을 나누고, 사례발표 등을 통해 의지력을 키우는 자조 모임을 참여함으로써 지속적인 단도박 생활 유지에 도움이 될 수 있다.

5. 담배(니코틴) 중독

담배에는 니코틴이라는 중독성이 높은 성분이 포함되어 있다. 이러한 니코틴이 흡연자의 뇌에서 중추신경계를 자극하고 중독을 유발한다.

1) 담배(니코틴) 중독의 원인

담배는 연기를 들이마신 뒤 11초 안에 뇌에 지속적인 중독에 필요한 니코틴양을 정확하게 전달하는 효율적인 약물 전달 장치이다. 중독성이 강한 니코틴이 체내에 추적되면서 중추신경계를 자극하고 더 강한 중독성을 보인다.

2) 담배(니코틴) 중독의 증상

(1) 담배(니코틴) 중독의 신체적 영향

담배(니코틴) 중독은 신체적으로도 다양한 영향을 줄 수 있다. 흡연은 호흡기, 순환기, 소화기, 신장 등 다양한 기관과 기능에 부정적인 영향을 미칠 수 있다. 담배 연기에 포함된 유해 물질은 호흡기 기관을 자극하고 염증을 일으키며, 만성 폐쇄성 폐질환 (COPD), 폐암, 심장질환, 혈관질환, 위암, 신장질환 등 다양한 질병을 유발할 수 있다.

(2) 담배(니코틴) 중독의 정신적 영향

담배(니코틴) 중독은 신체적 영향뿐만 아니라 정신적인 문제에도 영향을 줄 수 있다. 흡연자는 니코틴의 영향으로 처음에는 안정감과 쾌감을 느끼지만, 계속해서 담배(니코틴)를 필요로 하는 중독 상태에 이르게 된다. 담배(니코틴)를 피우지 않으면 긴장과 불안감이 생기고, 이를 해소하기 위해 담배(니코틴)를 필요로 하며, 이러한 심리적 의존도는 중독 상황을 야기하고 담배(니코틴)를 중단하려는 시도를 어렵게 만든다.

3) 담배(니코틴)의 종류

(1) 시가리

시가리는 말단에 필터가 달린 형태로, 대부분의 사람들이 일반적으로 흡연하는 담배(니코틴)이며, 주로 말병충배(병충해 방지)를 위해 추가로 화학물질이 처리된 잎을 사용하며, 타르와 니코틴 함량이 높은 경우가 많다. 일반적으로 미지근한 맛과 향을 내며, 흡연 경험에 따라 다양한 브랜드와 가격대가 있다.

(2) 롤포지

롤포지는 잎을 자르거나 갈아서 구현한 형태의 담배로, 일반적으로 손으로 말아서 흡연한다. 시가리와 달리 롤포지는 필터가 없거나 필터가 적게 사용되는 경우가 많고, 잎 자체의 풍미를 느낄 수 있고, 필터가 없어서 맛의 변화를 경험할 수 있는 재미가 있다.

(3) 파이프 담배(니코틴)

파이프 담배(니코틴)는 흡연을 위해 파이프라는 도구를 사용하는 형태로, 대개 특별한 잎이 아닌 담배(니코틴) 잎 혹은 장난감 담배(니코틴)를 사용하고, 파이프에 담배(니코틴)를 간단히 넣고 불을 붙여 흡연하는 방식으로, 담배 자체의 향과 풍미를 느낄 수 있다.

(4) 전자담배(니코틴)

전자담배(니코틴)는 배터리로 작동하는 장치로, 액상 형태의 담배 액을 가열하여 미스트로 변환하여 흡입하는 방식이며, 일반 담배(니코틴)와 달리 연기를 생성하지 않으며, 타르나 일부 유해 물질의 함량이 낮기 때문에 흡연 대안으로 주목받고 있다.

5) 치료 방법

(1) 금연 계획 세우기

금연을 하기 위해서는 금연 계획을 세워야 한다. 금연 일정, 금연 방법, 금연 동기 등을 체계화하고 명확히 할 필요가 있다. 금연 계획에는 가족, 친구, 지인 등의 지원을 받을 수 있는 금연 지원 그룹, 해독 및 금연 의약품, 휴대용 수화기기 등과 같은 금연 도구 및 적절한 운동 생활 등이 포함될 수 있다.

(2) 담배 구매 줄이기

담배를 금연하는 방법 중 하나는 시간을 두고 천천히 줄여나가는 것이다. 처음은 하루에 흡연하는 담배(니코틴)의 개수를 줄이는 것으로 시작할 수 있고, 그 이후에는 일주일마다 담배(니코틴) 개수를 고정하고 그 이후에도 점차 줄여나가는 것이 좋다.

(3) 금연 도구 사용

금연 도구는 금연을 할 때 포도당, 양초, 씹는 껌, 기관지 확장제 등의 여러 가지 도구가 있다. 이 도구들은 금연을 하는 동안 금연자들의 금연 생활에 도움을 주는 역할을 할 수 있다.

(4) 자발적인 운동

금연이 건강에 좋다는 것을 잘 아는 이유는 운동을 통해 담배(니코틴) 탐닉을 극복할 수 있기 때문이다. 충분한 운동을 하면 스트레스를 해소하고 대체적인 담배(니코틴) 동작을 대신할 수 있다.

(5) 의료 전문가의 지원

의료 전문가들은 금연 프로그램을 통해 담배(니코틴)를 금연하는 데 도움을 줄 수 있다. 하는 일과 습관을 바꿀 경우, 금단증상이나 우울 따위가 곤란해질 수 있는데, 의료 전문가의 도움을 받으면 자연스럽게 금연을 할 수 있을 것이다.

6. 중독 집단상담의 실제

본 프로그램에서는 학생들이 자기를 이해하고 자기 자신을 있는 그대로 받아들이고 인정할 수 있는 자기수용 그리고 대인관계를 적절하게 맺는 데 중요한 자기 개방과 자신의 대인관계 유형에 대해 살펴봄으로써 보다 효과적으로 대인관계를 향상시켜 원만한 학교생활을 할 수 있도록 돕기 위한 것이다.

1) 1회기-마음의 문 열기

참여인원	8~12명	운영방법	모둠을 나누어서 프로그램을 운영한다.
활동목표	• 집단상담 프로그램의 목표와 방법에 대해 이해한다. • 참여자들 간, 참여자와 진행자 간의 친밀감과 일체감을 형성한다		

과 정	활 동 내 용	시간(분)	자료 및 준비물
도 입	• 상담 진행 과정을 설명한다. • 참여 규칙 및 서약서 작성한다. • 오늘 활동할 내용을 안내한다	10	오리엔테이션 안내지
전 개	• 나를 소개합니다. – 여기에 오게 된 동기 – 앞으로의 마음 다짐 – 이름과 자리 자랑 등 • 서약서 작성하기	35	중독프로그램개요 및 일정, 명찰, 서약서
정 리	• 지금까지의 활동에 대한 생각과 느낌을 발표하고 정리한다	15	
차시예고	• (2)회기: 자기 노출		
유의점	• 상담사는 학생들이 자기를 소개할 때 항상 긍정적인 반응(웃는 표정, 끄덕임)을 보여준다. • 집단구성원들이 친구들의 의견을 존중하도록 지도한다. • 서로 동질감을 형성하고, 서로 정서적으로 교류하며, 도와줄 수 있는 분위기를 만들어 준다.		

(1) 도입-진행방법 및 활동 안내하기

여러분이 중독물질을 끊겠다고 결심한 것을 축하합니다. 이번 기회에 여러분 모두 중독물질을 완전히 모두 끊고 건강과 행복을 차지할 수 있기를 바랍니다.

중독 대상으로 하는 중독 프로그램 상담자와 집단구성원들의 친밀감을 형성하는 것은 가장 중요한 선행 조건이다. 또한 집단구성원들 간에도 같은 목적을 위해 모였다는 동질감을 형성하고, 서로 정서적으로 교류하고 도와줄 수 있는 분위기를 만들어 줄 필요가 있다.

① 상담 진행 과정을 설명한다.

② 창여 규칙 및 서약서 작성한다.

③ 오늘 활동할 내용을 안내한다.

(2) 전개

참여자 소개 및 마음 열기

앉은 순서대로 각자 자기소개를 간단하게 해 보도록 합시다. 여기에 오게 된 동기, 앞으로의 마음 다짐도 같이 말해 보도록 합시다. 자기 자랑도 같이 해 봅니다. 혹시 장기 자랑할 것이 있으면 간단하게 자기 재주를 보여주는 것도 좋습니다. 가장 큰 박수를 받는 사람에게는 선물을 주도록 하겠습니다(참여 동기를 높이고 진행을 촉진하기 위해 예산이 허용하면 선물을 지급할 수 있으나 반드시 필요한 것은 아님. 물질적인 보상보다는 칭찬과 격려를 통한 동기 강화가 더 효과적일 수 있음).

① 서약서 작성

이 중독 프로그램에서 가장 중요한 것은 여러분이 한 분도 빠짐없이 참석하고, 이 자리에서는 서로 피해를 주지 않도록 질서와 예의를 지키는 것입니다. 우리가 지켜야 할 규칙을 잘 숙지하고 서약서를 작성합시다.

그리고 여러분을 대표하여 선생님과 연락을 하고, 진행이 원활히 되도록 선생님을 도와줄 조장을 선출합시다.

② **서약서 설명**

- 절대 결석하지 않고, 반드시 시작 전에 미리 자기 자리에 와서 앉아 있어야 한다.
- 프로그램 진행 중에 옆 사람과 장난이나 잡담하는 등 분위기를 해치는 일이 없도록 한다.
- 자신의 의견이나 생각을 자유롭게 발표하고 적극 참여한다.
- 상대방의 의견이나 생각을 존중하고 다른 사람의 발언을 진지하게 경청한다.
- 프로그램 내용에 대해 긍정적인 태도로 임한다.
- 과제물을 잘 준비해 온다.
- 중독물건은 소지하지 않는다.

(3) 정리

오늘 여러분을 만나보게 되어 매우 반갑고 즐거웠습니다.

여러분은 이 자리에 왔다는 그 자체만으로도 용기가 있고 미래가 밝다고 할 수 있습니다. 누구나 실수는 할 수 있습니다. 그러나 같은 실수를 하더라도 어떤 사람은 금방 실수를 깨닫고 인정하면서 고쳐나가지만, 어떤 사람은 자신의 실수를 아예 깨닫지를 못하거나 알면서도 고칠 생각을 하지 못합니다. 그 두 사람 중 누가 성공한 삶을 살게 될지는 너무나 분명합니다.

① 이번 회기 실시한 활동을 통하여 새롭게 배운 점과 결심한 바를 나누고, 상담사가 요약 정리한다.

② 서로 도와주고 이끄어 주면서 낙오 없이 끝까지 참여하여 한다.

2) 2회기-자기 노출

참여인원	8~12명	운영방법	모둠을 나누어서 프로그램을 운영한다.
활동목표	• 집단상담 프로그램의 목표와 방법에 대해 이해한다. • 사적인 사실을 내어 보이는 행동을 통해 내심의 자유와 참 만남 경험하기		

과 정	활 동 내 용	시간(분)	자료 및 준비물
도 입	• 인사 나누기 • 상담 진행 과정을 설명한다. • 오늘 활동할 내용을 안내한다	10	오늘의 활동지
전 개	• 자기 노출의 중요성 – 중독물질에 대한 고민 같이 나누기 – 처음으로 중독물질을 해 본 시기 – 중독물질을 하게 된 동기 – 중독물질을 끊기 위해 노력 해 본 적이 있는지? 그 결과는 어떠했는지? – 지금 나에게 중독물질 때문에 일어나는 고민은 어떤 것들인지? – 이 프로그램을 통해 얻어가고 싶은 것은?	40	모둠별 1개 사인펜 A4용지
전 개	• 중독일지 작성 방법 설명 – 작성 방법 이해하기 – 중독물질을 할 때 언제, 어디서, 어떤 상황, 어떤 기분? – 중독물질 금지 서약서 작성하기	40	모둠별 1개 사인펜 A4용지
정 리	• 지금까지의 활동에 대한 생각과 느낌을 발표하고 정리한다 • 과제내기	10	
차시예고	• (3)회기: 자기상 재발견		
유의점	• 상담사는 학생들이 자기를 소개할 때 항상 긍정적인 반응(웃는 표정, 끄덕임)을 보여준다. • 집단구성원들이 친구들의 의견을 존중하도록 지도한다. • 친구들에게 드러내기 어려운 것은 드러내지 않아도 되며, 사적인 비밀은 지켜 주도록 당부한다.		

(1) 도입-진행방법 및 활동 안내하기

오늘부터 우리는 본격적으로 중독물질을 끊을 준비를 시작합니다.

중독물질을 끊기 위해서는 우선 내가 왜 중독물질을 하게 되었는지, 중독물질 하게 됨으로써 나에게 어떤 문제가 생겼으며, 중독물질을 하는 것이 정말 나에게 이득이 되는지 아니면 손해인지 분석해 볼 필요가 있습니다.

① 언제부터 중독물질을 접했는지 알아본다.

② 중독물질 때문에 생긴 고민 나누기를 한다.

③ 오늘 활동할 내용을 안내한다.

(2) 전개

① 중독물질에 대한 고민같이 나누기

이제 우리는 한배를 타고 가는 팀이 되었습니다. 친하지 않은 집단원에게 자신의 모든 것을 제삼자의 입장에서 소개하기, 무기명으로 쓴 고민거리를 읽고 감정이입하기, 무언 행동 관찰 후 팀 이루기, 자기 노출에 관한 질문에 대답하기입니다.

우리는 중독물질을 끊어보고자 하는 공동의 목적을 가지고 이 자리에 왔습니다. 지금까지도 여러분은 중독물질이 좋지 않다는 것을 알고 있고, 실제 중독물질을 끊어보려고 노력을 했을 수도 있습니다. 그러나 중독물질을 나쁘다는 것만 알아서는 중독물질을 끊기가 쉽지 않다는 것을 여러분도 알고 있고 나도 알고 있으며, 또는 스스로 경험을 했을 수도 있습니다.

그리고 우리는 아무리 힘든 일도 같이 노력하면 쉽게 해결할 수 있고, 서로 마음의 위안도 얻을 수 있습니다. 이 자리에 모인 여러분이 우정을 나누면서 서로 도와주면 중독물질을 끊는 것은 얼마든지 할 수 있습니다. 그리고 선생님이 바로 곁에 있으면서 여러분이 중독물질을 끊을 수 있도록 최선을 다해 도와드리겠습니다.

지금부터 중독물질 때문에 생기는 서로의 고민을 같이 나누어 보도록 하겠습니다.

그리고 자신이 감당할 수 있을 만큼 이야기를 꺼내 놓습니다. 여기서 들은 이야기는 저 문밖을 나가는 순간 사라집니다. 오직 이곳에서만 나누되 다른 사람에게 말하지 않습니다. 한 사람씩 돌아가면서

- 처음으로 중독물질을 해 본 시기
- 중독물질을 하게 된 동기
- 중독물질을 끊기 위해 노력 해 본 적이 있는지, 그리고 그 결과는 어떠했는지
- 지금 이 순간 중독물질 때문에 하는 고민은 어떤 것들이 있는지?
- 마지막으로 이 중독 프로그램 참여를 통해 얻어가고 싶은 것은 무엇인지 말해 보도록 합시다.

② 중독일지 작성 방법 설명

중독물질을 끊기 위해서는 자신의 중독물질 습관을 파악하는 것이 매우 중요합니다. 대부분의 사람은 평소 무심코 중독물질을 사용하지만 특징적인 습관을 가지고 있는 경우가 많습니다. 이것을 파악함으로써 중독물질을 끊기 위해서 어떻게 대처하고 준비해야 하는지를 생각해 볼 수 있습니다.

중독물질을 할 때마다 언제, 어디서, 어떤 상황, 어떤 기분에서 약물을 사용했는지 기록해 봅니다. 평일과 주말이 모두 포함되도록 최소한 1주일 이상은 적어 보도록 합니다. 이렇게 해 봄으로써 나의 약물 습관을 알 수 있습니다.

③ 중독 서약서 작성

이제 중독물질을 끊을 준비가 되어 갑니다.

오늘 여러분은 중독 서약서를 작성하여 평생 중독물질을 하지 않을 것을 결심합시다.

(3) 정리

① 맺음말

우리는 오늘 각자가 가지고 있는 중독물질로 인한 고민을 같이 들어 보면서 비슷한 고민을 서로 가지고 있다는 것을 알았습니다. 어려운 일은 혼자보다는 같이

고민하면 해결하기가 훨씬 쉽습니다. 여러분과 이 선생님이 같이 힘을 합친다면 중독물질을 끊는 것은 충분히 가능합니다.

② 과제

다음 시간에 오기 전까지 다음 사항에 대해 미리 생각해 보도록 합시다.

- 중독물질을 안하면서 좋아진 점은 무엇인가? 좋아졌다고 생각하는 일들이 앞으로 내가 살아가는데 도움이 되는 것인가?
- 중독물질을 함으로써 나빠진 점은 무엇인가?
- 나의 장점은 10가지 이상 찾기
- 이 세상에 나보다 더 소중한 사람은 누구인가?

3) 3회기-자기상 재발견

<table>
<tr><td>참여인원</td><td>8~12명</td><td>운영방법</td><td colspan="2">모둠을 나누어서 프로그램을 운영한다.</td></tr>
<tr><td>활동목표</td><td colspan="4">• 집단상담 프로그램의 목표와 방법에 대해 이해한다.
• 중독으로 인한 문제 공유를 통해 공통 목표를 형성한다.</td></tr>
<tr><td>과 정</td><td colspan="2">활 동 내 용</td><td>시간(분)</td><td>자료 및 준비물</td></tr>
<tr><td>도 입</td><td colspan="2">• 인사 나누기
• 상담 진행 과정을 설명한다.
• 오늘 활동할 내용을 안내한다</td><td>10</td><td>오늘의 활동지</td></tr>
<tr><td>전 개</td><td colspan="2">• 자기 자신에 대해 글쓰기
– 12시간 후 죽는다고 가정하고 남은 시간 동안 자기 행적 기록하기
– 자신의 죽은 뒤 가장 친한 친구가 되어 다른 친구에게 가상 편지 쓰기
– 다시 살아나 새로운 인생을 어떻게 살 것인지 기록하고 발표하기
• 자신이 가치 높이기</td><td>40</td><td>모둠별 1개
사인펜
A4용지</td></tr>
</table>

정 리	• 지금까지의 활동에 대한 생각과 느낌을 발표하고 정리한다	10	
차시예고	• ( )회기:		
유의점	• 상담사는 집단구성원들이 자기를 소개할 때 항상 긍정적인 반응(웃는 표정, 끄덕임)을 보여준다. • 집단구성원들이 친구들의 의견을 존중하도록 지도한다. • 친구들에게 드러내기 어려운 것은 드러내지 않아도 되며, 사적인 비밀은 지켜 주도록 당부한다.		

(1) 도입-진행방법 및 활동 안내하기

① 인사 나누기한다.

② 상담 진행 과정을 설명한다.

③ 오늘 활동할 내용을 안내한다.

(2) 전개

① 자신 자신에 대해 글쓰기

12시간 후 죽는다고 가정하고 남은 시간 동안 자기 행적 기록하며, 자신의 장점과 특징을 적어본다. 또한 자신이 죽은 뒤 가장 친한 친구가 되어 다른 친구에게 가상 편지 써 본다.

다시 살아나 새로운 인생을 어떻게 살 것인지 기록하고 발표하기

② 스트레스 풀기

- 중독물질을 하면서 스트레스를 푸는 것이 과연 진짜로 스트레스를 푸는 것이 맞는가?
- 다른 사람에게 들키지 않게 몰래 중독물질을 한다며 더 큰 스트레스가 아닌가?
- 중독물질은 스트레스 호르몬을 분비시킴으로써 스트레스를 가중시키는 물질이다. 따라서 스트레스 때문에 스트레스 호르몬 분비가 증가하여 있

는 상황에서 중독물질을 하면 스트레스 호르몬 분비가 더욱 촉진되어 신체적으로는 최악의 상태가 된다.

– 중독물질을 한다고 해 스트레스의 근본적인 원인이 해결되는가?

③ 자신이 가치 높이기

여러분은 각자 이 세상에서 가장 소중한 존재이다. 각자 나름대로 장점과 특징을 가지고 있습니다. 어떤 사람은 성격이 매우 좋아 누구와도 잘 사귀고, 어떤 사람은 효심이 깊어 어려운 부모님 걱정을 많이 해 주고, 남을 항상 배려해 주는 따뜻한 마음을 가진 사람도 있습니다. 노래를 잘하는 사람도 있고, 얼굴이 잘생긴 사람도 있고, 운동을 잘하는 사람도 있습니다. 모두 자신의 특징과 다른 사람이 칭찬해 줄 수 있는 장점을 가지고 있습니다. 그러나 여러분이 중독물질을 하게 되면 어떨까요? 아마 중독물질 한다는 자체만으로도 별로 좋지 않은 선입견을 품고 여러분을 대할 겁니다. 그것이 보통 '낙인'이라고 하지요. 지금이라도 중독물질을 끊는다면 여러분 주변 사람들은 여러분 용기와 결정에 칭찬해 주고 박수를 쳐 줄 겁니다.

(3) 정리

① 이번 회기 실시한 활동을 통하여 나의 존재 확인한다.

② 중독물질에 의한 손실을 확인한다.

③ 중독물질의 끊음으로 이득을 확인한다.

참고문헌

강경훈 (2010). 대학생의 자아분화, 자아존중감과 취업스트레스간의 관계. 인제대학교대학원 석사학위논문.

강민정 (2016). **초등학교 고학년의 정서조절능력 향상을 위한 역할놀이 활용 집단상담 프로그램개발.** 한국교원대학교 교육대학원.

강은영 (2015). 난임 여성의 심리사회적 적응을 위한 인지행동치료 프로그램의 개발 및 효과. 명지대학교 대학원 박사학위논문.

강준혁, 이동준 (2018). 도박중독경험연구:도박과 중독의 의미 탐구, 한국중독재활복지학회. **중독과 복지, 2**(1), 31-48.

강중열, 정솔 (2006). 메타인지 활용 수업이 초등학생의 문제 해결에 미치는 영향.

강진경 (2023). **집단상담의 실제(3판).** 서울: 학지사.

강진경, 이종연, 유형근, 손현동(2009). **상담자 윤리.** 서울: 학지사

강진령 (2011). **집단상담의 실제(2판).** 서울: 학지사.

강진령 (2019). **집단상단과 치료 이론과 실제.** 서울: 학지사.

고갑준 (2009). **얘들아 오늘은 뭘하고 놀까.** 서울: 북커뮤니케이션즈

구본용, 정찬석 (2001). **교실에서 잠자는 아이들,** 한국청소년상담원(청소년상담문제연구보고서).

구은미, 박성혜, 이영미, 이혜경 (2022). **아동상담.** 경기: 양서원.

권경인 (2015). **집단상담 활동.** 경기: 교육과학사.

권대훈 (2009). **교육심리학의 이론과 실제**(2판). 서울: 학지사.

권석만 (1995). 정신병리와 인지 1: 정서장애를 중심으로. **한국심리학회 세미나 자료, 1995**(1), 49-95.

권석만 (2012). **현대심리치료와 상담이론-마음의 치유와 성장으로 가는 길.** 서울: 학지사.

권육상 (2005). **최신노인복지론.** 서울: 유풍사.

권태희 (2022). 대학생의 우울 감소를 위한 인지행동치료 집단프로그램의 효과 비교: 네트워크 메타분석. 계명대학교 박사학위논문.

김경희 (2007). **아동심리학.** 서울: 박영사.

김기태 (2009). **노인복지론**. 서울:공동체.

김남진 (2019). **보편적 학습설계의 심화**. 경기: 양서원.

김명권, 김창대, 방기연, 이동훈, 이영순, 전종국, 천성문 공역 (2017). **집단상담의 이론과 실제**(Theory and Practice of Group Counseling (8th edition). 서울: 학지사.

김명연, 김장회 (2019). 교류분석 집단프로그램의 효과에 대한 R 메타분석. 교류분 석상담학회지, **교류분석상담연구**, 9(2), 75-96.

김미애 (2005). 대인관계 증진집단상담 프로그램이자기지각과 대인관계에 미치는 효과검증-대상관계 이론을 중심으로. 대구대학교 학술연구

김서안, 권영란 (2016). 인간중심 집단미술치료가 저소득층 아동의 자아존중감 및 또래관계에 미치는효과. 미술치료연구

김성일, 최혜경 (2002). 한국교육학연구.

김영채 (1995). **사고(思考)와 문제해결심리학**. 서울: 박영사.

김영환 외 (2006). **심리검사의 이론과 실제**. 서울:학지사.

김용만 (1995). 열등감 해소 프로그램이 고등학생의 열등감 해소에 미치는 영향에 대한 실험연구. 충북대학교 교육대학원 석사학위논문.

김원형 (2002). 임상간호사의 직무스트레스와 간호업무수행과의 관계. 조선대학교 대학원 석사학위논문.

김정규 (2015). **게슈탈트 심리치료-창조적 삶과 성장**, 2판. 서울: 학지사

김정민 (2019). **인지행동치료**. 서울: 학지사.

김정민 역 (2009). **인지행동치료**(Learning Cognitive-Behavior Therapy). 서울: 학지사.

김정일 (2017). **아동·청소년을 위한 집단상담 프로그램 실제**. 경기; 양서원

김종운 (2019). **상담 복지 서비스를 위한 상담심리학의 이론과 실제**. 서울: 동문사.

김종운, 박성실, 박춘자, 정보현, 김효은, 강정임, 임은미, 이태곤, 장인영, 양민정, 이정이, 김현희 (2012). **학교집단상담의 이론과 실제**. 서울: 동문사.

김진숙, 김창대, 박애선, 유동수, 전종국, 천성문 (2010). **집단상담 과정과 실제**. 서울: 센게이지러닝코리아.

김진숙, 유동수, 전종국, 한기백, 이동훈, 권경인 역 (2017). **집단상담 과정과 실제**(Greoups Process and Practice). 서울: 센게이지러닝코리아.

김진숙, 유동수외 (2017). **집단상담**: 센게이지러닝코리아.

김춘경 (2004). 아동 집단상담 프로그램. 서울: 학지사.

김춘경 역 (2007). 상담기법(Rosemary A. Thompson 저). 서울: 학지사.

김춘경 외 (2004). 아동 집단상담 프로그램. 서울; 학지사

김춘경, 박지현외 (2015). 청소년집단상담 프로그램: 학지사.

김춘경, 배선윤, 성다겸, 유지영, 장효은 (2021). 아동상담의 실제, 서울: 학지사.

김춘경, 이수연, 이윤주, 정종진, 최웅용 (2010). 상담이론과 실제. 서울: 학지사.

김춘경, 이수연, 이윤주, 정종진, 최웅용 (2016). 상담의 이론과 실제(2판). 서울: 학지사.

김충기 (2000). 교육심리학(2판). 서울: 동문사.

김학범 (2013). 스마트폰중독과 사이버 범죄의 관계에 관한 연구. 한국중독범죄학회, 한국중독범죄학회보, 3(2), 1-21.

김현숙 (2003). 스토리텔링을 활용한 교수-학습방법이 환경교육에 미치는 효과. 인천교육대학교 교육대학원 석사학위논문.

김형태 (2001). 집단상담의 이론과 실제. 동문사

노안영 (2005). 상담심리학의 이론과 실제(4판). 서울: 학지사.

노안영 (2011). 집단상담이론과 실제. 서울: 학지사.

노안영 (2013). 게슈탈트 치료의 이해와 적용-접촉과 자각을 통한 경험적 치료. 서울: 학지사.

노안영 (2022). 집단상담 이론과 실제(12판). 서울: 학지사

대전 비움심리상담센터 (2017). 인간중심적 집단상담 이론의 정리

명성원, 심혜영 (2006). 컴퓨터교과교육: 중등 컴퓨터 예비교사의 진학 동기, 교과교육학 지식, 전공 공부 및 비전 형성. 한국컴퓨터교육학회 컴퓨터교육학회 논문지.

문선모 (2004). 교육심리학: 학습·발달중심접근. 파주: 양서원

문선모 (2007). 학습이론-교육적 적용. 경기: 양서원.

박경, 최손영 (2009). 심리검사의 이론과 활용(2판). 서울: 학지사.

박경애 (2011). 상담심리학 상담과 심리치료의 주요 이론과 실제. 경기: 공동체.

박경애 (2013). 인지·정서·행동치료. 서울: 학지사.

박기환 (2020). 상담 및 심리치료 이론 시리즈5; 인지행동치료. 서울: 학지사.

박문주 (2004) .회상요법이 치매노인의 인지기능과 기억 및 문제행동, ADL증진에 미치는 영향연구. 목원대 산업정보대학원 석사학위논문.

박순길, 권순황, 김현진, 선애순, 한재금 (2017). 아동상담. 경기: 양서원.

박아청 (2002). 교육심리학의 이해(개정판). 서울: 교육과학사.

박윤아 (2021) 대학생의 대학생활 스트레스와 대인관계능력이 대학생활 부적응에 미치는 영향. 건국대학교 석사학위논문.

박주령, 강진령 (2014). 인성교육을 위한 협력적 집단상담기법. 상담과 지도,(49), 353-359.

박지영 (2020). 웨스트민스터신학대학원대학교 박사학위논문.

배한권 (2004). 요약하기 훈련이 설명적 교재 처리에 미치는 효과. 박사학위논문, 경상대학교 대학원.

백석윤 (1995). 문제해결을 위한 메타인지적 사고의 지도 방법 모색. 서울: 대한수학교육학회.

백재간 외 (2006). 노인상담론. 서울:공동체.

보건복지부 (2022). 중독관리통합지원센터 운영 및 현황.

서봉연 (1975). 자아정체감 형성에 관한 심리학적 연구. 경북대학교 박사학위논문.

서봉연, 송명자 역 (1990). 인지발달(Cognitive development, 2nd). 서울: 중앙적성출판사.

서지연 (2014). 사교육 및 사교육정책 관련 연구동향 분석, 경희대학교 석사학위.

서혜석, 이난, 조경덕, 이정상, 한경 (2019) 집단상담. 서울: 양서원.

성수나, 이영호 (2015). 스트로크 중심 TA집단프로그램이 중학생의 대인관계능력 향상에 미치는 효과. 교류분석상담학회지, 교류분석상담연구, 5(2), 57-77.

손승희 (2012). 정서안정을 위한 통합적 집단상담 프로그램이 영재아의 스트레스 및 충동성 감소에 미치는 효과. 충북대학교 석사학위논문.

신명희 (2002). 교수방법의 심리적 초. 서울: 학지사.

신혜원 (2008). 노인놀이치료. 서울: 공동체.

신혜원 (2009). 노인놀이치료의 통합적 콘텐츠 개발에 관한 연구. 고려대학교 박사학위논문.

심리란 (2008). 대인관계향상 프로그램이 청소년의 의사소통능력과 갈등해결방식에 미치는 효과. 고신대학교 석사학위논문.

양명숙, 김동일, 김명권, 김성회, 김춘경, 김형태, 문일경, 박경애, 박재황, 박종수, 이영이, 전지경, 제석봉, 천성문, 한재희, 홍종관 (2019). 상담이론과 실제(제2판). 서울: 학지사

양명숙, 한재희, 전지경, 김윤희, 진선애 (2017) 집단상담사례와 프로그램 개발의 실제 서울: 학지사.

양명희, 박명자, 김희정 (2010). 대학생의 전공-흥미 일치도, 직업흥미 수준이 전공만족도와 진로성숙도에 미치는 영향. 한국직업교육학회 직업교육연구소.

오윤선,김미숙 (2022). **청소년 심리 및 상담**. 서울: 양서원.

옥선형 (2016) 대학생의 진로성숙도 향상을 위한 콜라주 집단 상담프로그램 개발. 평택대학교 박사학위논문.

우재현 (2005). **교류분석(TA)에 의한 청소년 인성개발 프로그램**. 대구: 정암서원.

원유수 (2019). 약물중독자의 회복자본과 단약 자기 효능감의 관계: 사회적 회복자본과 물질적... 가톨릭대학교 특수대학원, 석사학위논문.

원호택, 박현순, 이민규, 김은정, 조용래, 권석만, 신현균, 이훈진, 이영호, 송종용, 신민섭 (2000). **심리장애의 인지행동적 접근**. 서울: 교육과학사.

위영희, 장현숙, 전숙영, 외 4명 (2016). **아동상담**. 서울: 학지사.

유승우, 임형택, 권충훈, 이성주, 이순덕, 전희정 (2017). **교육방법 및 교육공학**. 서울: 양서원.

유지혜 (2021). 웹툰을 활용한 온라인 진로집단상담 프로그램이 대학생의 진로 자기 효능감, 진로준비행동 및 진로 적응성에 미치는 영향. 부경대학교. 석사학위논문.

유현숙, 이희완 (2011). 인지행동적 집단상담이 시설노인의 스트레스와 우울에 미치는 효과. JER 7.3: 27-36.

윤관현, 이장호, 최송미 (2012). **집단상담 원리와 실제**. 경기도: 법문사.

윤종건 (1994). **창의력의 이론과 실제**. 서울: 원미사.

이건남, 정철영 (2009). 고등학생의 대학 전공선택 프로그램 모형 개발. 한국 농.상업 교육학회 농업교육과 인적자원개발.

이경화, 고진영, 최병연, 정미정, 박숙희 (2011). 효과적인 교수-학습을 위한 교육심리학. 경기: 교육과학사.

이동훈 (2019). **상담 및 심리치료 사례개념화: 이론기반의 사례개념화 훈련** 서울: 센게이지러닝코리아.

이미리, 김춘경, 여종일 (2019). **청소년 심리 및 상담**. 서울: 학지사

이영순 (2006). 집단상담을 통한 내면치유에 관한 연구. 강남대학교 실천신학대학원 석사학위논문.

이영호, 김장희 (2017). **상담전문가를 위한 교류분석 집단상담**. 경기: 아카데미아.

이영호, 박미현 (2012). **교육현장에서 교류분석의 적용**. 서울: 학지사

이윤주, 신동미, 선혜연, 김영빈(2000). **초심상담자를 위한 집단상담기법**. 서울; 학지사.

이장호 (1993). **상담심리학 입문:** 박영사.

이장호 외 (2003). **집단상담의 원리와 실제.** 경기도 파주:법문사.

이장호 외 (2006). **노인상담(경험적 접근).** 서울:시그마프레스.

이장호 (2011). **상담심리학**(4판). 서울: 박영사.

이장호, 김정희 (1995). **집단상담의 원리와 실제** 경기: 법문사.

이정모 외 (2003). **인지심리학**(개정판). 서울: 학지사.

이주선 (2016). 청소년상담 효과에 영향을 미치는 상담자 관련 요인 연구, 성공회대학교 석사논문.

이지영 (2011). **정서조절, 코칭북.** 서울: 시그마프레스

이진환, 김태희 (1999) 불안과 우울의 예언변인들에 대한 탐색 연구. 부산대학교 학생생활연구소.

이향숙, 박성옥, 정영선, 류진아, 황미영, 이기영, 서명원, 강은주 (2011). **아동상담 이론과 기법.** 경기: 양서원.

이현림, 김순미, 천미숙 (2015) **집단상담: 이론과 실제.** 파주: 양서원.

이형득 (1977). The development of global human relationship training model: an integration of eastern-western thoughts and method. Unpublished doctoral dissertation, Saint Louis University.

이형득 (1989). **집단상담의 실제.** 서울: 중앙적성출판사.

이형득 (1992). **상담의 성격과 의미.** 이형득(편저), 상담이론(pp.9-27). 서울: 교육과학사.

이형득, 김성희, 설기문, 김창대, 김정희 (2006). **집단상담.** 서울: 중앙적성출판사.

이호선 (2005). **노인상담.** 서울:학지사.

이후경 (2013). **집단정신치료.** 서울: 하나의학사.

임규혁, 임웅 (2007). **교육심리학**(2판). 서울: 학지사.

임언 (2008). 대학 학과 선택에서의 주요 지지자에 따른 유형별 특성 비교. 한국직업교육학회 직업교육연구.

임창재 (2005). **교육심리학**(2판). 서울: 학지사.

장대운, 박진현, 나동진, 이영식 (1986). 전공적성 불일치 대학생의 전공학과 적응지도 방안에 관한 연구. **전북대학교 학생생활연구소 학생생활연구.** 1109-1154(46쪽).

장미경, 이은경, 주영아 (2022). **집단 상담의 기초.** 서울: 한국방송통신대학교출판문화원.

장서연 (2014). "아동미술치료사의 치료과정 경험연구", 포커스그룹 인터뷰를 중심으로, **한국미술치료학회**, 21(4), 623-642.

정성란, 고기홍, 김정희, 권경인, 이윤주, 이지연, 천성문 (2019). **집단상담(2판)**. 서울: 학지사.

장성숙 (2002). **상담 및 심리치료**. 서울: 한국심리학회지.

정원철, 이명희, 박선희, 전예숙, 고영희, 김하영, 박소현, 이혜영, 곽연희, 하나연, 정미숙 (2019). **알기 쉬운 집단사담**. 서울: 학지사.

장지민 (2015). 대학생의 정서인식 명확성, 자아존중감, 공감이 대인관계 유능성에 미치는 영향. 동국대학교 석사학위논문.

전은경, 장은영, 이규혜 (2001). a Modeling 구조적 모형 분석=의류학 관련 전공에 대한 학생들의 전공 만족요인. **한국의류학회 한국의류학회지. 1614-1620.**

정문자, 제경숙, 이혜란, 신숙재, 박진아 (2016). **아동상담의 이해**, 서울: 학지사.

정미경 (2008). 노년기부부관계 향상을 위한 집단상담 프로그램 적용 사례연구. 아주대학교.

정성란, 고기홍, 김정희, 권경인, 이윤주, 이지연, 천성문 (2019). **집단상담**(2판). 서울:학지사

정소연 (2008) 놀이문화로서 테마파크 콘텐츠 분석 및 아동의 인식, 숙명여자대학교 석사학위.

정옥분 (2008). **성인 노인심리학**. 서울:학지사.

정원철, 이명이, 박선희, 전예숙, 고영희, 감하영, 박소현, 이혜영, 곽연희, 하나연, 전미숙 (2019). **알기 쉬운 집단상담**. 서울: 학지사.

정현희, 김미리혜 역 (2007). **아동과 청소년을 위한 인지치료**(Clinical Practice of Cognitive Therapy with Children and Adolescents). 서울: 시그마프레스.

제석봉, 최외선, 김갑숙, 윤대영 (2010). **현대의 교류분석**. 서울: 학지사.

조수경 (2017) 내재화 문제를 지닌 학교부적응 고등학생 대상 게슈탈트 집단상담 과정에 대한 현상학적 연구, 성신여자대학교 박사학위.

조숙, 강연정, 정해순 (2019). **집단상담**. 서울: 창지사.

조한혜정 (2000). **학교를 찾는 아이, 아이를 찾는 사회**. 서울: 또 하나의 문화.

조현춘, 조현재 공역 (2003). **심리상담과 치료의 이론과 실제**(Gerald Corey 저) 서울: 시그마프레스

좌현숙 (2016). 아동기에서 청소년기로 전환과정에서 내재화 문제의 변화양상과 예측요인,

『한국학교 사회복지학회』, 113-140.

중앙간세분석소 2022보도자료

차타순 (2008). 초등학교 집단상담의 치료 요인에 대한 연구. 부경대학교.

채옥현 (2017). 놀이와 아동상담. 서울: 바른북스.

천성문 외 (2010). 상담심리학의 이론과 실제. 서울:학지사.

천성문, 박명숙, 박순득, 박원모, 이영순, 전은주, 정봉희 (2009). 상담심리학의 이론과 실제. 서울: 학지사

천성문, 박은아, 전은주, 김현진, 장은경, 박미영, 이은영, 박성현, 김현희, 김준성, 박선우 (2022). 상담이론에 기초한 집단상담의 실제(2판) 서울: 학지사.

천성문, 이영순, 이동훈, 함경애 (2015). 상담심리학의 이론과 실제(3판). 서울: 학지사.

천성문, 차명정, 이형미, 류은영, 정은미, 김세경, 이영순 (2019). 상담입문자를 위한 상담기법연습, 서울: 학지사.

천성문, 함경대, 차명정, 송부옥, 이형미, 최희숙, 노진숙, 김세일, 강경란, 윤영숙 (2011). 행복한 학교를 위한 학교집단상담의 실제(1판). 서울: 학지사.

천성문, 함경애, 박명숙, 김동원 (2022) 집단상담. 서울: 학지사

천성문, 함경애, 박명숙, 김미옥 (2017). 집단상담 이론과 실제. 서울: 학지사.

칼 로저스 (2007) 사람-중심 상담. 서울: 학지사

편영자 (1997). 마음을 열면 길이 보인다. 서울: 을유문화사

한국상담심리치료센터 (2106). 로저스의 인간중심적 심리치료

한선관 (2013). 게임중독치료프로그램 및 교사 교육 프로그램개발. 한국연구재단, 연구결과물.

한송희 (2017). 대학 신입생의 정서경험유형에 따른 정서 조절전략과 대학생활적응의 차이. 단국대학교 석사학위논문. 한국교육개발원(2012).

한순옥, 손화희 (2001). 방과후 자아존중감 프로그램. 경기: 양서원.

한재희 (2006). 상담패러다임의 이론과 실제. 서울: 교육아카데미.

홍서아 (2018). 청소년의 약물중독 실태 및 심리지원 방안. 한국중독범죄학회, 한국중독범죄학회보, 8(2), 93-115.

황기우 편 (1998). 21세기 교사의 역할: 생태학적인 관점. 서울: 원미사.

American Psychiatric Association. Diagnostic and Statistical Manual of Mental Disorders. 5th edition. Washington DC: APA press; 2013.

B.R,Hergenhan. 김영채(역) (1990). 학습심리학. 서울: 박영사.

Barlow, S, H. (2008). Group Psychotherapy specialty practice. *Professional Psychology; Research and Practice, 39*(2), 240-244.

Berne, E. (1964). *Games people play*. New York: Grove Press

BrianW.Banks (2004). 노인활동 프로그램. 서울:영문출판사.

Buhrmester, D., Furman, W., Wittenberg, M. T., & Reis, H. T. (1988).

Carl R Rogers (2009). 진정한 사람되기. 서울: 학지사

Clara E. Hill, 주은선 역 (2012). 상담의 기술 탐색-통찰-실행의 과정. 서울: 학지사.

Corea, G. (1995). *Theory and practice op group counseling* (4th ed.). pacificGrove, CA: Brooks/Cole.

Corea, G. (2004). *Theory and practice op group counseling* (7th ed.). New York: Brooks/Cole Publishing Co.

Corey,Gerald (2015) 집단상담 이론과 실제, 김명권 역. 서울: 학지사.

Cross, W.., M. Matthieu, J. Cerel, and K. L. Knox. 2007. "Proximate outcomes of gatekeeper training for suicide prevention in the workplace". *Suicide and Life-Threatening Behavior. 37*(6): 659-670.

Dave Mearns, Brian Thorne (2012). 인간중심상담의 임상적 적용. 서울: 학지사

David A. Lieberman (1993). 학습심리학 행동과 인지. 서울: 교육과학사.

Donigian, J., & Malnati, R. (1997). *Systemic group tharapy: A triadic model. Pacific Grove*, CA: Brooks/Cole.

Fiske A., and P. Arbore, 2000. "Future directions in late life suicide prevention". *Omega 42*(1): 37-53.

Foulkes, S. (1975). *Group analytic Psychoutherapy: Methods and peinciples*. New York, NY: Interface.

Foulkes, S., & Anthony, E. (1963). *Group Psychotherapy: The Psychoanalytic approach* (2nd.). Baltimore, MD: Penguin.

Fountoulakis, K. N., S. Xenia, and Z. Rihmer, 2011. "Suicide prevention programs through community intervention". *Journal of Affective Disorders. 130*: 10–16.

Gerald Corey. (2011). *Theory and Practice of Group Counseling 8th* (egith) edition. 김명권, 김창대, 방기연, 이동훈, 이영순, 전종국, 천성문(역). **집단상담의 이론과 실제**. 서울: 학지사.

Gerald Corey (2005). **집단상담 기법**. 서울: 시그마프레스.

Gladding, S. T. (1991). *Group Work: A Counseling Specialty*. New York: Merrill.

Granello, D., P. Granello. (2007). "Suicide assessment: Strategies for determining risk, Counselling". *Psychotherapy, and Health. 3*(1): 42–51.

Hansen, J. C.,Warner, R. W., & Smith, E. M. (1976). *Group counseling: theory and process*. Chicago: Rand McNally College Publishing Company.

Harris, T. A. (1969). *I'm OK, You're OK*. New York: Harper and Rower. New York.

Jacobs, E. D., Masson, R. L., & Harvill, R. L. (1994). *Group Counseling: Strategies and Skills* (2nd ed.). Pacific Grove, CA: Brooks/Cole Co.

Johnson, Michael P.. 2012. "Community–Based Operations Research: Introduction, Theory, and Applications". Michael P. Johnson(ed.). *Community-Based Operations Research: Decision Modeling for Local Impact and Diverse Populations*. New York: Springer

Knowles, J. W. (1964). *Group counseling*. Philadelphia: Fortress Press.

Luborsky, E. B., O'Reilly–Landry, M., & Arlow, J. A. (2011). Psychoanalysis. In R. J. Corsini & D. Wedding (Eds.), *Current psychotherapies* (9th ed., pp.12–66). Belmont, CA: Brooks/Cole, Cengaga Learning.

Marcy Driscoll (2007). **수업설계를 위한 학습심리학**. 서울: 교육과학사.

Marinne Schneider Corey, Geraid Corey, Cindy Corey (2019). 김진숙, 유동수, 전종국, 한기백, 이동훈, 권경인 역, **집단상담 과정과 실제**, Cengage learnign.

Matthew H. Olson 외 (2013). **학습심리학–인간의 사고, 정서, 행동의 이해**. 서울: 학지사

Passons, W. R. (1975). Gestalt approach in counselling. New York: Rinehart & Winstion.

Paul Chance (2014). **학습과 행동**. 서울: 센게이지러닝코리아

Perls, F. (1973). The Gestalt approach & eye witness to therapy. Science & Behavior Books. 최한나, 변상조(역). **펄스의 게슈탈트 심리치료**. 서울: 학지사.

Phill, J., & Chariotte, S. (2009). Skills in Gestalt Counselling & Psychotherapy. 박의순(역). **게슈탈트 상담과 심리치료 기법**. 서울: 시그마프레스

Polster, E. & M. Polster. (1974). *Gestalt Therapy integrated.* New York: Vintage Books(first published 1973).

Polster, E. (1987). *Every Person's Life is Worth a Novel.* New York: W. W. Norton.

Randy J. Larsen (2018). 성격심리학. 서울: 시그마프레스.

Reid, C. (1969) *Group alive-church alive: The effective use of small groups in the local church.* New York: Harper & Row.

Rogers, C. R. (1970). *Encounter groups.* New York: Harper & Row.

Rosemary A., & Thompson. (2003). *Counseling Techniques 2nd* (second) Edition. 김춘경(역). 상담기법-우리 자신, 다른 사람, 우리 가족, 우리 환경과의 관계 증진을 위하여. 서울: 학지사.

Rutan, J. S., Stone, W. N., & Shay, J. J. (2007). *Psychodynamic droup Psychotherapy* (5th ed.). New York, NY: The Guilford Press.

Scheidlinger, S. (1993). History of group psychotherapy. In H. I. Kaplan & B. J. Sadock (Eds.), *Comprehensive group psychotherapy* (3rd ed., pp. 577-578). Baltimore, MD:Williams and Wilkins.

Schutz W.(1973). Elements of Encounter. Big Sur, Calif.: Joy Press.

Simkin, J. S. (1976). *Gestalt Therapy. Mini-Lectures.* Millbrae, CA: Celestial Arts.

Slavson, S. R. (1964). *Atextbook in analytic group psycherapy.* New York: International University Press.

Smith, E. (1990). R, L. Harman.(Ed.) Gestalt therapy discussions with the Masters. Springfild: Charles C. Thomas Pub.

Wolf, A., & Schwartz, E. K. (1962). *Psychanalysis in groups.* New York: Grune and Stratton.

Wolitzky, D. L. (2011). Contemporary freudian psychoanalytic psychotherapy. Essential Psycbotherapies, 33-72.

Yontef, G. M. (1995). Gestalt therapy. In A. S. Gurman & S. B. Messer (Eds.), Essential psychotherapies: Theory and practice (pp. 261 -303). Guilford Press.

Zinker, J. (1978). *Creative Process in Gestalt Therapy.* New York: Vintage Books(first published 1977).

강북구중독관리통합지원센터(https://www.gbalcohol.co.kr)

노원구중독관리통합지원센터(https://www.nowon-addiction.or.kr)

도봉구중독관리통합지원센터(https://www.dobong-go.co.kr)

사상구중독관리통합지원센터(https://www.sasang.go.kr)

인천뉴스(http://www.incheonnews.com) 2021.04.21

파이낸셜뉴스.2012.11.21.

한국마약퇴치운동본부(https://edu.drugfree.or.kr)

저자 소개

전예숙
경성대학교 일반대학원(교육학 박사, 석사)
현) 부산교육대학교 대학원 겸임교수
영산대학교 미래융합대학 아동가족상담학과 겸임교수
부산광역시 아동보호종합센터 전문상담사
부산광역시 교육청 정신건강 전문가
전) 신라대학교 일반대학원 겸임조교수

김순희
경성대학교 일반대학원(교육학 박사, 석사)
현) 동명대학교 평생교육원 외래교수
부산광역시 아동보호종합센터 전문상담사
부산광역시 교육청 부모교육 전문강사
부산시 마약퇴치운동본부 전문강사
전) 부산여자대학교 사회복지재활과 외래교수

하미경
동아대학교 일반대학원 (교육학박사, 석사)
현) 두드림특수교육심리상담센터장
동아대학교 일반대학원 겸임교수
한국폴리텍대학교 창원캠프스 교양학과 겸임교수
부산가정법원 가정보호사건 정신건강상담전문가
부산교육청 마중물 특수교육 미술심리상담전문가

이정희
동아대학교 일반대학원(교육학 박사)
동아대학교 일반대학원(아동가족학 석사)
현) 동아대학교 아동학과 겸임교수
비타민심리상담센터 센터장
국방전직교육원 진로상담사
북부교육지원청 상담사

주덕금
경성대학교 일반대학원 평생교육학 박사
동서대학교 기독교 상담심리학 석사
현) 채움 심리상담소 소장
부산예술대학교 외래교수
부산경상대학교 외래교수

이희숙
경성대학교 일반대학원 교육학 박사
동서대학교 기독교 상담심리학 석사
현) 행복드림상담센터 소장
부산광역시 아동보호종합센터 전문상담사
해운대건강가정지원센터 법원위탁 부모교육전문강사
전) 중부산 가정폭력상담소장

안여향
경성대학교 일반대학원 교육학 박사
부산대학교 경제통상대학원 석사
현) 부산예술대학교 외래교수
영산대학교 외래교수
부산시 교육청 집단상담
부산시 선거관리위원
전) 부산지방검찰청 상담위원

김금자
신라대학교 일반대학원(가족학 박사수료)
부산대대학교 교육대학원 (교육학 석사)
현) 신라대 가족상담센터 전문상담사
부산광역시 아동보호종합센터 아동학대 전문상담사
부산광역시 교육청 전문상담사

정순명
부산교육대학교 교육대학원(교육학 석사)
동의대학교 일반대학원(통합예술치료 박사 과정)
현) 부산광역시 교육청 학생상담지원단 전문상담사
부산광역시 아동보호종합센터 아동학대예방교육 위촉 강사
부산광역시 청소년활동진흥센터 위촉 강사
법무부 청소년범죄예방위원 부산지역협의회 청소년선도강연단 위촉 강사
한국심리상담연구소 효과적인 부모역할훈련(PET) 전문강사

진선남
동명대학교 일반대학원(상담.임상심리학과 박사 과정)
경성대학교 일반대학원 (교육학 석사)
현) 수영구 청소년상담복지센터 시간제 동반자
수영구 청소년상담복지센터 전문강사
부산광역시 교육청 스쿨119 전문상담사
부산광역시 교육청 학생금연 전문상담사
북부교육지원청 학습심리상담전문가

집단상담

초 판 1쇄 인쇄 2024년 2월 7일
초 판 1쇄 발행 2024년 2월 16일

지 은 이 | 전예숙 · 김순희 · 하미경 · 이정희 · 주덕금 · 이희숙 · 안여향 · 김금자 · 정순명 · 진선남
펴 낸 이 | 김기섭
편 집 인 | 이현남
펴 낸 곳 | 창지사 www.changJisa.com
08589 서울시 금천구 가산디지털 1로 83 파트너스타워 1차 9층
전화 (02)719-2211~3
팩스 (02)701-9386
등 록 | 1977년 4월 28일 · 제1-421호

ISBN 978-89-426-1864-4 (93330)

값 25,000원